KB012353

저널리즘의 몰락과

정보 공유 혁명

이 도서의 국립중앙도서관 출판시도서목록(CIP)은 서지정보유통지원시스템 홈페이지(http://seoji.nl.go.kr)와
국가자료공동목록시스템(http://www.nl.go.kr/kolisnet)에서 이용하실 수 있습니다.
(CIP제어번호 : CIP2014008299)

The Decline of Journalism and
the Information Commons Revolution

저널리즘의 몰락과
정보 공유 혁명

| 김승수 지음 |

한울
아카데미

| 머리말 |

진 실 과 정 의 가 발 붙 일 곳 이 없 구 나 !

이 책에서 독자 여러분에게 말하려는 내용은 분명하다. 진실하고 정의로운 정보가 우리 사회에 넘쳐야 한다는 것이다. 우리 삶에서 정보가 차지하는 위상은 절대적이지만, 이윤과 불평등에 기초한 현존하는 사회체계, 미디어 산업구조, 정보 생산 양식은 우리에게 진정으로 필요한 정보나 지식을 제공하지 않는다.

재벌·미디어·권력 복합체는 자본, 권력, 이념을 지배하고, 그 힘으로 정보와 문화를 조작하고 통제한다. 이런 여건에서 만들어지는 저널리즘이나 대중문화는 자본과 권력이 정치적·경제적·이념적 목적을 이루기 위해 만든 것이지, 진실과 정의의 가치와는 거리가 멀다. 이런 인공물에 기대는 한국 사회는 거대한 거짓말 공장으로 타락할 위험이 있다. 재벌·미디어·권력 복합체가 던져주는 정보가 만든 거짓말 세계에서 진실을 찾으려면 우리는 정보 유랑자가 될 수밖에 없다. 정보 유랑자란 사회의 다수를 차지하는 수용자 대중이 자신들에게 절실히 필요한 정보를 얻기 위해 많은 돈과 시간을 투자하지만 목적을 이루지 못해 또다시 정보를 찾아 방랑하는 처지를 두고 이르는 말이다.

우리나라는 아직도 정부로부터 언론과 표현의 자유 및 사상의 자유를 완전히 획득하지 못했다. 정부의 정보 통제가 없어지지 않는 배경에는 올바른 지식과 정보를 차단시켜 이득을 누리는 세력이 있다. 우리나라에서는 재벌·미디어·권력 복합체가 정보, 지식, 광고, 대중문화를 지배해서 큰 이득을 얻는다. 반대로 수용자 대중은 엄청난 손실을 입는다. 미디어가 자본 및 국가와 같은 편에 서서 관급 정보, 상업주의 문화 등 오도된 가치를 확산할 경우, 사회가 병들고 사람들은 고통을 받는다. 이렇게 미디어가 거대 자본과 권력을 배후에 두고 만들어진 사회가 획일화 사회이며 미디어 사회다. 따지고 보면 디지털 혁명도 사회의 생산과 소비를 획일화하여 이윤 극대화를 꾀하는 획일화 혁명이다. 이런 사회는 수용자 대중을 노동자, 소비자, 유권자의 지위에 한정하고, 이들의 시민권을 제한한다.

우리나라는 일반 시민이 권력과 시장이 어떻게 돌아가는지 모르는 불통사회, 더 이상 극복하기 어려운 양극화 사회가 되었다. 조선 시대에는 성리학으로 사회가 통제되었다면, 오늘날의 한국 자본주의는 저널리즘, 대중문화, 교육, 종교를 통해 사회를 지배한다. 그래서 이 책은 저널리즘과 대중문화의 기초가 되는 한국 사회의 지배구조와 미디어 산업에 주목했다. 이 책에서 다룰 문제는 다음 세 가지다.

첫째, 미디어 산업의 구조는 어떤 모습인가?

둘째, 미디어 산업은 어떻게 움직이는가?

셋째, 미디어가 수용자 대중의 이익에 봉사하도록 하려면 어떻게 해야 하는가?

이 연구의 바탕에는 정보 공유 사상이 있다. 이것은 주요 미디어를 공동소유와 공동 경영의 형태로 바꾸고, 정보를 공유함으로써 한국 사회를 독점과 야만의 시대에서 공동체 사회로 전진시키자는 사상이다. 여기에는 부의 공정한 분배, 권력의 보편적 소유와 민주적 지배, 정보 자주화, 진실과 정의에 대한 시민 대중의 신념이 바탕에 깔려 있다.

필자는 수용자 대중이 미디어와 정보를 통해 연대할 수 있는 방법을 유독 많이 생각했다. 남극에 살고 있는 펭귄은 영하 50도가 오르내리는 날씨를 견디기 위해 서로가 몸을 붙여서 체온을 유지한다고 한다. 가장 바깥에 있는 펭귄이 추어서 얼어붙을 때가 되면 체온을 높이기 위해 안쪽으로 들어간다. 그러면 다른 펭귄이 빈자리를 채워 봉사한다. 이렇게 펭귄이 자신을 희생해서라도 다른 펭귄을 보호하는 행위를 특별히 '허들링huddling'이라고 부른다. 펭귄의 세계가 이런데, 사람의 세계는 어떤가? 계급투쟁보다 더 심각한 24시간 경쟁체제가 아닌가? 그 뿌리에는 모든 사회관계를 금전관계로 묶어놓은 제도가 있다. 이러한 사회가 개혁되려면 권력 구조, 자본관계는 물론이고 사람까지 모두 바뀌어야 한다. 사람이 개혁의 주체이기 때문에 이들이 공동체적 가치를 수호하고 단결해야 권력이 바뀌고 시장도 개혁된다. 그런데 사람의 생각과 행동에 영향을 주는 것이 미디어와 정보다. 따라서 이것부터 개혁해야 다른 사회개혁을 추진할 수 있다.

『저널리즘의 몰락과 정보 공유 혁명』은 자본주의가 만든 미디어 산업, 저널리즘, 대중문화가 권력과 시장을 감시하는 것이 아니라 수용자 대중을 감시하고 핍박하는 현실을 설명했다. 언론, 즉 저널리즘이 이윤과 권력의 충동에 따르는 것을 비판하고, 주요 미디어와 정보 생산은 공유의 원칙에 따르는 것이 필연적임을 주장했다. 아무도 슬퍼하지 않은 언론의 죽음 앞에서도 미디어와 정보는 공정하고 정의로운 소통을 실현하기 위한 사회적 수단이어야 한다는 역사적 명제는 여전히 소중하다. 진실과 정의가 살아 숨 쉬는 사회는 미디어 공공성과 정보 정의를 준수한다. 그런 사회는 정보와 문화 영역에 대한 국가권력의 섣부른 개입을 불가능하게 만든다. 21세기 민주주의 사회는 방송이나 인터넷과 같은 정보 생산수단이 민주적으로 통제되고, 정보를 서로가 나눠 갖는 정보 공유 사회다.

이 책의 분석 방법은 미디어 정치경제학이다. 이것은 씨줄에는 자본주의 생산 양식을 분석 방법으로 놓고, 날줄에는 계급을 놓는 것이다. 미디어 정치경제학은 경제적 요소와 권력이 미디어와 정보 및 문화의 기본적인 성격을 규정함을 인정하되 독립성과 자주성을 얻으려는 내적 역동성, 그리고 수용자 대중의 응집력을 중시한다.

책을 써가면서 필자는 시장, 사회제도, 국제관계 등이 모두 중요하지만 역시 제일 중요한 것은 사람이라는 사실을 새삼 깨달았다. 사람의 판단을 좌우하는 것이 정보라고 할 때 그 정보의 중요성을 새삼 강조할 필요는 없겠다. 다만 어떤 민족이나 국가의 저력은 스스로 쌓아놓은 지식과 정보에서 나온다는 사실만큼은 분명히 말하고 싶다.[1]

늘 그렇듯이 이 책을 쓰는 데 많은 분들의 도움을 받았다. 누구보다도 전북대학교 신문방송학과 동료 교수님과 학생들에게 고마운 마음을 전한다. 강준만 교수님은 필자가 생각을 다듬는 데 요긴한 도움을 주셨다. 지역 시민언론운동의 이론가이자 전북대 신문방송학과 박사 과정에서 연구하는 박민 선생은 이 책의 구성 및 논리를 잘 살펴주었다. 최윤규 박사는 글 전체를 꼼꼼히 살펴 교정을 보았고, 김영신 조교도 필자가 이 책을 쓰는 데 도움을 주었다. 필자는 2012년도 전북대학교 저술 장려 연구비의 지원을

1 『저널리즘의 몰락과 정보 공유 혁명』에는 필자가 이미 발표했던 글 가운데서 수정·보완한 것들이 있다. 그래서 그 출처를 다음과 같이 밝히려 한다.
- 『정보자본주의와 대중문화산업』, 「3장 문화산업의 연구 방법」, 한울(2007)
- 「언론운동과 매체정책의 관계에 대한 연구」(공동 연구), (사) 열린미디어연구소(2007)
- 「광고자본주의 정치경제학」, ≪방송통신연구≫, 가을호(2011), 9~35쪽
- 「한국저널리즘의 위기와 대안」, ≪언론과학연구≫, 11권 3호(2011), 5~32쪽

받아 이 책을 썼다. 전북대학교의 지원에 감사의 말씀을 드린다. 신호창 서강대 교수님은 필자에게 서강대 언론문화연구소에서 1년간 연구 활동을 할 수 있는 기회를 주셨다. 신 교수님께 감사한 마음이다. 한국언론정보학회 산하 매체자본연구회를 비롯한 언론학계, 언론계, 시민언론단체, 언론단체도 큰 도움을 주었다. 논문이나 책을 낼 때마다 즐겁게 읽어주고 격려와 비판을 아끼지 않았던 독자 여러분께도 머리 숙여 감사드린다. 언론의 자유와 민주주의, 그리고 남북의 평화와 통일을 위해 모든 것을 던졌던 선각자들의 사상은 필자에게 등불과도 같았다. 그렇지만 슬픈 일도 있었다. 비판커뮤니케이션론을 가르쳐주신 이상희 교수님께서 2010년에 세상을 떠났다. 이 교수님의 영면을 빈다. 또 바른 삶이 무엇인지 귀감을 보여주시던 리영희 교수님도 같은 해에 우리 곁을 떠났다. 리 교수님의 형형한 모습이 지금도 살아계신 것만 같다. 언론과 표현의 자유, 그리고 사상의 자유를 향한 그의 분투는 역사가 기록할 것이다.

사랑하는 민지와 민성이는 늘 아빠를 응원해주었고, 아내 심미선 교수는 남편의 단점까지 아량 있게 받아주었다. 이념적 성향은 다르지만 필자는 아내와의 토론을 통해 생각을 가다듬을 수 있었다. 그리고 일생 동안 필자를 지켜봐주신 부모님께도 감사드린다. 지금은 만날 수 없지만 손자를 위해 기도하시고, 어려운 처지의 사람을 생각하라고 가르치셨던 할머니 이계순 권사님께 두 손 모아 이 책을 바친다. 그리고 필자의 건강을 돌봐주시는 최수용 한의원 원장님께 감사드린다. 끝으로 이 책이 나오기까지 애쓰신 도서출판 한울 관계자 여러분께 깊은 감사의 말씀을 드린다.

2014년 2월

김승수

차례

1장

정보 소통 방식

수용자 대중은 미디어에 의지해서 정보를 얻고 대중문화를 즐긴다. 식민지화·산업화 시대에 출발한 저널리즘 및 대중문화는 시장과 권력의 확립, 중산층과 사회의식의 형성에 중요한 역할을 했다. 사람들도 뉴스와 대중문화에 의존도가 높아 이것들이 없으면 하루도 견디기 어려워했다. 그래서 미디어를 사용하는 사람이라는 뜻에서 현대인을 호모 미디어쿠스 Homo Mediacus라고 불렀나 보다(노명우, 2012: 131). 그만큼 사람들의 미디어 의존도가 크다는 뜻일 것이다. 사람들은 다양한 미디어를 이용하여 정보를 만들고 교환함으로써 자신을 보호하고 삶의 질을 향상시킨다. 말하자면 대중은 정보 추구적인 동물이다. 여기서 정보란 단어, 소리, 영상을 비롯해 일반적으로 대중이 인식할 수 있는 모든 기호를 통해 사람들이 소통하는 것을 말한다(테루, 2000: 13). 정보는 다양한 형태의 기술과 표현 방식에 의존해서 만들어지며, 소통의 근본적인 수단이다. 그런데 자본주의 변동 및 디지털 기술 발전 등에 따라 정보 소통 방식이 급변하고 있다. 먼저 1장에서는 정보 소통의 개념, 기능 등에 관해 생각해보려 한다.

1. 정보 소통의 개념

정보 소통은 세기를 넘어서도 더욱 다양한 개념으로 논의되고, 사상적으로 풍요롭게 진전했다. 소통 구조와 관련된 개념을 살펴보자.

1) 정보

정보는 언론학뿐 아니라 인문학, 공학, 자연과학 등 학문 전체에서 중요한 위치를 차지한다. 정치나 경제에서 정보의 위상이 얼마나 높은지는 두 번 말할 필요도 없다. 표준국어대사전을 보면, 정보는 "관찰이나 측정을 통하여 수집한 자료를 실제 문제에 도움이 될 수 있도록 정리한 지식, 또는 그 자료"로 정의된다.

『조선왕조실록朝鮮王朝實錄』에서 정보 개념이 처음 나온 것은 1442년 세종 때였다. 당시 의정부에서 정보 유통의 가장 중요한 수단인 말馬을 혹사하지 말도록 지시한 기록이 있다. 실록에 따르면, 의정부는 '금후로는 긴급한 군사정보 이외의 보통 일로 역마驛馬나 쇄마刷馬를 사용하지 못하게 할 것'을 명령했다.

정보를 뜻하는 'information'은 라틴어 'informare'에서 파생되었다. 키케로Marcus Tullius Cicero는 이 말을 사상이나 생각을 가르치고 개선할 목적으로 형식을 부과하는 개념으로 썼고, 중세 학자들은 물질things이 형식form과 본질matter로 구성되었다고 보았다(Borgmann, 1999: 9). 이들은 형식이란 본질을 알리는 것이고, 본질은 그 형식을 실체화한 것으로 보았다. 그런가 하면 헤겔Georg Wilhelm Friedrich Hegel은 정보를 "자신의 의견을 표출하려는 시급한 욕구"라고 정의했는데, 이러한 개념은 종교적 권력과 시민사회의 권력 때문에 억압당했던 표현의 자유를 갈망해서 나온 것이다(테루, 2000: 9~10).

정보과학에서는 정보를 '물질·에너지의 시간적·공간적 패턴'이라고 하며, 정보사관情報史觀에서는 다음과 같이 정보의 진화를 추정한다고 한다(佐藤淺川巧, 1998: 2).

유전자 정보(유기적 진화) → 언어 정보(언어의 발명) → 문자 정보(문자의 발명) → 활자 정보(표준화) → 전기 정보(고속화 = 대량화) → 디지털 정보

과학자들은 정보나 문화와 같은 것들이 물질적 진화 과정을 거쳐서 생성·발전된다는 정보사관을 지지한다. 그러나 이것만으로는 정보를 파악할 수 없다. 물질적 진화는 당대의 생산 방식과 연결되어 있기 때문이다. 정보와 문화는 단지 물질적인 영향을 받을 뿐만 아니라 생산 방식의 영향을 받는다. 이것이 정보유물사관이다.

우리는 직접 경험을 통해 어떤 사실을 알기도 하지만, 정보와 지식을 통한 간접 경험으로 얻는 것들도 많다. 사람들은 정보라는 형태의 이미지를 통해 사물이나 현상을 파악한다. 미국의 물리학자 폰 베이어Hans Christian Von Baeyer가 정보를 "존재에 형상을 주입하는 것"이라고 규정한 것은 적절했다(폰 베이어, 2007: 42). 사람, 사회, 국가와 같은 존재가 정보라는 이미지에 쌓여서 우리한테 다가온다. 정보가 사물, 사람의 형태를 만든다고 말하는 것은 그만큼 정보의 위력이 크다는 점을 강조한 것이다.[2]

정보 상품은 일반 상품과는 다른 독특한 속성이 있다. 정보 상품은 비경합성, 비배제성, 0에 가까운 한계비용의 속성을 갖고 있어 공공재라 해도 무방하다(Floridi, 2010: 90).

정보는 금권에 의존한다. 필요한 정보를 얻으려면 그만큼 더 많은 돈을 내거나 정보에 접근할 만한 힘이 있어야 한다. 시장은 경제력을 가진 사람에게 풍부한 정보를 제공하는 동시에 정확한 정보를 줄 가능성을 높인다. 이렇게 냉정한 것이 미디어 시장이다. 시장에 의해 정보 생산과 공급이 결정된다면 경제력 보유 여부가 정보 접근을 규정한다. 이런 사회에서 정보

2 학자들은 정보 생산의 변동에 따라 새로운 사회 또는 새로운 제도가 만들어진다고 생각했다. 벨의 탈산업사회, 기든스의 현대사회, 하버마스의 공적 영역, 실러의 자본주의 정보 시장, 카스텔의 정보 시대, 포스터의 정보 양식, 리오타르의 포스트모더니즘, 보드리야르의 시뮬라시옹과 같은 개념이나 이론은 자본주의 사회에서 정보, 지식, 문화와 같은 것들이 사회 변화를 이끈다고 강조한다(김윤철, 2012: 622~630).

는 빛이 아니라 어둠이다. 우리가 익숙하게 경험했듯이 사회에서 유통되는 대부분 정보에는 사실, 진실, 정의 같은 것보다 왜곡, 과장, 거짓이 난무한다. 그래야 돈이 되고, 권력을 누리기 때문은 아닐까?

여러 전문가들의 견해를 종합해보면, 정보는 광장을 만들어주고, 사람끼리의 소통을 촉진하며, 연대를 강화하는 기능을 한다. 그러나 정보가 늘 이런 기능을 하지는 않는다. 오히려 시장이나 권력에 의해 생산되고 통제된 정보는 상업적·억압적 기능에 편중된다.

한편 정보에 관한 논의에서 빠뜨릴 수 없는 것이 정보 불평등이라는 개념이다. 불평등은 자본주의를 관통하는 가장 일반적인 현상이지만 그 뜻을 정의하기가 까다롭다. 기존 연구에 따르면, 불평등이란 "사실적으로 존재하는 수직적 차이"를 말하며, 소유 불평등과 기회 불평등으로 나뉜다(비판사회학회, 2012: 395). 소유 불평등은 재산을 비롯한 경제력, 권력, 명예, 지위, 재능, 미모 등 희소한 재원을 얼마나 가졌느냐에 따른 불평등을 말하며, 기회 불평등은 어떤 일이나 활동을 할 권리, 지역, 기회가 차별적인 상태를 뜻한다(비판사회학회, 2012: 397).

경제력, 특히 부를 만드는 생산수단의 소유 여부에 따라 사람들의 지위, 즉 계급이 규정된다. 현금·주식·부동산의 소유와 직업 따위는 불평등에 직접 영향을 미친다. 우리나라는 재벌·미디어·권력 복합체 사회다.[3] 여기에 사학, 기독교, 미국이 들어가면 한국 사회의 지배구조가 완성된다. 이들은 부나 권력만이 아니라 정보, 지식, 오락, 스포츠, 문화, 교육, 종교 등 정신적 영역까지 지배한다.

3 재벌·미디어·권력 복합체 구조에서 권력이란 국내 권력만이 아니라 미국이 한국 사회에서 행사하는 권력도 포괄하는 개념이다.

미디어와 정보의 불평등이 무엇인지 살펴보자. 첫째는 미디어, 광고비를 비롯한 정보 생산수단이 자본이나 국가에 집중되어 나타나는 소유 불평등이다. 둘째는 미디어 관련 정책이 정부 여당의 독점권으로 변질되어 나타나는 정책 불평등이다. 셋째는 정보의 내용이 자본과 국가에 편파적인 내용 불평등이다.

2) 저널리즘

정보와 관련된 개념 가운데 특히 주목해야 할 것이 저널리즘journalism이다. 저널리즘은 미디어를 통해 저널리스트가 시사 문제를 보도하고 논평하는 일을 말한다. 표준국어대사전에 따르면 저널리즘이란 신문, 방송, 잡지 등을 통하여 대중에게 시사적인 정보와 의견을 제공하는 활동이다. 이를 간단히 풀어서 말하면, 저널리즘은 미디어를 이용해서 사실과 진실을 널리 말하고, 민주적 여론 형성과 정의를 추구하는 행위를 뜻한다. 한국 사회에서는 이것을 '언론言論'이라고 불렀다. 저널리즘 또는 언론을 주창하려면 '바른말 하기正言', '바른 논리 펴기正論', '바른길 가기正道'라는 3대 요소를 충족시켜야 한다. 이 기준에서 본다면 우리나라의 과거와 현재에 진정한 언론이 있었는지 의문이다.

저널리즘 제도가 이 땅에 들어온 것은 1883년 ≪한성순보≫가 그 시초였다. 조선 조정이 발행한 ≪한성순보≫는 전문 기자와 인쇄공을 두고, 공개적으로 신문을 발행했다. 이후 ≪독립신문≫이 상업 저널리즘의 시대를 열었다. ≪독립신문≫은 공개성과 정기성이 있었고, 상업광고와 구독료로 운영되었다. 일반인들도 ≪독립신문≫을 구독할 수 있었다. 어느 모로 보아도 ≪독립신문≫은 근대 신문의 면모를 갖추었다. 그러나 조선이 일본의 식민지로 떨어지면서 근대 저널리즘은 소멸되고 식민지 저널리즘만 남았다. 1945년 광복 후부터는 저널리즘이 권력화와 산업화를 향해 달려갔다. 신문, 라디오, 텔레비전이 제각기 저널리즘을 공급하고 광고주에게서 광고비를 받았다. 특히 박정희 정권은 저널리즘의 산업화를 통해 국가와 사회 여론을 관리했다. 그러나 1990년대 이후 미디어 산업의 경쟁이 극심해지고, 저널리즘에 대한 사회적 불신이 깊어졌다. 김운회 동양대 국제통상학과 교수는 그 이유를 다음과 같이 설명했다.

> 현대의 언론이라는 것은, 철저히 기득권 유지에 봉사한 대가를 가지죠. 아니면 가장 현실적인 이슈만 골라서 대중에게 팔아야 하는 환경입니다. 결국 정보 전달의 시간성, 역사성을 가지면서 진정으로 인간의 미래를 고민하는 언론들이 드뭅니다. 설혹 그렇다 한들 그것을 봐줄 독자도 극히 일부입니다. 그 언론에 경제적 지원을 해줄 만한 기업도 없습니다. 이것이 인간 사회가 합리적으로 발전해갈 수 없는 이유 가운데 하나이기도 합니다(≪프레시안≫, 2013.7.3).

언론을 표방한 미디어 기업들은 사실을 왜곡하고, 진실을 감추며, 눈앞의 이익 추구에 급급하다. 지나치게 이념적이고 파당적이라는 취약성도 있다. 더 심각한 문제는 거대 자본과 권력이 언론권력의 호위를 받으면서 시민 위에 군림한다는 것이다. 대부분의 저널리즘이 권력, 이윤, 영향력을 따라가는 이권 저널리즘이기 때문에 정론 저널리즘은 찾아볼 수가 없게 되었다. 그러니 저널리즘의 몰락은 필연적인 것이다. 이와 대조적으로 대중문화는 국내외를 막론하고 승승장구해왔다. 왜 이런 결과가 생겼을까?

저널리즘을 평가하는 이론에는 여러 갈래가 있으나 정치경제학이 기본적 틀을 제공해준다.[4] 이것은 저널리즘이 당대의 생산 방식뿐만 아니라 권력관계와 밀접히 연관되어 있으며, 저널리즘의 모순도 여기서 발생한다고 보는 이론이다. 저널리즘 정치경제학은 정보의 상품화·사유화·권력화가 저널리즘의 공공성과 공익성을 현저히 약화시켜 수용자 대중의 참여와 민주적 지배를 배척하는 정보 생산 양식임을 밝힌다. 정치경제학은 상업적·권력적 저널리즘이 수용자 대중과 대립적일 가능성이 크다고 보고 그 완충지대로 정보의 공공성과 민주적 지배를 강조한다. 특히 저널리즘 정치경제학은 저널리즘이 어떻게 자본 생산 과정에 포섭되고, 또 어떻게 권력화되는지를 비판적으로 분석한다. 그 과정에서 미디어 산업의 증식 욕망 때문에 수용자 대중이 희생될 수밖에 없는 현상을 비판하고 대안을 모색한다. 자연히 정치경제학은 수용자들이 정보, 정치, 교육 등 사회 과정에 직접적으로 참여하고 통제권을 확보해야 언론의 자유와 미디어 공공성을 지킬 수 있다고 본다.

3) 커뮤니케이션

좋은 외래어가 많지만 커뮤니케이션communication이란 말은 특히 매력적이다. 우리말로 소통을 뜻하는 커뮤니케이션의 어원은 라틴어인 'communicare'에서 왔다. 'communicare'란 전달하다impart, 나누다share, 함께하다make common는 뜻이 있는데, 이 말이 영어권에 들어간 때는 14~15세기경이라고 한다(Petras, 1999: 7). 'communicare'에서 중요한 것은 'mun'인데, 이것은

4 이강수(2011)는 뉴스 이론을 정치경제학적 접근, 조직론적 접근, 사회 구성적 접근·상징 작용적 접근, 문화론적 접근, 대안적 접근으로 분류했다.

‘후한munificent’, ‘공동체community’, ‘공동체 사회Gemeinschaft’라는 뜻을 가진다(Petras, 1999). 서로 다른 입장이나 이해관계를 가진 사람, 집단이 논의하고 논쟁하며 협상해서 대립을 해소하는 방식을 일러 커뮤니케이션이라 한다면, 우리말에는 소통이라는 말이 있다.

문화연구cultural studies의 창시자 중 한 사람인 레이먼드 윌리엄스Raymond Williams는 커뮤니케이션을 “사상, 정보, 태도를 전달하고 받는 제도이며 형식”이고, “전송과 수용의 과정”으로 보았다(Williams, 1962: 9). 그리고 레이스C. Leys는 커뮤니케이션 양식을 다음과 같이 여섯 가지로 구분했다(Leys, 1999: 316~318).

- 대면 커뮤니케이션face-to-face communications
- 대중 모임public meetings
- 상업지commercial newspapers
- 공공 서비스 방송public service broadcasting
- 상업방송commercial broadcasting
- 멀티미디어multi-media

마르크스Karl Marx도 커뮤니케이션 사상을 다각적으로 정립했는데, 그리스 아테네 대학의 플레이오스G. Pleios 교수는 마르크스가 제시한 네 가지 커뮤니케이션 개념을 이렇게 설명했다. 첫째, 커뮤니케이션은 생산관계의 개념이다. 둘째, 커뮤니케이션과 같은 이념이나 의식에 관련된 것은 계급이나 재산관계를 뜻하는 생산관계와 상대적으로 분리된 개념이다. 즉, 커뮤니케이션은 독자성이 있다는 주장이다. 셋째, 커뮤니케이션은 자본주의 상품 생산의 일부이자 상부구조로 파악된다. 넷째, 커뮤니케이션은 자본주의 생산 양식을 유지하고 재생산하는 역할을 한다(Pleios, 2012: 230~234).

커뮤니케이션은 외부효과eternality와 공공재public good의 특성을 가진다. 사회적 소통이 원활한 사회는 진보할 수 있는데, 이때 필요한 것이 정보다. 정보는 생산자와 소비자만이 아니라 시민 전체에 영향을 준다. 그래서 정보는 외부효과가 있다고 한다. 그런데도 수용자 대중에게 필요한 지식, 정보, 문화에 대한 보편적 접근을 증대할 목적으로 이루어지는 국가적 지원을 두고 비생산적인 자원 낭비라고 비판하는 것은 단견이다(Melody, 2011: 58).

말하지 않고서도 이루어지는 소통, 다시 말해 침묵은 또 다른 소통 방식이다. 말하지 않는 것, 가만히 있는 것은 우리나라 전통의 소통 방식 중 하나다. 침묵의 소통에도 나름의 방식이 있다. 사람들은 말하지 않고서도 얼굴 표정과 정서 표현, 눈 접촉과 눈의 움직임, 몸의 움직임으로 얼마든지 의사를 표출할 수 있다(나은영, 2002: 130~134).

침묵의 소통에는 정치적 · 역사적 배경이 있다. 정치적 변란이 극심했던 한국 역사에서 사람들은 한밤에 모든 것이 뒤바뀌는 경험을 수시로 했다. 이런 불안한 사회에서 말하지 않는 것이 사는 길이었을지 모른다. 유교식 전체주의,[5] 식민지 수탈 체제, 군사정권으로 이어지는 한국 정치사는 침묵의 문화를 강요했던 것이다. 말하고 싶어도 말하지 못하는 침묵은 굴종적인 것처럼 보이지만 분명히 저항적인 측면도 있다.

5 겸손과 서열을 강조하는 유교 문화는 침묵을 존중했다. 성호 이익은 「말하는 것과 침묵하는 일(語默)」이라는 제목의 글에서 이렇게 썼다. "무릇 언론에 있어 양편이 다 그르다는 것은 나무라는 데 가깝고, 양편이 다 옳다는 것은 아첨에 가깝다. 만약 시비의 올바름을 얻지 못할 경우에는 아첨보다는 차라리 나무람을 좇겠다. 그러나 어지러운 나라에 살면서 사물을 대응함에서는 언어를 늘 조심하지 않으면 화를 자초하게 된다. 그러므로 침묵은 귀한 것이다"(이익, 1997: 93). 역사적으로 침묵의 문화, 침묵의 소통은 지배층 내부의 첨예한 갈등과 외세 침략자의 억압과 수탈에서 살아남기 위한 보신책이었다. 침묵 커뮤니케이션 양식은 이중적인 면이 있으나, 생존하기조차 불투명한 나라에서 사람들이 선택할 수밖에 없었던 관습임은 부정하기 어렵다.

커뮤니케이션, 즉 소통은 사회 과정이나 사람의 삶에 커다란 영향을 미친다. 이 때문에 소통 공간은 통제받지 않고 민주적으로 유지되어야 한다. 그런데 소통은 긍정적 측면과 부정적 측면을 모두 가지고 있다. 긍정적 소통이란 뜻이나 이해관계를 달리하는 사람들이 동등한 자격으로 서로의 입장을 교환하고 논쟁하는 등 민주적 절차를 거쳐 대립을 해소하려는 행위를 말한다. 이런 긍정적 소통이 성공하려면 대립하는 쌍방이 서로의 입장을 이해하면서 자신의 이익을 가능한 한 줄이고 상대방의 이익을 존중하는 포용력을 갖추어야 한다. 반면에 부정적 소통은 뜻이나 이해관계가 같은 사람들끼리 패거리를 이루어 자신의 이익을 관철하고자 상대방을 인정하지 않고, 포용이나 양보를 거부하는 패거리 소통이다.

소통은 생산 방식의 영향을 받기도 하며, 계급관계의 통제를 받기도 한다. 그렇기에 소통 방식은 나라마다, 시대마다 다를 수밖에 없다. 마르크스에 따르면, 물질적 생산 활동, 새로운 욕구 창출, 사회 구성원의 재생산을 통한 인구 증가는 역사의 전제 조건이자 역사 발전의 계기다(손철성, 2008: 153~154). 특히 사람의 욕구와 욕망은 역사를 변동·발전시키는 요소로 작용하기도 하는데, 여기서 미디어나 광고는 욕망에 불을 지피는 기능을 한다. 그런데 정신적 생산 활동은 물질적 생산 활동 못지않게 중요하다. 의식, 신념, 가치, 사상 등의 생산은 역사 발전의 중요한 요소라고 볼 수 있다. 우리가 생각해야 할 점은 소통이 정신적 생산 활동을 촉진하는 요소인 동시에 물질적 생산 활동을 촉진하기도 한다는 사실이다.

사회가 부와 빈곤, 강자와 약자로 양극화되고, 이에 따라 소통의 양극화 구조가 형성되어 사회적인 대립이 발생하면 이를 원만히 풀어갈 창구가 없다. 소통의 단절은 불평등이 첨예하다는 증거다. 소통의 핵심은 결국 약자가 강자를 비판하고 강자가 이를 포용력 있게 받아들이는 것이다. 민주적일수록, 균형적일수록, 인도적일수록 사회는 소통을 중시하고 촉진한다. 소통의 중요성이나 필요성은 무궁무진하다.

4) 문화

문화가 무엇인지 충실히 이해하지 않고서는 특정한 사회나 역사 또는 민족을 제대로 안다고 말하기 어렵다. 그만큼 사회 과정에서 문화가 차지하는 비중이 크다는 뜻이다. 사전을 보면 문화는 총체적인 개념이다.

1. 자연 상태에서 벗어나 일정한 목적 또는 생활 이상을 실현하고자 사회 구성원에 의하여 습득, 공유, 전달되는 행동 양식이나 생활 양식의 과정 및 그 과정에서 이룩하여 낸 물질적·정신적 소득을 통틀어 이르는 말. 의식주를 비롯하여 언어, 풍습, 종교, 학문, 예술, 제도 따위를 모두 포함한다.
2. 권력이나 형벌보다는 문덕文德으로 백성을 가르쳐 인도하는 일.
3. 학문을 통하여 인지人智가 깨어 밝게 되는 것(표준국어대사전).

유네스코 문화다양성 협약 제4조 제4항은 문화 활동, 상품 및 서비스에 대해 "상업적 가치와 상관없이 그 당시 문화적 표현을 사용하는 것을 목적으로 하며, 또 그것들을 구체화하고 전달하는 것을 특징으로 하는 활동, 상품 및 서비스"라고 규정했다. 그런가 하면 위키피디아Wikipedia에서는 문화를 다음과 같이 다섯 가지 차원에서 살폈다.

- 문명civilization
- 세계관worldview

· 상징 symbols

· 안정화 기제 stabilization mechanism

· 진화적 심리 evolutionary psychology

미셸 세르 Michel Serres는 문화를 세 가지로 분류했다. 첫 번째는 인문학적 개념이다. 이것은 '철학은 영혼의 문화'라는 키케로의 말에 따라 문화를 영혼의 영역, 인문의 영역으로 관찰하는 것이다. 두 번째는 '문화는 생활 속에서 얻는 총체'라는 독일식 개념 정의로, 칸트 Immanuel Kant는 이런 개념의 물꼬를 텄다. 세 번째는 상품으로서의 문화다. 특히 세계화할 수 있는 상품이 문화라는 문화상품론이 있다(세르, 2008: 272~273).

문화적 가치를 상품으로 생산·유통하는 문화산업 cultural industry은 문화의 개념을 바꿔놓았다. 문화를 영리 추구적 상품으로 만들었기 때문이다. 헤스먼드할프 D. Hesmondhalgh는 문화산업에 모험사업, 창의성과 상업의 모순, 높은 제작비와 낮은 재생산비, 준공공재 상품이라는 특징이 있다고 지적했다(Hesmondhalgh, 2013: 18). 문화산업은 더 많은 이윤을 얻는 데 골몰한다. 그래서 김광일 조선일보 논설위원의 말처럼 "문화는 뼛속까지 산업이다. 문화는 돈이다. 아닌 척하면 곤란하다"라는 얘기까지 공공연히 나온다(≪조선일보≫, 2013.3.5, A31면). 문화산업이 만들어내는 저널리즘과 대중문화는 인공적·대량적 소비경제의 산물이다. 이들은 대의민주주의의 도우미 노릇을 했다.

대중문화에 대한 시각은 보통 세 가지로 구분된다. 첫째는 저급론, 둘째는 이식문화론, 셋째는 계급문화론이다(한국철학사상연구회, 1994: 178~181). 그런데 이외에 역동론도 추가해야 할 필요가 있다. 이것은 대중문화가 봉건적·극우적 가치나 세계관을 넘어 역동적인 가치와 세계관을 심어주는 기능도 한다는 뜻이다. 그러므로 대중문화는 계급성과 역동성을 고루 반영한다고 해석할 수 있다.

한편 문화가 어떻게 구성되는가 하는 문제에 대해서는 이견이 많다. 부르디외Pierre Bourdieu를 비롯한 계급이론가들은 문화적 취향도 계급 기반에 따라 분화된다고 주장하는 반면, 계급과는 다른 사회적·경제적 배경에 따라 문화적 취향이 분화된다는 비계급이론도 있다(양종회, 2008). 생각하건대 문화적 취향은 기본적으로 계급 결정적이지만 때로는 비계급적 요소에 의해 결정된다.

5) 미디어

미디어는 정보를 생산하고 전달하는 수단이다. 미디어에는 두 가지가 있다. 하나는 자연적 미디어다. 이것은 몸, 그림, 말, 글자, 벽보와 같이 기계의 개입 없이 사람의 신체를 주로 이용하여 자연스럽게 이루어진 정보 전달 양식을 말한다. 다른 하나는 기술적 미디어다. 이것은 신문, 방송, SNSsocial networking service처럼 기술이 주도해서 정보를 만들고 유통하는 양식을 말한다.

사람들이 미디어, 매체라는 용어를 쓰기 시작한 지는 한 세기도 지나지 않았다. 옥스퍼드 영어사전을 보면, 영국에서 미디어media라는 단어를 쓰기 시작한 것은 1920년대부터이며, 그로부터 한 세대 후인 1950년대 무렵부터는 커뮤니케이션 혁명communication revolution이라는 말을 썼다고 한다(Briggs et al., 2002: 2). 우리나라에서는 1960년대 중반에 일본식 조어인 매스컴이라는 말을 많이 썼고, 대중매체 또는 매스미디어라는 말도 즐겨 쓰기 시작했다. 일간지, 라디오, 텔레비전 같은 미디어는 산업자본주의 생산 방식인 대량생산과 대량소비를 연결시켜주는 일을 했다. 이들 미디어는 대규모 수용자를 상대로 정보와 오락을 제공했다. 이런 미디어에 광고비를 대준 것은 산업자본가들이었다.

미디어는 지배권력을 수호하고 자본주의 축적을 강화하는 기능을 하는 한편, 이따금씩 비판적인 정보를 제공하여 공정한 심판자라는 이미지를 만들려고 한다. 이마저도 없다면 수용자 대중에게서 불신을 받기 때문에 비판적 보도는 미디어 자신을 위한 보호막인 셈이다.

그러나 대중적 수용자, 대량적 상품 및 광고를 매개로 해서 형성된 대중 미디어는 디지털 미디어의 도전을 받고 있다. 기업이 아니라 혼자서도 얼마든지 대중 수용자를 상대로 정보를 제공할 수 있는 탈대중 미디어 시대가 온 것이다.

6) 신문

중국의 『신당서新唐書』에 신문新聞이라는 말이 처음으로 나왔지만 그 개념은 오늘날 쓰는 것과 다르다고 한다(新華社北京分社, 1987: 3~4). 우리나라에서는 조선 시대에 조보朝報라는 형태의 신문이 있었다. 조선의 박제가는 신문에 관해 의견을 피력한 바 있는데, 그는 1778년 조선 조정이 청나라에 파견한 사은사 체제공의 수행원으로 가서 보고 쓴 『북학의北學議』에서 청나라 조정이 기계를 이용해서 저보邸報를 발행한다는 사실을 알렸다. 이후 유길준은 1895년에 간행된 『서유견문西遊見聞』에서 조보를 우리나라 신문의 효시라고 기록했다. 황현도 조보에 대해 이렇게 논평했다. "예전에 매일 나가던 저보는 각 아문의 서리들이 초록해서 나누어 전했는데, 초서로 거칠게 쓴 것을 기별초奇別草라 했다"(황현, 2006: 221~222). 그러나 손으로 쓴 신문은 기계를 이용한 출판물로 대체되어 무대 뒤로 사라졌다. 박문국은 근대 인쇄 기술을 이용해서 ≪한성순보≫와 ≪한성주보≫를 발행했고, 관보국도 1894년부터 관보를 인쇄하기 시작했다. 이리하여 전통적인 신문이었던 조보는 없어졌다. 조보와 같은 필사 신문은 인간미가 짙게 묻어난다는 장점이 있지만 인쇄 신문과 비교해 품질이나 효율성이 모두 떨어진 것이 크게 작용했다.

근대 신문의 정수는 뭐니 뭐니 해도 상업지다. 상업지가 발행되었다는 것은 그 시대의 시장경제, 기술, 민주주의, 대중적 생활 및 교육 수준, 교통 시설 등이 일정한 단계에 올랐다는 것을 의미하기 때문이다. 상업지는 대부분 국가의 직접적인 통제에서 벗어나 부르주아 계급의 통제 아래에 있었다. 그런 한편 상업지는 광범위한 광고주의 후원을 받아야 한다. 또 상업지를 읽고 이득을 취할 수 있는 독자층이 형성되어야 한다. 이렇게 상업지는 자본주의 생산력과 민주주의를 상징한다.

7) 방송

방송의 역사는 텔레비전이 지상파 TV에서 출발하여 케이블 TV, 위성방송, IPTV, DMB, 스마트폰, 스마트 TV로 발전해왔음을 알린다. 보다시피 방송은 워낙 빠르게 바뀌고 있어 그 개념이 무엇인지 규정하기 어렵다. 방송법 제2조 제1항에서는 "방송 프로그램을 기획·편성 또는 제작하여 이를 공중에게 전기통신설비에 의하여 송신하는 것"을 방송이라고 규정했다. 또 방송을 텔레비전, 라디오, 데이터 방송, 이동 멀티미디어 방송으로 구분했다. 하지만 스마트폰의 등장은 방송이나 통신의 개념을 확 바꿨다. 언제 어디서나 방송과 통신을 할 수 있게 해주는 스마트폰은 정보 생산과 소비의 신기원을 이루었다. 여기에 스마트 TV까지 개발되어 수용자들은 유료 방송에 가입하지 않고도 얼마든지 텔레비전에 접속할 수 있게 되었다. 과연 수용자 대중은 어떤 형태의 텔레비전을 선호할까? 이에 따라 전자산업, 미디어 산업, 통신산업, 광고산업, 오락산업 모두 커다란 영향을 받을 것이다. 문제는 또 있다. 텔레비전의 개념 또는 범위가 어디까지인가 하는 것이다. 텔레비전의 개념은 규제, 수익 등 모든 면에서 영향을 준다. 한 가지 예를 들어보자. 텔레비전 수상기를 가진 사람은 수신료를 부담해야 한다. 그런데 이 문제가 그리 간단하지 않다. 이정환 미디어 기자는 이렇게 묻는다.

> 어디까지를 TV로 볼 것이냐는 좀 더 복잡한 문제다. 애초에 방송법이나 수신료 징수 규정 등에 규정된 TV의 개념 자체가 모호하기 때문이다. PC에 TV 수신 카드를 달아 TV를 보는 경우 수신료 징수 대상일까, 아닐까. PC 모니터에 TV 튜너가 내장돼 있는 경우는 대상일까, 아닐까. 거실에 TV가 있지만 IPTV 용도로만 쓴다면 이걸 TV로 봐야 할까, 아닐까. 튜너 없는 모니터에 셋톱박스를 연결해 TV를 본다면 이건 또 TV일까, 아닐까(≪미디어오늘≫, 2013.8.11).

8) 통신

통신은 규모가 크고 기술 집약적인 정보 소통 수단이다. 통신이 무엇인지에 대해서는 전기통신기본법에 규정되어 있다.

> 제2조 제1항: 전기통신이라 함은 유선·무선·광선 및 기타의 전자적 방식에 의하여 부호·문언·음향 또는 영상을 송신하거나 수신하는 것을 말한다.

KT와 SKT를 비롯한 통신 기업은 콘텐츠contents, 플랫폼platform, 네트워크network, 단말기terminal를 하나의 사슬로 묶는 C-P-N-T 모형을 추구하여 규모의 경제와 범위의 경제를 동시에 실현하려고 한다.[6] 통신산업은 IPTV, 인터넷, 위성방송, 스마트폰 등을 묶어 파는 결합 서비스로 경쟁력을 증대한다. 통신산업이 방송, 콘텐츠 부문과 결합한 배경에는 방송과 통신의 융합 및 규제 완화가 있다.

9) 광고[7]

표준국어대사전에 따르면 광고는 "세상에 널리 알림, 또는 그런 일"이며, "상품이나 서비스에 대한 정보를 여러 가지 매체를 통하여 소비자에게 널리 알리는 의도적인 활동"이다. 슬레이터D. Slater는 광고의 기능을 "상품의 성격을 문화적으로 재규정하는 것"이라고 했다(Slater, 1997: 45). '상품의 정명定名'이 광고의 기능이라면 광고는 호락호락한 물건이 아닌 듯하다. "현대 광고란 결국 사람들의 시선에 매기는 통행료"라는 개념 정의는 산뜻하다(김국현, 2013: 109). 광고를 '가장 널리 퍼진 문화산업the most ubiquitous cultural industry'으로 보는 관점도 있다(Casey et al., 2008: 3). 광고는 미디어 기업의 이윤 획득과 축적을 가능하게 만든다. 그래서 광고는 미디어 자본의 증식을 위한 '필수적인 묘약necessary elixir'으로 비유되기도 한다(Fuchs, 2011: 27).

한편 광고산업에 투입된 광고비의 성격을 두고 논란이 분분하다. 학자마다 광고비를 보는 시각이 다른데 이들의 견해를 종합하면, 가치증대론,

6 마케팅은 통신산업을 지탱하는 힘이다. 그래서 통신 3사 모두 매출액 대비 25% 정도를 마케팅비로 쓴다. 기술 개발, 고객 서비스에 쓰여야 할 돈이 무리하게 마케팅비로 쓰이는 것 같다.

7 광고에 대해서는 3장에서 별도로 다룰 것이다.

손실론, 사회간접자본론으로 구분된다(김승수, 2010: 203~207).

10) 홍보

표준국어대사전에서는 홍보를 "널리 알림"이라고 짧게 정의했다. 물론 홍보는 이런 뜻이지만 이보다는 한결 복잡하고 어려운 뜻이 담겼다. 미국 PR협회는 PR을 "조직과 공중이 서로에게 순응하도록adapt 도와주는 것"이라고 규정했다. 그리고 영국 PR협회는 PR을 "조직과 공중 사이의 상호 이해를 확립 또는 유지하는 데 필요한 신중하고도 계획적이며 지속적인 노력"이라고 정의했다(이수범, 2009: 522). 김영욱은 PR 커뮤니케이션이란 개념을 썼는데, 그는 PR 커뮤니케이션에 대해 "조직이 공중과 장기적으로 우호적인 관계를 형성·발전시키기 위해 펼치는 광범위한 커뮤니케이션 활동"이라고 설명했다(김영욱, 2003: 28). 비판적인 시각에서 홍보란 "민주적 의사 결정을 방해하고 뒤엎은 것"이며, 기득권층의 이익에 대한 위험을 제거하는 수단이다(밀러·디난, 2011: 25). 홍보산업에 대한 밀러David Miller의 비판은 냉정하다.

첫째, 홍보는 대부분 기업을 비롯한 기득권층의 이익을 위한 수단이다.
둘째, 홍보는 수단을 공개하지 않는다. 심지어는 어떤 고객과 어떤 이익을 위해 일하는지도 밝히지 않는다.
셋째, 홍보는 대부분 속임수와 조작을 동원한다.
넷째, 홍보는 민주적 토론에 참여하기는커녕 고객의 이익을 위해 토론을 뒤엎으려 한다.
다섯째, 기업의 사회적 책임을 비롯한 윤리적 활동은 모두 기업 전략에 종속된다.

여섯째, 홍보는 신자유주의 혁명을 추진하는 동안 기업 권력의 선두에서 핵심적인 기능을 수행했다(밀러 · 디난, 2011: 27~28).

신호창(1997)도 홍보 윤리가 타락했다고 비판하면서 이를 바로잡는 것이 필요하다고 강조했다.

11) 저작권

저작권은 사회적 · 경제적 뿌리를 두고 발전해온 개념이다.[8] 서계원(2011: 90~92) 동국대 법학과 교수는 도시화 및 인구 집중, 상업 출판물 증가, 독점적 권리 인정, 저작자 권리 보호가 저작권을 형성시킨 사회적 · 경제적 배경이라고 살폈다. 결국 저작권은 사적 소유와 상품경제의 산물이라고 보면 된다. 시장경제에서 정보나 지식, 문화 따위는 일정한 자본이 투입되어야 만들어지는 상품적 속성이 강하다. 그런데 이런 것들은 정신적인 것이고 복제가 가능한 것이어서 굳이 비용을 지불하지 않아도 접근과 이용이 가능하다. 이렇게 되면 투자자는 하루아침에 알거지가 되기 십상이다. 이를 방지하기 위해 정보 · 지식 분야의 투자자나 생산자가 재생산을 할 수 있도록 저작권이 확립되기 시작했다. 그러나 현대 저작권은 이런 범주를 많이 벗어났다. 자본과 극히 일부의 창작자들이 저작권을 무기로 수용자의 접근권

8 저작권이 무엇인지, 어떤 기능을 하는지에 대해서는 학설이 분분하다. 저작권은 배타성, 공공성, 가분성, 유한성이라는 대립적인 개념으로 구성되며, 이 복잡한 저작권에 대해서는 정신적 소유권설, 무체 재산권설, 정신적 재화경합설, 신정신적 소유권설, 인격권설 등 다양한 학설이 있다(신재호 외, 2010: 36~38).

을 희생시켜 그 대가로 막대한 수익을 올리게 되었다. 이것은 수용자 대중의 정보권을 위협했다. 이것만 보아도 저작권을 사이에 둔 정보 공유화와 정보 사유화의 갈등이 심각하다는 것을 알 수 있다. 또 이는 불합리한 지적 재산권 법제에서 비롯된다. 김주영(2013: iv) 청주대 법대 교수는 "지적 재산권 법제의 보호 방식 자체가 지적 다양성을 파괴하고 정보의 자유로운 교환의 장애물"이며 "자본주의 착취 기제의 결정판"이라고 비판한다. 저작권을 비롯한 지적 재산권이 강화될수록 수용자 대중의 부담은 급격히 늘어난다. 자본은 저작권으로 이익을 극대화하려는 반면 수용자 대중은 최소한의 부담으로 정보나 문화를 접하려 하기 때문에 상호 충돌이 불가피하다.

저작권은 지식의 장벽이다. 저작권료를 지불하는 사람만이 특정한 정보나 문화에 접근하고 그렇지 못한 사람에게는 아무리 필요해도 접근을 어렵게 하는 것이 저작권이다. 그래서 베티그R. V. Bettig는 저작권이 배타적인 재산권으로 악용된다고 비판했다(Bettig, 2003: 3). 그는 저작권법을 통해 저작권자가 이루려는 목적을 이렇게 짚었다. 첫째는 저작권법 위반을 대상으로 소송을 걸어 돈을 버는 것이다. 둘째는 잠재적 경쟁자를 파산시켜 거대한 미디어 복합기업이나 벤처 자본에 인수, 합병시키는 것이다. 셋째는 저작권의 절대성을 주장함으로써 인터넷을 비롯한 정보 영역을 저작권자의 사적 영토로 만들기 위한 감시 체제를 만드는 것이다(Bettig, 2003: 7~8).

12) 다양성

다양성은 미디어와 정보를 선도하는 핵심 개념이다. 한국의 방송법도 다양성을 존중한다. 방송법 제11조는 방송의 다양성을 위해 편성 비율을 고시할 수 있다고 했다. 같은 법 제35조 제4항의 1에는 "방송통신위원회는 방송의 여론 다양성을 보장하기 위하여 미디어다양성위원회를 둔다"라고 규정되어 있다.

정인숙은 미디어 시장의 만연한 상업주의를 억제하는 가치로 다양성을 제시했다. 그는 미디어 다양성을 증대하기 위해 소유 규제의 유지 및 영향 평가, 다양성 확보를 위한 관리 체계 확립, 공영방송의 장르 다양성 확대, 종편 채널(종합편성 채널)의 장르 다양성 확보, 어린이 장르에 대한 보편적 시청권 확보, 망 중립성 및 망 동등 접근 개념의 도입을 제안했다(정인숙 외, 2010: 222~225). 이런 맥락에서 미디어 소유 및 프로그램의 다양성을 확보하는 것은 여전히 중요하다.

우리나라만이 아니라 대다수 나라가 미디어 다양성을 존중한다. 그래서 미디어 다양성은 시간과 공간을 초월한 보편적 가치로 인정을 받는다. 특히 유럽은 다양성을 존중했고, 이를 바탕으로 유럽위원회European Commission는 미디어 다원주의를 강력히 주창했다. 2007년 유럽위원회 보고서는 투명성, 자유, 다양성이 미디어 다원주의를 구성하는 요소라고 보았다. 2009년 유럽위원회 보고서는 소유 및 통제, 미디어 양식과 장르, 정치적 관점, 문화적 표현, 지역적 이익이라는 다섯 가지 영역에서 다양성을 확보하는 것이 미디어 다원주의라고 규정했다(European Commission, 2009: 5).

미국 컬럼비아 대학의 엘리 놈Eli Noam 교수는 미디어 다양성을 실행하는 방안으로 자유시장, 대안적 미디어와 정보의 제공, 공영방송을 비롯한 공공 서비스 제도, 비영리적 미디어, 미디어 행태 규제, 소유 규제를 포함한 구조 규제를 들었다(Noam, 2009: 443~446). 그러나 이것만 갖고서는 다양성을 장담하지 못한다. 이에 놈 교수는 다양성을 실질적으로 실천하려면 필요한 자금과 채널을 확보해야 한다고 주장했다(Noam, 2009: 446). 이것이 비교적 현실적인 생각이다. 하지만 자금과 전파를 확보한다고 해서 자동적으로 다양성이 구현되는 것은 아니다. 사회개혁을 통해 미디어와 정보 생산의 독립성과 공유제를 확립하는 것이 더욱 확실한 방안이다. 또한 공공 미디어와 함께 대안 미디어나 상업 미디어가 공존하는 것도 미디어 다양성을 증대한다.

2. 정보사상론

한민족은 자신들의 고유한 말과 글을 바탕으로 자주적인 소통 방식과 문화를 확립했다. 우리 역사에서 정보 소통의 개념과 철학은 한글 창제, 자주적인 인쇄 기술의 개발과 확산 등에서 확인될 뿐만 아니라 사상적·제도적으로 선진적 수준에 있었다.

1) 말과 글의 주체성

우리 민족은 웬만한 것은 모두 스스로 만들어 썼다. 글자도 중국 것을 빌려 쓰다가 우리 글자를 만들었다. 물론 한글 이전에도 우리는 자주적인 방식으로 문자를 썼고, 정보를 소통했다. 한글 이전의 시대에는 그림이나 한자가 주된 소통 수단이었다. 우선 한글 이전의 소통 방식에 대해 살펴보자. 우리 민족은 이미 고조선 시대에 신지神誌글자를 만들었다고 한다. 『영변지寧邊誌』에 상형문자와 비슷한 신지글자가 보인다고 기록되어 있다. 리철화(1995)는 고대의 표현 수단으로 신지글자, 한자, 이두, 필사 도서가 있었고, 금석문, 목판인쇄술이 삼국 시대에 상당한 수준으로 발전했다고 말했다. 북한은 신지글자를 '우리 민족 고유의 글자'이며, 우리 민족의 '시조

글자'라고 높이 평가해왔다. 김일성종합대학 박교훈 부교수는 신지글자란 "단군 시기부터 고조선에서 쓰인 우리 민족 고유의 글자로서 그 이후 변화·발전해 여러 가지 글자를 낳은 우리 민족의 '시조글자'라고 말할 수 있다"라고 주장했다(1994년 5월 23일자 ≪연합뉴스≫ 기사에서 재인용). 박 부교수는 신지글자가 우리 민족 고유의 글자라는 증거를 다음과 같이 제시했다.

> 첫째, 『삼성기』, 『규원사화』, 『평양지』, 『영변지』 등 옛 문헌에서 신지글자가 고조선에서 사용되었다고 언급한 점
> 둘째, 고조선 유적에서 나온 토기의 밑굽에 신지글자와 같거나 유사한 글자가 새겨져 있는 점
> 셋째, 신지글자의 모양이 중국, 몽골, 인도, 일본 등 이웃 나라 글자와 다른 점
> 넷째, 글자 생활과 관련되는 말마디들이 원래부터 고유한 우리말로 되어 있는 점 등

박교훈은 한글 창제에 참여했던 정인지가 신지글자를 계승한 것이 훈민정음이라고 언급한 점을 들어 훈민정음이 신지글자에서 발전한 것이라고 말했다.

한국 역사를 관통해서 쓰인 문자는 역시 한자였다. 특히 지배계층은 대부분 한자와 한문에 의존했다. 서적, 조보, 실록, 조정 문서, 교육 등 거의 모든 공식적인 것에서 한자가 쓰였다. 하지만 일반 백성이 쓸 수 있는 글이 없었다는 것은 치명적이었다. 백성들은 무지할 수밖에 없었고, 임금이나 지배층은 백성과 소통할 방법이 마땅치 않았다. 더구나 신흥 국가인 조선이 백성을 상대로 소통을 해야 하는데 도무지 방법을 찾을 수 없어 애를 먹었다. 지배층이 서민 대중과 어떤 식으로든지 소통하지 않으면 지배 질서

는 오래가지 못한다. 서로 딴소리를 하기 때문이다. 쉽게 배워 소통에 쓸 수 있는 글자를 만들어 백성을 다스릴 필요가 있었던 조선 초기에 한글이 탄생된 것은 우연이 아니다. 미국 미네소타 대학의 어빙 팽Irving Fang 교수에 따르면, 세종대왕이 "이성을 만족시키고 사람의 악한 본성을 개혁하고자" 서적 출판을 독려했고, 한글을 창제했다(팽, 2002: 67). 세종대왕은 백성과 소통하며 새로운 국가 법령을 이해시킬 방법을 찾고 있었다. 그런 가운데 민간에서 아들이 아버지를 죽이는 패륜 사건이 벌어졌다. 큰 충격을 받은 세종대왕은 집현전에 명령해서 『삼강행실도三綱行實圖』를 펴냈다. 이 책은 우리나라와 중국의 충신과 열녀에 관한 이야기를 소개한 것이다. 그런데 백성이 한자를 모르기 때문에 『삼강행실도』의 앞쪽에는 글을 모르는 서민을 위해 그림을 보여주었고, 뒷부분은 글로 썼다(박차지현, 2005: 50~51).

한글은 문화 혁명의 결정판이었다. 이것으로 우리 민족은 자주적인 문명국으로 발전할 수 있는 정신적 터전을 만들었다. 그러나 한글 혁명의 길은 험하고 곡절도 많았다. 조선의 사대부들은 한자, 한문에 집착할 뿐 한글 창제를 반대했고, 나중에 한글을 언문이라고 부르며 업신여겼다. 역사를 관통하여 사대주의자들은 수천 년 동안 중국 것을 섬기다가 일제강점기에는 일본 말과 문화를 섬겼고, 미국의 시대에는 영어와 기독교를 신줏단지 모시듯이 해왔다. 반면에 우리글과 우리 문화를 천대했다. 조선 후기 주한 프랑스 공사관의 통역관이었던 모리스 쿠랑Maurice Courant이 묘사한 대로 서점 주인조차 "한글로 되고 값이 싼 잡서라면 이를 밖에 내어놓는 것을 큰 수치로 알고 혹시 그러한 서적이 있을 경우, 이를 구석에 깊이깊이 감춰두었다"(쿠랑, 1996: 15).

지배층이 문자를 독점하고 백성에게 가르치지 않은 것은 우리나라만의 현상이 아니라 일반적인 세계사적 현상이었다. 김귀옥 한성대 교수는 이렇게 말한다.

> 종이책이건, 전자책이건 책에는 한정이 없다. 인류가 책을 갖게 된 것은 전적으로 문자를 갖게 되었기 때문임은 주지의 사실이다. 그런데 수천 년, 수백 년 동안, 동서에 걸쳐 문자는 특권층의 전유물이었다. 전통 시대 한 사회의 구성원은 문자 향유층과 비향유층으로 구성되어 있었다. 문자 소유자들이 돈과 권력, 명예를 독차지하면서 그 사회의 지배층이 되었던 반면, 피지배층에게는 말과 노동력만이 주어질 뿐이었다. 그래서 역사는 승리자, 지배층의 기록으로 남게 되었다(≪프레시안≫, 2009.11.1).

그렇지만 세종 때 만들어진 한글은 빗물이 땅에 스며들어 싹을 키우듯 백성들 저변에 뿌리를 내렸다. 세종과 그 아들 세조는 한글 확산에 애썼다. 정주리 외(2011: 24)의 연구에 따르면, 이들은 한글로 문서를 쓰기도 하고 훈민정음을 과거 시험 과목에 넣기도 했다. 본격적인 한글 혁명은 힘이 없는 민초로부터 시작되었다. 정보나 지식에 목말랐던 서민이나 부녀자 사이에서 한글 깨치기, 한글 책 읽기 혁명이 일어났던 것이다. 왕실과 사대부 가운데 일부도 한글을 익혔다. 거기에는 이유가 있었다. 지배층에 속한 여성들은 한글을 익혀 소통할 수 있었는데, 남성들은 이들과 소통하려면 한글을 익혀야 했다. 왕, 세자 들이 남긴 한글 편지나 글은 대개 부인, 어머니, 딸 등 여성과 소통할 때 썼던 것임을 보아도 그렇다. 사대부도 사정이 마찬가지였다. 양반가 여성들은 한글 소설을 많이 읽었다. 어떤 책은 중국 소설을 한글로 번역한 것도 있고, 원래 한글로 쓰인 소설도 있었다. 하지만 사대부나 지식인은 여성의 소설 읽기를 못마땅하게 여겼다고 한다.[9] 이런 환경에서 우리나라 사람들은 한글을 대중적 소통 수단으로 쓰기 시작함으로써 한글 문명을 일구었다.

2) 기술 발전

우리 민족은 정보기술을 중시하여 한편으로는 적극적으로 개발했고, 또 한편으로는 중국을 비롯한 당대 선진 문명국가의 기술을 배워 우리 것으로 만들었다. 중국의 인쇄 문화 연구자인 장슈민張秀民은 ≪역사연구歷史研究≫ 1957년 제3호에 실린 「조선의 고인쇄」라는 글에서 이렇게 말했다.

> 조선은 인쇄 역사상에서 특출한 성과를 이룩하였는바, 최초로 대량적으로 금속활자를 주자하였다. 이것은 조선 근로 인민의 세계 문화에 대한 위대한 공헌이다(박시형, 1959: 41에서 재인용).

우리나라는 인쇄 기술만이 아니라 종이, 먹, 도장 기술도 당대 최고 수준이었다. 고려 시대에는 금속활자를 이용한 출판 문명이 일어났다. 당시에는 "여염집 거리에도 책을 파는 서점이 두셋씩 마주 보고 있었다"라는 기록도 있다(≪한겨레≫, 2013.10.28, 28면). 조선 시대에는 금속활자를 대량으로 만들어 독자적인 인쇄 문화를 일궜다. 이에 대해 리철화(1995)는 사회생산과 계급구조를 반영해서 표현 수단이 발전했다고 주장하는 한편 농민을 비

9 이민희(2007: 251)에 따르면, 남성 지배층은 여성들이 한글 소설을 사거나 빌려 보는 데 드는 비용이 많아 "가산을 탕진하고 가사를 소홀히 한다"는 이유를 댔지만, "더 근본적으로는 여성들이 글을 아는 대중, 즉 문중(文衆)으로 자라나는 걸 두려워하는 무의식이 깔려 있었을 것"이다. 이렇게 척박한 사회적·문화적 환경에서도 여성들은 때로는 지식을 얻기 위해, 또 어떤 때는 심심풀이로 책을 가까이하려고 애를 썼다. 책 읽기는 여성을 의식적인 사람으로 거듭나게 했고, 훗날 반봉건·반식민지·반독재 투쟁에서 소중한 밑거름이 되었다.

못한 일반 백성이 격문, 벽서 등과 같은 자주적인 표현 수단을 개발했다고 지적했다.

이렇듯 인쇄 기술이 당대에 선진적 수준이었지만 조선 시대의 반상 구분, 지배층의 지식 독점으로 출판물의 상업화와 대중화가 지체되었다. 이 때문에 지식 보급과 산업 형성이 늦어진 것은 대단히 안타까운 일이다.

3) 사상적 발전

(1) 여론 중시 사상

우리나라는 대대로 백성을 나라의 근본으로 삼고 이들의 노동력에 의지해왔다. 우리나라는 물자가 풍부하지 못해 백성의 노동에 모든 것을 걸다시피 했다. 지배층 역시 백성의 마음을 천심이라 여기고 천심을 얻으려고 했다.

민심, 즉 사회 여론에 귀를 기울인 사람은 세종대왕이 대표적이었다. 그는 공법[10]이라는 새로운 제도를 두고 조정이 찬반양론으로 갈리자 어떻게 할지를 '백성에게 직접 물어보라'면서 여론조사를 지시했다. 이에 조정은 1430년 3월 5일부터 여론조사를 실시했다. 일반 농민, 관료 등 17만 명이 여론조사에 참여한 결과, 공법에 찬성한 사람이 9만 8,657명, 반대한 사람이 7만 4,149명이었다고 한다(전국역사교사모임, 2002: 183). 세종대왕은 찬성 여론을 수렴하여 공법의 시행을 결정했다. 공법을 반대하는 사람들이 많아 본격적인 시행은 1489년부터 실시되었지만, 여론조사는 민심 중시,

10 공법이란 "농민에게 일정량의 토지를 지급하고 수확량의 1/10을 세금으로 받는 방식이었다"(정명섭, 2013: 71).

공론 정치의 탁월한 모형이었다. 동시에 여론조사를 통한 민심 수용은 직접민주주의를 상징하기에 모자람이 없다.

민심이 권력 향배에 큰 영향을 미치자 정치 세력들이 서로 민심을 잡기 위해 여론을 조작하고 왜곡하는 일도 흔했다. 숙종 시대에는 정치투쟁이 여론 조작으로까지 확산되기도 했다. 이들의 다툼은 그 유명한 '인현왕후(성녀) 대 장희빈(악녀)'이라는 이미지 조작에서 잘 드러난다. 이런 이미지 조작은 서인에 속했던 김만중이 쓴 『사씨남정기謝氏南征記』와 궁인이 쓴 것으로 추정되는 한글 소설 『인현왕후전仁顯王后傳』이 인현왕후를 천사표로, 장희빈을 악마표로 낙인찍었다는 사실에서 확인된다(김종성, 2013.4.30). 서인 세력의 선전전은 여기서 그치지 않았다. 서인 세력은 "미나리는 사철이고, 장다리는 한철이라"라는 노래를 골목골목 퍼뜨렸다. 이들은 미나리인 인현왕후를 지지하고, 장다리인 장희빈을 놀리고 폄하할 목적에서 여론 조작을 실행했다(김종성, 2013.4.30). 노래나 소설까지 동원해서라도 여론을 조작하고 민심을 잡으려 했던 움직임은 우리나라가 예나 지금이나 민심 중시 사회였음을 말해준다.

(2) 공공성 사상[11]

공공성 및 공익성은 소통, 미디어, 정보, 문화 따위를 말할 때 가장 빈번히 쓰이는 개념 중 하나다. 국립국어원이 발행하는 표준국어대사전에 따르면, 공공성이란 "한 개인이나 단체가 아닌 일반 사회 구성원 전체에 두루 관련되는 성질"을 말하며, 공익성이란 "영리를 목적으로 하지 않고 공공의 이익을 도모하는 성질"을 뜻한다. 위키피디아도 공익을 '공통의 행복common

11 공공성 사상은 김승수(2007, 2010)가 쓴 책 내용의 일부를 진전시킨 것이다.

well-being'이며 '보편적 복지general welfare'라고 규정했다.

공공성은 우리나라 역사를 관통해서 흐르는 보편적인 가치다. 봉건주의 시대에도 사람들은 공적인 영역을 정하고, 국가나 개인이 마음대로 하지 못하게 만들었다. 지식과 정보, 문화, 땅 같은 것이 공공 영역의 범주에 들었다. 저명한 실학자인 유형원도 『반계수록磻溪隨錄』을 쓸 때 첫 장에서 토지의 극단적인 사유화를 반대하고 공공성을 강조했다. 그는 이렇게 썼다.

> 옛날의 국가들이 수천 년, 수백 년 동안 공고하게 유지되면서 문화를 크게 발전시킨 까닭은 그 바탕에 그러한 토지제도가 있었기 때문이다. 오늘날에 이르러서는 그러한 토지제도가 무너지고 사적 토지 소유가 무제한하게 전개됨으로써 모든 제도가 그릇되고, 모든 질서가 전도되었다(유형원, 1974: 39).

유형원의 토지 공개념 사상은 선견지명이 있다. 그는 부와 권력, 그리고 문화의 원천이 토지에 있다고 생각했다. 반계 유형원은 지주가 농민을 수탈하는 현실을 꼬집으며, 지주가 땅을 독차지하는 지주 전호제를 혁파하고 공전제를 도입하자고 주장했다. 사람의 삶에 결정적인 역할을 하는 토지와 같은 분야에서 지배계급이 사유화하고 독점하는 문제를 짚은 데에는 큰 뜻이 있다. 유형원이 제기한 공전제의 사상적 뿌리는 공공성이라 할 수 있다.

공공성을 지탱하는 요소는 공론이다. 현대사회에서 공론은 주로 공론장public sphere에서 만들어진다. "공론장이란 개인들이 자유롭게 토론하고 사회문제를 확인함으로써 정치에 영향을 미치는 사회적 생활 영역이다."[12] 공론의 장에서 사람들은 공과 사의 구분을 엄격히 했고, 공적인 책무는 다른

12 http://en.wikipedia.org/wiki/Public_sphere

어떤 일보다 중시되었다.

조선 시대에 공론이 주로 사대부의 의견을 말하는 것이라면, 민심은 백성의 소리였다. 어떤 왕, 어떤 지배자도 공론과 민심을 거역하기 어려웠다. 영국에는 공론 또는 민심과 비슷한 뜻으로 여론public opinion이라는 말이 있었는데, 이것은 18세기 후반 무렵부터 쓰기 시작했다고 한다(Briggs et al., 2002: 1).

근대 역사 이래 사람의 생명이나 기본권에 직접적이고 심각한 영향을 주는 공공 영역을 시장의 논리 또는 권력의 논리에서 벗어난 독자적 공간으로 만들려는 노력이 있었다. 그러나 조선은 그렇지 못했다. 조선은 일제의 침략을 받고 식민지가 되면서 근대 시민의 경험을 쌓고 공공성을 육성시킬 절대적인 기회를 잃고 말았다. 그 대신 일제 침략자에 충성했고, 자신과 가족만을 위한 극단적인 개인주의가 우리 사회를 지배했다. 나라를 되찾은 후에야 공공성 사상은 헌법적·정치적 뒷받침을 받았다. 학술적으로도 공공성 사상 연구는 상당한 성과를 쌓았다.

신정완(2007: 41~43)은 공공성을 개방성·공개성, 의사 결정 과정의 민주성, 기본적 재화와 서비스에 대한 모든 사회 구성원의 평등한 접근성, 비시장적 원리에 따른 자원 배분의 강화, 국민적 자산과 사회적·경제적 의제들에 대한 국민적 통제라고 설명했다.

조한상(2009: 21) 청주대 법과대학 교수는 인민, 공공복리, 공개성을 공공성의 세 가지 요소로 꼽았다. 이 중에서 주목할 것은 공개성이다. 조한상은 공개성을 공개적 의사소통으로 해석했다.

오건호(2007: 13~14)는 사회 공공성을 탈시장성·탈수익성에서 바라보았다. 그러면서 그는 통신이나 철도와 같은 사회적 서비스는 시설의 보편성, 요금의 공공화, 생산력의 사회적 공유, 노동권의 보호와 같은 요건이 충족

되어야 한다고 말했다.[13]

오건호의 모형에 따르면, 사회적으로 필수적인 서비스에 대해서는 시장 원리가 아닌 사회적·공공적 원리가 적합하다. 사회 공공성론은 공공성의 사회구조적 측면, 특히 경제적 공공성에 방점을 찍는 개념이다. 이것은 반독점, 비시장·사회적 시장, 정의, 평등, 소수자 보호를 중시한다(오건호, 2007). 그런가 하면 신진욱(2007)은 공공성을 분석적 지표와 규범적 가치의 차원에서 설명했다.

공공성을 결정하는 요소는 역시 소유의 공공성이다. 민주주의도 소유 민주주의에서 시작한다. 이것은 현대 민주주의가 대의성에 집착했고, 기껏해야 제한적인 차원의 참여를 추구한 데 따른 반작용에서 나온 것이기도 하다. 소유 민주주의가 추구하는 으뜸 전략은 생산수단, 권력, 영향력과 같은 것들을 소수의 손에 집중시키지 않고 다수가 직접 소유하며 통제하는 것이다.

그러나 신자유주의 환경에서 공공성이 마구잡이로 파괴되고, 공공성론이 시장론에 의해 밀려나는 상황에서 이영주(2012)의 미디어 공공성론은 구체적이어서 가치가 있다. 그는 소통의 공공성이란 공론장 및 공공의 영역에서 토론하고 숙의하는 것을 말하며, 정치적·사회철학적 공공성 개념은 비판적 이성, 숙의민주주의, 공적 이성, 참여민주주의를 포괄하는 개념이라고 설명했다(이영주, 2012: 78).

공공성이 미디어 및 정보의 사회성을 강조한 개념이라면, 이것들이 추구

13 오건호(2003: 11)는 공공성을 현대 자본주의와 무관하게 파악하는 몇 가지 형식 논리적 경향이 있다고 지적한 바 있다. 첫째는 공공성을 중립성으로 이해하는 경향이다. 둘째는 공공성을 이해관계 집단으로부터의 독립성으로 파악하는 경우이다. 셋째는 공공성을 지식의 전문성으로 대체하는 경향이다.

해야 할 가치는 공익성이다. 김진웅은 공익성의 뿌리를 캐는 시도를 했다. 그는 공익성의 사상적 근원은 공동체주의이고, 정치적 뿌리는 복지국가 및 사회적 민주주의라고 설명한다. 경제적 뿌리는 사회적 시장경제, 철학적 뿌리는 객관적·선험적 존재이며, 공익의 본질은 실체성이라는 것이다(김진웅, 2011: 129). 이런 개념에 기초하여 방송의 공익성을 정의하면 "방송이 달성해야 할 가치 혹은 이념을 통칭하는 것"이다(주성희 외, 2012: 13).

강하연 외(2012)의 연구 결과에 따르면, 방송이나 통신의 공익성 개념은 나라마다 독특한 모습을 갖고 전개되었다. 한국에서 방송의 공익성은 객관성, 다양성, 소수 계층의 이익 실현, 지역성, 동등 기회의 원칙을 강조하고, 영국은 지리적 보편성, 소수 계층의 보편성, 지불의 보편성, 이익집단과 정치 통제로부터의 자유, 국가 공동체의 정체성, 소수 계층을 위한 배려, 프로그램 질의 경쟁, 프로그램 제작의 창의성을 존중하는 한편, 미국의 방송 공익성은 국가 안보, 시장 경쟁에 미치는 영향을 특별히 주목한다(강하연 외, 2012: 39).

이렇듯 공공성을 보는 눈은 제각각이지만 공통점이 하나 있다. 공공성은 비교적 진보적이면서도 보편적인 가치라는 점이다. 기득권을 옹호하고 보수적 가치와 중복되는 부분도 있으면서 독과점 반대, 다양성, 약자 배려와 같은 진보적 가치를 반영하는 것이 공공성이다.

(3) 사상과 언론의 자유

사상의 자유는 모든 자유 가운데 으뜸의 자유다. 이것이 튼튼히 보장된다면 민주주의도 함께 견실해진다. 그러나 집권층이 사상의 자유를 허용하지 않자, 많은 정치인과 지식인이 사상의 자유를 쟁취하려고 분투했다. 조선 시대에도 허균, 장유, 홍만종, 이언진, 홍대용 등 선진 학자들이 주자학 유일 진리론, 대명의리론, 조선중화주의론 등에서 벗어나 진리의 복수성을 외쳤다(박희병, 2013: 231~238). 특히 홍대용은 사상 선택의 자유, 사상 행위의 자유를 옹호하면서 "유불선儒佛仙은 물론이고 묵자墨子, 양주楊朱, 서학에도 각각 진리가 담지되어 있다고 보았다"(박희병, 2013: 238). 지배 이데올로기를 상대로 사상의 자유 및 진리의 복수성을 주창하던 사상은 후대로 면면히 이어져 내려왔다. 우리나라에는 권력자를 공개적으로 비판하는 정치 문화도 있었다. 그래서 한만수 동국대 철학과 교수는 표현의 자유사상이 서양의 발명품이 아니라고 역설하기도 했다. 그는 우리 민족이 표현의 자유를 쟁취하기 위해 부단히 투쟁했다고 말했다.

> 표현 자유는 근대 서구에서 비롯되어 세계에 전파된 것일까. 또한 현재 그 지역의 사례들이 모범적이기만 할까. 예컨대 조선 시대는, 물론 양반 계층의 남성으로 한정되긴 했지만, 어디에도 뒤지지 않는 표현의 자유를 누리던 시대가 아니었던가. 왕의 일거수일투족을 기록하고도 그에게는 사초史草를 보여주지 않았으며 유림들의 상소는 거리낌이 없었다. 한국에서 의사소통의 자유란, 서구적 근대를 받아들이면서 비로소 싹튼 것이 아니라, 식민 체험과 독재 시기를 겪으면서 왜곡되고 후퇴한 셈이다. 게다가 식민 시기와 독재 시기에, 아니 지금 이 순간에도, 표현 자유를 지키기 위해 투쟁하고 헌신했던 사람들의 눈물겨운 사연들은 무수히 많다(한만수, 2012.6.15).

고려나 조선 시대의 관료, 선비 등은 왕권을 견제하고 권력을 바로 세우기 위해 정치 비판을 서슴지 않았다. 이들의 표현 행위는 백성과 나라를 위해 필요한 것이라는 암묵적 합의도 있었다. 그렇지만 대한민국이 고려나 조선 시대보다 언론과 표현의 자유가 훨씬 넓어졌다고 장담할 수 있을까?

4) 제도적 발전

(1) 언로 제도

우리나라 정보 소통의 역사에서 두드러진 개념 가운데 하나가 언로言路라는 것이다. 고려 시대에도 언로라는 말을 썼다는 기록이 있다. 고려 공양왕은 이성계의 공로를 치하하는 교서에서 "언로도 열어 민정을 통하게 하고"라는 표현을 썼다(『조선왕조실록』 태조 1권). 조선 시대에는 정도전이 언로의 중요성을 강조했다. 그는 태조 이성계에게 바친 「문덕곡文德曲」에서 이성계가 언로를 만들고作開言路, 언로를 열었다大開言路며 칭송했다(EBS 역사채널ⓔ 제작팀, 2013: 57). 율곡 이이도 언로라는 개념을 썼다. 그는 선조에게 바친 『만언봉사萬言封事』에서 선조가 언로를 활짝 열고 의견을 거리낌 없이 받아들이고자 손수 교지를 내렸다고 찬양했다(이이, 2007: 143).

우리나라는 언로를 만들어 공론을 구하려고 노력했다. 『조선왕조실록』을 보면 국왕들이 '바닥의 민심'을 들으려 애쓰는 모습이 여기저기에 나온다. 조선 태종은 '고할 데가 없는 백성으로 원통하고 억울한 일을 품은 자'는 신문고를 칠 수 있도록 했다. 그는 격쟁, 상언 등 다양한 소통 수단도 백성에게 허용함으로써 왕과 백성의 간극을 줄이려고 했다. 상소가 양반의 전유물이었다면, 상언은 일반 백성이면 누구나 이용할 수 있었다. 상언에는 백성이 쓸 수 있는 이두가 사용되기도 했다. 조선 국왕은 사대부를 규탄하는 백성의 상언 등을 이용해서 사대부의 횡포를 견제하기도 했다.

조선 세종 때에는 왕과 신하 사이에 다양한 언로가 개설되었다. 면진面陳, 조참朝參, 조계朝啓, 윤대輪對, 경연經筵은 세종 시대에 확립되어 후대까지 이어진 소통 수단이었다(김영수, 2009: 43~44). 정조는 국가 경영에서 개방된 언로가 얼마나 중요한 기능을 하는지 깊이 인식한 군주였다. 1776년 왕으로 즉위하자 정조는 언로의 개방성을 이렇게 강조했다.

> 언로는 국가의 혈맥이다. 혈맥이 막히면 원기가 어떻게 두루 통할 수 있겠는가. 이 점이 임금의 제일가는 급선무이고 조정의 신하가 힘써야 할 바이다(한국고전번역원, 『일성록』).

언로를 국가의 혈맥이라고 비유하며 언관의 기능을 높이 산 정조는 조선 문명을 한 단계 끌어올렸다. 그러나 정조의 개혁 사상은 유교적 한계, 수구적 압박을 뛰어넘지 못했다. 그가 죽자 권력이 수구파에 완전히 넘어갔고, 모든 언로도 다시 봉쇄되었다. 정약용이 언관 제도가 권력에 예속되고 부패했다면서 전면적인 개혁을 부르짖은 것은 우연이 아니었던 것이다. 세도가들이 부를 독식하는 반면 뼈 빠지게 일해도 굶주려야 하는 백성들이 지배층을 불신하고 공격하는 상황에서 언로는 더욱 위축되었다. 세도정치, 집권 세력의 무능과 부패도 언로를 가로막았다. 백성과 지배층이 소통하지 못하고 적대적인 투쟁을 거듭한 결과, 나라는 힘을 잃고 말았다. 조선은 스스로의 모순을 해결하지 못한 채 결국 일본 식민지로 추락하고 말았다.

앞에서 살펴본 바와 같이 언로는 백성, 왕, 신하가 서로 소통하는 길을 말한다. 언로란 임금에게 올리는 말, 글 등을 이용하여 의견이나 의사를 전하는 수단, 통로를 총칭하는 말이다. 언로 가운데 가장 일반적인 것이 상소였다. 상소 제도는 일찍이 신라 시대에도 있었다. 1478년 조선 성종 때 서거정이 주도하여 펴낸 시가집 『동문선東文選』에는 김후직이 진평왕에게 올리는 상소문이 실렸다. 이 상소에서 김후직은 진평왕에게 "사냥을 중지하시고 정사를 돌보십시오"라고 충고했다고 한다(신두환, 2009: 14에서 재인용). 고려 시대에도 상소 제도가 있었다. 이곡이 원나라 황제에게 상소를 올렸다는 기록이 있는데, 그는 상소에서 원나라가 우리나라의 어린 소녀를 데려가는 공녀貢女 제도가 비인간적이며 성인의 도리에 어긋난다고 비판했다. 그는 이 제도의 폐지를 간곡히 청했다. 이에 원나라 황제는 이곡의 상소문을 읽고 감동해서 공녀 제도를 없앴다고 한다(신두환, 2009: 37). 이렇게 상소는 훌륭한 언로였다. 그럼에도 상소는 제약이 많은 소통 수단이었다. 상소는 사실상 양반의 독점물이었다. 이에 양명학의 대가인 정제두는 귀천과 대소를 가리지 말고 누구나 상소 등을 통해 조정에 의견을 개진하자고 제안하기도 했다(박희병, 2013: 308).

우리나라 언로 체제는 장점도 있었지만 구조적 한계가 많았다. 주로 왕과 신하의 소통을 뜻하는 언로는 열렸지만, 백성에게까지 열린 문은 아니었다. 일례로 간관諫官 제도에 대한 비판이 많았다. 조정에서는 간관을 두어 왕권을 견제하려 했으나, 결과적으로 간관 제도는 임금과 백성 간의 직접 소통을 가로막았다. 이에 이익은 간관 제도를 개혁해 언로를 확대할 것을 주장했고, 홍대용은 『임하경륜林下經綸』에서 간관 제도를 혁파하고 모든 백성에게 언로의 문을 열자고 제안하기도 했다(박희병, 2013: 372에서 재인용).

(2) 언론 제도

고려 말기의 학자 목은 이색은 반드시 말해야必言 할 바를 말하고 반드시 써야必用 할 바를 쓰는 것이 언론이라고 했다(이색, 2005: 87). 이러한 관점에 기초해서 본다면 언론[14]은 미디어를 이용해서 사실과 진실을 말하고, 여론

14 서양에서는 에드먼드 버크(Edmund Burke)가 언론을 제4부(Fourth Estate)라 부르기도 했다. 언론을 이렇게 높여 부르는 까닭은 입법부, 행정부, 사법부라는 전통적인 권력이 잘못하면 이를 감시하는 언론의 역할이 중요하며, 언론의 책임과 개별 언론인의 용감한 정의심을 강조하기 위한 것이다(*Le Monde diplomatique*, 2005.11.10).

을 형성하는 행위를 뜻한다. 언론은 정치적·문화적 함의가 많은 말이다. 그렇지만 표준국어대사전은 언론의 개념을 다음과 같이 기능적 차원에서 정의했다.

1. 개인이 말이나 글로 자기의 생각을 발표하는 일, 또는 그 말이나 글
2. 매체를 통하여 어떤 사실을 밝혀 알리거나 어떤 문제에 대하여 여론을 형성하는 활동

언론의 사전적 의미는 미디어를 통해 말이나 글, 영상 등을 이용하여 사실과 문제에 대해 알리고, 여론을 형성하는 것이다. 사회문제에 대해 취재하고, 편집하며, 유통하는 행위 일체를 언론이라고 볼 수 있다. 저널리즘은 언론과 가장 가까운 개념이다.

우리나라 역사에는 다른 나라에서 보기 어려운 선진적인 언론 제도가 많았다. 조보와 『조선왕조실록』이 대표적인데, 특히 조보는 정기적으로 발행되어 시사 정보를 공급했다.[15] 두산세계대백과사전은 조보의 성격을 이렇게 설명한다.

> 조선 시대에 승정원承政院의 발표 사항을 필사해서 배포하던 전근대적인 관보 겸 신문 형태. 개국 초에는 '기별' 또는 '기별지寄別紙'라 해서 예문춘추관藝文春秋館의 사관史官이 조정의 결정 사항과 견문록 등을 기록하여 각 관청에 돌렸다. 세조 때부터는 '조보'라는 이름으로 이를 승정원에서 취급하여 국왕이

15 조보를 체계적으로 연구하고, 이를 학계에 내놓아 우리 민족이 오래전부터 정기적으로 신문을 발행해왔다는 것을 알린 사람은 서울대 언론정보학과의 차배근 교수였다.

내리는 명령과 지시, 유생이나 관리들이 올리는 소장疏狀, 관리의 임면 등의 관보적 기사와 함께 일반 사회면 기사에 해당되는 것들도 약간 실어서 서울의 관서와 지방 관서, 그리고 상류계급의 사람들에게도 돌렸으며, 1520년(중종 15년)에는 상공 관계인에게도 배포했다. 한편 1577년(선조 10년) 8월에는 민간에서 이를 본떠서 매일 인쇄·발간하여 독자에게서 구독료를 받았는데, 선조가 이를 보고 이것이 이웃 나라에 흘러나가면 나라의 기밀을 알리는 결과가 된다고 진노하여 몇 개월 만에 금지되는 바람에 근대적 인쇄 미디어로 발전하지 못했고, 관계자들은 처벌을 받았다. '조보'는 1894년(고종 31년) 갑오개혁 때 '관보官報'라는 이름으로 대치되었다.

각종 문헌에서도 조보를 긍정적으로 평가했다. 박제가는 『북학의』에서 조보의 효율성을 다음과 같이 강조했다.

> 저보를 인출하면 몇 가지 이로움이 있다. 말하자면 사초를 가지고 고람考覽(생각하며 보는 것)할 때 편리하고, 각 관청의 서리의 수효를 수십 명이나 줄일 수 있으며, 허비하는 종이를 서너 배나 줄일 수 있다. 특히 지금 당장 종이를 허비하지 않을 뿐만 아니라 훗날에 역사서를 편수할 때 등사하는 종이도 허비하지 않게 된다(박제가, 2002: 115).

박제가는 필사 저보가 경제성이 떨어지는 반면 인쇄 조보는 경제성이 있다고 평가했다. 전문가 수십 명이 매일같이 종이에 조보를 필사하다 보니 인력과 종이 소비 부담이 컸을 것이다. 그래서 박제가는 중국처럼 인쇄 기술을 이용한 신문 발행을 생각했던 것 같다. 박제가와 같은 실학파들은 정보 생산에 대해 정치적으로만 접근하지 않고 경제적으로 접근하는 실용주의적 모습을 보여주었다. 보다시피 조보가 훌륭한 정보 소통 수단이었지만 제약도 많았다. 우선 조보는 왕과 사대부 중심의 정보 소통 수단이었다. 이것이 대중에까지 보급되지는 않았다. 또 조보는 사람이 일일이 필사해야 하고, 많은 물자가 소요되는 경제적 한계도 뚜렷했다.

3. 정보의 소통 방식

계급사회에서 소통은 크게 두 갈래로 나뉘는데, 종적 소통과 횡적 소통이 그것이다. 조선 시대의 지배층은 종적 소통을 고집해서 오로지 유교적 가치만이 문명의 정도라는 배타적 태도를 갖고 의견이 조금만 달라도 옆 사람과 소통하지 않았던 반면, 지구화가 이루어진 오늘날에는 다름과 다양성을 수용해서 서로 의견이 달라도 소통하여 새로운 가치를 찾으려는 횡적 소통이 대세다(계승범, 2012: 270). 그렇지만 대한민국은 횡적 소통이 자유롭게 이루어지는 나라일까!

1) 횡적 소통

횡적 소통이란 사람이든 집단이든 서로가 차이 또는 다름이 있다고 해도 동등한 입장에서 의견을 말하고 들어 공통의 가치, 새로운 가치를 찾아내려는 민주적·공동체적 소통 방식이다. 이것은 기본적으로 소통의 참여자가 대등한 관계에서 쌍방향 소통을 지향한다. 소통의 핵심은 횡적 소통이다. 평등한 관계 속에서 소통이 보장되어야 진정한 의미의 소통이 이루어질 수 있다. 우리가 지향하는 세계는 공정하고 다양한 정보와 지식, 그리고 문화가 흐르는 소통의 세계다. 이것은 어느 누구라도 언제 어디서나 아무런 제약 없이 정치적 견해를 말하며, 다양하고 비판적인 정보를 접하는 문화권이 보장된 사회다. 이런 소통 체제에서는 사람들이 마음의 문을 열고 사회 모순을 비판하며, 논쟁과 협상으로 그 모순을 해소하기 마련이다.

횡적 소통은 사회계급 간 차이를 넘어서는 균형적·포용적 소통 사상이다. 역사 이래 다양한 사람들이 제각기 소통 사상을 제기하고 정립했으나 대부분 계급이나 계층의 격차를 넘지 않는 선에서 소통을 말했다. 이를 소극적이나마 뛰어넘으려 했던 사람이 조선 시대의 정조다. 그가 제기한 소통 사상은 손상익하損上益下라는 개념에 압축되어 있다. 이것은 "위에서 덜어다가 아래에다 보태준다"는 말이며, "사회 세력 간 대동을 추구하는 소통 정책"이었다(한상권, 2009: 164). 현대사회에서는 노무현 대통령이 소통의 자유와 균형을 강조했다. 그러나 노 대통령의 시도는 치밀한 계획이나 대중적 기반이 없었고, 조중동을 비롯한 기득권 세력의 공격에 견디지 못하고 실패로 끝났다.

시장은 가장 보편적인 횡적 소통의 공간이었다. 시장에는 상품이나 물건만 있는 것이 아니라 모든 계층과 집단의 사람이 다 모였고, 다양한 말, 가치관, 정보가 교환되는 공간이었다. 사람들이 소통하고 단합하는 공간으로서의 시장의 정치적 기능이 중요했다. 그래서 조병찬(2004: 148~150)은 시장이 문물 전파 기관으로서의 기능, 통신 매체로서의 기능, 사교장으로서의 기능, 오락 기관으로서의 기능을 한다고 말했다. 시장은 물질적 소통과 함께 정신적 소통이 이루어지는 자유로운 공간이었다. 시장이 있는 곳에 정보가 있고, 정보가 있는 곳에 사람이 모인다. 국가도 시장의 선전 기능과 소통 기능을 충분히 이해하고 방을 붙이거나 죄인을 처형하는 곳으로 삼았다. 시장에서는 정치에서부터 가정사에 이르는 정보까지 많은 것들이 유통되어 사람들이 세계를 이해하는 데 도움을 주었다.

저항 커뮤니케이션은 대부분 횡적 소통 방식을 활용한다. 우리 역사를 보면 민중은 다양한 정보 수단을 이용하여 지배자의 착취나 외세에 당당히 맞섰다. 익명서, 격문, 통문과 같은 옛 시대의 저항 커뮤니케이션 수단은 사람들의 생존권 등 권리 찾기에 공헌했다. 익명서라는 것이 문헌에 나온 것은 『고려사절요高麗史節要』 제12권이라고 한다. 이 문헌에는 "8월에 여러 고을 군인들이 익명 방을 붙였는데 거기서 말하기를……"이라는 글이 나온다(리철화, 1966: 51에서 재인용). 이런 식의 저항 커뮤니케이션은 현대에 이르기까지 대중적으로 활용되었다. 정보 혁명은 계속 진화하여 근대에는 벽보로, 현대에는 인터넷과 SNS로 맥을 이어왔다. 현대사회에서는 소셜 미디어도 횡적 소통을 확장했다. 익명성 또는 개인성이 소셜 미디어의 참여자에게 대등한 관계를 맺는 데 도움을 주었다.

공동체 소통 양식은 대개가 횡적이다. 구술, 구연, 공동체적 독서는 우리 민족이 공유하고 즐겼던 소통 양식이었다. 사람들은 신문도 함께 읽고, 라디오도 같이 청취하면서 문화를 공유했다. 함께 말하고, 들으며, 읽는 문화는 삶을 공유하려는 의지의 산물이었다.

하지만 지배층은 민중의 횡적 소통을 두려워했다. 자신들의 이익과 권위에 해가 될 것을 우려했기 때문이다. 이들은 서민층의 언로를 꽉 막았다. 조정이 서민과의 소통을 위해서 신문고, 복합, 규혼, 등장, 격쟁과 같은 열린 언론 제도를 두기도 했지만 그 기능은 제한적이었다. 이런 제도는 정치적인 의견을 수렴하거나 논의를 하는 장이 아니라 민중 개인의 사적인 억울함을 호소하는 기능에 머물렀다(김세철·김영재, 2000: 49). 지배층과 백성 사이의 소통 단절은 조선 시대 내내 계속되었고, 그사이에 이들 간에 크고 작은 충돌이 끊임없이 생겼다.

2) 종적 소통

종적 소통이란 불평등하거나 불균형한 상태에서 우월한 쪽에 있는 사람이 열등한 쪽의 사람을 상대로 일방적으로 소통하는 행태를 말한다. 이것은 횡적 소통과 정반대되는 방식이다. 식민지 권력, 군사정권에서 보듯이 집권자는 자신만 말하고 수용자 대중에게는 비판과 저항의 권리를 인정하지 않았다. 일방적 소통이 전부였던 것이다. 이것은 다름을 인정하지 않고 힘의 질서에 따라 쌍방적 소통을 부정한다. 이런 소통은 사실상 불통의 상태를 뜻한다. 권위적·자본주의적 조직이나 기업 등에서 종적 소통은 활개를 친다. 계급사회, 서열 중심의 사회는 종적 소통을 선호하지만 수용자 대중은 횡적 소통을 바란다. 그래서 미디어 기업을 포함한 집권층과 수용자 대중의 괴리는 극복하기 어렵다. 제아무리 첨단 스마트폰이 나오고, 시간과 공간의 기술적 제약을 넘어서는 소셜 미디어가 있어도 양극화 사회, 불신의 시대가 끝나지 않는 한 종적 소통이 판칠 수밖에 없다. 즉, 커뮤니케이션 기술의 발전은 소통에 큰 영향을 미치지만 소통의 질적 요소까지 영향을 주지는 않는다. 사회구조적 불평등이나 불균형이 감소되지 않는 한 종적 소통은 사라지지 않는다.

자본주의 체제에서는 자본이 독주한다. 이것은 종적 소통을 융성시켰다. 특히 신자유주의 체제의 시장에서 횡적 소통은 거의 사라졌다. 시장은 침묵의 공간으로 변질되었다. 24시간 편의점이나 대형 마트가 전통 시장을 대체하면서 시장의 소통 기능은 크게 줄었다. 현대 시장은 효율성과 이윤만 강조되는 곳이지, 정보나 소통과는 거리가 멀다.

자본과 국가에 의해 통제되는 신문이나 방송도 종적 소통 기능을 주로 한다. 이런 미디어는 공급자가 원하는 정보를 중심으로 생산한다. 이들에게 수용자 대중은 자신들의 영향력을 팔기 위한 지렛대다. 독재나 비민주적 정권에서는 공영방송조차 수용자 대중과 횡적 소통을 하지 않는다. 이들은 수용자 대중을 자신의 주인이라고 생각하지 않고 대통령을 주인으로 모시기 때문이다. 이런 경우 공영방송의 뉴스는 대통령을 향한다. 이를 저지하기 위해 공영방송 종사자들이 파업을 벌이기도 했다.

미디어만 종적인 소통을 하는 것이 아니다. 교육, 종교, 예술 등 문화적 영역에도 종적 소통이 만연해 있다. 종적 소통은 불통을 초래해서 공동체 사회를 균열시킨다. 불통 사회는 대안 부재 사회이며, 삶이 척박한 사회다. 김종철 녹색평론 발행인이 "독재자에게 빌붙어 권력을 향유하는 자들이 창궐하고, 나치식의 기만적 '이중 언어'가 끊임없이 재생산되는 세계"(≪시사인≫, 2009.5.16, 80면)에서 산다는 것이 우리 시대의 비극이라고 말한 것은 과장된 표현이 아니다. 거기에는 종적 소통만 존재할 뿐이다.

4. 정보 소통의 기능

"삶은 곧 소통"이라는 말이 있다(볼통, 2012: 17). 삶이 곧 소통이고, 소통이 곧 삶이다. 이 과정에서 필요한 것이 정보다. 정보는 사람이나 사회에 지대한 영향을 준다.

1) 생명적 중요성

'알면 살고, 모르면 죽는다.' 이것은 정보와 지식의 중요성을 강조한 말이다. 1950년 6·25 전쟁, 1980년 5월 광주민주항쟁, 1997년 경제 위기 등 사회적 위기가 왔을 때 정보 공황은 사태를 심각하게 악화시킨 전례가 있다. 당시 정부와 미디어는 최악의 방법으로 정보를 조작했다. 이후에도 유전자 조작 식품, 4대강 공사, 후쿠시마 원전 폭발에 따른 한반도의 방사능 오염, 한일군사정보협정에 관해 진실을 밝히는 정론 저널리즘은 들리지 않았다.[16]

이명박 정권이 수십조 원을 써서 민족의 젖줄인 4대강을 뒤집어놓았는데도 저널리즘은 이를 은폐하거나 심지어 미화해서 보도했다. 강을 멋대로 파헤치고 보를 만들어 자연 생태계를 파괴해도 시청자들은 이를 따끔히 지적하는 공영방송의 보도를 볼 수 없었다. 다른 미디어도 침묵으로 일관했다. 강은 물이고 생명이다. 이것을 뒤집어엎는 데 20조 원 이상의 혈세를 써도 별말이 없는 것이 한국의 '언론'이다. 이명박 정권이 물러날 즈음 감사원의 4대강 감사 보고서가 뒤늦게 나왔고, 이를 기회로 미디어는 엉망진창이 된 4대강 사업에 대해 비판하는 시늉을 냈다. 그러나 너무 늦었다. 이런 식의 비판은 진정한 권력 비판이 아니라 전형적인 '죽은 권력' 때리기다.

장병 수십 명이 억울한 죽음을 당한 천안함 사건도 무엇 하나 속 시원하게 밝혀진 것이 없다. 정부와 보수 미디어는 북한이 발사한 기뢰로 천안함이 폭파되었다는 점을 강조해왔다.

원전의 위험에 대해서도 침묵과 왜곡의 보도가 진실을 소탕했다. 2011년 3월 11일에 터진 일본의 대지진과 후쿠시마 핵발전소 사고는 정확한 정보의 부재, 부정확한 정보의 과잉으로 이어졌고, 손실도 엄청났다. 한국은 사

16 진실 보도가 은폐된 역사적 사례는 무수하게 많다. 1973년 8월 박정희 독재정권은 야당 지도자인 김대중을 도쿄에서 납치했다. 이 사건을 뒤늦게 보도했던 신문과 방송은 김대중이란 이름을 쓰지 않고 '재야인사'로 표기했다(김재홍, 2012.11.6). 또 박정희 독재에 항거하여 1979년 10월 부산과 마산 시민들이 대대적인 시위를 벌였지만 정부의 계엄포고령으로 이에 대한 보도가 금지되었다(김재홍, 2012.11.6).

태 초기부터 눈속임하는 일본을 따라가는 데 급급했다. 한국 정부와 기상청은 서풍이 불기 때문에 후쿠시마 원전의 낙진이 태평양으로 날아간다고 주장했다. 그래서 우리나라에는 별다른 피해가 없다는 것이다. 한국 정부는 사고 발생 이후 별다른 조치를 취하지 않고 '괜찮아요'라는 말만 되풀이했다. 도무지 신뢰할 만한 정보나 정책을 내놓지 못했다.

이외에도 밀양 송전탑 반대 시위, 국정원의 18대 대선 개입, 유전자 변형 식품의 수입 상황, 미국산 쇠고기의 광우병 문제, 일본산 수산물의 방사능 오염 문제를 비롯해 사람의 생명과 연관된 일들이 많지만 미디어는 이를 충분히, 또 정확히 보도하지 않았다. 그 대신 보수 세력에게 유리해 보이는 NLL을 두고 미디어들은 1년 내내 반복해서 보도했다.

한국을 뒤흔든 커다란 사태를 보고 있노라면 정보가 우리 생명을 지키기도 하고, 죽이기도 한다는 엄연한 사실을 확인할 수 있다. 우리가 자연의 변화에 대해 정확하고 많은 정보를 가질수록 위험을 줄일 수 있는 것처럼 사회 변화에 관한 정보를 더 많이, 더 정확히 가질수록 위기나 위험을 그만큼 감소시킬 수 있다. 이토록 중요한 정보 및 정보 생산수단을 정부나 기업의 손에 내버려둘 일이 아니다.

2) 지적 중요성

미디어는 사람들의 지적 능력 형성에 커다란 영향을 미친다. 그렇지만 미디어의 지적 영향력은 긍정적인 것보다는 부정적인 것이 많다. 특히 텔레비전은 어린이와 청소년의 지식·의식 형성에 부정적인 영향을 준다. 리영희 교수는 텔레비전이 사람의 정상적인 사고를 마비시킨다고 걱정했다. 그는 국가주의가 지배하는 텔레비전이 수용자 대중의 이성을 해치고 지적 능력을 파괴한다면서 다음과 같이 말했다.

> 나는 텔레비전을 다이너마이트와 원자탄을 보는 심정으로 보고 있다. 아슬아슬한 두려움과 간절히 기도를 드리는 바람으로 말이다. ······ (텔레비전이) 편협한 애국주의나 근거 없는 자민족自民族 우월 사상의 좁은 정신, 사상적 틀에서 벗어나면 좋겠다. 개인을 국가의 예속물처럼 착각하는 낡은 '국가지상주의'적 관념을 고취하지 말아주었으면 좋겠다. 지금 어느 텔레비전 방송사의 최고 간부급의 한 사람이 된 어떤 아나운서는, 한때 일본이나 북한과의 하찮은 운동경기 중계에서도 불구대천의 원수를 때려잡는 것처럼, 국가적·민족적 운명을 건 것처럼 흥분하고 야비한 언사를 총동원했었다. 그 덕택에 군사정권에 의해 '애국적 명아나운서'로 발탁되었는지는 모르지만, 그런 태도는 열등의식의 심리적 보상 행위로 보였다. 뭔가 조그마한 건설을 하면 으레 '동양 최대'라는 수식어를 붙여야 하는 '우물 안의 개구리' 세계 인식에서도 하루속히 탈피해야 할 것이다. 타민족, 타시민의 위대한 역사적 위업이나 현재의 업적을 거울삼아 겸허함과 성실성이 필요하다(≪KBS PD협회보≫, 1993년 1월호).

이렇게 리영희 교수는 생전에 텔레비전의 반지성적인 힘을 경계했다. ≪뿌리 깊은 나무≫를 창간한 한창기도 리영희와 비슷한 말을 했다.

> 텔레비전 때문이오! 텔레비전! 텔레비전만 안 생겼어도 우리 민족이 이토록 타락하지는 않았을 게요. 인류는 앞으로 이 텔레비전 때문에 패망할 것이오!(김용옥, 1999에서 재인용).

이런 걱정을 비웃듯이 텔레비전의 국가주의, 우중정치, 상업문화 집착은 더욱더 기승을 부렸다. 이에 수용자 대중은 텔레비전을 비롯한 미디어를 비판적으로 수용하는 시민언론운동을 전개하기도 했다.

3) 정치적 중요성

1883년 10월 조선의 개혁 세력은 근대적 인쇄 시설을 갖춘 박문국을 설치하고 ≪한성순보≫를 발행했다. 그 후 딱 1년이 지난 1884년 10월 개혁파는 갑신정변을 일으켰지만 실패하고 말았고, 이들이 실시한 개혁정책 모두 폐기되었다. 예를 들어 박문국은 불타고, ≪한성순보≫는 폐간되었다. 이것은 정보 및 미디어가 근대 정치에서 중요한 기능을 했었다는 점을 분명히 표출한 역사적 사건이다. 정치 과정에서 정보가 차지하는 위상은 절대적이다. 정보가 모여 여론을 형성하고, 이것이 정치와 민주주의에 영향을 준다. 이에 각 사회 세력은 자신에게 유리한 여론을 만들기 위해 미디어와 정보의 흐름에 예민하게 반응한다. 집권층은 어떻게 하든 자신들에게 불리한 정보를 막으려 한다. 이것이 권력의 생리다. 그럼에도 모든 것이 집권층의 뜻대로만 돌아가지는 않는다. 예전에 집권층은 공권력, 미디어 소유, 광고비 등을 통해 비판적인 정보 유통을 제한할 수 있었으나 이제는 어렵게 되었기 때문이다. 수용자 대중이 언론 자유와 민주주의를 수호하고, 세계에서 실시간으로 정보가 개방되는 디지털 소통 시대이기 때문이다. 그렇지만 정보는 자연 상태에서 만들어지지 않는다. 늘 조작과 왜곡의 굴레에서 벗어나지 못하는 것이 정보다. 선거 보도의 왜곡은 전형적이다. 특히 대선 보도에서는 불공정 편파를 넘어서 조작 보도와 왜곡 보도가 횡횡했다.[17] 불공정하고 편파적인 선거 보도는 여론을 왜곡하고 정권 교체를 불가능하게 만들 뿐만 아니라 대의민주주의의 근간인 선거제도를 부정하는 것이다. 선거 보도를 바로 세우지 않으면 선거는 하나 마나다.

4) 경제적 중요성

19세기에는 산업자본주의가 유럽과 미국을 진동시켰다. 생산력 발전에 자극을 받아 세계 곳곳에서 역사적인 구조 변동이 일어났다. 이때 유대인들은 운송망 및 통신망 확보에 사활을 걸다시피 했다. 이들은 유럽과 미국의 철도망, 해저 케이블, 전신망을 소유했다. 유대인들은 우선 철도망을 독점한 후 철도망을 따라 만들어진 전신망까지 손에 넣을 수 있었다(홍익희, 2013: 537~538). 유대인 자본은 웨스턴유니언Western Union을 세워 전신 서비스를 시작했고, 로이터Reuters 통신 뉴스를 차려 정보 서비스를 개시했다. 또 미국과 유럽의 신문, 잡지에도 투자했다. 유대인 사업을 설명한 이유는 정보 서비스가 유대인 자본 및 산업자본의 축적에 지대한 역할을 했다는 점을 강조하기 위함이다.

산업자본주의, 문화제국주의 체제에서 미디어 산업은 대중문화, 저널리즘, 광고를 매개로 눈부시게 성장했다. 이들은 시장경제의 발전을 촉진하는 한편, 스스로 정보 시장을 형성하기도 한다. 특히 현대 자본주의 경제에서 미디어 산업의 중요성은 나날이 커지는 추세다. 2010년 기준으로 문화부는 우리나라 미디어 산업의 규모를 72조 원으로 추정했는데, 이는 국내총생산GDP의 6.2%를 차지하는 것이다. 만만치 않은 비중이다. 미디어 산업

17 감일근 노컷뉴스 기자는 대선 보도의 왜곡 형태로 네 가지를 들었는데, 미디어 조직에 의한 왜곡, 토론 프로그램 패널에 의한 왜곡, 기자에 의한 왜곡, 편집에 의한 왜곡이 그것이다(≪노컷뉴스≫ 인터넷판, 2012.10.6).

표 1-1 | 정보 관련 주요 기업의 경영 실적 (2012년 기준)

기업	매출액	순이익
KT	23조 9,782억 원	1조 570억 원
SKT	16조 3,005억 원	1조 1,517억 원
LG유플러스	10조 9,046억 원	-597억 원
SK브로드밴드	2조 4,922억 원	225억 원
네이버	2조 3,893억 원	5,461억 원
제일기획	2조 3,650억 원	937억 원
CJ오쇼핑	1조 9,920억 원	1,599억 원
MBC	1조 5,567억 원	800억 원
KBS	1조 5,251억 원	47억 원
CJ E&M	1조 3,946억 원	370억 원
CJ헬로비전	8,910억 원	1,043억 원
SBS	7,803억 원	275억 원

주: KBS의 경우는 2011년 자료임.
자료: ≪포춘코리아≫, 2013년 11월호, 78~87면.

은 자본주의 정보경제를 구성하는 핵심 요소가 된 것이다.[18]

맥네어B. McNair는 정보의 경제적 기능을 이렇게 설명했다(McNair, 2006: 25~26). 첫째, 커뮤니케이션은 상품 가격에 대한 정보를 널리 확산하고, 상품이 언제, 무엇에 필요한지에 대한 정보를 유통시켜 자본의 유통에 윤활유 구실을 한다. 20세기 후반에 이르러 정보를 유통시키는 하부구조는 군사적 자산이고, 전략적인 경제적 자산으로 격상되었다. 그래서 적대 세력의 공격을 방어하기 위한 수단으로 인터넷이 개발되기도 했다. 둘째, 모든 종류의 정보, 특히 금융상 중요한 정보는 일찍부터 자본주의 상품 생산 시

18 정보경제는 두 가지 범주로 구분되기도 한다(Fuchs, 2011: 241). 하나는 미디어 콘텐츠 자본과 문화산업을 뜻하는 내용 중심의 경제다. 이 범주에 속하는 회사는 타임워너, 월트디즈니, 톰슨로이터와 같은 것들이며, 한국에서는 KBS, MBC, SBS, 조선일보, 중앙일보 등이 그러하다. 다른 하나는 미디어 기술 자본, 미디어 기반시설 자본인데, 마이크로소프트, 모토로라, AT&T 등이 이런 범주에 속하며, 한국에서는 KT, SKT, 삼성전자 등을 들 수 있다.

스템의 일부로 통합되었다. 저널리즘은 경제적으로 중요한 문화상품 중 하나가 되었다. 〈표 1-1〉에서 보듯이 정보의 생산과 유통은 벌써 거대한 산업으로 성장했다.

정보 생산 및 유통 관련 산업을 검토해보면 통신산업은 규모만 크지 수익성이 떨어지며, 지상파 방송도 수익성이나 성장률 모두 침체 상태다. 이에 비해 포털, 쇼핑 채널, 유료방송은 수익성과 성장률이 모두 뛰어나다. 신문산업은 규모, 성장, 수익 등 모든 면에서 디지털 미디어와 경쟁 상대가 안 된다.

5) 군사적 중요성

중국의 손자孫子가 '지피지기 백전불태知彼知己 百戰不殆'라는 말을 했다고 한다. 이것은 아군과 적군의 상태를 정확히 비교해서 파악한 후 승산이 있을 경우 싸우면 아군은 위태로운 상황에 몰리지 않는다는 뜻이다. 손자의 말을 요모조모 생각해보면 전쟁의 승패도 정보 수집과 분석 능력에 달린 것 같다. 그 핵심은 적에 대한 정보를 얻고, 내가 처한 상황을 객관적으로 분석하면 필승한다는 것이다(박영준, 2010: 59). 현대전에서도 정보의 중요성은 절대적이다. 미국이 상대국의 군사력을 지배할 때 가장 신경을 쓰는 것 중 하나가 군사정보망의 통제다. 미·일 동맹이 제아무리 견고하다고 하나 미국은 일본에게 독자적인 군사정보망을 허용하지 않았다. 이것만 보아도 미국의 노림수를 알 수 있다. 영국의 군 역사 전문가인 키건John Keegan은 군사정보의 중요성을 이렇게 강조했다.

> …… 어느 국가든지 정보 업무는 적국의 군사적 우월을 훼방하는 대신 자국

의 그것을 확보하고자 하는 시도에서 비롯된다. 평시에 정보 업무는 단순히 공전을 거듭할 수도 있지만 전시에는 그것이 승리를 안겨다 주게 된다(키건, 2005: 18).

정보 부재가 군사적으로 얼마나 위험한지 몇 가지 사례를 통해 살펴보자. 1994년 6월의 일이었다. 이때 미국 정부는 북한의 핵 개발을 저지하는 전략을 짜기 위해 비밀리에 국가안전보장회의를 열었다. 당시 김영삼 대통령 비서실장이었던 박관용이 증언했듯이, 미국이 우리나라 동해에 항공모함을 진주시키고 북한 영변을 공격하려고 했는데도 한국 정부는 이 사실을 까맣게 모르고 있었다(≪중앙일보≫, 인터넷판, 2010.1.8). 한반도 전체가 전쟁의 소용돌이에 들어가기 직전인데도 우리나라는 아무것도 몰랐다니 어처구니가 없는 일이다. 어떻게 이런 나라를 주권국가라 할 수 있겠는가! 또 한반도를 전쟁의 위험에 빠뜨리는 심각한 결정 과정에서 한국을 배제한 채 은밀히 일을 진행하는 미국이 진정한 동맹인지 의심스럽기도 하다. 안보를 가장 중요한 국정의 가치로 삼는 한국에서 위기 정보가 부재한 것은 안보가 취약하다는 증거다.

이명박 정권이 일본과 은밀히 맺으려다 들통이 난 한일군사정보협정안과 관련된 사태도 우리나라의 정보 불투명성 및 전략 부재가 얼마나 심각한지를 그대로 드러냈다. 이것은 일본이 군사 대국화 및 한반도 재침을 기도하는 과정에서 한반도의 군사정보에 접근하기 위한 술책에서 나왔다. 우리나라가 일본과 군사정보 협정을 맺으면 우리가 갖고 있는 군사정보가 일본에 넘어갈 위험이 크다. 그러면 가뜩이나 열세인 한국의 국방력이 일본에 그대로 노출된다. 그럼 무슨 결과가 따를지 뻔하다. 정보는 그만큼 치명적이다. 그보다 더 심각한 것은 일본 정부가 주장하는 '집단적 자위권'이다. 이것은 일본이 한반도 혼란을 이유로 자위대를 파견한다는 노골적인 침략 책동이다. 그런데 박근혜 정권은 뜨뜻미지근하게 일본의 행태를 보고만 있다. 미디어도 일본의 집단적 자위권이 궁극적으로 한반도 재침을 겨냥한 것이라는 뻔한 사실을 정면으로 다루지 못하는 실정이다.

6) 국제적 중요성

미국 시카고 대학의 미어샤이머John Mearsheimer 교수는 한국이 폴란드처럼 최악의 지정학적 위치에 있다면서 이런 충고를 했다.

> 한국은 한 치의 실수도 용납되지 않는 지정학적 환경에 살고 있다. 국민 모두가 영리하게 전략적으로 사고해야 한다. 생존과 직결된 문제다(≪중앙일보≫, 2011.10.10, 12면).

이것은 외국인의 말이지만 우리나라가 처해 있는 상황을 꼭 집어서 잘 표현했다. 우리나라는 중국, 일본, 미국, 러시아라는 강대국에 포위된 상태로 있다가 1945년에 남북이 분단되는 쓰라린 역사를 갖고 있다. 이후 한국은 미국의 보호국처럼 통제를 받았다. 아직도 한반도는 정전이라는 극도로 불안정한 상태에 있다. 이런 상황은 너무 엄중해서 사람 하나하나가 똑똑하게 처신하지 않으면 무슨 날벼락을 당할지 모른다. 그럼 어떻게 해야 영리하고 전략적인 판단을 잘할 수 있을까? 어떻게 해야 우리나라가 평화롭고 안정적인 나라가 될 수 있을까? 거기에는 많은 요소들이 연관되어 있지만, 정확한 정보 소통과 정의를 추구하는 사회제도를 빠뜨릴 수 없다. 이 점에 대해 크리스토퍼 컬런Christopher Cullen 영국 케임브리지 대학 동아시아

과학사연구소 소장의 말이 인상적이다.

> 지정학적으로 미묘한 곳에 위치한 한국의 안전을 지켜주는 것은 군사력 등의 힘에 의존한 미국의 하드웨어가 아니라 세계인들이 한국의 과학·문화·역사를 제대로 인식하고 한국이 평화로운 나라라는 것을 알리는 소프트웨어다(≪한겨레≫, 2013.11.8, 23면).

미디어는 세계인에게 한국이 문화적이고 평화스러운 나라임을 알릴 수 있다. 한편 국제관계에서 정보의 중요성은 아무리 강조해도 지나치지 않는다. 사람들이 정확한 정보를 기반으로 국제 정세를 제대로 읽으면 아무리 어려운 상황에 직면해도 빠져나갈 구멍을 찾을 수 있다. 반면에 정보 부재의 역사는 참담한 결과를 초래했다.

중국과 영국이 벌인 아편전쟁에 대한 사례를 보자. 당시 아편전쟁과 관련된 조선 조정의 정보 수집 능력이나 국제 정세 판단 능력은 빵점이었다. 경북대 사학과 강진아 교수가 쓴 『문명제국에서 국민국가로』는 당시 상황을 잘 설명하고 있다(강진아, 2009: 37~38). 아편전쟁은 아시아 패권 구조를 근본적으로 바꾼 세계사적 전쟁이지만 조선 정부는 이 전쟁에 관해 까막눈이었다. 조선은 중국에 파견한 연행사로부터 얻은 정보가 전부였다. 또 중국 조정이 발행한 관보도 중요한 판단 근거였다. 조선 정부는 이런 일방적인 정보원에 의존해서 아편전쟁을 평가했고, 아편전쟁이 중국에 별다른 타격을 주지 않았다는 결론을 내렸다. 이런 엉터리 결론을 얻게 된 배경을 보자. 조선 연행사가 중국에 가서 주로 만난 사람은 중국 관료들이었다. 이들은 중화사상에 물들어 현실을 직시하지 않고, 자신의 패배도 인정하려 들지 않았다. 조선이 크게 의존했던 중국 관보도 자기 나라를 아편전쟁의 패배자라고 보도하지 않았다(강진아, 2009). 정부와 미디어가 국민을 상대로 엄청난 거짓말을 한 셈이다. 이런 허위 정보에 의지한 조선의 선택은 실패할 수밖에 없었다. 반면에 일본 정부는 아편전쟁에 패한 중국이 영국을 비롯한 외국에 영토를 할양하고, 항구까지 추가로 개방하는 등 막대한 타격을 입은 사실을 정확히 알았다. 당시 일본은 혼미한 국제 정세를 정확히 파악하기 위해 많은 정보 루트를 개발하여 정보원을 다양화하는 데 성공했다. 동남아 지역에서 활동하는 중국 상인, 영국 식민지인 싱가포르에서 발행된 영자신문, 나가사키를 출입했던 네덜란드인, 전쟁 현장에 접근한 사람들에게서 갖가지 정보를 얻은 일본은 이 모든 정보를 종합한 끝에 사태의 전망을 알 수 있었다(강진아, 2009). 일본은 다양한 정보를 바탕으로 현황을 분석한 끝에 중국이 아편전쟁에서 영국에 패해 심대한 타격을 입었다는 결론을 내리고 서방에 문호를 여는 등 대응책을 마련하여 세계사적 위기를 기회로 이용했다.

정보 부재와 정보 왜곡, 이에 따른 정세 오판이 민족적·국가적 재앙으로 번질 위험은 지금도 여전하다. 이를 방지하기 위해서라도 정보의 공유성, 정확성, 공정성, 개방성을 보장하는 정보개혁이 절실하다. 그나마 소셜 미디어가 이런 목적에 일부 부합되는 것 같아 다행이다.[19] 21세기 자주화, 개방화, 협력의 시대에서는 누구도 국제 정보의 자유롭고 민주적인 소통을 막지 못한다. 각 나라, 각 지역이 스스로를 지키려고 일어선 지금, 제국주의적 정보 지배는 무너지고 자주적인 정보 질서가 싹트는 중이다.

19 2011년 1월 중동의 친미 국가 이집트에서 시민혁명이 발생하여 30년 장기 집권한 무바라크 대통령을 무너뜨렸다. 이때도 세계 시민들은 알자지라 방송이나 트위터, 그리고 인터넷 덕분에 이집트 현장에서 벌어진 일을 마치 안방에서 일어난 일을 보는 것처럼 생생하게 볼 수 있었다. 이들이 사태 전개를 사실 중심으로 보도함으로써 미국을 비롯한 서방 미디어가 개입하거나 조작할 틈이 줄었다. 드디어 중동 민중도 자주적 정보 수단을 확보한 것이다.

표 1-2 | 권력의 형태

권력의 형태	자원	전형적인 제도
자본권력	물질적 · 재정적 자원	경제제도(예: 영리기업)
정치권력	권위	정치제도(예: 국가)
강제권력(특히 군사력)	물리력, 군사력	강제제도(예: 군대, 경찰, 감옥 등)
상징권력	정보와 커뮤니케이션 수단	문화제도(예: 교회, 학교, 대학, 미디어 산업 등)

자료: 톰슨(2010: 46).

7) 문화적 중요성

정보가 모이며 흐름을 만들고, 그 흐름은 사상, 문화, 가치를 만든다. 정보가 문화적으로 중요한 까닭은 정보가 상징권력을 창출한다는 말에서 찾을 수 있다. 위의 〈표 1-2〉에서 보는 바와 같이 톰슨John B. Thompson은 권력을 네 가지로 구분했다. 그는 정보와 커뮤니케이션 수단을 상징권력으로 규정했는데, 이것은 주로 사람의 마음이나 가치관을 통제하는 기능을 한다. 그런데 상징권력은 정치권력이나 자본권력과 무관하지 않다. 자본권력은 직접 정보 수단을 가지거나 광고비를 통해 상징권력을 통제할 수 있다. 정치권력은 법과 정책을 무기로 상징권력을 견제하며, 때로는 정보 생산수단을 직접 소유한다. 상징권력은 다른 권력보다 힘이라는 차원에서 보면 보잘것없어 보인다. 하지만 대중문화처럼 상징권력은 사람의 마음을 잡는 힘을 가졌다. 상징권력은 이를 토대로 사회 여론을 좌우한다.

8) 공동체적 중요성

박명림은 "오직 물질적 가치와 성취가 강조되는 동안 인간은 실종되고,

공동체는 무엇을 위해 왜 모여 사는지를 모를 정도로 방황하고 있다"라고 절규했다(남궁협, 2013: 78에서 재인용). 공동체가 유지되려면 민주적·개방적 소통 체제가 절실하다. 이것은 대개 언론과 표현의 자유에서 나온다. 그래서 1986년 김수환 추기경은 "언론 자유가 민주화를 위해 가장 중요한 요소로 어느 의미에서는 개헌보다 중요하다"라고 말했던 것 같다. 이는 정보의 소중함을 잘 표현한 말이다. 사람들은 정보나 문화를 공유하여 공동체를 이룬다. 국가는 시민, 영토, 자원을 합리적으로 관리해 공공성을 구현함으로써 공동체 사회를 지향한다. 그런데 이것이 다가 아니다. 국가는 공권력만으로는 사회를 지배하지 못한다. 시민들이 정보를 공유하지 않으면 공동체 사회는 유지되지 못하며, 국가는 법과 질서를 강제하기 어려울 것이다.

9) 기술적 중요성

기술은 생산력 발전의 원동력이다. 영국이 대영제국을 일궈 세계를 지배했던 배경에는 많은 요소들이 개입되어 있지만, 남들이 갖지 못한 기술을 가진 것이 결정적이었다. 특히 영국의 전신 시스템, 신문, 뉴스 통신사는 다른 나라보다 빨리 나타나 세계적 차원에서 정보의 유통을 장악했다. 가장 많은 정보를 가장 빠르게 얻는 영국과 경쟁할 나라는 없었다. 우리는 그 기술이 없었다. 기술이 없었다는 것은 정치, 경제, 문화 모든 면에서 기초가 부족했다는 것을 말한다.

정보 분야의 발전 수준은 생산력 발전에 중요하게 작용한다. 정보기술이 발전하면 정보경제를 견인하고, 이것이 생산력 전반을 향상시킨다. 그렇다고 기술을 비롯한 생산력이 정보 양식을 결정하는 것은 아니다. 정보 양식은 생산력만이 아니라 계급관계 등 다양한 요소의 영향을 받는다. 정보민주주의나 언론의 자유 또는 미디어 공공성은 선진적인 정보기술, 풍부한 사회적 잉여, 그리고 시민과 노동자의 힘이 있어야 가능한 것들이다.

여기에서 논의할 쟁점이 있다. 똑같은 정보라도 누구에게는 이익이 되고 누구에게는 해가 된다는 사실이다. 모든 정보가 다 그런 것은 아니지만 계급성이 있는 것이 보편적이다. 독일 보름스 대학의 막스 오테Max Otte 교수는 정보 왜곡과 관련된 세력 및 요인이 있다고 말했는데, 거대 경제 행위자들, 정치권의 무능과 무지, 미디어와 저널리즘의 약화가 그것이다(오테, 2011: 36~46).

5. 미디어와 정보 양식의 역사적 발전

역사는 미디어와 정보 생산이 획기적으로 발전했음을 알린다. 그런데 무엇이 발전을 추진했는지에 대해서는 의견이 갈린다. 어떤 사람은 민주주의를, 또 어떤 사람은 기술 발전을, 또 다른 사람은 경제성장이 미디어와 정보 생산의 진화를 촉진한 요소로 들었다. 이들과 달리 마르크스와 엥겔스Friedrich Engels는 생산력, 사회 상황, 의식이라는 세 가지 요소를 종합적으로 살피는 가운데 이들 요소가 서로를 제약하며 발전한다고 주장했다(陳力丹, 2008: 10). 생산력을 비롯한 세 요소는 역사 발전을 추동하고, 미디어와 정보 생산 양식의 변화·발전을 촉진한다.

마르크스는 인류의 발전 단계에 따라 소통 양식도 세 가지 형태로 발전했다고 말했다.[20] 마르크스와 엥겔스는 『경제학수고』에서 소통 양식을 인

20 이 5절에서는 중국인민대학 신문학과 첸리단(陳力丹, 2010) 교수의 연구 결과를 많이 참고했다.

적 소통 양식, 물적 소통 양식, 전면적 발전 양식으로 구분했다(陳力丹, 2010: 37~46에서 재인용). 정보 소통의 세 가지 형태는 자본주의 이전, 자본주의, 사회주의라는 유럽 역사의 발전 과정을 기준으로 삼은 것이다. 그렇지만 마르크스의 세 가지 소통 형태론을 우리나라에 그대로 적용하기에는 무리가 따른다. 유럽이나 일본이 내적 동력으로 산업 발전을 이루었지만 이것은 어디까지나 다른 나라, 다른 지역을 착취하는 제국주의 팽창이 있었기에 가능했다. 이른바 선진국, 강대국이 일궈놓은 부는 상당 부분이 식민지 착취에서 나왔다. 제국주의 국가들은 약소국에 침략하여 노동력과 물자를 약탈하고 이들을 소비 시장으로 삼아 자본을 축적하는 데 성공한 반면, 우리나라를 비롯한 피식민지 국가는 제국주의 침략에 주권, 물자, 노동력 등 모든 것을 빼앗기고 하루아침에 거지, 노예의 나락에 떨어졌다. 일제의 식민지 수탈은 100년이 지난 지금까지 그 파괴력이 막대하다. 제국주의자들에 의한 식민지의 정신적 수탈은 물질적 수탈에 버금가는 손실을 초래했다. 언론, 정보, 문화, 민주주의 등 정신적 분야는 식민지 체제의 희생양이었다. 일본 제국주의가 조선을 식민 통치하면서 정보, 문화, 교육, 종교, 예술 등 모든 정신적 영역도 식민지 수탈 체제로 바뀌었다. 식민지 소통 양식은 식민 지배자가 식민지를 수탈할 목적으로 강제로 들씌운 강도의 행태다. 이런 것을 보면 정보 양식은 인적·식민지적·물적·전면적 소통 양식으로 분류할 수 있다.

1) 인적 소통 양식: 자본주의 이전 양식

생산력이 저급했던 시기에는 사람이 정보 소통의 중심에 있었다. 생산력이 발달한 사회에서도 인적 소통은 여전히 중요하지만 기술, 경제 수준

등 생산력이 낙후된 사회에서는 어쩔 수 없이 인적 소통에 많은 것을 의지했다. 근대 이전, 즉 자본주의적·사적 생산 양식이 전면적으로 작동하기 이전의 소통 양식이 인적 소통이다. 이때에는 국가, 시장, 기술 모두가 제한적이었고, 인적 자원에 의존했다. 정보 소통 양식도 소규모적이었다. 인적 소통 양식으로는 다음과 같은 것들이 있었다.

(1) 몸의 소통

몸은 커뮤니케이션이다. 사람들에게 손 움직임, 얼굴 표정 하나하나가 소통이다. 역사적으로 사람들은 몸, 동물, 간단한 기술을 이용해서 소통했다. 몸의 소통은 말이나 문자 발명 이전과 이후에도 널리 쓰인 소통 양식이었다.

(2) 상징의 소통

선사 시대 사람들에게 자연은 두려운 존재였다. 그래서 이들은 변화무쌍한 자연에 순응하며 살려고 지혜롭게 행동했다. 우리나라에서도 사람이 살기 시작한 이래 다양한 방식의 소통 수단과 공간이 만들어졌다. 우리 조상들은 암각화岩刻畵, 고분벽화 등을 힘들여 만들어 소통 능력을 증대시켰다. 신석기 시대에 우리나라 사람들은 울산, 남원, 경주 등지의 바위에다 그림이나 무늬를 새긴 암각화를 남겼는데, 이것은 배, 그물, 작살, 거북, 물개, 사슴 등을 그린 것으로 사냥과 고기잡이 방법 따위를 후대 사람에게 알리기 위한 것이었다고 한다(이이화, 1998: 131). 대수롭지 않은 그림 하나도 삶에 도움이 되는 기능을 한다는 사실이 경이롭다. 이런 표시 및 상징의 소통은 문자 발명 이전에 널리 이용되었다. 예컨대 357년에 만들어진 고구려 안악 3호분의 벽화에는 당시 부유층의 모습이 잘 묘사되어 있다. 돌이나 바위에 그린 그림, 동굴 벽화 등은 당시 사람들이 조그만 공동체를 형성하고, 구성원끼리 소통하고 지냈다는 것을 함축한다. 몸, 그림 등을 이용한 사람들의 소통 행위는 열악한 자연환경에서 살아남고, 생존에 필요한 정보를 남겨 후대에 물려주기 위한 것이었다.

사람이 상징의 동물이 된 것은 소통하려는 인간적 욕망이나 계급적 지배 동기가 있었기 때문이다. 사람들은 하늘에 기대어 안정을 희구하는 본능에 따라서 상징을 조작하기도 했다. 종교적 상징은 이런 배경에서 풍부하게 개발되었다.

국가 체계가 확립되면서부터 다양한 의식과 의례가 발전했다. 관례, 혼례, 상례, 제례를 뜻하는 관혼상제는 우리나라 사람들에게 중요한 문화적 소통 방식이었다. 최근에는 혼례와 상례를 중심으로 인적 소통이 이루어진다. 강준만은 장례식을 커뮤니케이션 관점에서 분석하고 다섯 가지 특징을 짚었는데, 감정의 발산, 억눌림의 폭발, 장례의 축제화, 장례의 인정 투쟁, 장례의 인맥 투쟁이 장례 커뮤니케이션의 특징적 요소다(강준만, 2010).

(3) 말의 소통

말이 어떻게 만들어졌는지에 대해서는 의견이 분분하고, 학설도 다양하다. 언어 기원설에는 신성설, 자연 발생설, 인간 발명설, 동일 언어 기원설이 있다(하길종, 2001). 마르크스와 엥겔스가 “언어란 다른 사람과 소통해야 하는 절박한 수요 때문에 생긴 것”이라고 말했는데, 이는 언어가 인간적·사회적 생산물임을 분명히 한 것이다.

사람들이 말을 하기 시작했다는 것은 인류사적 혁명이다. 사람들은 참으로 오랫동안 자연에 순응해서 살았다. 사람끼리 소통하면서 신체적으로 강한 사람이 지구상에 출현했고, 사람들이 무리를 지어 살면서 서로 소통할 필요성을 느꼈다. 사람들이 말을 하게 된 결정적인 동기는 모여 살면서 시작된 협동 노동, 공동 노동이었다. 서로 의존해서 살던 사람들이 말을 하기 시작하면서 본격적으로 소통했던 것이다(조성오, 2004: 28). 사람들이 혼자 살았다면 말의 필요성을 느끼지 못했을 것이고, 따라서 신체에서 말과 연관된 기능은 퇴화되었을 가능성이 크다. 그렇지만 사람들이 서로 의존해 사는 공동체 조직에서는 의사소통이 절실했고, 말이 이런 기능을 잘 수행했다. 사람들은 타협할 수 있는 수단으로 말을 하기 시작했다. 한반도에 살던 사람들은 고대부터 같은 말을 썼다. 이 점은 남북한 학자들의 연구에서 일관되게 나타난다. 만약 이 땅에 살던 사람들이 서로 다른 말을 썼다면 같은 민족으로 통합되기 어려웠을 것이다. 같은 말을 썼다는 것은 그만큼 공동체를 형성하기가 쉬웠다는 뜻이고, 말은 훗날 씨족, 민족으로 진화하는 과정에서 중요한 기능을 했다.

(4) 글의 소통

원시시대에도 사람들은 다른 사람과 소통하려고 애썼다. 동굴에 벽화를 남기거나 상형문자를 그려 남긴 이유도 여기에 있다. 성서에 나왔던 사람들도 동시대의 다른 사람 또는 후대의 사람과 소통하고 싶어 몸부림을 쳤다고 한다. 『구약성서』에는 욥Job이 이런 말을 했다고 기록되어 있다.

> 아, 누가 있어 나의 말을 기록해두랴?
> 누가 있어 구리판에 새겨두랴?
> 쇠나 놋정으로 바위에 새겨 길이길이 보존해주랴?

이 말에는 다른 사람이나 후대 사람과 소통하고 싶은 욕망이 구구절절

배어 있다. 인류 역사에서 글자의 출현은 필연적이었다. 글자의 탄생으로 인류는 문명의 단계에 접어들었다. 고대인들은 쐐기문자를 이용해 진흙 판에 거래계산서를 적거나 문서를 만들었다. 수메르인이나 아카드인은 다음과 같은 기록을 남겼다고 한다(황유뉴, 2007: 31).

· 눈에는 눈, 이에는 이가 전부는 아니다.
 너의 적들을 공정하게 대하라.
 착한 일을 하면 평생 착한 사람이 될 수 있다.
· 성급하게 내뱉은 한마디 말로 평생을 후회할 수 있다.

이 기록에 따르면, 고대인도 말조심하라는 경고를 남겼다. 이것은 당시에도 강력한 권력관계가 확립되었으니 말을 잘못해서 당하지 말라는 뜻일 것이다. 동서양을 막론하고 집권자들이 실제로 무서워했던 것은 집권자에 대한 백성의 불만이었던 것 같다.

한편 우리나라 사람들은 종이를 쓰기 전에는 목간木簡을 이용해 기록을 남겼다. 윤선태(2005: 1)에 따르면 "목간은 문자를 기록하기 위해 목재를 다듬어 세로로 길게 만든 나무 판"이다. 목간에 글을 써서 역사와 삶을 기록하려 했던 우리 민족은 여기에 그치지 않고 일찍이 문방사우를 개발했다. 특히 글자의 사용은 우리나라 사람들에게 역사적 의미가 있다.

첫째, 글자는 우리말과 함께 우리 민족을 한데 엮는 구심점 역할을 했다. 글자는 민족의식의 형성에 기여했다. 둘째, 글자는 우리나라 문명의 발전에 지대한 역할을 했다. 셋째, 글자는 계급 통치 수단으로 쓰였다. 넷째, 우리 민족이 써왔던 글자 가운데 특히 한글은 민족 형성과 현대 국가 성립에 지대한 공헌을 했다.

글자가 생산력, 계급관계, 공동체 생활, 문화 양식에 큰 영향을 미쳤다는 것은 미뤄 짐작할 수 있다.[21] 글자는 지식이나 경험을 기록하게 해줌으로써 사람들에게 자연환경에 잘 대응할 수 있는 길을 터주었다. 무엇인가를 기록해서 남겨두어 증거로 삼는 기능을 하는 글자의 생성은 사유재산제의 출현과 맥을 같이한다. 사유재산제의 도입으로 계급사회가 형성되자 사람들은 소통 수단으로, 또 형벌이나 조세를 부과하려는 목적에서 글자를 널리 쓰기 시작했다.

글자를 매개로 한 기록과 소통 방식은 무궁무진하다. 비문, 목간, 족보, 호적 등도 다 그런 것들이다. 성주현(2007: 73)은 비석, 벽보, 방문, 간판 등이 글자를 이용한 소통 수단이었다고 말했다. 글자를 이용한 소통은 문명의 길에 들어서는 것으로 해석할 수 있지만, 아쉬운 점은 근대 이전에는 글자가 지배층의 전유물이었지 대중적 소통 수단은 아니었다는 사실이다.

필사본은 생산력이 발전하기 이전 시대에 보편적인 기록 방식이었다. 사람이 한 자 한 자 글을 써서 책으로 만든 필사본은 목판이나 활자 같은 것이 없어도 되기 때문에 경제적이었다(양진석, 2005: 101). 인쇄 기술이 비약적으로 발전함에 따라 필사본은 자취를 감추었다. 그럼에도 필사본은 물자가 귀했던 때에 널리 이용되곤 했던 민족의 유산이다.

인적 소통 방식은 대개 사람들의 필요에 따라 생성·발전했다. 그래서 권력이나 상업적 논리가 끼어들 공간이 아주 작았다. 인적 소통 방식이 기술과 상업의 발전에 따라 만들어진 물질적 소통 방식에 의해 대체된 유럽

21 세계적으로 글자 발명에 대해서는 이설이 많다. 그런 가운데서 사람들이 대체로 인정하는 설에 따르면, 기원전 3200년경에 나온 수메르 문자가 가장 오래된 문자다. 서남아시아에 살던 수메르인은 청동기 시대에 수메르 문자를 만들었고, 이를 바탕으로 수메르 문명을 창조했다. 중국 한자는 기원전 1200년경, 페니키아인의 알파벳은 기원전 1059년경, 고대 마야의 상형문자는 기원전 250년경에 만들어졌다고 한다(주경철, 2005: 26).

이나 일본과 달리 우리나라에서는 일본 제국주의가 인적·물적 소통 방식을 철저히 지배하고 착취했다.

2) 식민지 불통 양식

인류의 소통 양식은 자본주의 이전에 주로 이루어졌던 인적 소통 양식을 거쳐 기술 중심의 자본주의적 소통을 거쳤다. 이후 인류가 거친 소통 양식은 사회주의적 소통 양식이었다. 그러나 이런 발전 단계론은 유럽 토양에서 나왔다. 아시아, 아프리카, 중남미 지역은 너 나 할 것 없이 오랫동안 식민 통치를 경험했기 때문에 발전 단계론은 잘 맞지 않는다. 식민지란 나라와 주권을 외세에 모두 빼앗기는 것을 말한다. 이럴 경우 식민지의 노동력과 자원은 모두 식민지 모국을 위해 수탈된다. 시장경제도 식민지 착취를 극대화하는 범위 안에서만 허용되었다. 소통 방식도 주종관계를 강조하는 식민지 통치술을 따랐다.

일본 제국주의는 우리 민족의 영토, 생명, 노동, 자원이라는 물질적 요소를 마음대로 유린하고 빼앗았다. 이것은 일제에 의한 조선의 군사 경제화로 나타났다. 군사 경제화는 더 많은 착취를 목적으로 조선의 병탄화와 경제 예속화를 강화하는 전략을 말한다. 정신적 병탄화도 함께 진행되었다. 이런 맥락에서 정보, 교육, 오락, 스포츠, 기술 등 다방면에서 군사 경제화가 이루어졌다. 일제 치하에서 노예의 삶을 강요당한 조선인은 아무런 권리가 없었다. 먹고 자고 말할 권리가 전혀 보장되지 않았다. 사상의 자유, 언론과 표현의 자유, 학문의 자유, 종교의 자유와 같은 근대적 가치도 모두 말살되었다. 그런 가운데 조선 시대에 없었던 길이나 철도가 생기고, 라디오, 통신 시설이 구축된 것은 부정할 수 없다. 그러나 이것은 일본이 100을 얻기 위해 0.001을 미끼로 투자한 것에 지나지 않는다. 이 당시 상업지, 라디오, 영화, 음반을 비롯한 근대적 미디어가 팔리고 상업문화가 있었다고 해서 이것을 식민지 근대화라거나 대중문화가 형성되었다고 주장하는 것은 터무니없는 말이다. 일제 종살이 주제에 무슨 근대가 있고, 또 무슨 문화가 있는가! 종살이 근대, 종살이 문화라는 것이 있을 법한 일인가! 그런데도 일제가 식민지 근대를 이루었다거나 공공성을 형성했다거나 하는 주장이 있다. 이들의 이야기를 들어보자.

> 일제 라디오는 한편으로는 일본 제국주의의 식민지 동화 정책을 위한 도구로서의 성격을 지니면서 다른 한편으로는 식민지 사회 속에 대중문화를 생산하고 유통하는 근대적 대중매체로서의 성격을 지니고 있다(서재길, 2010: 355).

이것은 이른바 '식민지 근대화론', '식민지 공공성론'의 전형이다. 식민지 치하에서 라디오 수상기 값이 너무 비싸 친일파 기업인을 비롯한 몇몇 조선인 부자 외에는 접근조차 불가능했다. 더구나 식민지 병탄 체제에서 경성방송국이 무슨 일을 했는지는 물어볼 필요도 없다. 식민지 치하에서 일본이 세운 경성방송은 일본의 조선 통치를 정당화하고, 일본 전자산업의 이익을 구현하는 역할을 했다.

경성방송의 주요 청취 대상도 조선에 거주하던 일본인이었지 조선인이 아니었다. 이들이 본국 소식을 듣고 오락을 접할 수 있는 공간을 만들어준 경성방송은 돈 많은 조선인도 청취자로 끌어들였다. 그런데도 "조선의 지식인과 민중은 권력의 미디어인 라디오를 식민지의 문화적인 근대성을 확립하는 방향으로 이용할 수 있었다"라는 서재길(2010: 356)의 해석은 타당해 보이지 않는다.

경성방송국이 우리말 방송을 한 것도 긍정적으로 평가하기에는 이르다. 이 역시 수탈을 증대하는 행위였다. 일제의 경성방송은 조선어 방송을 실시하여 일본 전자산업의 수신기 판매를 촉진했다. 조선인 청취자 증대를 통한 청취료 수입이라는 일석이조의 경제적 목적을 달성했던 것이다. 그런 한편 조선인을 일제 통치에 완전히 굴종시키려는 목적에서 조선어 방송을 했다. 실제로 조선어 방송을 시작한 이후 수신기 판매와 청취료 수입이 급증했다. 일제는 그나마 얼마 안 되어 우리말 방송을 중지했다. 1942년 12월 방송기술자 등이 해외 소식을 들으려고 단파를 이용하다가 발각되어 처벌을 받은 사건을 계기로 조선총독부는 우리말 방송을 담당하던 제2방송부를 없앴다. 경성방송국은 이때부터 광복 때까지 우리말 방송을 완전히 없애고 일본어 방송만 실시했다(김영희, 2006: 153). 사정이 이런데 경성방송이 조선의 근대를 표상한다느니, 대중문화 형성에 기여했다느니 하는 주장은 설득력이 약하다. 식민지 미디어와 정보 생산은 근본적으로 수탈 체제의 일부였음을 밝히는 일이 더 긴요하다.

3) 소통의 물질적 의존 양식: 자본주의 양식

물질적인 소통 양식이란 기술 및 산업의 발전에 따라 소통 방식이 인쇄기술 등의 물질적·기술적 요소에 의지하는 것을 말한다. 자본주의 생산양식이 도입되고, 유럽 국가들이 해외 식민지를 개척하러 나가기 시작했던 15세기 무렵부터 기술적·상업적 소통 방식이 나타났다.

자본주의 상품사회 이전에는 앞서 보았듯이 인간적 요소에 의지한 인적 소통이 대부분이었다. 그러나 기술과 기계를 이용한 상품 생산이 보편적으로 확립되기 시작한 이후 소통은 점차 인간적 요소에서 벗어나 물질적 요소에 의지했다. 소통 방식이 물적 요소에 의존하기 시작한 것은 산업혁명이 발생한 19세기의 일이다. 물적 요소에 의존적인 소통 양식의 확산은 자본주의 상품경제의 확산과 맥을 같이했다. 노사관계는 물질적·정신적 소통의 기본이었고, 상품관계에 기초한 소통 양식이 보편적이었다. 대부분의 정보 소통 미디어는 자본가들의 것이었고, 미디어는 이윤이나 영향력을 얻기 위한 수단이었다. 미디어의 정보 생산자와 이용자는 완전히 분리되었다. 미디어 산업이 만든 미디어 대중은 비용을 부담하고, 상업적·정치적 메시지를 살 권리만 있었다. 우리나라 사람들이 물질적 소통 방식에 의존하기 시작한 것은 식민지 체제를 벗어나면서부터다.

(1) 인쇄 기술

인쇄 기술은 인류 역사를 문명의 단계로 끌어올리는 데 혁혁한 공을 세웠다. 지식 발전의 원동력이 된 것도 인쇄 출판물이었다. 특히 인간의 역사는 인쇄 기술과 더불어 비로소 근대로 진입할 수 있었다. 인쇄 기술 덕분에 출판 문명이 확산되었다. 서적, 잡지, 신문 등 인쇄 미디어는 봉건주의나 신권을 타파하는 데 필요한 지식과 정보를 제공했다. 이런 미디어는 식민지 지배를 타파하려는 독립운동의 수단이기도 했다.

한편 목판이나 활판을 이용한 인쇄술은 인류의 지식 발전과 자본주의 성립에 큰 공헌을 했다. 대량으로 인쇄된 출판물에 담긴 정보와 지식은 경제나 과학을 성장시켰고, 시장경제와 자본주의 국가의 탄생에도 기여했다. 인쇄 출판물은 민주주의를 견인하기도 했다. 독일 뤼네부르크 대학 응용미디어 학과의 베르너 파울슈티히Werner Faulstich 교수에 따르면, 인쇄 미디어의 출현은 종이·활자, 도시, 분업, 영리, 문화적 충격과 밀접히 연관된다(파울슈티히, 2007: 388). 한마디로 말해 인쇄 미디어는 자본주의를 촉진했다.

인쇄 미디어 논의에서 핵심적인 것은 누가 어떤 목적으로 개발했으며 생산력 향상과 지식 발전에 어떤 영향을 주었는가 하는 점이다. 인쇄 기술을 누가 어떻게 이용하느냐에 따라 그 출판물의 성격이나 사회적 기능이 달라진다. 이 점 때문에 단지 물질적 관계가 커뮤니케이션 관계를 규정한다고 말하는 것은 모호하다. 이 사이에 생각할 것이 경제관계다. 봉건적 경제관계냐, 자본주의적 경제관계냐, 아니면 사회주의적 경제관계냐에 따라 인쇄 출판물을 비롯한 미디어의 성격이나 기능이 달라진다.

우리나라에서는 유럽과 달리 인쇄 기술의 사유화와 서적의 상업화가 늦게 진행되었다. 조선 시대에 특히 그랬다. 지식과 정보의 대중적 전파를 두려워했던 부패하고 무능한 양반들이 출판물의 사유화나 상업화를 금지했기 때문이다. 결과적으로 지식과 정보의 대중화가 늦어졌고, 이것은 상업, 중산층, 기업, 정당, 교육기관 등의 출현을 더디게 만들었다. 출판의 대중화가 이루어지지 않은 것은 약점이지만, 인쇄·출판 기술은 우리나라의 서적 출판을 세계적인 수준으로 끌어올렸다. 이는 인쇄술과 제지술이 상당한 수준이었기 때문에 가능했다. 북한의 사학자인 박시형(1959: 38)은 우리나라 인쇄술의 발전 과정을 '목판인쇄 → 목활자 → 점토 활자 → 자활자[22] → 금속활자'로 보았다.

문중양(2006: 133)이 살폈듯이 14~15세기 우리나라의 출판은 "교양 지식인 계층인 사대부들의 유교적 이상 국가 건설이라는 역사적 변화를 낳는 데 기여한 일등 공신이었다". 반대로 기술과 출판물의 상업화와 대중화가 지

22 자활자(磁活字)란 자기로 만든 활자를 말한다. 박시형에 따르면 "1940년대 함석태는 개성 송악산 밑에서 6개의 자활자를 발견"했고(박시형, 1959: 37), "자활자는 고려에서 자기 제조업이 당시 세계 최고 수준으로까지 발전한 것을 고려할 때 가능"했다(박시형, 1959: 38).

체된 채 지배층이 이를 독점한 것은 역사를 정체시켰다는 논리도 성립된다. 봉건국가는 백성을 생산수단으로 여겼고 나라를 지키는 방파제에 불과한 것으로 취급했기 때문에 이들이 지식이나 정보에 접근할 길목을 완전히 차단했다. 조정, 사찰, 사원 등 지배 기구를 제외하고는 누구도 활자를 비롯한 인쇄·출판 기술을 보유할 수 없었다. 이들은 통치력 강화, 생산력 증대에 필요할 때에 한해서만 서적이나 간행물 형식의 인쇄를 허용했다. 이것은 우리나라의 지식 생산력을 더디게 만들었고, 결국 생산력을 떨어뜨리는 작용을 했다.

고려와 조선 시대의 인쇄술은 선진적이고 우수했다. 그런데 이들은 장단점이 있었다. 우리나라 인쇄술은 지식의 정확한 보존에서는 양호하게 작용했으나 지식의 보급에서는 취약했다(주경철, 2005: 174~175). 조선 시대에는 인쇄물의 정확성을 따지다 보니 책 한 장에서 글자 한 자라도 잘못이 있거나, 글자가 너무 검거나 너무 희미할 경우 감독관, 조판인, 인쇄인이 책임을 져야 하는데, 태형 30대를 맞았다고 한다(주경철, 2005: 175).

인쇄 기술의 역사를 논의할 때 빠질 수 없는 것은 우리 민족이 세계에 자랑할 만한 인쇄 기술을 개발했고, 각종 출판물을 내놓았다는 사실이다. 우리나라는 구텐베르크Johannes Gutenberg가 독일 성경을 인쇄하기 몇십 년 전에 서적을 인쇄했다. 서기 751년 무렵에 간행된 『무구정광대다라니경無垢淨光大陀羅尼經』은 세계에서 가장 오래된 목판 인쇄물로 인정받았다. 이것만 보아도 우리나라가 첨단의 인쇄술을 보유하고 있었다는 것을 알 수 있다. 세계 최초의 금속활자 인쇄본인 『백운화상초록불조직지심체요절白雲和尙抄錄佛祖直指心體要節』도 고려 시대인 1377년에 발간되었다. 이 책 끝머리에 "청주 교외의 흥덕사에서 인쇄했다"라는 기록을 남겨둠으로써 발행 주체를 명기한 것은 획기적이다(문중양, 2006: 115). 이러한 기록은 소중하다. 우리 민족이 발견·발명한 것을 두고서 중국이 자기 나라에서 가져간 것이라는 등의 억지를 부리면서 독자성·자주성을 부정하는 행태에 대해 쐐기를 박을 수 있기 때문이다. 『직지심체요절』은 중앙정부만이 아니라 지방에 있는 사찰까지 금속활자를 이용하여 사사로이 책을 발행했다는 증거이며, 우리나라가 문명국이었다는 물증도 된다(문중양, 2006: 121). 우리가 좀 더 심도 있게 연구할 문제는 목판활자도 있는데 왜 그렇게 금속활자가 빨리 나타났는지, 활자 인쇄물의 사회적 기능이 무엇이었는지에 대한 것들이다.[23]

(2) 소리

소리 혁명은 역사가 근대에서 현대로 넘어가는 시기에 발생했다. 근대에는 인쇄 혁명이 일어났고, 라디오에 의한 소리 혁명으로 이어졌다. 라디오는 전신, 전화 등 정보기술과 함께 전자산업, 미디어 산업의 출현을 촉진했다. 그러나 안타깝게도 우리나라는 라디오라는 소리 혁명을 주체적으로 이끌지 못했다. 식민 통치자인 일본이 경성방송을 지배했기 때문이다.

한국이 일본으로부터 해방되자 라디오는 급속히 대중화되었다. 라디오는 한때 대중문화를 선도하는 미디어였다. 인쇄 기술이 지식 중심, 신흥 부르주아지 중심의 문화를 창조했다면 라디오와 영화는 근대 시민의 소비문화로 가는 문을 열었다.

(3) 영상

사진 기술에서 시작된 영상 혁명은 그 뒤 영화, 비디오, 텔레비전으로 확

23 유네스코는 1972년 『백운화상초록불조직지심체요절』 하권을 세계에서 가장 오래된 금속활자본으로 인정했다.

대되었다. 특히 텔레비전은 현장성을 무기로 기존의 정보 유통 방식과 대중문화에 변화를 몰고 왔다. 영상 혁명은 게임과 모바일로 이어져 새로운 소통 공간과 시장을 열었다. 영상 혁명을 시작으로 미디어 시장이 형성되고, 소비문화가 확산된 현상은 주목할 가치가 있다.

영화와 방송은 대량생산·대량소비를 추가하는 자본주의 시장경제에 어울리는 미디어다. 종합예술이자 마케팅 수단인 영화와 방송이 사람에게 보여준 것은 자본주의적 소비 세계의 판타지였다. 거기에 근대화 이데올로기를 확산함으로써 근대 권력 체제의 도입을 정당화하는 기능도 했다.

(4) 디지털 기술

정보 문명은 인쇄 미디어의 발명, 소리 및 영상 미디어의 발명으로 인류에게 귀중한 정보 질서와 민주주의를 확립하는 작용을 했다. 그러나 디지털 기술 이전의 것은 아날로그 기술의 한계를 벗어나지 못했다. 일방성, 독점성, 공간적 제약성이 아날로그 미디어의 한계였다. 이를 뒤집은 것이 디지털 기술이다. 1과 0의 조합으로 이루어진 디지털 신호는 디지털 정보 문명을 열었다. 짧은 기간에 디지털 기술은 경제에서 교육, 국제관계에 이르기까지 많은 것을 바꿨다. 디지털 커뮤니케이션은 양방향 서비스와 정보 검색, 그리고 이동성을 가능하게 해준다는 점에서 수천 년 동안 지속된 아날로그 문명의 독주에 종지부를 찍었다.

디지털 기술의 발전과 대중적 확산 속도는 분명히 놀랍다. 디지털 기술은 인터넷, 디지털 방송, 휴대폰을 만들어냈다. 최근에는 스마트폰을 비롯한 스마트 미디어까지 나왔다. 디지털 기술 혁명의 끝이 어디인지 가늠하기 어렵다.

그러나 디지털 혁명은 수용자 대중의 돈과 시간 부담을 늘리고, 막대한 에너지를 소비한다. 수용자들은 값비싼 디지털 단말기와 서비스에 많은 비용을 부담해야 정보 공간에 접근할 수 있고, 그렇지 못하면 배제된다. 더구나 디지털 기술 및 서비스는 시장과 소비, 그리고 문화의 획일화를 초래했다. 밥 먹을 때도, 공부할 때도, 걸을 때도 사람들은 스마트폰을 이용한다. 사람은 안 보이고, 스마트폰만 보이는 것 같다. 신체는 스마트폰에 붙어 있는 존재와도 같다. 이런 것은 비정상적이다. 엄밀히 말해 디지털 혁명은 획일화 혁명이다. 게다가 디지털 혁명은 산업자본주의 시대에 지켜졌던 공공성, 다양성, 공정성을 감소시킨다. 그렇다고 기대했던 것만큼 고용을 증대하지도 못했다. 오히려 디지털 혁명으로 인해 일자리가 줄어들고, 비정규직만 잔뜩 늘어나는 경향도 있다. 디지털 혁명의 기린아라 할 수 있는 인터넷 금융이 세계 금융 위기를 촉발시킨 흔적도 보인다. 아무리 최첨단 소셜 미디어가 있어도 국가권력의 번뜩이는 감시 때문에 변변한 비판도 삼가는 분위기다. 이렇게 디지털 기술이 대단한 성능이 있다 해도 소통의 양극화는 여전하다. 자본주의 생산 방식에서 사람들의 소통은 물적 요소의 제약을 받으며, 소통의 소외를 당한다(陳力丹, 2008: 486). 이제부터는 디지털 혁명의 양면을 잘 관찰하여 대처할 필요가 있다.

4) 전면적 소통 양식: 사회주의적 소통 양식

마르크스가 말한 인적·전면적 발전 양식은 기존의 발전 요소를 흡수하고, 모순되는 부분을 없애면서 만든 것이다. 이것은 흔히 사회주의 소통 양식이라고도 한다. 원시적·자본주의적 소통의 한계를 넘어선 것이 사회주의적 소통 양식이라고 한다. 마르크스와 엥겔스가 말한 소통의 인적·전면적 발전 양식이란 자본주의 생산 양식이 사라져 소외가 발생하지 않고, 사람들이 해방되는 시대의 소통 양식을 말한다(陳力丹, 2008: 38~46). 사회주의 정보 양식에서는 상품의 논리가 최소한으로만 존재하거나 소멸되기 때문에 광고를 비롯한 선전 수단도 대부분 사라진다. 정보 생산수단이나 정보가 상품이 아니고 재산권도 아닌 것이다. 사회주의는 정보 소통 수단을 집단적으로 통제하고 집단적인 이익을 달성하려 한다. 하지만 사회주의적 소통 양식도 모순투성이였다. 모든 소통 수단이 철저히 집권당의 수중에 있었다. 거짓말은 일상이요, 조작은 일반적이었다.

이근식 서울시립대 경제학부 교수가 근로 의욕의 부족, 경쟁의 부재, 정보 수집의 어려움을 사회주의가 실패한 원인으로 지적한 것은 일리가 있다(≪프레시안≫, 2011.10.9). 특히 당이 획일적으로 지배하는 전통적인 사회주의 체제에서 정확한 정보의 부재가 사회주의 모순을 심화시킨 사례가 있다. 왜 그런지 그 이유가 다음에 잘 나와 있다.

> 사회주의 경제에서는 정부가 수요에 관한 정보를 수집하여야 하는데 정부가 이를 정확히 수집할 방법이 없다. 행정기관을 통해 보고받거나, 아니면 과거 통계를 보고 주먹구구식으로 생산계획을 수립할 수밖에 없다. 이런 엉터리 수요 예측에 입각하여 생산하다 보니 필요 없는 물건들이 과다 생산되거나 필요한 물건들은 과소 생산되는 일이 대규모로 발생하기 마련이다. 이러한 생산성 하락으로 인하여 실제 사회주의 경제에서는 소수의 권력층을 제외한 다수 대중은 곤궁한 생활을 면하기 힘들다(≪프레시안≫, 2011.10.9).

이런 문제를 피하면서 사회적 정보 모형을 만들려는 노력이 꾸준히 있었다. 2008년 미국 경제 위기, 2011년 유럽 경제 위기로 상징되는 자본주의 위기 상황에서 반자본주의적·비자본주의적 정보 양식이 속속 생겨났다.

21세기 들어 사회적으로 중요한 정보 생산수단 및 정보는 사적·자본주의적 소유가 아니며, 여기서 생산되는 정보도 개인의 것이 아니라 공동의 것으로 누구나 이용할 수 있다는 대중적 인식이 싹텄다. 그런데 중국식 사회주의라 할 수 있는 사회주의 상품경제는 특이하다. 정보 생산수단은 공유제이지만 정보를 거래하는 방식은 자본주의적 방식이다. 이것이 어떻게 움직이는지 조사가 필요하다.

2장

한국 미디어 산업의 구조적 특징: 재벌·미디어·권력 복합체

1. 자본주의 정보 양식의 특징과 한계

사람과 정보는 분리할 수 없을 정도로 밀접하다. 그래서 사람이 있는 곳에는 정보가 있고, 정보가 있는 곳에 사람이 몰린다. 그러나 자본주의는 사람과 정보를 분리한다. 정보 생산과 소비도 불일치한다. 사회를 지배하는 사람들이 자신의 이익을 위해 그렇게 한다. 그러다 보면 사람들에게 파는 정보는 진실을 담지도 않고, 정의를 말하지도 않는다. 시장에서 유통되는 정보는 다분히 권력 지향적·이윤 추구적이다. 이것은 미디어 공공성과는 거리가 있다.

아테네 대학의 플레이오스 교수는 "커뮤니케이션은 토대, 계급, 재산관계에 의해 규정되며, 이것들의 상태를 반영한다"라고 지적했다(Pleios, 2012: 231). 그리고 류동민 충남대 경제학과 교수는 자본주의의 혁명성과 생명력은 "인간의 욕망을 무제한적으로 풀어놓았다는 데에 있다"라고 말했다(류동민, 2010: 255). 욕망의 자유가 높은 생산력을 촉진한다는 것이다. 욕망 자유주의에 기초한 자본주의는 이윤의 논리를 따른다. 또 자본주의는 생산력이 대단히 높으며, 생산과 소비가 불균형하고, 불평등이 심각하다. 이런 현상은 이론적으로나 경험적으로 쉽게 알 수 있는 것들이다.

1) 디지털 산업의 지배

한국 자본주의는 전자산업, 통신산업, 미디어 산업을 비약적으로 발전시켰다. 특히 1990년대 중반부터 삼성전자를 비롯한 전자산업이 급속히 팽창하자, 미디어와 통신산업은 전자산업이 공급하는 기술이나 단말기를 흡수하는 하부 시장으로 바뀌었다. 디지털 기술 체제에서 전자산업의 비중은 더 커졌다. 방송, 인터넷, 소셜 미디어 등 디지털 미디어는 전자산업의 이윤 실현을 촉진하는 일등공신이다. 디지털 시장은 활동 공간을 넓혀 단기간에 종이 미디어, 아날로그 미디어 시장을 매섭게 몰아붙였다. 미국의 산업 분석 회사인 아이비아이에스 월드IBIS World는 재미난 조사 결과를 발표한 적이 있다. 이 회사는 2000년에서 2010년 사이에 존재감을 잃고 있는 10대 사양산업의 지난 10년간 매출액 감소 비율을 추적했다. 이에 따르면 의류 제조업 -77.1%, 음반 판매업 -76.3%, 조립식 주택업 -73.7%, 사진 현상업 -69.1%, 유선통신업 -54.9%, 제분업 -50.2%, 신문산업 -35.9%, DVD · 게임 및 비디오 대여업 -35.7%, 정장 및 의상업 -35%, 비디오 편집 서비스 -24.9%로 각각 감소했다(*The Wall Street Journal*, 2011.3.28). 이렇듯 미디어 산업은 다른 산업에 비해 기술이나 서비스 변동이 심하다. 오래된 것은 없어지고 새로운 시장이 그 뒤를 잇는 현상을 보면 미디어 시장은 마치 살아 있는 유기체와 같다. 케이블 TV는 수많은 영세 비디오 가게를 망하게 만들었고, MP3는 음반 가게를 몰락시켰으며, 휴대폰은 유선전화를 몰아냈다. 세상에 공짜가 없다는 것을 확인해주는 순간이다.

2) 정보의 상품화

> 내가 아는 한 가장 가치 있는 상품은 정보다.[24]

정보를 상품으로 생산한다는 것은 정확히 말해 정보가 이윤 추구 수단

24 올리버 스톤(Oliver Stone) 감독이 제작한 〈월 스트리트(Wall Street)〉(1987)에서 주인공 고든 게코(Gordon Gekko)로 분한 마이클 더글러스(Michael Douglas)의 대사.

이며, 비용 부담 능력이 없는 사람에게는 접근을 금지한다는 뜻이다. 진정으로 정보가 필요하다고 해도 돈이 없으면 필요한 정보를 얻지 못한다. 그런데 정보 상품이 사회에 긍정적으로 작용할 때가 있었다. 정보 상품화는 절대왕정이나 신권 또는 봉건체제를 깨부수는 계기를 마련해주었다는 점에서 역사적이었다. 정보 상인들은 돈벌이를 목적으로 국가의 규제나 통제에 아랑곳하지 않고 정보를 팔아서 사람들의 알 권리를 충족시켜주었다. 이렇게 자본주의 체제가 성립되기 훨씬 전부터 정보 생산자들은 이윤을 얻기 위해 수용자가 절실히 필요로 하는 정보를 제공했다. 하지만 자본주의가 들어선 이래 정보는 돈벌이와 권력을 목적으로 생산되었다. 정보 상품은 단지 정보만을 파는 것이 아니다. 이 상품은 소비자의 의식과 선택에 영향을 미치는 욕망을 판다. 본디 자본주의는 "사람들의 욕구와 필요, 욕망에 영향을 미치고 이를 조작하기 위한 엄청난 노력"을 필요로 하는 생산 양식이다(하비, 2012: 156). 이 말은 정확하다. 자본이 과잉 투자와 과잉 생산의 늪에서 벗어나는 길은 사람의 욕구를 조작해서라도 상품 수요를 촉진하는 것이다. 이러한 목적에 충실한 것이 광고산업, 미디어 산업, 정보산업이다. 광고를 비롯한 마케팅은 상품의 사용가치를 소비자에게 알리고, 상품의 사용가치를 소비하고 싶은 욕구를 만들어내는 수단이다(강남훈, 2002: 51). 자본주의는 과잉 생산, 과잉 소비를 감당하지 못해 위기를 당하기도 하고 무너지기도 한다. 광고, 미디어, 마케팅은 자본주의의 위기적 국면을 피하기 위해 도입된 것이다. 이런 것들이 위기를 증대시키는지 아니면 감소시키는지 논쟁이 있기는 하지만, 그럼에도 자본주의 이윤 실현에 기여하는 바가 크다.

미디어와 정보의 사유화 및 상품화는 깜짝 놀랄 정도로 광범위하게 이루어졌다. 이 때문에 수용자 대중에게 유익했던 무료 정보는 거의 사라졌다. 인터넷이니 스마트 미디어니 해서 유통 수단이 혁명적으로 늘었지만 다 소용없다. 돈이 없으면 의미 있는 정보를 접하기가 더 어려워졌기 때문이다. 어떤 경우에는 가장 중요한 공공재 중 하나인 전파까지 상품처럼 거래된다. 디지털 콘텐츠의 상품화는 더욱 광범위하다. 정보가 상품으로 팔리는 상황에서 국정에 관해 수용자 대중이 반드시 알아야 할 시사 정보마저 접하지 못하는 경우가 비일비재하다. 미디어 기업은 이쯤에서도 만족할지 모른다. KBS, MBC, SBS는 위성방송을 비롯한 유료방송을 상대로 가입자 1가구당 월 280원의 재송신료를 받음으로써 공공 서비스가 분명한 지상파 방송 서비스를 이용해 이윤을 추구한다. 이것은 지상파 방송이라는 공공 서비스를 상품화한 사례다. 수용자 대중이 지상파 방송을 접하려면 재송신료를 지불해야 하는 등 점점 더 많은 비용을 부담해야 한다. 더구나 지상파 방송을 직접 수신할 방법도 마땅치가 않다. 어떤 상황이든 수용자 대중이 지상파 방송을 무료로 직접 수신할 수 있도록 법제화가 절실히 필요하다.

이윤의 세계에서는 유일한 척도가 이윤 극대화다. 상품 속에 포함되어 있는 잉여가치만이 자본가의 관심을 끌 뿐 상품의 절대적인 가치가 무엇인지에 대해서는 아무런 관심이 없다(마르크스, 2008a: 446). 이것은 기계제 대공업에서 만들어진 제조업 상품 생산에 관한 설명이다. 그러나 정보 상품의 경우 꼭 그렇지는 않다. 미디어 생산을 이윤의 논리만으로 생각하는 사람은 많지 않다. 미디어는 정도의 차이가 있을망정 민영이든 공영이든 정치적 영향력을 추구한다. 일반 기업과는 약간 다르게 미디어는 권력 추구 성향을 갖고 있는 것이다.

그렇다면 미디어 정보 상품의 가격은 어떻게 결정되는가? 생산원가, 미디어의 영향력 등 다양한 요소가 가격 결정에 작용한다. 이에 관해 정회경은 다음과 같이 파악했다.

> 미디어 콘텐츠에 대한 가격 결정은 원가를 토대로 하는 것이 아니라 이용자들이 느끼는 상품의 가치를 고려해 결정하기 때문에, 생산비용보다 낮은 수준에서 결정되는 경우가 많다. 또 광고를 재원으로 하는 미디어 서비스의 경우에는 콘텐츠 생산 활동과 전혀 무관하게 가격 결정이 이루어진다. 이것은 미디어 기업이 공공재적인 상품을 생산하며, 또 광고 시장에 밀접하게 의존하고 있기 때문이다(정회경, 2012).

미디어 및 정보의 상품화는 허점이 있다. 정보 상품의 경우 공공재적 성격을 갖고 있어 일정한 비용을 부담하지 않고도 이용할 수 있는데, 이런 것을 차단할 목적으로 만든 장치가 저작권이다. 또 앞서 말한 대로 미디어 시장은 수용자 대중을 물건으로 취급한다는 결정적인 취약점을 안고 있다.

3) 소유와 지배

뉴욕 대학교 저널리즘 학과의 제프 자비스Jeff Jarvis 교수는 내가 아닌 다른 사람이 미디어를 장악하는 데서 문제가 생긴다고 보았다(자비스, 2013: 153). 한마디로 말해 소유와 지배가 힘을 발휘하는 자본주의 사회에서 미디어든 정보든 소유자나 통제자의 이익을 우선하지 시민의 이익을 제대로 반영하지 않는다는 말이다. 미디어나 정보가 수용자 대중, 즉 시민의 것이 아니라 자본의 것이고, 국가가 내용을 검열하고 통제한다는 점에서 문제의 심각성이 있다. 이에 미디어와 정보의 공공성 및 공익성을 법제화해서 미디어와 정보를 자본과 권력에서 조금이라도 분리시키려는 노력이 있었다.

하지만 국가권력은 공공성과 공익성보다는 성장과 효율성 따위를 더 중시했다.

국가와 자본은 미디어나 정보를 소유하거나 생산하는 데 지배적인 힘을 가졌다. 이들은 주요 미디어를 전부 장악했으며, 중요한 정보도 이들이 통제한다. 국가와 자본이라는 권력이 정보를 통제하는 반면, 시민사회는 미디어와 정보 생산에서 소외되었다. SNS, 한겨레, 경향신문 등이 시민사회의 시각에서 여론을 조성하는 정도다.

미디어 산업에서 소유와 지배의 논리, 상품의 욕구가 작동하는 제도 가운데 하나가 저작권이다. 사람들의 창조적인 노력에 보답한다는 명분에서 현대사회는 특정인이 지식, 정보, 문화 따위를 부동산이나 주식처럼 소유하고, 필요한 사람은 일정한 비용을 부담한다는 방향으로 제도를 강화했다(볼리어, 2013: 324). 저작권은 이렇게 그럴듯한 명분으로 태어났다. 저작권은 특허권, 상표권, 영업 비밀권과 더불어 지적 재산권, 다시 말해 정보 및 지식의 소유권에 속한다(마틴, 2000: 57).

저작권은 이윤 극대화를 위해 정보를 사적으로 지배하는 권리이자 권력이다. 미디어 산업은 공공성과 공익성을 바탕으로 정보를 생산하지만 이윤을 강조하다 보니 저작권이 기승을 부린다. 그럼에도 미디어 산업만큼 표절과 같은 저작권 침해가 많은 곳도 드물다. 그래서 정보와 문화 창작물의 저작권을 보호하려고 하지만 얼마만큼이나 저작권을 보호해야 할지, 또 저작권 수익을 어떻게 배분할지에 관해 논란이 많다.[25]

25 미디어 산업에서 저작권 수입과 배분 구조는 상당히 복잡하다. 음악 저작권을 한번 보자. 음악 시장은 음반, 디지털 음원, 노래방 매출로 구성된다. 연간 음악 시장의 규모는 3조 원가량이며 그 중 노래방 저작권 수입이 45.8%로 비중이 가장 크다(≪한국경제≫, 2012.3.21, A5면). 언뜻 보면 저작권은 남의 일 같지만 우리 모두의 일상이나 이익에 관계된다. 저작권 때문에 미디어 상품의 가격이 오르면 수용자들은 사고 싶어도 사지 못하는 일이 생긴다. 문화산업의 폭이 커지고,

4) 정보 생산과 소비의 불균형

자본주의의 가장 큰 특징은 사람들이 주체하지 못할 정도의 엄청난 생산력이다. 그런데 그 지나친 생산력이 무섭다. 자본주의 생산력은 자본주의를 집어삼키고, 사람들을 질식시키려 하기 때문이다. 기업은 저마다 많은 돈을 들여 상품을 생산한다. 문제는 많은 상품을 단시간에 팔아치워 이윤을 남겨야 한다는 것이다. 그러나 소비는 생산을 따르지 못한다. 여기서 자본주의 괴리와 낭비가 발생한다. 이런 문제를 다소나마 완화시킬 목적으로 만든 것이 광고와 미디어 산업이다. 이곳에서는 저널리즘과 대중문화라는 상업주의 환경을 만들어 시민들을 수용자 대중 또는 소비자 대중으로 변신시킨다. 저널리즘과 대중문화는 정보와 문화를 통제함으로써 사회의식을 지배하는 역할도 맡았다. 미디어 산업은 정치적·이념적 힘을 바탕으로 언론권력으로 거듭났다. 이렇게 미디어가 마케팅 수단인 동시에 정치적 영향력을 행사하기 때문에 많은 기업들이 언론권력이 되려는 꿈을 안고 미디어 산업에 투자했다. 이들의 투자는 한국 사회가 도저히 감당하기 어려운 미디어를 만들고 상업 정보와 대중문화를 생산했다. 종편 채널은 무모한 투자 사례의 전형이다. 지방 일간지 시장도 별반 다르지 않다.

대중 정보를 공급하는 미디어 산업에 디지털 기술이 접목되자 정보 생

정보 사유화가 맹위를 떨칠수록 저작권은 더 큰 위력을 떨칠 것이다. 미디어 시장에서 저작권은 새로운 실력자다. 저작권자는 시민이 무엇을 읽고, 무엇을 볼 것인가를 결정한다. 저작권은 기본적으로 경제적 능력에 의해 결정된다. 수용자들은 아무리 절실한 정보라 하더라도 저작권을 지불하지 못하면 그것으로 그만이다. 대중음악 시장에서 저작권 배분 방식을 보자. 대중음악 시장은 유통업자, 기획사, 저작권자(작곡가, 작사자), 실연권자(가수, 연주자)로 구성되는데, 수익은 각각 46.5%, 39%, 9%, 4.5%로 배분된다(≪연합뉴스≫, 2011.3.25). 여기서 보듯이 유통업자와 기획사가 수익의 80%가량을 먹어치운다. 지나친 독식임에 틀림이 없다. 실제로 노래를 부르고 연주하는 사람은 쥐꼬리만 한 수익을 받는다. 사람들의 창조적인 노력에 대가를 지불하고 지식 생산자의 재생산을 독려한다는 저작권 제도의 명분이 어디로 갔는지 모르겠다.

산량이 예전과는 비교가 안 될 정도로 엄청나게 늘었다.[26] 이제 정보는 희소 자원이 아니라 초과잉superabundant 자원이 되었다(*The Economist*, 인터넷판, 2010.2.25). 그런데 정보가 넘친다고 해서 꼭 소통이 원활히 되고, 민주주의가 촉진되는 것도 아니다. 불평등과 불의를 지지하는 정보가 과잉이면 오히려 사회적 갈등과 대립이 격화된다(볼통, 2012: 18~19). 정보의 과잉 생산은 결국 자원 낭비이며 사회적 부담이 될 가능성이 크다. 특히 막대한 에너지를 낭비하는 디지털 정보 상품은 환경을 해치는 무덤이 될 수도 있다.

5) 내수 위주의 정보 서비스 산업

미디어는 정보, 지식, 오락, 문화 등 정신적 가치를 생산하는 산업이다. 이런 것들은 주로 국내시장에서 소비된다. 지식과 정보를 제공하는 신문, 출판, 인터넷 서비스 분야, 강력한 국가 규제를 받는 방송, 통신 분야는 특히 내수용 서비스 시장이다. 전 세계 미디어 시장의 규모가 1조 2,000억 달러에 이르지만, 이 중 70% 정도가 신문, 출판, 방송 산업이 차지하는 내수 산업이며 그나마 만들어진 해외시장은 거의가 미국의 글로벌 미디어 기업의 차지다(조신, 2013: 337, 356). 게임, 애니메이션 등의 오락 분야는 언어적 장벽이 덜해서 그런지 국내외 시장을 넘나든다. 일본은 만화와 애니메이션으로, 인도는 영화로, 영국은 뉴스와 다큐멘터리로 국제시장에서 독자적인 위상을 차지했다. 우리나라도 드라마, 대중음악, 게임과 같은 오락 콘텐츠

26 자본주의 생산력은 역사상 그 어느 생산 방식보다 뛰어나다. 자본은 자기 증식을 하지 않으면 몰락하기 때문에 자본가들은 필사적으로 생산력을 발전시켰다(정이근, 2008: 157). 정보 생산력은 특히 눈부실 정도다. 정보가 돈벌이 사업이자 권력 추구 수단이어서 그런지 신기술 개발과 투자가 끊이지 않았다. 이것은 정보 상품의 과잉을 초래했다.

를 수출하여 한류 시장을 만드는 데 성공했다. 이것은 문화 역사상 유례가 없는 일이다. 그럼에도 여전히 미국산 문화상품 이외에는 대부분의 나라들이 만든 문화상품은 내수 지향적이다. 지구화니 국제경쟁력이니 말하는 것은 쉽지만, 시장 현실은 이를 따르지 못한다.

2. 미디어 산업의 기능

정보, 문화, 교육, 예술, 스포츠, 오락과 같은 정신적 가치 영역은 자본, 국가권력, 시민과 상호 작용을 하는 공공의 영역이다. 정신적 가치 영역은 사람들의 지식, 사상, 정보 등 세계관이나 정신세계에 영향을 준다. 그리하여 사회 서열구조를 정당화하고 자본의 축적에 기여한다. 그런 반면 진보적·비판적 미디어는 현존하는 생산 방식이나 계급구조에 맞서 싸우기도 한다. 이런 이중적 기능은 정보, 문화, 예술 등 정신적 영역에서 흔히 볼 수 있는 것이다. 그래서인지 미디어의 기능과 정보의 가치가 무엇인지에 대해서는 학설이 분분하다.

1) 미디어 기능

놀랍게도 보수적인 언론학이 미디어의 민주주의 기능을 강조해왔는데, 제임스 커런James Curran에 따르면 그 내용은 대체로 다음과 같다.

· 미디어는 독립된 제4부로서 국가를 감시한다.

· 미디어는 정보를 전달하고 논쟁을 촉진하는 장의 역할을 함으로써 시민들

이 민주주의에 참여하도록 한다.

· 국가에 시민의 소리를 전달한다.

미디어의 사회 감시 기능은 바람직한 것이다. 하지만 이런 기능은 제한적이다. 미국과 유럽이 풍요로운 사회를 구가하고, 이를 기초로 사회적 포용력과 민주주의가 꽃피었을 때는 미디어의 권력 비판 기능이 활발했다. 이를 보고 보수 언론학은 미디어의 사회 감시 기능을 강조했다. 반면에 비판언론학은 미디어가 권력이나 시장을 감시하는 것이 아니라, 수용자 대중과 사회의식을 감시하고 통제한다고 본다. 이런 시각을 종합하여 미디어의 기능이 무엇인지 살펴보자.

(1) 계몽적 기능

계몽적 기능이란 미디어가 사회 감시나 문화 전승 기능을 통해 사회의 건전한 발전에 기여한다는 것이다. 이런 기능은 역사적 뿌리가 있다. 근대사회에 접어들자 미디어, 학교, 종교기관 등은 사람들의 의식을 변화시켜야만 했다. 봉건주의 굴레에서 벗어나 민주주의와 대중 소비 시대에 걸맞은 시민 의식의 형성에 미디어를 비롯한 정신적 소통 수단의 역할은 컸다. 수용자 대중의 의식을 근대화시키는 미디어의 계몽적 기능이 강조되었다. 산업자본주의 시대에 형성되기 시작한 미디어는 신흥 부르주아의 싱크탱크로서 누구보다도 충만한 개혁 정신이 있었다. 이들은 시장경제 논리와 대의민주주의를 설파했다. 당대의 지식인들도 속속 미디어에 몰렸고, 이들은 자신이 가진 전문성을 발휘했다. 이 덕분에 미디어 산업은 권력을 감시하고 사회를 개혁하는 계몽적 기능의 선두에 섰다. 그리하여 '언론은 제4부'라는 명예로운 평가도 받았다. 그러나 송호균 한겨레신문 기자가 적절히 평가했듯이 정치권력과 자본권력을 비판하는 "감시견은 사라지고, 충견만 우글거린다"(≪한겨레≫, 2013.7.29, 28면). 오죽 저널리즘이 제 역할을 못하면 돈도 없고, 사람도 부족하고, 기술도 충분하지 않은 ≪뉴스타파≫가 사회 여론을 조성할까!

(2) 억압적 기능

크노케Knoche는 상품론과 이데올로기론을 통합하여 미디어의 억압적 기능론을 설명했다. 미디어 산업의 자본축적 기능, 다른 산업을 위한 광고나 PR 또는 판촉 기능, 지배의 합리화 및 이념적 조작 기능, 노동력의 재생산과 재창출 및 자격 부여 기능이 그것이다(Fuchs, 2011: 104에서 재인용).

미디어 산업의 억압적 기능은 최종적으로 노동자계급을 사회적으로 고립시키고, 시민들을 소비문화와 보수정치에 종속시키는 방향으로 나아간다. 기업주인 광고주들이 미디어 산업에 광고비를 제공하는 한 저널리즘의 노동자 적대성은 지워지지 않을 것이다. 다만 노동자계급이 자본 집단과 맞설 만한 힘을 가질 때 미디어의 반노동자 보도는 약화된다. 또 미디어가 마냥 권력이나 광고주 편을 들면 수용자 대중의 불신을 사서 경영상 어려움을 겪을 수도 있다. 그래서 미디어는 이따금씩 기업과 권력을 비판하는 보도를 한다. 이것은 수용자 대중, 시장, 권력을 길들이는 미디어 기업의 전술이다.

(3) 복합적 기능

미디어 산업은 콘텐츠를 생산한다. 콘텐츠는 상품이기도 하고, 공공재이기도 하다(Wittel, 2012). 이런 성격을 가진 미디어 산업의 기능은 복합적이다.

① 정치적 기능

미디어는 정치적 속성이 강하고, 미디어 자체도 정치에 속한다고 할 정도로 정치와 밀접하다. 미디어는 시사, 정치와 관련된 정보를 제공하여 정치적 기능을 수행한다. 선거와 같은 민주주의 행사 과정에서 미디어의 정치적 기능은 상당하다. 미디어가 정치적 기능을 충실히 수행하려면 독립성, 공정성, 재정 안정, 종사자들의 정론 의지 등 많은 요소가 필요하다.

② 경제적 기능

나라를 가릴 것 없이 문화산업은 국가 경제의 중추로 인정받았다. 우리나라는 김대중 정권 이래 문화산업을 국가 기간산업으로 위상을 격상시켰다. 박근혜 정부도 창조경제 정책을 도입하여 문화산업의 발전에 관심을 기울였다. 미국은 원래부터 문화산업이 국가의 중추 산업이었다. 중국 또한 2011년 문화산업을 '국민경제의 지주 산업'으로 규정했다(≪KAA저널≫, 2012년 7월호, 7면). 모름지기 문화와 정보는 주변부 상품이자 산업으로 취급되던 시대를 넘어 국가 중추 산업으로 뛰어올랐다.

우리나라에서는 1980년대까지만 해도 신문과 방송의 정치적·문화적 기능이 강조되었다. 그러던 것이 1990년대부터 근본적인 변화가 일어났다. 미디어가 노골적으로 영리기업으로서의 위상을 재정립했다. 이 당시 사회 민주화가 실시되면서 다양한 미디어가 시장에 나타나 경쟁을 촉진했고, 소비경제의 급성장에 따라 많은 광고비가 공급되어 미디어 시장이 초고속으로 성장했다. SBS, 지역 민방, 케이블 TV, 위성방송, 인터넷, IPTV, 종편 채널, 소셜 미디어 등은 앞서거니 뒤서거니 하면서 시장을 재편했다. 미디어 산업이 거대화된 데에는 또 다른 계기가 있었다. 한류 문화 시장의 급성장은 미디어 산업을 비대하게 만들었다. KBS의 〈겨울연가〉는 한류 문화산업의 팽창을 촉진한 매개체였다. 그런데 이 드라마가 일본을 비롯해 국제시장에서 수백억 원을 벌어들이자 그동안 구멍가게 식으로 운영되던 연예·오락 부분도 자극을 받아 기업화·산업화하기 시작했다(김훈, 2011: 12). 인터넷을 비롯한 디지털 소통 공간의 확장, 재벌경제의 국제적 부상, 한국 문화산업의 국제경쟁력 확보 등에 힘입어 한류 문화 시장이 형성되었다. 하지만 한류 문화 시장은 한국 미디어 산업에 거품을 만들었다. 미디어 산업은 기획 단계부터 외국자본을 끌어들이거나 해외시장에 팔려고 제작비와 마케팅에 많은 돈을 썼다. 이것은 인기 스타의 출연료를 천정부지로 뛰게 만드는 등 미디어 시장 전반에 걸쳐 비효율성이 증대하게 만들었다.

미디어 산업의 수익성은 불균등하고 불안정하다. 부문별 영업이익률을 보면 케이블 TV SO가 15.8%로 가장 높다. 그 뒤로 위성방송 8.1%, 보도채널 6.9%, 케이블 TV PP 5.4%, 지상파 방송 1.6%, 중앙 일간지와 경제 일간지 -2.5%로 기록되었다(최훈 외, 2010.6.9: 3). 영업이익률을 기준으로 본다면 신문은 이미 사양산업이고, 지상파 방송도 현상 유지에 급급하다.[27]

미디어 산업의 경제적 기능은 미디어 자체의 수익 창출에만 한정되지 않는다. 이들 산업은 뉴스, 프로그램, 광고, 홍보, 마케팅을 통해 상업주의 세계관을 전파한다. 그리하여 미디어 산업은 상품 판촉, 기업의 이미지 조성, 소비문화 창출 등의 방식으로 자본주의 증식에 기여한다. 미디어 산업이 거대 자본의 이윤 실현을 촉진하는 기능은 다른 어떤 기능 못지않게 중요하다. 만약 미디어의 이윤 실현 기능이 미약했다면 광고주들은 지금처럼 많은 광고비를 제공하지 않았을 것이다.

27 미디어 산업 관련 주에 투자할 때 외적 모습만 보면 낭패를 당하기 쉽다. 미디어는 얼마든지 치장할 수 있기 때문이다. 투자자들은 성장성, 수익성, 안정성, 활동성, 생산성, 유동성을 충분히 살펴 신중하게 투자해야 한다.

③ 이념적 기능

미디어는 수용자 대중에게 특정한 이념을 공급한다. 재벌경제, 우익 정치, 서울 중심 체제, 대의민주주의, 서열화, 반공은 미디어 산업이 선호하는 것들이다. 한국 미디어의 핵심 기능은 역시 반공·반북 사상 기능이다. 한반도가 분단되고 전쟁까지 해서 미디어의 반공 기능은 효과적이다.

④ 문화적 기능

미디어 산업은 대중문화라는 자본주의 특유의 문화를 생산한다. 대중문화는 대량성, 소비성, 상품성, 선정성, 역동성이 있다. 방송을 비롯한 미디어 산업은 대중문화를 만들어 수용자 대중의 눈길을 잡는 대가로 많은 광고 수입을 올린다.

미디어 산업은 비교적 유연하게 문화를 생산한다. 어떤 때는 진취적으로, 또 어떤 때는 감성적으로 대중문화를 창출하여 문화의 다양성을 실현하기도 한다. 지배적이고 부자 미디어라고 해서 지배문화·상업문화만을 공급하지 않는다. 또 진보적 미디어가 꼭 비주류적·반지배적 문화만을 공급하지도 않는다.

한편 미디어 산업은 문화제국주의를 끌어들이는 첨병이다. 미국 미디어, 광고, 영화 따위가 수입되어 미국식 가치를 정당화·미화함으로써 문화제국주의를 확산한다.

2) 정보의 가치

미디어와 정보는 복합적인 기능을 함으로써 개인적·사회적 차원에서 기여한다. 그렇다면 미디어나 정보는 어떤 가치를 창출하는가?

(1) 사회적 가치

미디어나 정보는 공공성과 공익성을 추구함으로써 사회적 가치를 창출한다. 약자를 배려하고 일하는 사람을 존중하는 것도 미디어가 만들 수 있는 중요한 사회적 가치다. 또 시장의 횡포, 권력의 부패를 폭로하는 것도 가치 있는 일이다.

(2) 시장가치

산업자본주의가 시작된 이래 시장가치, 즉 경제적 가치가 미디어와 정보 생산을 이끌었다.[28] 21세기 들어 미디어의 시장가치를 대체할 만한 가치는 없는 것처럼 보인다. 영국 티스사이드 대학의 버턴G. Burton 교수는 미디어 산업이 추구하는 경제적 동기를 수익성profitability, 규모의 경제economies of scale, 시장 지배control of the market, 경쟁 억제suppression of competition에서 찾았다(Burton, 2010: 53). 미디어 시장은 더욱 많은 이윤을 내기 위해서 규모의 경제, 시장 지배 등의 방법을 동원한다. 버턴에 따르면, 미디어 산업자본은

28 미디어 산업이 만드는 상품은 대부분 자본을 위해 기능하지만, 더러는 자본에 치명상을 주기도 하고 권력에 도전하는 저항적 가치를 창출하기도 한다. 정보나 미디어는 그런 종류의 상품이자 제도다. 동서양 역사를 보아도 그렇다. 유럽의 부르주아는 절대왕정에 맞서 정보와 지식을 만들어 전파해서 자신의 입지를 강화시켰다. 그럼으로써 부르주아 계급은 일반 시민을 자기편으로 끌어들이는 데 성공했다. 그 배경에는 근대 미디어가 있었다. 신문이나 잡지 또는 서적은 부르주아가 왕정을 타파하고 산업자본주의를 세우는 과정에서 커다란 공헌을 했다. 미디어가 사회적 가치를 드높인 것은 여기까지다. 그 후에 나타난 미디어, 예컨대 라디오나 텔레비전 역시 훌륭한 문화적 기능을 했음에도 권력이나 자본의 사회 지배 또는 이윤 창출의 수단으로 기능했다. 텔레비전은 상품경제를 원활히 관리하는 데 필수적인 소비문화를 보급했다. 텔레비전은 투자비가 워낙 막대해서 국가나 대기업이 아니면 투자할 엄두를 내지 못했다. 이런 상황이 1990년대까지 지속되다가 반전의 기회가 왔다. 디지털 기술의 발명, 신자유주의 확산 등으로 인터넷이 생기고 스마트 미디어까지 만들어졌다. 디지털 기술은 누구나 인터넷과 SNS를 이용할 수 있는 기술적 기반을 마련했다. 이윤 창출을 최고의 가치로 삼은 신자유주의는 인터넷의 대중화에 앞장섰고, SNS도 확산시켰다. 만약 국가권력이 자본을 통제하는 시대였다면 이런 일이 일어나기 어려웠을지도 모른다. 그러나 자본은 새로운 시장을 개척하지 않으면 안 되는 급박한 상황에서 권력체제에 타격을 줄 수 있는 디지털 커뮤니케이션 혁명이라는 판도라 상자를 열어젖힌 것이다.

경제적 동기를 배경으로 삼아 수직적 통합vertical integration, 새로운 기술 투자investment in new technology, 다국적화multinationalism, 복합화conglomeration, 다각화diversification를 추구한다.

(3) 권력 가치

미디어나 정보를 그림자처럼 따라다니는 것이 권력이다. 이것들은 자체가 권력체다. 미디어와 정보가 권력 가치를 창출하는 것은 이상한 일이 아니다. 미디어 기업 및 종사자들은 정보를 매개로 해서 사회적 영향력을 갖는 언론권력을 누린다.

(4) 저항적 가치

미디어와 정보는 현재의 권력 구조를 비판하고 계급 질서의 문제를 지적함으로써 저항적 가치를 생산한다. 때로는 대안적 사상 및 제도가 이들에 의해 제시되기도 한다. 옛날에는 상소나 익명 방榜이 사람들의 저항적 가치를 담았고, 독재체제에서는 대자보나 유인물이 저항적 담론을 말했다. 최근에는 이들을 대신해 인터넷이나 SNS가 저항적 가치를 생산하기도 한다.

3. 미디어 산업의 구조

최을영(2013: 62)은 윤창중 사건, 종편 채널과 일베의 활동, 극우 언론의 황당하면서도 굳건한 필력과 영향력, 기자에 대한 구속영장 청구, 방송 민주화의 상징인 손석희의 JTBC행, 사주가 편집국의 문을 닫은 한국일보 사태를 보면서 "한국 언론의 비참한 현실"이라고 불렀다. 그런데 이 '비참한 현실'은 예고편에 지나지 않는다. 재벌·미디어·권력 복합체가 정보 생산수단, 정보, 광고와 같은 공적 자원을 정파적·경제적·이념적 목적에 동원하고 조작하는 현실은 비참한 정도를 넘었다.

한국 자본주의는 재벌·미디어·권력 복합체의 독점체제다. 이들은 미디어 소유나 정보 생산을 지배함으로써 사회의식 및 공공 영역을 통제한다. 지배 복합체의 정보 독점구조를 살펴보자.

1) 정보 생산수단의 독점

미디어 자원, 즉 자본을 누가 갖고 있느냐에 따라 미디어의 성격이 규정된다. 자본주의 체제에서 미디어는 축적의 수단이다. 자본축적은 자본의 집적과 집중, 즉 독점을 수반한다. 자본의 집적은 소수 독점 미디어가 시장을 독식하여 규모 면에서 압도적인 수준이 되는 것이다. 정보 생산은 거대 자본에 몰려 분야마다 세 개 정도의 독점 미디어가 시장을 장악한다. 자본의 성격과 기능에 따라 미디어 산업을 주도하는 자본의 면면을 살펴보자.

첫째, 정보와 문화 생산에 대한 재벌 기업의 지배력이 상당하다. 이들은 신문, 방송,[29] 스포츠, 광고, 영화, 출판, 교육 등 정보와 지식, 대중문화 시장의 길목을 지키고 있다. 특히 삼성그룹은 광고비를 무기로 미디어 산업을 통제한다. 이들은 중앙일보, JTBC를 배경으로 삼아 정보 시장을 삼성 친화적인 정보로 채운다. 삼성그룹은 스마트 TV 플랫폼을 만들어 사실상 직접 방송을 운영하는 효과를 거둘 수 있다.[30] 범삼성 계열인 CJ그룹도 약진

29 방송 시장의 주도권 싸움은 피가 낭자한 전쟁터다. 94개 종합유선방송(SO, 총수익 2조 1,169억 원), 3개 IPTV(총수익 6,162억 원), 1개 위성방송(총수익 3,739억 원)은 거의 재벌 기업 또는 대기업 계열이다. 이들은 생사를 건 싸움을 하고 있다.

을 거듭해왔다. CJ그룹의 오락·미디어 사업은 CJ E&M, CJ CGV, CJ헬로비전이 주도한다. CJ E&M의 연간 매출액은 1조 4,000억 원 규모로 성장했고, 영화관 산업을 주로 하는 CJ CGV는 7,800억 원, CJ헬로비전은 9,000억 원의 수입을 올렸다(≪시사인≫, 2013.7.6, 27면). 이리하여 CJ그룹은 오락·미디어 사업으로 연간 총 3조 원을 버는 최대 미디어 사업체가 되었다. 이와 비교하여 태영 계열인 SBS미디어홀딩스의 매출액도 1조 원에 이른다. 한편 재벌 기업들이 운영하는 홈쇼핑 채널은 시장에 대한 전통적 관념을 무너뜨리면서 거대한 신시장을 형성했다. 홈쇼핑 채널은 상품 정보 및 소비문화를 직설적인 방식으로 제공함으로써 짧은 기간에 증식할 수 있었다. 그리하여 CJ오쇼핑 채널 하나만 해도 연간 매출액이 2조 원에 이른다.

둘째, 통신회사는 빠르고 폭넓게 미디어 시장을 잠식해왔다. 이들은 통신 시장의 불확실성과 수익성 문제를 극복하기 위해 미디어, 금융, 부동산 등 다각적인 투자를 확대해왔다. 통신산업은 특히 미디어와 콘텐츠를 통신의 범주에 묶어두기 위해 치밀하게 전략을 수립해갔다. 통신산업은 방송과 통신의 융합 정책에 힘입어 방송 사업에 적극적으로 진출했다. KT는 스카이라이프(위성방송), 올레TV(IPTV)를 운영한다.[31] KT는 디지털 유료방송 시장의 16.4%를 차지하는 위성방송 스카이라이프, 28.8%를 차지하는 IPTV를 운영함으로써 총 45.2%나 점유한다. 그리고 SK브로드밴드가 IPTV를 운영하여 디지털 유료방송 시장의 9.6%, LG유플러스가 7.6%를 각각 지배한다. 통신 자본은 음원, 음악 시장도 손에 넣었다. SKT는 계열사인 로엔

30 삼성그룹의 핵심인 삼성전자는 외국인 지분이 50%를 넘어섰다. 이것을 보면 삼성전자에 국수주의적 가치를 둘 이유가 없다.

31 2012년 KT는 총 23조 8,000억 원의 수입을 올렸는데, 이 중 1조 679억 원이 미디어와 콘텐츠 사업으로 번 돈이다. 아직은 미디어 및 콘텐츠 수입 비중이 적지만 앞으로 꾸준히 늘어날 전망이다.

엔터테인먼트를 소유하는데, 이 회사는 음원 서비스인 멜론을 운영한다.[32] MBC가 〈나는 가수다〉를 통해 벌어들인 음원 수입 가운데 30%가량은 로엔이 가져간다. SKT는 통화 연결음 사업만으로도 연간 3,000억 원이 넘는 수입을 올린다.

셋째, 인터넷 업체는 유통 혁명을 주도하면서 급속히 성장했다. 이들은 인터넷 문지기로 시작해서 지금은 광고나 게임 사업을 통해 자본을 축적하고 있다. 예전에는 망을 독점하는 통신회사가 통신 시장을 지배했으나, 음성과 문자 서비스를 제공하는 인터넷 업체가 지배권을 가질 것이라는 예측이 있다(김인성, 2012.6.30 참조). 그 가운데 NHN은 45개나 되는 계열사를 거느리며 인터넷 포털 및 게임 시장을 주도해왔다. 그리하여 NHN의 시가총액은 무려 8조 원이나 되고, 연간 매출액이 2조 4,441억 원, 영업이익이 7,335억 원이나 되는 대기업으로 성장했다. 매출액 규모나 성장률도 대단하지만 삼성전자보다 훨씬 높은 영업이익률로 인해 NHN은 가장 성공한 미디어 기업이 되었다. 특히 NHN은 검색 광고만으로 연간 1조 원 이상의 수입을 올려 명실공히 최대의 광고 미디어로 성장했다. NHN의 성공은 기본적으로 정보 유통력에서 나왔다. 한국 상황에서는 '콘텐츠가 왕'이라는 말보다는 '유통이 왕'이라는 말이 맞는 것 같다. 그렇다고 NHN의 미래가 밝은 것만은 아니다. 정보 유통권을 NHN에 빼앗긴 조중동 등의 신문 재벌이 NHN의 정보 유통 독점을 해체하려고 하기 때문이다.

넷째, 신문은 사양길에 들어섰는데도 보수 권력의 도우미 역할을 하면서 근근이 정치적 영향력을 유지한다. 또 신문산업은 재벌 광고주들의 광

32 멜론은 음원 시장의 47%를 점유함으로써 1위를 차지했다. KT 계열인 올레뮤직의 시장점유율도 10%인데, 이것은 시장에서 네 번째 순위다.

고비 덕분에 명맥을 유지하고 있다. 신문산업은 재벌 기업과 국가의 도움을 받으면서 연간 3조 9,900억 원의 규모에 3만 6,000명을 고용하는 커다란 시장을 만든다. 그러나 신문의 여론 주도력은 많이 사라졌다.[33] 신문은 정보 소통의 속도, 이동성, 수용자의 신뢰, 광고 효과 등 모든 면에서 방송이나 인터넷에 비해 떨어진다.[34] 정체 상태인 신문산업은 방송을 교차 소유하거나 사교육 시장에 진출하는 등 변신을 통해 위기를 탈출하려고 한다.[35] 예를 들어 조선일보사는 조선에듀케이션을 두어 학원 사업을 하기도 하는데, 이 회사는 케임브리지코리아어학원과 '맛있는 공부'라는 학원을 운영한다. 그러나 신문 재벌의 종편 채널은 많은 적자를 냈고, 조만간 수익을 낼 가능성이 별로 없다. 이것이 신문 기업의 미래를 더욱 불안정하게 만든다.

다섯째, 국영 또는 공영 미디어가 확고하게 자리를 잡았다. 우리나라는 KBS, MBC, EBS, YTN, 연합뉴스 등 많은 공영 미디어를 두고 있다. 여기에 방송광고 거래를 주도하는 한국방송광고공사, 미디어 및 정보통신 정책을 연구하는 한국언론진흥재단과 정보통신정책연구원을 더하면 공영 미디어 체제가 완성된다. 그런데 생각할 점은 '왜 우리가 공영 미디어 제도를 두

33 2011년 기준으로 세계 광고 시장을 보면, 텔레비전이 40.2%, 신문이 20.1%, 인터넷이 16.1%를 차지한다(Ofcom, 2012: 21).

34 한국언론진흥재단(2012b)의 조사에 따르면, 종이신문이 시장의 85.9%를 차지하며, 인터넷 신문은 14.1%를 점유한다. 고용구조에서는 인터넷 신문 종사자가 신문산업 인력의 26.4%를 차지하는 한편, 종이신문은 73.6%를 차지한다.

35 PwC(PricewaterhouseCoopers)가 조사한 자료를 보면, 세계 신문 시장의 93%를 종이신문이 지배하고, 나머지 7%를 디지털 신문이 차지한다. 신문산업은 인터넷 뉴스의 유료화를 통해 새로운 시장을 개척하고 있다. 신문 기업은 방송이나 교육 사업을 대안으로 선택하기도 한다. 예를 들면 워싱턴포스트 컴퍼니는 총수입의 62%를 교육 사업에서 벌어들였으며, 16%가 케이블 방송, 14%가 신문·출판, 7%가 지상파 TV에서 거둔 것이다(박준호·전범수, 2011: 190). 그럼에도 워싱턴포스트는 경영난을 이기지 못하고 인터넷 기업에 매각되었다.

었는가?' 하는 것이다. 공영 미디어 제도는 정치적·사회적으로 영향력이 큰 미디어나 기구를 정부로부터 분리하여 독립시킨 후 공공성과 공익성을 달성하려는 목적이 있었다. 그런데도 이런 취지가 제대로 관철되지 않았다. 공영 미디어는 여전히 정부 및 여당의 직접적인 관할 아래에 있다. 공영방송의 이사회도 철저히 대통령과 집권당 중심으로 구성된다.[36] 더군다나 공영 미디어 체제는 공익보다는 낡은 국가 이념에 묶여 있다. 공영 미디어가 제 기능을 하려면 정권 교체가 빈번하게 이루어지거나 권언 복합체가 무너질 때 가능할지 모르겠다. 정권이 수시로 바뀌면 공영 미디어가 꼭 정권에 충성을 다할 이유가 없다. 정권이 민주주의를 품으면 공영 미디어의 자율적 공간도 확장된다. 아쉽게도 공영 미디어가 제대로 독립성을 누린 적이 없다. 왜 이렇게 됐을까? 대통령이 공영 미디어를 통제하기 때문이다. 게다가 공영방송의 상업화는 뉴스와 프로그램을 이윤의 논리로 재단하

36 우리나라와 달리 선진국의 공영방송은 집권당의 영향력이 약한 편이다.

주요 공영방송의 이사회 구성 방식 (단위: 명)

공영방송	국가	지역 대표	사회계층 대표	직원 대표	종교단체	정당 추천	총원
BBC	영국	8	4	0	0	0	12
NHK	일본	8	0	0	0	4	12
FT	프랑스	0	0	2	0	12	14
ZDF	독일	~20	~20	~10	~10	~20	77
KBS	한국	0	0	0	0	11	11

자료: BCG 컨설팅. ≪KBS 노보≫, 2013.4.24, 3면에서 재인용.

독일 공영방송인 ZDF는 사회 대표성에 입각하여 다수의 이사로 구성된다. 이것은 방송 권력의 집중을 불허하여 나치 정권의 방송 통제를 반복하지 않겠다는 독일 시민의 다짐이기도 하다. 그런데 한국 공영방송은 정부의 강력한 통제를 받고 있어 독립성과 자율성이 크게 떨어진다. KBS 이사회는 정부 여당이 추천하고 대통령이 임명하는 국영방송 체제를 아직도 벗어나지 못했다. 여당 추천 이사 7명, 야당 추천 이사 4명으로 구성된 KBS 이사회는 여당 추천 이사가 모든 것을 결정하는 7 : 4 체제로 못이 박혔다. 엄격히 말해 KBS는 공영방송이라기보다는 국영방송 또는 관영방송에 가깝다.

게 만든다. 공영방송인 KBS 2TV는 사영방송인 SBS와 조금도 다르지 않게 광고를 하며, 편성도 상업주의적 가치를 따른다. 간접광고PPL, 가상광고, 협찬광고도 다른 방송 못지않게 많다. KBS와 MBC는 상업적 목적에서 다채널 서비스multi-mode service를 하려고 한다. 이렇게 말뿐인 공영방송이 제자리를 찾지 못하면 미디어 공공성은 결코 정착할 수 없다.

여섯째, 게임 회사, 연예기획사, 외주제작사, 조사 회사[37] 등도 꾸준히 몸집과 영향력을 늘리고 있다. 특히 게임 산업은 연간 10조 원의 매출액을 올리며 5만 명 이상을 고용한다.[38] 연간 수출액이 24억 달러인 데 비해 수입은 2억 달러밖에 안 되어 무역흑자도 많이 낸다. 온라인 게임 외에도 모바일 게임이 급속히 성장하여 게임 산업을 번영시킨다. 게임 기업 외에도 기획사나 제작자들 대부분이 직접 정보나 콘텐츠를 만드는 능력을 갖고 있어 문화산업을 이끌 만하다. 문화산업은 역시 소설, 만화, 영화 및 드라마처럼 이야기와 재미를 겸비한 것들이 주도하게 되어 있다. 그러나 외주제작사 등은 방송사와 불평등한 관계를 맺고 어려운 처지에 있다. 방송사는 드라마 제작비를 헐값으로 주면서 외주제작사가 간접광고로 부족한 재정을 보충하도록 강제한다. 스타의 출연료 폭등, 인기 작가의 작가료 급등, 비용 증대, 무리한 주식 상장을 통한 자금 조달 문제 등으로 대다수 외주제작사가 자금난에 시달린다.

일곱째, 외국계 자본, 외국계 미디어, 다국적 광고회사, 할리우드 영화사, 외국산 콘텐츠는 한국 미디어 시장에서 무시하지 못할 비중을 차지한

37 표현의 자유가 위협을 받는 등 민주주의가 제약받는 나라에서 여론조사는 믿을 만한 것이 아니다. 누군지 알지도 못하는 사람이 전화로 어떤 정당, 어떤 후보를 지지하며 어떤 정책을 찬성하느냐고 묻는 질문에 누가 마음을 열고 답하겠는가?

38 게임 산업은 고속으로 성장해왔지만 '중독 유발 산업'이라는 평가를 받으면서 엄격한 규제를 받을 가능성이 있다.

다. 이들은 다른 산업과 달리 별로 투자도 하지 않지만 수익성이 높다. 인터넷과 콘텐츠 장사를 하기 때문이다. 특히 인터넷 서비스는 한 푼의 투자를 하지 않아도 얼마든지 시장에 진출할 수 있다. 그래서 에릭 슈미트Eric Schmidt 구글 회장은 이런 말을 했다. "유튜브가 없었다면 싸이가 지금처럼 세계인에게 사랑받기 어려웠을 것이다. 이는 인터넷을 통해 세계가 하나로 연결될 수 있음을 보여준 사례다"(≪신문과 방송≫, 2012년 11월호, 10면에서 재인용). 미국 할리우드는 세계 오락 시장을 지배하고, 콘텐츠 유통 역시 미국 플랫폼이 독점한다. 이렇게 미국 디지털 플랫폼이 세계시장을 지배하여 정보 및 대중문화에 영향을 주는 현상을 두고 사이먼 프레이저 대학의 진달용 교수는 '디지털 플랫폼 제국주의digital platform imperialism'라고 불렀다(Jin, 2013).

한국 미디어 시장에서 미국은 말 그대로 '갑', 즉 지배자다. 이들이 한국의 유료 채널이나 영화관에 콘텐츠 공급을 중단하는 순간부터 운영이 불가능해질지 모른다. 외국의 자본 투자는 높은 수익성이 보장되는 시장에 집중된다.[39] 예를 들면 국가 기간 시설이라 할 수 있는 통신산업에도 미국을 비롯한 외국자본이 많이 들어와 있다. 예를 들어 KT의 외국 지분은 43.9%나 된다. 물론 국민연금이 8.65%의 지분율로 KT의 최대 주주이지만[40] 주식의 절반이 외국자본에 넘어간 것은 통신 주권이 위태로울 수 있다는 증거다.[41] 포털 기업의 외국인 지분율도 상당히 높아 NHN이 59.4%, 다음이

39 외국계 미디어나 외국인 투자가 모두 성공하는 것은 아니다. 우리나라 산업이 견실하면 이들도 힘을 못 쓴다. 대표적인 것이 야후코리아인데, 이 회사는 네이버와 다음에 밀려 한국 시장에서 물러났다.

40 KT의 2대 주주는 일본의 NTT 도코모(NTT DOCOMO)로 5.46%를 갖고 있고, 그 뒤를 따라 영국의 실체스터(Silchester)가 5.01%, 미국의 사모 펀드인 템플턴(Templeton)이 4% 정도의 지분을 갖고 있다.

26.7%나 된다. 10대 광고회사의 반가량은 외국자본의 소유다. 우리나라 최대 광고회사인 제일기획도 외국인 지분이 38.4%나 된다. 미국 미디어는 한국 시장의 중요성을 인식하여 서비스의 현지화를 적극 실행해왔다. 블룸버그 통신의 한글 뉴스 서비스 제공, 월스트리트저널의 한국 홈페이지 서비스 제공은 효과적인 현지화 사례다(이봉현, 2013: 29~32).

여덟째, 일본 자본과 콘텐츠도 맹렬한 기세로 한국 시장을 뚫고 들어와 독자적 위치를 확보했다. 일본은 광고회사, 미디어렙, 연예기획사, 종편 채널 등에 고루 투자해왔다. 일본 콘텐츠도 많이 들어왔는데, 만화, 애니메이션, 드라마, 잡지, 소설, 광고, 프로야구 중계 등이 일정한 시장을 형성했다.

아홉째, 지역 미디어도 중요한 정보 공급자들이다. 지방 일간지와 지역 방송을 축으로 만들어진 지역 미디어 시스템은 지역 공동체 사회의 발전이라는 중요한 기능을 수행해왔다. 지역 미디어의 공공 서비스 기능은 지역 사회가 필요로 하는 것이다. 그런데도 서울 중심적 사회구조 때문인지 지역 미디어는 날이 갈수록 퇴조하고 있다.

열째, 진보적인 성향의 대안 미디어가 꾸준히 성장하고 있다.[42] ≪한겨레≫, ≪경향신문≫, ≪오마이뉴스≫, ≪뉴스타파≫ 등 대안 미디어가 재정적·정치적 악조건을 버티며 자신의 몫을 한다. 이런 미디어 덕분에 사

41 외국인 주주는 사장 선임을 비롯한 경영권을 행사할 수 있다. 이들을 만족시키려면 매년 더 많은 배당금을 주어야 하기 때문에 막대한 자원이 해외로 빠져나간다. 외국자본과 관련해서 또 하나 걱정거리가 있다. 일본 유통 자본이 한국 골목 상권을 잠식해 들어가듯이 일본 자본과 콘텐츠가 한국 미디어 시장을 야금야금 잠식하고 있는데도 그 심각성은 알려지지 않았다. 일본은 일찍부터 광고회사에 많은 투자를 했다. 이들은 종편 채널, 연예기획사, 외주제작사 등에 투자를 증대하고 있다. 애니메이션, 만화, 게임 등 콘텐츠 시장에서도 일류(日流)가 확산되고 있다.

42 이와는 대조적으로 극우파 미디어도 날로 확산되고 있다. 종편 채널, 일간베스트 저장소, 데일리안 등이 대표적이다. 진보와 보수의 미디어 전쟁, 정보 전쟁은 누가 진실을 말하는지 여부에 그 승패가 달렸다.

회 비판과 소통의 공간이 만들어지고, 이것이 대중적 연대로까지 발전했다. 대안 미디어는 자본 규모가 영세하지만 민주적 소유구조를 갖고 비판적 사회의식을 고양하는 기능을 한다.[43] 대안 미디어가 소수파의 시각을 주로 대변하다 보니 시민 대중의 시급한 이익을 충분히 대변하지 못하는 경우가 많았다. 그래서 사람들은 ≪한겨레≫나 ≪오마이뉴스≫도 필요하지만 이보다 더 대중적인 대안 미디어의 출현을 기대했다.

지금까지 미디어 산업의 구조를 분야별로 살폈다.[44] 미디어 시장을 지배하는 자본의 구조적 특징을 보건대 점차 거대 자본 및 디지털 기술 중심으로 시장이 재편되는 현상이 두드러진다. 또 생산 자본과 유통 자본이 시장 주도권을 놓고 사활적인 싸움을 벌이고 있다.[45]

2) 미디어 기업의 지배구조

미디어 산업의 소유구조와 경영 지배구조는 독특한 형식으로 전개되고 있다.

43 대안 미디어의 소유 형태를 보면 한겨레신문이 국민주, 경향신문이 우리사주, 내일신문이 노동자지주회사, 국민TV가 협동조합 소유다(≪미디어오늘≫, 2013.1.30). 이런 소유 방식에 따라 미디어는 대안적 목소리를 낼 수 있었다. 하지만 채워야 할 공백이 있다.

44 이은주(2008b: 189~190)는 미디어 산업의 소유구조를 이렇게 분석했다. 첫째, 대형 미디어 집단은 드문 편이지만, KBS, SBS, CJ E&M, 중앙일보 등이 대형 미디어 집단화하고 있다. 둘째, 미디어 기업의 인수와 합병 등 거래가 활발하지 않다. 셋째, 시장 규모에 비례해서 미디어 기업의 수가 많다. 넷째, 미디어 기업의 성과와 수익보다는 정치적 역학관계에 따른 영향력이 소유구조 및 시장구조 형성에 더 큰 영향을 미친다.

45 미디어 산업 가운데 출판사와 서점은 지식을 공급하는 통로 역할을 한다. 그러나 책의 출판과 유통을 전문으로 하는 출판산업도 오래전에 대자본 중심으로 재편되었다. 출판의 경우 김영사, 웅진, 시공사 등이 주도한다. 서적 유통은 교보문고, 영풍문고, 미국계인 반디앤루니스가 나누어 먹는다. 이들의 독점력 때문에 중소형 출판사나 영세 서점이 시장에서 밀려나고 있다. 지방 영세 서점의 몰락은 벌써부터 지역 문화와 경제에 큰 타격을 주었다.

(1) 사주 저널리즘 체제

> 과거와는 달리 정부 혹은 권력에 의한 외적 통제가 미미해진 지금은 언론 보도에 가장 큰 영향을 미치는 요인으로 대두되는 것이 언론의 내적 통제 가운데 소유주에 의한 통제일 것이다(남효윤, 2009: 106).

미디어 산업을 겉으로만 보면 활기차고 민주적이다. 그러나 속을 들여다보면 꼭 그렇지도 않다. 대부분의 미디어 기업은 획일적이고 경직되어 있다. 소유, 경영, 편집 등 거의 모든 것이 사주나 사장의 독점체제다. 더구나 미디어 기업의 소유권은 대대로 세습되어왔다. 동아일보가 4대째, 조선일보가 3대째, 중앙일보, 한국일보, 매일경제신문이 각각 2대째 신문 소유를 세습했다(≪한국일보≫, 2013.8.14, 10면). SBS도 2대째로 세습되고 있다. 소유 독점과 세습을 문제로 삼는 것은 그럴 만한 충분한 이유가 있다. 마치 소유권이 사주의 전지전능한 지배 수단인 양 경영권이나 편집·편성의 자유까지 마음대로 통제하기 때문이다.[46] 공영 미디어든 사영 미디어든 임직원 인사권이 사장 및 사주에게 있는 것만 보아도 그렇다.[47] KBS나 MBC 같은 공영방송은 신문 기업 등의 사적 미디어 기업보다 좀 더 민주적이지만 인사, 편성, 예산의 통제권은 여전히 사장에게 집중된다.

갑을 관계가 엄격한 곳이 미디어 산업이다. 이런 곳에서 조직민주주의

46 원용진이 말한 대로 편집권이란 신문법 등 어떤 법에도 개념이 규정되지 않은 무법적 통제 이념이다. 이와 달리 편성권은 방송법에 개념, 기능, 한계가 적시된 합법적인 개념이다. 따라서 "신문의 편집권을 명료하게 정리하고 사회적으로 보편화할 필요가 있다"는 원용진의 제안은 충분히 설득적이다. 이에 관해서는 ≪한국일보≫(2013.8.14, 10면)의 좌담회 기사에서 인용한 것이다.

47 인사권을 쥔 사장은 기자나 프로듀서 등의 의식과 노동을 지배한다. 이명박 정권에서는 17명의 해고자를 비롯해 총 449명의 미디어 노동자가 징계를 받았다(≪PD저널≫, 2013.2.20, 1면).

가 살아날 가망성은 희박하다. 특히 사적 미디어 기업에서 사주는 절대자이기 때문에 조직민주주의가 발붙이기 어렵다.[48] 정치권력이나 광고주는 주로 미디어 내용에 영향을 주지만, 사주는 모든 것을 결정하는 '제왕'이니 그럴 수밖에 없다.[49] 사주가 장악하는 사주 저널리즘은 사주의 사적 이익, 투자자의 이익, 광고주의 요구, 권력 욕구에 함몰되어 공익적 기능을 제대로 하지 못하는 경우가 많다. 소유가 독점되고 세습되는 미디어 및 사주 저널리즘은 언론과 표현의 자유, 민주주의, 공공성과 공익성을 위협함으로써 시민 대중과 사회에 적대적으로 작용을 할 위험이 크다.

이여영은 중앙일보 기자였다. 그는 『규칙도 두려움도 없이』라는 책에서 "보수 언론의 오너와 오너 일가, 소속 그룹에 대해 침묵하는 직장, 권력에 비참하리만치 취약한 언론사, 한목소리를 내지 않는 구성원을 가차 없이 내치는 조직의 모습"을 질타했다(≪PD저널≫, 2009.9.23, 9면). 조선일보의 사주 저널리즘을 분석한 김건우와 김균(2013: 238)의 연구에 따르면, 조선일보의 사주는 '인화'를 강조함으로써 언론으로서의 보편적 가치나 사명보다는 기업으로서의 생존을 강조하는 가부장적·가족적 이념을 추구한다.

한편 미디어 기업의 사주는 일반 기업의 사주와 달리 '언론사주'라는 특

48 다른 나라에서도 사주들이 미디어를 과다하게 사유화해서 사회적 비판을 받아왔다. 프랑스의 거대한 건설·부동산 재벌인 부이그(Bouygues) 그룹 계열인 TF1은 1993년 7월 24일 뉴스에서 무려 25분을 할애하여 부이그 사주의 사망을 애도했다. TF1은 부이그를 '훌륭한 사장', '불굴의 건축가', '전례가 없는 경력' 등으로 띄우면서 사주를 칭송했다(알리미, 2005: 54~55).

49 외국 미디어 기업의 경우 한국만큼 심각하지는 않으나 역시 사주 권력은 강하다. ≪가디언(The Guardian)≫의 탐사 기자인 데이비스(N. Davies)는 『틀린 것을 사실이라고 고집하는 뉴스(Flat Earth News)』라는 책에서 사주들의 미디어 통제 방식에 대해 다음과 같이 꼬집었다.
첫째, 뉴스코퍼레이션의 사주인 루퍼트 머독(Rupert Murdoch)은 사업에 도움이 되는 정치인과 가까워지기 위해 자신이 소유한 미디어를 이용한다. 둘째, 머독 회장은 자신의 미디어가 무슨 내용을 어떻게 보도해야 하는지에 대해 정치적 방향을 정해준다. 셋째, 머독 회장은 자신이 소유한 미디어가 자신이 투자한 사업의 이익을 침해할 조짐이 보이면 공격적으로 개입해서 저지할 것이다(Davies, 2009: 16~21).

표 2-1 | 정치권력으로 진출한 미디어 사주들

사주 또는 경영진	정치권력으로의 진출
장기영(한국일보 사주)	박정희 정권의 경제기획원 장관 겸 부총리
김성곤(동양통신 사주, 쌍용그룹 회장)	박정희 정권의 공화당 국회의원
방우영(조선일보 사장, 조선일보 주요 주주)	전두환 정권의 국가보위비상대책위원회 문공분과 위원
정주영(문화일보 사주, 현대그룹 회장)	국민당 창당, 대선 출마
장상환(매일경제신문 사장)	김대중 정권의 국무총리 지명자
홍석현(중앙일보 회장)	노무현 정권의 주미 대사

별한 대접을 받는다. 그런데 한국 미디어 사주는 돈과 영향력만으로는 성에 차지 않는지 고위 공직에 진출하기도 했다(〈표 2-1〉 참조). 미디어 사주가 정계에 진출하거나 고위 공직을 맡는 것은 보도의 공정성이나 정당성을 현저히 떨어뜨린다. 이런 미디어가 공익과 민주주의 원칙을 수호하고, 권력을 비판하리라고 기대하는 것은 무리한 일이다.

그렇다고 저널리즘 실패를 모두 사주 책임으로 미뤄서는 곤란하다. 미디어 기업에서 사주의 위상이 절대적이기는 하지만 기자, 프로듀서 등 제작자에게도 큰 책임이 있다. 특히 기자의 비판 의식 부재 및 권력 의지가 저널리즘을 좀먹는다. 제아무리 사주, 광고주, 권력의 압박이 있다 해도 기자들은 일정한 자율성을 누리고 있어 그 한계 내에서도 얼마든지 바른말을 할 수 있다. 하지만 그렇게 하는 기자들이 많지 않다.

앞에서 말한 대로 미디어는 자신을 믿고 자금을 투자한 사람들을 홍보할지언정, 이들에 대해 비판적 보도는 가급적 하지 않는다. 이는 세계 모든 나라에서 공통된 현상이다. 예를 들어 핼리버턴Halliburton이나 보잉사Boeing는 ABC의 모기업인 디즈니Disney에 투자했다. 이들은 디즈니 이사회에 이사직을 가졌다. 디즈니 이사회 이사직을 맡은 투자자는 경영진 선임과 예산·결산을 승인하는 등 막강한 권한을 가진다. 이런 형편에 ABC가 보잉

사나 헬리버턴을 언짢게 하는 뉴스를 내보낸다는 것은 상상하기 어렵다.[50]

(2) 지주회사

최근 미디어 소유구조의 변화를 보면 지주회사[51]가 늘어나는 것이 특이하다. 지주회사는 미디어 기업의 지분을 쥐고 사실상 경영을 지배하는 형태를 말한다. 지주회사는 소유와 경영을 분리한다는 명분이 있었지만, 미디어 경영의 성과를 차지하는 반면 경영 부실에는 책임을 지지 않는다. 미디어 경영권을 갖고 편성과 인사를 좌우하는 지주회사는 수익을 최대한 뽑아내려 하기 때문에 미디어 기업의 경제적 기반을 약화시킬 위험도 있다.

대표적인 지주회사는 SBS미디어홀딩스로 SBS의 지배주주다. SBS미디어홀딩스는 SBS를 비롯해 12개 계열사를 거느린다. 문제는 SBS미디어홀딩스가 SBS의 경영과 편성을 실질적으로 통제하지만 잘못된 결정을 할 경우 책임을 물을 방법이 마땅치 않다는 점이다.

(3) 재단 소유

미디어가 재단의 소유인 경우도 많다. 미디어 기업의 지분을 보유한 재

50 프로젝트 센서드(Project Censored)는 미디어에 의해 왜곡되거나 은폐된 사건을 추적하는 미국 시민단체이다. 이 단체에 따르면, 10개 주요 미디어 독점기업의 이사 성향을 분석한 결과 118명의 이사들이 288개에 이르는 거대 기업의 이사를 겸직한다. 이런 감시 체제 아래에 있는 미디어가 이사의 눈 밖에 날 보도를 할 리가 만무하다. 미국은 사실상 기업이나 광고주 비판이 봉쇄된 자본 파시스트 국가의 추한 모습을 보였다. 이것이 2008년 금융 위기로 폭발했다.

51 세계적으로 대표적인 미디어 지주회사로는 핀인베스트(Fininvest)가 있다. 이 회사는 베를루스코니(Silvio Berlusconi) 이탈리아 전 총리가 사주이며 상업방송을 비롯한 다수의 방송 채널을 운영하는 미디어셋(Mediaset)을 소유한다. 미디어셋은 베를루스코니의 사적 목적에 동원되며, 공익성과 독립성을 파괴하는 흉물이다. 미디어셋은 방송광고 시장의 약 60%를 차지한다. 이것은 다른 나라와 비교해도 지나친 수준이다. 프랑스의 TF1은 49%, 영국의 ITV는 48%, 독일의 RTL 그룹은 43%, 스페인의 텔레신코(Telecinco)는 27% 정도의 시장을 점유한다(*The Economist*, 2010. 12.16).

단으로는 정수장학회, 방일영문화재단(조선일보), 정진기언론문화재단(매일경제), 재단법인 국민문화재단(국민일보), 인촌기념회(동아일보) 등이 있다. 정수장학회는 부산일보와 문화방송(30%)의 지분을 갖고 있는데, 이 장학회를 두고 누가 실질적인 지배자인지를 두고 논란이 끊이질 않았다.

재단의 미디어 기업의 지분 소유는 재단과 미디어 기업의 관계, 재단 운영 등에서 문제가 있었다. 그리고 재단이 일반 기업의 지분까지 보유할 수 있도록 함으로써 재산 상속의 통로로 이용될 가능성이 있다.

(4) 비상장

대다수 미디어 기업은 주식시장에 상장되지 않았다. 미디어 기업이 주식을 상장하면 경영 상황을 공시하고, 주주의 감시를 받아야 하며, 소유와 경영, 그리고 편집을 상호 분리해야 한다(김진철, 2011). 이런 점 때문에 미디어 기업들이 상장을 꺼리는 것 같다.

4. 미디어 시장의 한계

우리나라는 경제 위기, 경제의 신자유주의적 이념화와 양극화 등 시장의 한계를 경험하고 있지만, 여전히 시장을 성역처럼 취급하는 잘못된 풍조가 있다. 물론 시장의 원론적 기능은 훌륭하다. 이정전(2012: 214~215) 전 서울대 환경대학원 교수가 정리한 시장의 특성을 봐도 그렇다.

첫째, 거래를 통한 상호 이익의 증진

둘째, 경쟁의 원리

셋째, 경제적 인센티브의 원리

그렇지만 시장은 이런 기능을 잘 수행하지 못하고 시장 실패, 시장 위기의 늪에 빠지곤 한다. 특히 시장은 지나치게 돈을 숭상해서 문제다. 그래서 종교인들도 시장 숭배, 돈 숭배 풍조를 신랄하게 비판한다. 프란치스코 가톨릭교회 교황은 이렇게 경고했다.

> 돈 숭배와 시장의 압제가 인간의 삶을 억누르고 있다. …… 자유시장경제가 사람들을 오직 소비 능력으로만 판단하는 제국을 만들었다. …… 오늘날 인간은 쓰고 내버려도 될 소비재로 여겨진다(≪한겨레≫, 2013.5.18, 8면에서 재인용).

시장과 돈이 사람과 사회를 파멸시키는데도 이를 비판하거나 대안을 제시하는 움직임은 굼뜨기만 하다. 더 나쁜 것은 정보, 문화, 예술, 교육, 종교까지 시장의 논리에 따라 재구성되고 이윤의 가치를 존중하는 반인간적 현상이다. 시장의 가치가 정보와 문화까지 재단할 경우 사회적 폐해가 만만치 않다. 그렇다면 미디어와 시장의 결합은 어떤 결과를 빚는지 검토해 보자.

1) 미디어 및 정보의 집중

한국 미디어 산업은 극도로 집중된 구조를 갖고 있다. 미디어 시장의 집중은 세 가지 측면에서 생긴다. 첫째는 경제적 집중이고, 둘째는 내용의 정치적·이념적·문화적 집중이며, 셋째는 영향력 집중이다. 물론 미디어 시

표 2-2 | 미디어 시장의 집중도

상위 3개 라디오의 보도 프로그램 청취 점유율(CR3)	87.7%
상위 3개 지상파 TV 보도 프로그램 시청 점유율(CR3)	82.7%
상위 3개 TV의 광고 매출액 점유율(CR3)	71.8%
상위 3개 신문의 구독 점유율(CR3)	68.1%
상위 3개 TV의 매출액 점유율(CR3)	67.9%
상위 3개 신문의 열독 점유율(CR3)	57.6%
상위 3개 신문의 매출액 점유율(CR3)	45.8%
상위 3개 인터넷 뉴스 시장의 체류 시간 점유율(CR3)	20.3%
라디오 청취 시장의 허핀달 지수(HHI)	3804
지상파 TV 보도 프로그램의 허핀달 지수(HHI)	3543
신문 구독 시장의 허핀달 지수(HHI)	1726
신문 열독 시장의 허핀달 지수(HHI)	1280
신문 매출액의 허핀달 지수(HHI)	928
인터넷 뉴스 시장의 체류 시간 허핀달 지수(HHI)	262

주: CR은 'Concentrate Ratio'의 약칭이고, HHI는 'Herfindahl-Hirschman Index'의 약칭이다.
자료: 여론집중도조사위원회(2013: 63~64, 84~85).

장의 경제적 집중이 내용이나 영향력 집중을 초래하는 근본 원인이지만 둘 사이가 필연적인 인과관계는 아니다. 내용이나 영향력 집중은 경제력 집중에 따른 것이지만 독자적인 요소도 있다. 경제적 요소와 정신적 요소(정치적·이념적·문화적 요소)가 서로 융합하거나 충돌하는 가운데 경제적 요소가 미디어 산업의 성격을 정한다.

특히 거대 자본에 의한 시장 집중은 미디어 구조와 생산에 결정적인 영향을 미친다. 한국 미디어 시장의 집중을 조사한 여론집중도조사위원회의 자료인 〈표 2-2〉를 보자. 이 자료를 보면 일간지와 지상파 방송의 시장 집중도가 매우 높고, 인터넷 뉴스 시장은 매우 낮게 나타났다. 신문 구독 시장의 3대 신문 집중도가 70%에 가까운데, 이것은 다른 신문의 활동을 현저히 위축시킨다. 유료방송 시장 역시 거대 자본의 놀이터다. 대기업이 소유하는 5대 복수종합유선방송사업MSO: Multiple System Operator은 케이블 TV 시장

의 86%를 차지한다.[52]

이렇게 경제력 또는 권력을 가진 세력은 핵심적인 미디어를 소유하고, 광고비를 지배하며, 정보의 내용을 통제한다. 재벌 기업, 미디어 독점기업, 국가권력이라는 3대 세력이 미디어의 소유, 재정, 영향력을 모두 지배한다. 미디어의 집중은 영향력의 집중으로 이어지기 때문에 문제가 된다. 미디어의 경제적 집중은 정치적 집중 및 문화적 집중을 초래함으로써 미디어와 정보의 다원성 및 다양성을 위협하고, 결국에는 민주주의를 해치고 만다. 따라서 미디어 시장의 경제력 집중은 엄중하게 규제해야 하며, 대안적인 미디어를 육성해서 선택의 폭을 넓히는 방안도 적극적으로 검토할 필요가 있다.

2) 돈이 주인인 세상

시장의 논리는 미디어, 교육, 문화, 의료, 교통 등 정신적·공공적 영역을 황폐하게 만든다. 자본의 힘과 이윤의 논리가 공공성을 억누르기 때문이다. 그래서 대다수 나라에서 공공 영역을 시장의 논리에서 배제하려고 갖은 노력을 다했다. 그리하여 20세기 산업자본주의는 모든 것을 사유화·상품화했지만 교육, 의료, 도로, 방송, 통신, 정보와 문화 등 공공 영역을 보호하려고 했다. 그래서 살아남은 것이 영국의 BBC 같은 것들이다. 그러나 20세기 후반부터 나타나기 시작한 극단적인 신자유주의는 공공성을 여지없이 파괴했다. 시장을 숭배하는 신자유주의에 따라 만들어진 사회 양극화

52 종합유선방송사업자는 연간 2조 1,000억 원을 벌지만 이 중 26.2%를 홈쇼핑 채널의 송출수수료로 충당한다. 케이블 방송사들의 홈쇼핑 채널 의존도가 높다 보니 지상파 채널 사이사이에 홈쇼핑 채널을 배치함으로써 수용자를 소비자로 만드는 데 크게 기여했다.

는 사회 모든 영역에서 인간적인 요소와 공공적인 가치를 뿌리째 뽑았다. 특히 돈도 되고, 권력도 되는 방송, 교육, 통신 등 중요한 공공 영역은 신자유주의 포로가 되어 사유화·상업화했다.

21세기 정보자본주의는 20세기 산업자본주의에서 명맥을 유지해오던 사회 공공성의 맥을 끊어버렸다. 21세기는 지구적 이윤 극대화라는 명제를 맹목적으로 따랐다. 이것은 교육, 의료, 교통, 정보 등 공공의 영역을 이윤 논리에 완전히 노출시켰다. 이에 따라 방송, 인터넷, 통신, 콘텐츠, 게임 등 많은 분야에서 자유경쟁이 전개되었다. 자본은 정보, 문화, 오락, 스포츠 등 정신적 영역을 상품화해서 이윤 내기에 급급하다.

자본의 세상에서는 인구의 1%도 되지 않는 지배층이 자원과 권력은 물론이고 정보와 교육, 그리고 문화까지 장악한다. 반면에 99%를 구성하는 시민 대중은 저임금, 고용 불안, 실업으로 고생한다. 그 결과, 당연히 향유해야 할 문화권, 정보권, 교육권은 이들에게 짐이 되고 말았다. 미디어 시장에서는 사람들이 물건처럼 값이 매겨지고 거래된다. 그래서 캐나다의 언론학자인 댈러스 스마이드Dallas Smythe는 수용자 상품론을 정립했다(Smythe, 1977). 그 극단적인 징표가 있는데, 이른바 가입자당 평균 매출액ARPU: Average Revenue Per User이라는 지표를 사용하여 유료방송이 한 사람의 가입자를 확보하면 얼마나 돈을 벌 수 있는지 추정하는 것이다. 사람이 돈으로 환산되는 셈이다.

시장은 필요하지만 시장가치만이 최고라는 시장지상주의, 시장이 모든 것을 해결해준다는 시장만능주의는 위험천만한 환상이다. 공익의 관점에서 잘만 관리하면 시장은 사람의 필요에 따라 움직인다. 그러나 시장지상주의는 시장이 오로지 자본의 필요에 따라 움직이도록 한다.

3) 효율성의 함정

시장의 장단점에 관한 논쟁, 시장의 정기능과 역기능의 문제는 고색창연한 주제다. 이러한 논쟁은 자유시장론, 정치경제학, 사회시장론으로 정립되었다. 미디어 시장에 대해서도 찬반 논쟁이 치열하다. 존 다우니John Downey(2010: 5~14)에 따르면, 자유시장론은 시장이 효율성과 자유를 증대한다고 믿는 학설인 반면, 정치경제학은 시장이 불평등성과 낭비를 조장한다고 보고 미디어의 공공성과 민주적 지배를 강조한다. 이 둘 사이를 융합하는 것이 사회시장론이다. 이것은 공공 미디어와 상업 미디어의 공존을 주장한다. 다우니는 미디어 시장에 대한 상반된 시각을 이렇게 정리했다.

> 정치경제학자들이 생산 과정과 소비자에 대해 행사하는 사주의 권력을 강조하는 반면, 시장자유주의자들은 시장의 정치경제적 혜택, 미디어 노동자의 자율성, 미디어가 보장하는 여론의 다양성, 수용자들이 자신에게 주어진 것을 해석하고 거부하는 능력을 강조하는 경향이 있다. 정치경제학자들이 보기에 시장은 불평등과 자본주의를 조장하는 텍스트를 만들어내는 문제적 존재이지만, 시장자유주의자들에게 시장은 소비자들이 원하는 상품을 생산하는 가장 효율적인 방식일 뿐만 아니라 국가의 힘을 제한하고 개인적 자유를 보호하는 선한 존재다(다우니, 2010: 6).

이렇게 시장의 성격을 두고 관점이 날카롭게 대립한다. 시장자유주의자들이 말하는 시장 예찬론은 부분적으로 옳은 측면이 있다. 특히 공산품 시장은 긍정적인 기능을 많이 한다. 대량으로 상품을 만들어 대량으로 소비가 되도록 하려면 시장 메커니즘을 거치는 것이 효율적일 수 있어 그렇다.

하지만 이윤과 권력 논리가 이중적으로 판치는 미디어 시장은 판도라 상자와 같다. 시장 메커니즘을 공공성과 공익성으로 감싸지 않으면 온갖 잡귀가 다 튀어나온다. 종편 채널이 가까운 사례다.

자유시장론자들은 공급자들이 무한대로 경쟁해서 우열을 가리는 것이 효율적이라고 본다. 이들에게는 사상의 시장도 경쟁의 영역이다. 자유시장 경쟁론은 일면 타당한 점이 있는데, 누구나 어떤 사상이라도 지지할 권리를 인정한다는 점에서 긍정적이다. 하지만 채널이 늘어나 경쟁 시장이 된다고 해서 효율성이 향상된다거나 내용의 정치적·이념적 다양성이 비례해서 늘지는 않는다. 채널이 늘어 경쟁이 증대할수록 거의 모든 채널이 시청률을 높이고, 광고를 끌어당기기에 유리한 상업주의나 보수주의에 기댄다.

미디어나 정보를 효율성의 개념으로 접근하는 것이 타당한지 의문이다. 효율성은 적은 투자로 최대의 성과를 올린다는 개념이다. 겉으로 보면 이처럼 좋은 개념도 없어 보인다. 그러나 찬찬히 들여다보면 효율성은 문제가 많고 모순적인 개념이다. 예를 들어 정보나 문화 생산 과정에서 제작자를 줄인다거나, 제작비를 줄일 목적으로 다른 작품을 표절한다거나 해서 효율성이 증대되었다고 주장하지 못한다. 어떤 미디어가 광고주의 취향을 따르고, 광고 수입을 증대한다고 해서 자본 효율성이 증대한다고 말하지 않는다. 그렇게 하려면 미디어는 광고주의 잘못에 입을 닫고 있어야 한다.

요약하자면 미디어 시장에서는 자본이 규모의 경제를 확보함으로써 자본 효율성과 시장 지배력을 동시에 구현하기도 한다. 하지만 규모의 경제 논리가 시장을 지배하는 한 시장독점은 불가피하며, 다양성은 존립하기 어렵다. 미디어 시장은 역동적이고 경쟁이 치열해 보이는 것 같아도 따지고 보면 엇비슷한 것만 많다. 시장 지배자인 거대 미디어 기업이 경제력을 바탕으로 시장을 장악한 후 기득권 지향적인 정보를 공급하고 비판적이거나 대안 추구적인 정보는 시장에서 몰아낸다. 그래서 성열홍(2010: 346)은 미디어 시장을 두고 "승자 독식의 냉정한 세계"라고 비유했다.

4) 공론장 및 정론의 부재

미디어 시장은 이윤 추구의 공간이고 권력의 욕망이 배출되는 세상이다. 여기서 만들어지는 물건이 저널리즘이고 대중문화다. 이들은 이윤과 권력의 가치를 으뜸으로 여긴다. 미디어 시장은 공론장 기능을 부차적인 기능으로 삼는다. 중국 화동대학교 역사학과 쉬지린許紀霖 교수는 중국에서 시장 교환의 법칙이 공공 생활에 침투해서 윤리적 가치를 상업주의로 대체함에 따라 공론장과 공론이 왜곡되고 부재하게 되었다고 분석했다(쉬지린, 2013: 444~445). 한국이 이미 뼈저리게 경험했던 현상이다. 시장의 논리는 이윤 극대화를 추구하여 공공성과 공익성을 시장 밖으로 쫓아낸다.

5) 불공정 경쟁

시장이 공정한 경쟁의 장이라면 그나마 다행이다. 그러나 종편 채널의 법제화·허가 과정에서 보듯이 다른 채널은 엄두도 못 낼 특혜가 있었다. 이것만 보면 미디어 시장은 전형적인 불공정 시장이다. 신문 시장도 이른바 조중동이라는 신문 재벌의 독점 시장이다. 이곳에서는 불공정 경쟁이 지배적이다. 영국의 언론학자인 제임스 커런이 분명히 주장했듯이, 미디어 시장에서는 정보가 부정한 방식으로 거래되고 진실을 은폐하는 등 부패와 억압이 심하다(커런, 2005: 358~361). 미디어 시장은 동서양을 막론하고 긍정적인 것보다는 부정적인 것이 더 많다고 볼 수 있다.

한국 사회에서 공정한 경쟁이 제대로 이루어지지 않으니 누군가 공정한 시늉만 내도 수용자 대중은 열광한다. 텔레비전의 오디션 프로그램이 그토록 많은 관심을 일으키는 것도 그런 까닭에서다. 김윤철은 공정한 기회가 거의 없는 한국 사회에서 오디션 프로그램이 엄청난 관심을 끄는 이유를 이렇게 설명했다.

> 최근 '오디션' 프로그램이 우후죽순 터져 나온 것은 우연이 아니다. 기회를 제공하지 않는 사회이기 때문이다. 그런 사회일수록 마치 이 사회가 재능과 노력이 있으면 기회를 제공받을 수 있다는 허상을 심어주기 위한 기제를 필요로 한다. 게다가 오디션 프로그램은 이 사회의 현실과 달리 '패자부활전'마저 제공한다. 그러면서 오디션 프로그램은 우리가 '승생패사'의 냉혹한 세계에 살고 있지만, 그래도 꿈을 위해 도전해볼 가치가 있는 것처럼 꾸며댄다. 거짓 희망의 유포, '희망 고문'에 다름 아니다(김윤철, 2012).

미국 방송산업이 만들어 성공한 〈아메리칸 아이돌American Idol〉 같은 리얼리티 프로그램이나 한국에서 만든 오디션 프로그램은 수용자 대중에게 성공의 기회는 얼마든지 있다는 허황된 신호를 보낸다. 이런 프로그램은 치열한 경쟁을 거쳐 오로지 '능력이 있으면 살아남는다'는 이데올로기를 주입시킨다(레만, 2012: 26). 현실 세계에서도 과연 그럴까!

6) 성장의 미신

시장은 인류의 발전에 지대한 역할을 했지만 자본에 의해 왜곡되면서부터 그 부작용이 심하다. 그중 하나는 시장이 성장의 도구로 변질된 것이다.

국가정책도 성장을 뒷받침하는 수단에 불과했다. 국가와 재벌 기업은 성장에 모든 것을 쏟아부었다. 미디어 산업도 성장 이념을 신앙처럼 받들어 모셨다. 이들은 노동자 인건비 인상, 복지 예산 증가, 정당한 노동자 파업 등도 성장을 방해한다고 공격했다. 그런 한편 미디어 산업은 부자 감세, 복지 예산 억제, 공공 부문의 사유화와 상업화를 주장했다.

미디어 시장의 성장은 역대 정부가 하나같이 추진했던 핵심적인 미디어 정책이다. 가장 흔한 미디어 성장 정책은 새로운 미디어 허가, 채널 증가, 광고비 증대, 시장 개방이다.

7) 정보 공급의 불균형

미디어 시장은 수용자들이 진정으로 필요로 하는 정보는 과소로 공급한다. 반면에 광고주나 권력이 요구하는 정보는 과잉 공급이다. 이것이 정보의 역설이다. 디지털 기술 혁명으로 정보 상품의 생산량이 예전과 비교가 안 될 정도로 늘었지만, 정보의 불균형은 여전하다. 사람들에게 필요한 정보가 충분히 공급되지 않은 사례로는 이명박 정권 당시 4대강 사업이나 원전에 관련된 것들이 있다. 이 문제에 관한 한 미디어에서 진실한 보도를 볼 수가 없었다. 이는 정부가 정보를 차단하고 미디어가 이를 따르기 때문에 나타난 현상이다. 또 다른 사례를 보자. 미디어는 박근혜 정권의 경제민주화와 복지정책에 대해 충분히 다루지 않거나 친정부적 시각에서 보도한다.

8) 권력을 향한 욕망의 과잉

미디어 산업은 공적 미디어든 사적 미디어든 정치권력에 복종하는 편이다. 정권과 마찰을 빚어봤자 미디어 경영에 도움이 될 것이 없다는 셈법이 있을 것이다. 그런 한편 미디어는 정보를 무기로 정치적·사회적 영향력을 행사하여 이른바 '언론권력'을 누려왔다. 이들이 누리는 권력은 정치권력이나 자본권력에 버금간다. 미디어 산업은 권력과 밀접한 관계를 맺어 자신의 이익을 증대하려고 한다. 이들에게 권력을 감시하고 비판하는 일은 본업이 아닌 것 같다. 미디어 종사자들도 권력 의지를 보인다. 이들 가운데 일부는 국회로, 청와대로 가는 끈을 잡으려 혈안이 되기도 한다.

9) 정의의 소멸

미디어 시장에서 정의를 찾는 일은 사막에서 오아시스를 찾는 것만큼 어렵다. 경제학자들도 시장과 정의를 서로 배타적인 것으로 보기도 한다. 이정전은 "시장은 정의로울 수 없고 시장에 대해 정의를 얘기할 수도 없다"라고 말했다(≪오마이뉴스≫, 2012.2.27). 시장이 사람의 정신적 가치를 생산하는 미디어, 교육, 종교, 예술 영역까지 지배하면서 진실과 정의는 희귀한 가치가 되었다. 지식이나 정보조차 돈의 많고 적음에 따라 접근 수준이 달라지는 것이 시장이라면 어떻게 해서든지 이들을 시장에서 분리해야 한다.

그럼에도 미디어가 자본주의 질서만 재생산하거나 오로지 이윤을 위해 움직이는 것은 아니다. 그렇게 해서는 수용자 대중에게서 배척을 받아 살아남을 수 없다. 대중적 미디어는 지배적인 질서나 이익을 비판하는 이견 dissenting voices을 보도함으로써 제한적이나마 다양성을 지지하는 부르주아 민주주의 원리를 따른다(Sparks, 2006: 112).

3장

광고의 정치경제학

1. 광고 다시 보기

광고의 역사를 시장의 역사라고 해도 될 만큼 둘 사이는 밀접하다. 시장은 인류의 역사만큼이나 오랜 역사가 있다고 한다(박은숙, 2008: 11). 시장에서는 물물 거래도 하고, 화폐를 매개로 하는 상품 거래도 있었다. 그런데 생산력이 발달하여 잉여 생산이 늘어나고, 거래를 위한 생산이 증가하면서부터 광고가 확산되었다. 하지만 우리나라는 생산력이 낙후해서 시장에 팔 수 있는 생산물이 많지 않았다. 국가도 백성의 상업 활동에 부정적이었다. 백성이 경제적 기반을 확보하는 것을 못마땅하게 여겼을 가능성이 있다. 그러니 광고와 같은 판매 촉진 및 선전 수단이 뒤늦게 나타난 것은 이상하지 않다. 고려와 조선 시대에도 광고가 있었으나 희소했고, 대부분 단순한 고지 광고였다. 다만 시장경제의 싹이 보이는 곳에서는 광고가 많이 나타났다. 『고려사高麗史』에 따르면, 광화문 앞에 시전이 늘어서 있었고, 거기에 있던 점포는 저마다 간판을 달아 광고했다. 서긍이 쓴 『고려도경高麗圖經』에도 비슷한 기록이 보인다. 이런 식으로 광고는 인류 역사에서 늘 있었다(박은숙, 2008). 근대에 와서는 ≪한성주보≫가 상업광고를 실어 미디어 광고 시대의 막을 열었다. 상업광고는 당대의 경제적·정치적·문화적 수준을 잘 반영했다. 일례로 1886년 2월 22일 ≪한성주보≫에 실린 독일 세창양행의 광고는 많은 것을 시사한다. 세창양행은 동물 가죽, 종이, 동전 따위를 산다고 광고하는 한편 서양 천, 서양 단추, 서양 실, 서양 바늘, 서양 허리띠, 유리 따위의 공업 생산품을 판다고 광고했다. 세창양행의 구매 광고가 전통적인 물건이라면 판매 광고는 대량생산되는 산업 제품이었다. 묘한 대조를 이룬다. 이후 일제 식민지, 군사독재, 산업화와 민주주의를 거치면서 광고는 다양한 역할을 수행했다. 이렇듯 상업광고는 깊은 뜻을 안고 나타났다.

광고는 역사적으로 천대를 받다가 한국 자본주의 시대에 꽃을 피웠다. 거기에는 그럴 만한 까닭이 있었다. 자본주의 시장경제는 높은 생산력을 기반으로 전통적인 사회의 모든 것을 바꿨다. 시민들은 유권자가 되어 대의민주주의를 누렸다. 그런 동시에 이들은 소비자로서 대량으로 생산되는 상품을 소비했다. 이들은 또한 수용자가 되어 저널리즘, 공공문화, 소비문화를 즐길 수 있었다. 이런 체제의 중심에 있는 것이 광고다. 대량생산·대량소비라는 산업자본주의가 싹틀 무렵부터 나오기 시작한 대중적 광고는 소비자가 부담하는 광고비를 갖고 광고주가 미디어와 문화를 통제하는 시스템이다. 광고는 소비자에게 단순히 소비를 촉진하는 역할에 그치지 않고 자본주의 문화와 정치를 만들었다. 한마디로 말해 광고는 자본주의에 필요한 가치나 감정을 이상적으로 그려냄으로써 이윤 증식에 기여한다.

광고는 상품경제의 발전과 궤를 같이했다. 소규모 상품 생산에서 대규모 상품경제에 이르기까지 생산자들은 어떻게 하든 자신들이 만든 상품을 빨리 팔아야 했다. 이 과정에서 광고는 상품 소비의 촉진제 구실을 했다. 광고는 사람들의 욕구를 창출하고, 생산력 발전에도 기여했다. 광고 역사 연구자들은 근대 광고가 산업자본주의 성립과 발전 과정에서 필수불가결한 제도였다고 설명한다(유엔, 1998: 37).[53] 산업자본주의는 기계제 대공업을 바탕으로 상품을 대량으로 생산하고, 생산한 상품의 판촉을 촉진하는 미디어와 광고를 재정적·정치적으로 후원했다.[54] 이로써 자본축적에 필요한 대중 소비문화가 생성되기 시작했다. 광고주들은 소비자들에게서 광고비를 징수하여 저널리즘과 대중문화에 지원했다. 이를 기반으로 성장한 분

53 이 주제에 관해서는 양정혜(2009) 참조.

54 유럽, 미국, 일본은 산업자본주의와 광고를 잘 결합하여 대중 소비사회를 열었다.

야가 미디어 산업이다. 이제 저널리즘과 대중문화는 광고를 기반으로 삼아 자본주의 심장부를 파고들었다.

철학자 강신주(2009: 18~19)는 우리가 "자본주의라고 불리는 일종의 종교적 체계와도 같은 체제에서 산다"라고 말했다. 그가 자본주의를 종교적 체제와 비교한 주장이 흥미롭다. 생각하건대 상품, 광고, 대중문화, 저널리즘과 같은 상업주의 세상에서 사람들은 돈을 신으로 삼는다. 특히 광고는 상품 소비사회를 종교적 믿음의 단계까지 끌어올리는 역할을 해왔다. 광고는 사회적으로 긍정적인 역할도 한다. 수용자나 소비자의 의식과 행태, 선택 등에 미친 광고 효과는 무시할 수 없다. 강준만(2000: 177)에 따르면, 광고는 소비자의 구매력과 무관하게 누구나 살 수 있는 상품을 알리는 것이어서 소비자 평등의 가능성을 열어놓는 기능도 한다. 소비자의 감성을 평등하게 만들고 역동적인 문화를 견인하는 광고의 기능은 중요하다. 물론 광고에 의한 감정의 평등화는 감정의 획일화로 해석할 수 있다.

광고란 미디어의 본질이며, 대중문화의 아버지다. 저널리즘도 광고의 부산물 가운데 하나다. 그만큼 광고가 사회의식이나 여론 형성에 지대한 역할을 한다는 것이다. 자본주의 사회에서는 다양한 문화가 역동적으로 움직이는 것 같지만 하나같이 광고의 영향권 아래에 있다. 한국 자본주의 문화는 광고의 아류이며 변종이라 주장해도 대꾸할 말이 없다.

광고가 시장경제의 신경계라고 할 만큼 중요하지만 그 위력이 어느 정도인지 정확히 측정하기는 어렵다. 그 대신 "스포츠, 종교, 문화, 저널리즘, 문학, 정치를 지배"하며, 누구도 광고의 파괴적 영향력decomposing influence을 비켜갈 수 없다는 로이M. Lowy의 주장이 그럴듯해 보인다(Lowy, 2010). 이는 물론 미국의 맥락에서 나온 것이지만 한국에서도 설득력이 있는 말이다. 잘리S. Jhally는 20세기에 나왔던 광고가 인류 역사와 문화적 영향에서 가장 강력하고 한결같은 선전 시스템이라고 지적했다(Jhally, 2000: 27). 그는 자본주의 광고 제도가 본질적으로 파괴적이어서 이를 없애는 등 단호히 처리하지 않으면 세상이 파멸될 수도 있다고 경고했다. 물론 이런 주장과 반대되는 논리도 많다. 1920년대 대공황을 탈출하는 데 도움을 준 것이 마케팅과 광고였다는 주장도 있다(유엔, 1998; Mosco, 2009). 소비를 촉진하여 생산과 소비의 균형을 이루게 했다는 광고와 마케팅의 기능 덕분에 깊은 침체의 수렁에 빠졌던 미국 경제가 살아났다는 것이다. 그러나 21세기 미국 자본주의는 마케팅과 광고에 의존한 소비자본주의, 이윤과 효율성에 급급한 신자유주의에 기댔고, 이 때문에 시장경제가 완전히 망가지는 타격을 입기도 했다. 1920년대와는 다른 양상이다.

광고의 문제는 결국 소비 의식을 조작해서라도 대량소비 체제를 만들지 않으면 생산이 불안정해지는 자본주의 자체의 문제로 귀결된다. 따라서 장기적으로는 광고가 상품이나 계급의 폐지와 함께 사라질 것이지만 그 전까지는 시민권의 일부가 될 수 있는 방법을 찾는 편이 합리적이다. 물론 암스테르담 대학 신문방송학과의 메이예르I. C. Meijer 교수가 지적했듯이, 광고와 시민권은 서로 상반되는 가치관을 담고 있지만 광고를 원래의 자리인 시민자본civil capital으로 돌아가게 하는 노력은 시민사회의 몫이다(Meijer, 1998).

2. 이론적 논의

1) 광고 지력론

자본주의와 광고의 관계에 대한 해명은 광고 이론의 본질이다. 광고는 자본주의가 만든 양지에 살며, 자본주의를 변화시키기도 한다. 그럼에도 언론학이나 광고학 모두 이 같은 근본적인 문제를 충분히 다루지 않았다. 물론 미시적 광고 연구는 많다. 그러나 거시적 광고 연구는 턱없이 부족하다. 더구나 자본의 입장을 일방적으로 두둔하는 이론이나 학설이 난무하는 데 비해 비판적인 연구는 손가락을 꼽을 정도다. 그래서 아직까지도 자본, 광고, 시민의 관계에 대한 연구는 사회과학의 맹점으로 남아 있다. 이런 사각지대를 없애는 이론은 마르크스가 제시한 광고 지력론이다. 광고란 토지 귀족의 이익과 같은 특정한 이익을 반영하는 "지력智力의 표현"이라는 마르크스의 광고론은 자본주의 광고를 이해하는 창이 될 수 있다(陳力丹, 2008: 323 참조). 마르크스의 광고론은 다음 구절에서 잘 나타난다.

> 모든 신문 광고는 지력의 표현이다. 그렇다고 광고가 곧 문학은 아니다. 토지는 스스로 말할 능력이 없으며, 말할 수 있는 것은 토지 주인밖에 없다. 따라서 토지가 자신의 권리를 주장하려면 지력이라는 형식을 갖고 표현해야 한다(陳力丹, 2008: 323에서 재인용).

이 해석에 따르면, 광고는 광고주만이 말할 수 있게 한다. 광고는 자본의 일방적인 소통 수단이다. 마르크스에게 광고는 자본의 논리이며 자본의 감성이고 자본의 가치다. 엥겔스도 광고를 자본 순환의 일부로 보았다. 그렇지만 엥겔스는 광고주들이 상품 판매와 이윤 실현을 목적으로 '허풍스러운 광고'를 한다고 꼬집었다(Fuchs, 2011: 149에서 재인용). 이는 단지 광고 내용의 과장만이 아니라 자본 그 자체를 과장하는 광고의 본질을 비판한 것이다. 광고 지력론에서는 광고가 단지 자본의 위력을 드러내는 이상의 역할에 주목한다. 수용자 대중에게 실용적인 정보를 제공하지만 진실을 은

폐하는 역할을 하는 것이 광고다. 이상훈(2011: 154) 서울경제신문 기자가 광고나 "마케팅이 강조되는 시대일수록 진실은 더 멀리 유배되기 마련"이라는 논평을 했는데, 이것은 경험에서 우러나온 의견일 것이다.

광고 지력론은 마르크스와 엥겔스의 사상에서 자주 나타나는 소통, 의식, 지적 능력이라는 개념과 밀접하다. 이들에게 광고는 지적·정신적 소통의 수단이지 자본의 일방적 도구가 아니다. 마르크스와 엥겔스는 『독일 이데올로기Die Deutsche Ideologie』에서 'Verkehr(교통)'이라는 개념을 제시한 바와 같이 광고는 물질적 소통을 도와주고 정신적 소통을 촉진하는 사회적 수단이라고 강조했다. 그것은 마르크스가 쓴 「영국이 인도를 통치한 결과The Future Results of British Rule in India」에 나온 교류intercourse라는 개념에서도 분명히 나타났다(陳力丹, 2008: 2). 마르크스에게 광고는 지적·정신적 소통의 수단이었다. 마르크스는 ≪신라인신문Neue Rheinische Zeitung≫ 편집장으로 있을 때, 또 매체에 기고자로 참여했을 때의 경험에 비추어 신문이나 잡지가 발행되어 정보나 이념을 확산하려면 광고의 도움이 필수적이라고 생각했다(陳力丹, 2008: 322). 광고가 신문을 통해 지적 소통을 가능하게 한다는 것이 마르크스의 생각이었다. 그러나 마르크스는 광고를 비판적 각도에서 보기 시작했다. 1842년 ≪라인신문Rheinische Zeitung≫ 제191호에 실린 사설에서 마르크스는 "광고가 사설로 변하고 사설이 광고로 변화되는 일"을 지적하면서 광고의 힘이 신문 내용을 마음대로 바꾸는 횡포를 부린다고 비판했다(마르크스, 1996: 154). 마르크스는 광고의 지력이 자본을 위해서만 쓰이는 자본주의 생산 방식을 문제 삼았다. 광고 지력론에서는 광고를 자본가의 이윤 수단이나 지배 도구로 여기는 광고자본권ad capitalship을 거부하고, 시민과 노동자를 비롯한 사회 구성원들의 소통권을 보장하는 광고시민권ad citizenship을 지지한다.

2) 광고 지력의 지배

사적 소유와 이윤 체계를 중심으로 확립되는 자본주의는 사람의 마음과 문화까지 장악해야 완성된다. 광고는 이런 목적에 적합하다. 광고가 수용자의 관심을 "사회적이며 정치적인 쟁점으로부터 자아도취적이며 사적인 관심"으로 돌리기 때문이다(김병희, 2009: 79). 광고 지력론에 따르면, 광고는 자본의 이익을 위해 시민 대중의 의식을 통제한다. 그래서 광고주와 국가는 광고 지배권을 포기하지 않는다. 이들이 왜, 어떻게 광고를 지배하는지 살펴보자.

(1) 광고주의 힘

광고주는 광고비를 매개로 미디어 내용을 통제한다. 일본의 비판언론학자인 이나바 미치오稲葉三千男(1994: 90)가 말했듯이 "광고는 죽은 자연을 산 자연으로, 혹은 죽은 노동을 산 노동으로 전환시키려는 상품 소유자의 의사표시"이며, 광고의 상품 소유자, 즉 자본가의 것이다. 특히 기업들은 무턱대고 상품을 만들어 파는 것이 아니라 소비자를 정신적으로 설득하고 제압하는 과정을 거친다.

자본주의는 저널리즘과 대중문화의 도움을 받아 대량으로 상품을 판매하고, 불평등한 구조를 유지한다. 저널리즘이 좀 더 정치적이고 단기적인 차원에서 수용자 대중에게 영향을 준다면, 대중문화와 광고는 상대적으로 더 경제적이고, 문화적 함축성이 있으며, 장기적 차원에서 사회의식에 영향을 미친다. 광고주는 이런 영역에 아낌없이 광고비를 지원했다. 이 때문에 저널리즘과 대중문화가 제아무리 큰소리를 쳐도 광고주의 손안에 있다. 돈을 내는 쪽이 주인인 세상 아닌가! 경제 위기가 반복되고 미디어 경쟁이 사활을 거는 단계에 이르면서 광고주는 저널리즘을 종처럼 부리는 주인 자리를 확실히 차지했다. 광고주는 자기 입맛에 맞춰주는 미디어를 선호한다. 광고주의 이익을 보호하거나 상품 판매를 촉진하는 미디어는 일시적으로 광고주의 선택을 받을 수 있으나 곧 대중적 신뢰를 잃고 만다. 반대로 비판적 성향의 미디어는 광고 맛을 볼 수가 없어 재정적 어려움을 겪는다. 삼성그룹은 자신들에게 비판적인 한겨레신문, 경향신문, 프레시안에 1년 가깝게 광고를 주지 않았다. 그래서 이들은 한동안 재정적 압박을 견뎌야 했다.

기업이나 자본가들은 광고를 이용해서 소비자와 소통한다. 삼성그룹 산하 삼성경제연구소는 광고를 통한 소비자와의 소통 전략을 여섯 가지로 정리했는데, 스토리 만들기, 재미, 상대 배려, 맥락 파악, 의미 더하기, 이미지로 말하기가 그것이다(김경란 외, 2012). 이런 식의 광고 소통은 자본이 소비자·수용자의 의식과 행동을 통제할 수 있는 광고 지력이 된다.

대부분 조사에서 미디어 종사자들은 광고주들이 언론 자유를 심각하게 위협한다고 답한다. 이것은 예사롭지 않은 현상이다. 언론의 자유라고 해봤자 미디어 기업의 자유, 광고주의 자유, 광고자본의 자유가 우선이다. 이런 왜곡된 자유 체제에서 미디어와 기업은 광고를 매개로 소통한다. 미디어 기업의 광고국에서 "주요 광고주들에게 미리 기사 내용을 알려주고, 영업에 이용하는 것은 이미 일반화된 현상"이다(≪미디어오늘≫, 2010.11.24, 15면). 이런 형편에 뉴스의 독립성이나 공정성을 찾는 것은 괜한 일 같다. 카디프 대학 신문방송학과의 루이스 J. Lewis 교수는 광고에 의존하는 상업 미디어의 단점을 다음과 같이 짚었다(Lewis, 2010: 343~349).

> 첫째, 광고는 시민권과 정치적 다양성을 제한한다.
>
> 둘째, 광고는 우리를 기쁘게 하거나 편안함을 느끼게 하지 않고, 오히려 비

참하게 만들고, 불안전하여 걱정스럽게 한다.

셋째, 광고 의존적인 미디어 시스템은 특정한 사람을 편들고 이익을 주는 반면 다른 사람들의 이익을 훼손한다.

넷째, 광고는 프로그램의 질을 떨어뜨린다.

다섯째, 광고는 미디어 상품의 질적 평가를 할 수 없게 방해한다.

여섯째, 광고는 편성을 지배한다.

재벌 기업이나 외국계 대기업의 광고 자원 지배는 사회의식과 국가정책에까지 그 힘을 미친다. 베이커(Baker, 1994: 100)는 이러한 광고를 두고 '광고주 검열 제도advertiser censorship'라 불렀다. 우리나라에서도 미디어 소유 및 국가 규제와 더불어 광고는 미디어를 통제하는 3대 요인 중 하나다. 제프 리처즈Jef I. Richards와 존 머피John H. Murphy II도 광고를 자본권력에 의한 여론 시장의 통제 도구로 보았다(Richards and Murphy, 2009: 106). 이들은 자본권력이 광고를 통해 미디어를 통제하기 때문에 광고를 '경제적 검열economic censorship' 수단이라고 묘사했다. 이런 광고의 속성을 간파한 세르주 알리미Serge Halimi는 미디어가 자본 앞에서는 신중하고 우물쭈물하는 모습을 보인다고 비꼬았다(알리미, 2005: 71). '자본 앞에서의 신중함'이란 표현은 미디어와 광고주의 종속적인 관계를 잘 묘사한 말이다. 광고주의 미디어 통제는 정치적·이념적 통제보다 미디어 기업에 치명적인 타격을 준다. 국가권력이 미디어를 정치적으로나 이념적으로 억압하면 사회적 관심이라도 불러일으킬 수 있지만 광고가 끊기면 하소연할 곳도 없다.

(2) 국가의 광고 통제력

국가는 공공광고비, 광고 규제권, 미디어 정책권을 지렛대로 삼아 미디어와 정보를 관리한다. 자본주의 체제에서 자본의 위력이 대단한 것은 사실이나 국가의 힘도 여전히 막강하다. 광고 분야에서도 국가의 통제력은 만만치 않다. 2012년 정부 여당이 종편 채널에 미디어렙을 몰아준 일, 공공광고비를 제공한 일, 1974년 박정희 정권의 동아일보 광고 탄압 사태[55] 등을 비롯해 광고가 자본가나 국가권력과 같은 지배 세력을 찬양·미화하는 것은 동서고금에 널린 현상이다. 국가는 한편으로 광고를 통제하고, 다른 한편으로 정보를 억제해서 불평등한 자본주의 질서와 부당한 권력을 유지하려 한다.

광우병 관련 정부 광고를 사례로 국가의 비뚤어진 광고 행위를 짚어보자. 이명박 정권의 미국산 쇠고기 수입 허용에 반대하는 시위가 전국적으로 벌어졌다. 이에 정부는 2008년 5월 8일 일간지에 “국민의 건강보다 더 귀한 것은 없습니다. 정부가 책임지고 확실히 지키겠습니다!”라는 제목의 광고를 냈다. 내용은 이렇다.

미국에서 광우병이 발견되면,

1. 즉각 수입을 중단하겠습니다.
2. 이미 수입된 쇠고기를 전수 조사하겠습니다.
3. 검역단을 파견하여 현지 실사에 참여하겠습니다.
4. 학교 및 군대 급식을 중지하겠습니다.

55 다른 나라에서도 권력에 의한 광고 탄압이 자행된 사례가 많다. ≪라인신문≫은 이탈리아 출신의 시인 단테(Alighieri Dante)가 쓴 『신곡(Divina Commedia)』의 독일어판 책 광고를 실으려 했으나, 프로이센 정부가 이를 금지시켰다. 『신곡』은 프로이센에서 성역시하는 신을 희극의 소재로 삼았다. 이에 프로이센 독재정권은 이를 신성모독이라 비난하고 책 광고를 불허했다(부크홀츠, 2009: 246). 이 사건이 일어난 지 약 170년이 지난 2010년 한국에서 엇비슷한 일이 벌어졌다. 김용철 변호사가 쓴 『삼성을 생각한다』의 광고가 주요 일간지에 의해 거절당했다. 이 두 사건의 본질은 사상과 표현의 자유 탄압이라는 점에서 같다.

이런 정부 광고는 당시 광우병 감염을 걱정했던 촛불시위대의 분노를 조금이나마 누그러뜨렸다. 그런데 2012년 4월 미국 젖소가 광우병에 감염된 것으로 판명되자 시민, 전문가, 미디어가 한목소리로 미국산 쇠고기 수입 중단을 요구했다. 하지만 정부는 미국 소의 광우병이 별일 아니니 수입을 중단할 수 없다고 버텼다. 이에 시민들은 앞에 제시된 정부 광고를 지적하며 광우병이 생길 경우 수입을 즉각 중단하겠다는 약속을 지키라고 요구했다. 그러자 정부는 우리가 광고를 내기는 했으나 정부 고시가 아니기 때문에 책임질 것이 없다고 반박했다. 그렇다면 광고는 적당히 거짓말을 해서 상대방을 속여도 되는 것인가? 이런 것이 광고의 본질인가?

3. 광고자본주의 경제적 과정

우리나라 광고 시장의 규모는 연간 9조 원에 이른다. 이것은 매출액 순위 50위 정도인 현대글로비스, 한진해운, 삼성엔지니어링, LG유플러스 수준의 규모다. 그런데 광고의 영향력은 9조 원 수준의 대기업과는 비교가 안 될 정도로 굉장하다. 광고가 자본주의 축적부터 계급 질서의 재생산에 이르기까지 중요한 정신적 기능을 하기 때문이다. 그렇다면 특히 광고는 자본축적을 위해 무슨 일을 하는가? 이것은 광고자본주의론이 던지는 가장 중요한 질문이다.

1) 자본주의 생산과 광고

사적 소유와 이윤, 경쟁, 대량생산과 대량소비는 자본주의 생산 양식의 특징이다. 광고는 자본주의 생산에 다각적으로 개입해서 축적을 돕는다. 자본주의가 지향하는 방향은 소비자가 끊임없이 상품을 사고 소비하기 위해 기꺼이 일하는 노동자가 되도록 하는 것이다(강신주, 2009: 21). 광고는 한편으로는 생산, 또 다른 한편으로는 소비가 선순환하도록 도와준다. 이렇게 해서 광고는 독점자본이 독점이윤을 얻는 데 기여한다. 재벌 기업들은 불요불급한 경우에도 자신들의 장기적인 이익에 도움이 된다면 광고비 지출을 마다하지 않는다. 생산을 지배하는 기업이나 산업은 마케팅과 광고 시장도 지배한다.[56]

한편 광고는 경쟁을 촉진하는 기능도 한다. 광고는 기업끼리, 상품끼리, 자본끼리, 노동끼리 경쟁하는 환경을 조성한다. 광고의 경쟁 촉진 기능은 기업의 고용, 임금, 가격, 품질, 마케팅 등에 직간접적으로 영향을 준다. 경쟁 환경을 돌파하려는 기업은 원가부터 절감하려 하고, 이것은 노동자들을 해고와 비정규직, 저임금에 시달리게 한다. 클라우스 베르너Klaus Werner와 한스 바이스Hans Weiss가 말한 대로, 거대한 독점기업이 브랜드의 이미지 관리에 거액을 투자하면서도 생산 여건을 개선하는 데에는 인색한 나머지 끔찍한 근로 환경, 끝날 줄 모르는 빈곤, 인권침해가 발생한다(베르너·바이스, 2008: 19).

광고는 공영방송, 지하철, 학교, 공원 등 거의 모든 공공 영역에 침투해서 소비문화를 신격화하고, 이윤을 짜내는 일을 한다. 이러한 공공 영역의

56 방송광고 시장을 살펴보자. 2011년 기준으로 방송광고비는 2조 3,616억 원이었다. 업종별 광고비는 금융·보험·증권 관련 광고비가 5,280억 원으로 전체 광고의 11.6%를 차지했다. 그다음은 컴퓨터·정보통신이 4,109억 원으로 시장점유율이 9%에 이른다(한국언론진흥재단, 2012c: 59). 금융과 정보통신 광고비가 전체 광고의 20%를 차지한 것이다. 이 가운데 SK텔레콤이 3,742억 원, LG유플러스가 2,181억 원, KT가 1,845억 원으로 3대 통신회사의 광고비는 7,768억 원에 이른다(한국언론진흥재단, 2012c: 60).

상업화는 자본주의 생산과 민주주의에 큰 영향을 준다. 광고는 국가적·민족적 한계를 넘어서 생산과 소비의 지구화를 촉진한다. 광고가 없었다면 기업들은 생산의 지구화를 생각조차 하지 못했을 것이다.

광고가 생산과 이윤에 중요한 것은 자본 효율성을 증대하기 때문이다. 광고주는 소비자의 돈을 광고비 명목으로 끌어와 자본의 효율성을 구현할 목적에 쓴다. 이 과정에서 자본 효율성은 고스란히 노동 효율성으로 대체된다. 왜 그런가 하면 기업들은 자본 효율성을 향상시키기 위해 다양한 투자 전략을 실행하는 한편 노동자를 압박해서 더 큰 이윤을 얻으려 하기 때문이다. 광고비 증대, 경쟁 비용 증대 따위는 노동을 압박하고, 그런 비용은 고스란히 노동자와 소비자에게 전가된다. 광고와 마케팅 공세에 수용자 대중만 녹아난다. 과잉 소비에 중독된 수용자 대중은 신제품 구매에도 많은 돈을 쓴다. 휴대폰을 사례로 보자. 미국의 시장조사 업체인 스트래티지 애널리틱스SA: Strategy Analytics가 전 세계 88개국의 휴대폰 시장을 조사했다. 휴대폰 교체율을 조사한 결과, 한국이 67.8%로 가장 높았고, 칠레 55.5%, 미국 55.2%, 우루과이 53.6%로 나타났다(≪매일경제≫, 인터넷판, 2013.4.8). 그렇지만 수용자들의 정보 욕구만으로 이 같은 현상을 설명할 수 없다. 광고와 마케팅이 휴대폰의 과소비를 조장한다. 그리고 정보와 문화의 평등의식도 뉴미디어의 과잉 소비를 설명하는 요인이다.

보다시피 자본주의 시장경제는 광고나 미디어의 도움이 없으면 축적이 불가능하다. 광고가 상품 생산과 소비의 이음새 기능을 하기 때문이다. 광고가 없다면 과잉 생산된 상품이나 서비스는 제시간에 소비되기 어렵다. 이를 피하기 위해서 자본가들은 상품이 빨리 소비되도록 마케팅에 힘쓴다. 스튜어트 유엔Stuart Ewen이 말한 대로 자본가는 광고를 통해 대량으로 생산된 제품이 없으면 사회 전반이 제대로 돌아갈 수 없다고 강조함으로써 상품 의존적 사회로 만들려고 한다(유엔, 1998: 75).

광고는 노동에도 깊은 영향을 준다. 산업자본주의 초기에 기업주들은 노동자를 일만 하는 황소로 취급했다(래시, 1994: 150). 기업주들은 이윤 추구에만 급급해서 노동자들에게 강도 높은 노동을 장시간 강제함으로써 적은 비용으로 많은 상품을 생산하려고 했다. 그러나 생각하지도 않던 문제가 생겼다. 산더미같이 쌓인 상품을 빨리 처리해야 자본이 순환된다. 기업과 국가는 노동자에게 상품을 사서 쓸 수 있는 여가 시간을 주기 시작했다. 이때부터 광고는 노동을 여가 및 소비로 이어주는 징검다리 역할을 했다.

증권시장이나 주가에 미치는 광고의 영향력도 만만치 않다. 기업들은 광고, 호의적인 뉴스, 대중문화를 동원하여 '잘나가는 기업'이라는 이미지를 만든다. 따라서 투자자인 시민들은 미디어나 광고를 통해 선전되는 잘 팔리는 상품, 잘나가는 기업이라는 이미지의 유혹을 받는다.

이렇게 광고는 노동자, 소비자, 수용자, 투자자 모두에게 강력한 힘으로, 때로는 은근한 상징으로 압박한다. 그리고 때로는 자본의 이익에 역행하는 것이 광고다. 경쟁과 독점, 성장과 위기가 반복되는 불안정한 생산 방식에서 자본가들은 상품을 더 많이 더 빨리 판매하고 자신의 기득권을 지킬 목적에서 경쟁적으로 광고비를 쓰다 보면 자본 효율성이 떨어진다.

2) 자본주의 소비와 광고

자본주의는 사유제를 근간으로, 성장을 원동력 삼아, 이윤과 축적을 향해 간다. 자본에 중요한 것은 역시 이윤이다. 이윤이 없으면 기업도 없고, 자본주의도 없다. 그래서 자본가나 국가는 생산성 향상에 매달리고, 기술개발에 민감하다. 그런데 문제가 있다. 물건을 잘 만든다고 자본의 축적이 보장되는 것은 아니다. 소비가 받쳐주어야 하고, 사회적 안정도 확보되어야 한다. 결국 생산과 소비가 적절한 균형을 이뤄야 자본축적이 순조롭게 이루어진다는 말이다. 이를 위해 공권력은 힘으로, 미디어는 이념적으로 노동을 통제하고 시민 의식을 장악한다. 다른 한편으로 국가는 복지와 민주주의를 도입하여 사회적 불만을 잠재우기도 한다.

자본주의가 지향하는 이념 가운데 하나가 소비주의다. 일반적으로 말하듯이 자본주의가 "그토록 많은 비판에도 꿋꿋한 생명력을 지닐 수 있는 것은 다름 아닌 인간의 욕망을 무제한적으로 풀어놓았다는 데에 있다"(류동민, 2010: 255). 자본주의는 사람의 이기심을 사회 발전의 원동력으로 삼기 때문에 탐욕스럽고 이기심을 조장하는 소비주의를 미화하고 지지한다(이정전, 2012: 250).

소비주의는 한국 사회에서 가장 보편적이고 일상적인 이념이자 문화 중 하나다. 시장과 국가는 소비주의를 인간적·사회적 신념이자 신앙으로 끊임없이 조작한다. 사회 양극화로 대다수 시민들이 소비할 능력이 없는데도 기업과 국가는 소비주의를 추구한다. 마케팅이나 광고만이 아니라 정부와 교육도 기업의 이익을 위해 소비주의에 집착하는 현상은 자본주의에서 익숙한 모습이다(애서도리안, 2010: 40~47).

우리나라에서는 소비주의를 종교처럼 떠받치면서 사람들에게 부자가 되어라, 좋은 상품을 소비해라 하면서 잠재해 있는 욕망을 끊임없이 건드린다. 그래서 "지쳐 쓰러질 때까지 쇼핑하라"는 것이 미국인의 좌우명이었고(에런라이크, 2011: 130), "끝까지 광고의 명령에 따르라"는 것이 우리나라 소비자에게 좌우명일지도 모른다. 자본주의 시장경제는 줄기차게 소비하는 대중이 있어야 존립하고, 소비 대중은 광고에 의해 조작된다. 광고는 소비가 삶의 정체성이라는 대중 의식을 조성하는 기능을 한다. 사람들은 역동적이고 감성적인 소비문화에 갇히면 소비를 위해 무엇이라도 한다. 소비가 소비 대중의 정체성이기 때문이다. 철학자들이 논평하기를, "연예인이나 스포츠 스타뿐 아니라 보통 사람들 중에서도 소비를 통해 정체성을 획득하려는 사람이 많다"(한국철학사상연구회, 2009: 117).

광고는 상품의 실제적 사용가치와는 별도로 외양적 사용가치를 만듦으로써 소비지상주의 세계관을 주입한다(한국철학사상연구회, 1994: 176~177). 외양적 가치는 사실상 상징적 가치를 말하는 것으로, 광고된 상품을 적극 구매하여 소비자의 경제적·문화적 힘과 가치를 남에게 보여주는 것이다.

광고는 사람들의 필요와 욕구를 창출하고, 그것을 충족시키는 방법을 제시한다(윌리엄스, 2010: 112). 여기서 중요한 것은 필요와 욕구다. 광고와 미디어는 소비자 대중의 다양한 욕망을 자극한다.

첫째는 소비 욕망이다. 사람들은 상품을 사려는 욕구가 지나친 나머지 사람도, 정치도, 문화도, 땅도 모두 돈으로 거래하려 든다. 이미 소비 욕망의 노예가 되어버린 사람들에게 검소와 청빈은 악마의 저주일지 모른다. 김예슬은 『김예슬 선언』에서 소비주의에 찌든 자신을 이렇게 질책했다.

> 대졸자들이 주류인 사회에서 소비에 대한 기대치는 부풀려지고, 과시적인 소비에 대한 욕망은 점점 커진다. 결혼을 포함한 모든 인간관계도 과시적으로 유지해야만 비참하지 않을 수 있게 만든다. 모두들 알게 모르게 더 부유한 소비 계층을 선망하고 질투하며, 하다못해 짝퉁을 사들거나 성형을 하거나 복근을 만들거나 아이폰이나 콩 다방 별 다방 종이컵을 들고라도 따라가려고 한다. 이러한 과정에서 소비와 경쟁과 자존심은 무한대로 커지고 모방되고, 소비 수준은 너무나 과도하게 높아져버렸다. 서민과 노동자와 비정규직도 제대로 된 저항도 하지 못한 채 그 '탐욕의 포퓰리즘'으로 빨려 들어간

다. 과잉 경쟁과 과잉 소비는 '돈을 벌고 쓰는 게 삶'이고 '행복은 부자 되는 것'이고 '그 길은 대학 가는 것'이라는 신념의 일치 속에 더욱더 가속화된다. '불필요한 필수품'이 무한정 증가하고 상대적 빈곤감은 커져만 간다(김예슬, 2010: 59~60).

무엇이 적절한 소비인지 논의할 일이지만, 한국 사회에서 벌어지는 소비주의는 소비자의 능력을 벗어나는 이념이다. 정부, 공기업, 사기업, 소비자가 하나같이 소비 능력을 넘어선 과다 지출과 과잉 소비를 감당하지 못한 채 큰 빚을 지고 있다. 이들에게 과잉 소비를 부추기는 것은 미디어와 광고다. 광고주들은 자신의 돈벌이를 위해서 소비자에게 빚을 내서라도 상품을 사도록 유혹하고 압박한다. 광고와 대중문화가 퍼뜨리는 유행은 사람들이 마다하지 않는 것 중 하나다. 미디어와 광고가 만드는 유행, 유행어는 시민의식과 행태에 깊은 영향을 준다.

둘째는 교육 욕망이다. 우리나라는 자식 교육에 모든 것을 거는 독특한 정서를 가진 나라다. 이른바 '명문대학'이나 '미국 아이비리그'에 자식을 입학시켜야 마음이 든든한 것이 우리나라 부모들의 마음이다. 이것이 나쁜 것은 아닐지라도 지나치기 때문에 문제가 된다. 이런 기현상을 찬찬히 들여다보면 교육열이나 교육 욕망이 아니라 '명문대학' 입학 욕망이다. 마치 사치품을 사듯이 명문대학 졸업장을 가지려고 부모와 학생은 무엇이든지 한다. 명문대 브랜드를 사려는 욕망은 일부 부유층에게 한정된 것이 아니라 대다수 사람들에게 공통적으로 발견된다. 이런 '명문대학' 욕망은 다분히 미디어가 바람을 잡은 구석도 많다. 미디어 기업들도 저마다 교육 사업에 많은 이권을 갖고 있다. 대학교, 학원, 교재, 영어평가시험사업 등 여러 가지 사업에 이권을 가진 미디어 산업은 교육을 이권화하는 데 앞장섰다.

셋째는 부자 되기 욕망이다. 예전에 우리 사회는 권력의 욕망이 절대적이었다. 사람들은 대부분 검사, 판사, 국회의원, 장관과 같은 힘 있는 공직을 원했고, 미디어도 이런 직업을 대단한 것으로 묘사했다. 지금도 이런 정서는 여전하지만 권력의 꿈보다는 돈을 향한 욕망이 더 일반적이다. 돈이 모든 것의 잣대가 되는 천민자본주의로 변질된 우리나라는 저마다 '부자 만세'를 외쳤다. 미디어는 자극적으로 부자를 미화했다. 부자 되기 욕망은 땅, 주식, 교육, 복권에 대한 병적인 집착으로 나타났다. 땅으로 돈을 벌려는 사람들의 욕심은 끝이 없다. 부동산을 재테크 수단으로 삼는 것이 일반적 정서이다. 이것이 얼마나 병적인가를 알지 못하는 것이 우리 사회다. 주식도 투자가 아니라 투기 개념으로 접근하는 사람이 많다. 미디어는 이런 투자자의 욕구를 눈치채고 주식시장과 이들을 연결시키는 역할을 한다.

사람들에게 필요한 물건을 소개하고 홍보하는 광고의 기능은 소중한 것이고 보호할 가치가 있다. 또 광고가 사람의 호기심이나 욕구를 자극한다고 해서 굳이 부정적으로만 볼 일도 아니다. 물질적 생존 수단 창출, 새로운 욕구 창출, 인간의 재생산이 사람들을 지속적으로 생존할 수 있게 만드는 요건이라는 말은 이런 때에 유익하다(마르크스·엥겔스, 1988: 56~58). 이 가운데 '새로운 욕구 창출'은 사람의 삶과 역사 발전을 촉진하는 원동력이다. 근대 이래 광고는 교육, 종교와 더불어 사람들의 욕구를 창출하는 긍정적인 역할을 해왔다. 그러나 광고는 사람들의 생활에 필수적인 상품의 소비를 촉진하는 데 그치지 않고 대량·과잉 소비와 사치를 조장한다. 광고나 대중문화는 자본의 이윤 욕망이나 사치 욕구를 최적화해야 광고주의 환심을 살 수 있기 때문에, 결국 미디어는 수용자가 아니라 광고를 위해 최적화될 수밖에 없는 것이다(김난도, 2007: 177). 이렇듯 미디어는 태생적으로 광고에 친화적이지, 수용자에게는 친화적이지 않다.

광고가 소비자에게 보내는 신호는 단순하다. 상품 소비만이 사람의 욕망을 채울 수 있다는 잘못된 의식을 '멋지게' 조작하는 것이 광고다. 박주하(2006: 465)는 이를 두고 '감정의 정형화'라고 했다. 소비자들이 광고의 홍수 앞에서 감정마저 자유롭지 못하다는 말이다. 로이(Lowy, 2010)가 주장했듯이, 자본주의 시장 합리성은 사람의 '자연적 욕구genuine needs'보다는 '인위적 욕구artificial needs'를 자극함으로써 구현될 수 있다. 상품에 대한 자연적 욕구는 소비자의 삶에서 실질적 편익 추구와 관련되지만, 인위적 욕구는 대개가 상징적·사치적 편익을 찾는다. 이뿐이 아니다. 광고는 시민의 삶과 민주주의에 영향을 미치는 공적 영역의 사유화·상업화를 증대한다. 대표적인 공적 영역으로는 땅, 집, 의료, 교육 따위가 있는데, 광고는 이런 영역을 투기와 이윤의 동굴로 변질시키는 데 기여한 바가 크다. 그런 결과로 광고는 시민의 이익, 소비자의 권익을 파괴하고 국내외 사적 자본의 이윤 극대화에 기여한다.

자본주의가 부침함에 따라 광고 문제는 새로운 국면에 접어들었다. 생산 방식이 산업자본주의에서 정보자본주의로 바뀌고 있어 광고의 기능이나 광고산업의 구조 등 모든 것이 변하는 중이다. 그동안 자본주의 생산과 소비 시스템은 대량생산·대중 광고·대중문화·대중 소비라는 '대중 패러다임mass paradigm'을 따랐다. 이런 패러다임에 따라 자본가들은 손쉽게 기업을 운영하고, 시장을 독점했다. 그런데 디지털 혁명, 상품 시장과 소비자의 세분화, 미디어와 수용자의 세분화, 시장 개방과 같은 사회적·경제적 환경은 거대 자본 중심의 전통적인 대중 패러다임에 타격을 주었다.[57] 소비자·

57 부옌팡(卜彦芳, 2007: 72)은 수용자 시장을 대규모 수용자로 구성된 대중(大衆) 시장, 중소 규모의 분중(分衆) 시장, 소규모 수용자의 소중(小衆) 시장으로 구분했다.

수용자가 세분되는 시장에서 대중 패러다임의 독주는 마감하고, '분중分衆 패러다임' 또는 개인 패러다임과 공존하는 시대가 왔다. 분중 생산·분중 광고·분중 소비·분중 문화를 골간으로 만들어지는 분중적 생산 방식은 대량생산과 대중 소비에 기초한 대중 광고나 대중 미디어의 필요성을 반감시킨다. 광고주는 미디어의 세분화, 수용자 세분화, 상품과 광고의 세분화 때문에 표적 소비자에게 도달하기가 어려워졌다.

3) 광고자본의 축적

광고 전문가는 광고산업의 미래를 회색빛으로 본다. 그만큼 광고산업의 전망이 좋지 않다는 뜻일 것이다. 김민기는 대표적인 회의론자다. 그는 광고가 사람들의 미디어 이용에 따라 지출되는 것인데, 미디어 및 광고의 분산에 따라 광고 효과가 떨어졌고, 이 때문에 광고주들이 광고비를 늘리지 않는다고 평했다(김민기, 2013: 10). 마케팅에서 광고의 위상도 많이 떨어졌다. 예를 들어 통신회사들은 스마트폰 단말기 보조금을 2조 원이나 부담하는 데 비해, 단말기 광고비는 700억 원에 불과하다(김민기, 2013). 지금은 분명히 어려운 처지에 있지만, 광고산업이 자본을 과거에는 어떻게 축적했고, 또 미래에는 어떻게 축적할 것인지 논의해보자.

(1) 비정상적인 축적

광고자본은 광고 기획, 생산, 유통을 기반으로 증식한다. 그런데 광고자본은 두 가지 점에서 비정상적이다. 첫째, 광고자본은 스스로 증식하지 못하고 다른 산업이나 시장에 기대는 기생산업이다. 광고산업은 다른 산업에서 이전된 잉여에 의지하는 기생산업이지 독자적으로 가치를 창출하는 산업이 아니다.[58] 광고 시장이 비대할수록 자본 효율성은 그만큼 떨어진다. 단기적 차원에서는 기업이나 산업이 광고 시장 확대에 따른 소비 증가를 기대할 수 있다. 하지만 기업은 많은 광고비를 써야 하고, 인위적으로 늘어난 소비를 감당하기 위해서라도 생산 시설을 유지 또는 확장해야 한다. 문제는 소비 시장이 침체하면 생산 시설과 광고비 증대에 따른 비용 증가는 고스란히 손실이 되고 만다는 점이다. 따라서 비대한 광고 시장은 장기적으로 자본 효율성을 감소시키는 작용을 한다. 둘째, 우리나라 광고회사 대부분이 대기업의 계열사로 운영되는 등 여러 가지 이유로 시장의 논리, 공정한 경쟁의 원리가 배척되곤 한다. 예를 들면 8대 재벌 기업은 광고회사를 계열사로 거느리는데, 광고 내부 거래 비중이 70%나 된다.

마르크스는 자본가들의 공통된 본능을 '절대적인 치부의 충동'이라고 했다. 자본가든 광고주든 이윤과 축적의 욕심은 원초적인 것이다. 광고산업 자본가 역시 이런 충동에서 자유롭지 못하다. 광고회사도 자본 증식을 못하면 지탱하지 못한다. 증권시장에 상장된 광고회사의 경우 투자자들에게서 수익 압박을 특히 많이 받는다. 그렇지만 대기업의 계열사로 있는 광고회사의 한계, 주기적 경제 위기, 치열한 경쟁, 수용자의 광고 피하기, 광고주의 까다로운 요구 등 여러 가지 요인이 겹쳐 광고자본의 축적이 쉽지 않다. 특히 경제적 불안정은 광고 시장에 치명적이다.

58 광고 노동이 생산적인 노동인지, 비생산적인 노동인지에 대해 논란이 있다. 이 둘 사이를 가르는 기준은 광고 노동이 스스로 가치를 창조하느냐 여부다. 광고는 일반 산업 노동이 창출한 잉여가치의 일부가 광고비로 전환되는 바탕에서 만들어진다. 이 때문에 광고산업은 스스로 가치를 창출하지 못한다. 일각에서는 광고가 중요하기 때문에, 또는 광고가 없으면 생산이 중단되기 때문에 광고를 생산비의 일종으로 보기도 한다. 그러나 이것은 도로나 철도가 없으면 생산이 안 되니 만큼 운송비를 생산비로 간주하자는 발상과 같다. 강조하건대 광고는 순수유통비에 속하며 낭비적·기생적 속성이 강하다. 다만 광고가 비록 이런 성격을 갖고 있다고 해서 기능 모두가 부정적인 것은 아니다.

(2) 축적 방식

한국 산업은 소비자본주의를 부양할 목적으로 상당한 금액의 광고나 마케팅 비용을 쓴다. 2009년 기준으로 광고비 규모는 총 8조 원에 이르는데, 이 중에서 5.2조 원이 국내 광고비, 2.8조 원이 해외 광고비였다(방송통신위원회, 2010: 10). 광고비를 두고 광고산업의 경쟁이 치열하다.

광고 산업자본은 일반 자본과 비슷한 방식으로 축적하는데, 장시간의 노동, 적은 임금, 비정규직 고용은 광고자본이 축적하는 기반이다. 재벌 기업의 계열 광고회사가 모기업이나 계열 기업의 광고를 독식하는 것은 한국에서만 볼 수 있는 독점적인 축적 방식이다. 사업 다각화도 주요한 이윤 전략이다. 광고회사는 디지털 마케팅 기업, 헬스 케어 회사, 게임 광고회사 등을 인수하거나 인터넷 광고, 모바일 광고 사업에도 투자를 증대하는데, 이와 같은 것들은 수익을 다변화해서 이윤을 증대하려는 전략이다(양윤직, 2010: 464). 최근에 광고회사는 채널 등 미디어의 브랜드 형성에까지 손을 대서 사업 영역을 확장하고 있다. 그런 한편 국제시장 진출은 광고자본이나 산업자본 모두에게 전형적인 팽창 전략이다. 광고회사의 팽창 모형은 '국내 광고domestic → 수출 광고export → 국제 광고international → 다국적 광고multinational → 지구적 광고global'의 순서를 밟는다.[59] 이것이 축적의 일반적 모형이다. 한국의 광고산업도 삼성전자, LG전자, 현대자동차를 따라 지구화의 길에 들어섰다. 대표적인 것이 삼성그룹 계열인 제일기획인데, 이 회사는 28개 국가에 53개의 영업 거점을 두었고, 각국에서 광고회사를 적극적으로 인수했다. 제일기획은 영국의 BMB, 미국의 TBG와 매키니McKinney, 중국의 OTC와 브라보Bravo 등 외국의 광고회사를 인수하기도 했다(≪경향

59 http://en.wikipedia.org/wiki/Advertising

신문≫, 2012.8.14, 14면).

대형 광고회사는 대부분 재벌 기업의 계열사다. 규모가 큰 광고회사의 수익 창구는 역시 모기업 및 계열 기업이 모아주는 광고들이다. 거대 기업이 광고를 계열사에 몰아주는 것은 '재벌 사회주의'의 악폐다. 공정거래위원회에 따르면, 광고 시장에서 상위 10개 광고회사의 총광고취급액은 9조 6,822억 원인데, 이 중 93.8%를 7개 대기업 계열 광고회사가 차지하며 그 나머지를 두고 250개 중소 광고회사가 다툰다(≪뉴데일리≫, 2012.10.11). 그러니 중소 광고회사는 숨조차 쉬기 어려운 지경이다.[60] 이와는 대조적인 것이 재벌 계열 광고회사다. 삼성 계열인 제일기획을 보면 2010년 매출액이 6,145억 원, 순이익이 1,049억 원이었고, 2012년에는 각각 8,536억 원, 569억 원의 실적을 냈다. 이와 같은 성과는 삼성그룹의 두둑한 광고비 덕분이었다.

그런 한편 광고회사는 규모의 경제와 사업 다각화에 필요한 자금을 외국에서 조달하기도 한다. 국내 최대의 광고회사인 제일기획의 경우, 지분의 40% 정도를 외국자본이 보유하고 있다. 시장 지배 전략도 광고자본의 이윤 증식에 동원된다. 제일기획처럼 광고 시장에서 지배력을 가지면 더 많은 수익과 더 높은 이윤율을 확보하는 데 효과적이다. 광고 시장은 두 종류의 회사가 지배하는데, 재벌 계열 광고회사와 다국적 광고회사가 전체 시장의 74.2%를 통제한다.[61] 이는 2005년의 59.1%와 비교해서 크게 증가

60 재벌 그룹 계열 광고회사는 내부 거래를 통해 이익을 얻는다. 예를 들어 삼성 계열인 제일기획의 매출액은 2011년 기준으로 7,204억 원인데 이 중 60.2%를 삼성그룹 계열사를 대행해서 얻은 것이며, 현대차 계열인 이노션은 3,411억 원의 매출액 가운데 49.7%를 현대차 계열사 광고를 대행해서 얻은 것이다(≪한겨레≫, 2012.6.22, 17면).

61 방송통신위원회(2010)에 따르면, 21개 대기업 계열 광고회사가 전체 광고취급액의 64.1%를 차지했고, 12개 외국계 광고회사는 23.7%를 점유했다.

한 것이다.

규제 완화도 광고자본에게 기회다. 미디어렙, 가상광고, 간접광고, 중간 광고 허용은 광고자본에게 축적의 기회를 준다. 예를 들어 SBS가 2010년 남아공 월드컵의 독점 중계로 얻은 광고 수입은 733억 원이었다. 이 가운데 33억 원이 가상광고에서 나왔다. 한편 미디어의 사유화·상업화는 광고자본에게 기회이자 위기다. 사적 미디어가 늘고 광고 경쟁이 치열할수록 광고회사는 유리하다. 이들에게 종편 채널, 모바일 미디어 등은 또 다른 사업 기회를 줄 것이다. 반면에 미디어가 다양해지고 경쟁이 치열해지면 전통적인 대중 광고와 대중 마케팅은 대폭 줄고, 분중 광고와 분중 마케팅이 급증한다. 자본에게 두려운 시장 세분화가 깊이 있게 진행되면 자본은 위기의 수렁에 빠질 것이다. 이것은 광고회사에도 불가측성과 불안정성을 높이고, 수익의 불투명성을 증대시킨다(양윤직, 2010: 5). 분중 패러다임이 광고자본주의에 어떤 영향을 미칠지 아직은 확실하지 않다. 분명한 점은 일방적·대량적 광고 체제, 그리고 이에 뿌리를 둔 저널리즘과 대중문화 시대가 저물어가고 있다는 것이다.

사람의 소비 의식을 통제하여 상품 소비의 기계로 만들수록 광고회사의 광고비 효율성은 증대된다.[62] 이들에게 어린이와 청소년 소비자는 노다지 시장이다. 광고주는 부모의 소비 의식과 행태에 영향을 미칠 수 있는 아이 관련 광고를 제작하고, 방송사는 이들에게 적합한 프로그램을 편성한다. 이렇게 광고주는 아이들이 부모를 '졸라서 사도록 만드는 힘pester power'을 갖고 있다(린드스트롬, 2012: 41). 또한 광고주들은 무차별적인 패스트푸드

62 코카콜라는 광고가 얼마나 성과를 냈는지에 따라 광고회사에 광고비를 지불하는 '가치 중심적 보상 체제(value-based compensation)'를 도입하기도 했다(*The Economist*, 2009.7.30). 광고 효율성을 구현한 광고회사가 광고주의 선택을 받게 된다.

광고를 통해 어린이들을 비만과 당뇨병에 시달리게 만들었다. 특히 텔레비전은 대부분 성인을 겨냥한 광고나 프로그램으로 채워 어린이까지 성인 소비를 모방하게 한다. 텔레비전은 어린이와 청소년이 없는 성인들만의 세계를 보여준다.

한편 광고자본은 오로지 이윤만을 표적에 두는 일반 산업과 달리 정치적·이데올로기적 동기를 많이 반영한다. 광고주가 즉각적인 이익이 생기지 않아도 정치적으로나 이데올로기적으로 자신들에게 유리한 환경을 조성하는 미디어에 광고비를 제공하는 것만 보아도 그렇다.

(3) 광고 노동

광고산업 종사자는 총 3만 명에 이른다. 이들이 9조 원에 이르는 광고시장에서 마술을 부린다. 저널리즘이니 대중문화니 하는 것들은 광고의 손에 있다고 해도 과언이 아니다.

광고산업은 각종 노동의 종합 세트라고 해도 좋을 만큼 이질적인 노동이 결합한 곳이다. 광고산업에서는 광고회사, CF 프로덕션, 모델 에이전시, 녹음회사, 편집회사 등에 소속된 여러 형태의 노동이 참여한다. 스타 모델까지 합치면 광고 시장은 온갖 화려함이 넘친다. 일하는 사람도 정말 다양·다기하다. 그럼에도 노동시장은 광고인이 되고 싶은 사람을 제한적으로만 수용한다. 100대 광고회사의 총고용 인력이 고작 5,000명 수준인 것만 보아도 그렇다. 이것은 KBS와 비슷한 규모다. 그만큼 광고산업의 인력 시장이 빈약하다는 반증이다. 그러니 광고산업에 진출을 원하는 사람은 바늘구멍보다 더 좁은 경쟁을 뚫어야 한다.

참고로 2007년 광고산업은 총 2,235명의 신입 및 경력 사원을 뽑았는데, 이 중 대형 광고회사의 신입사원 총수는 겨우 146명이었다(문화부, 2009:

133). 2009년에는 광고회사가 모두 4,271명을 뽑았다. 그런데 이 중에서 대형 광고회사의 신입사원 채용은 120명에 지나지 않았다(문화부, 2010: 141). 사법고시보다 더 어렵다는 '광고고시'를 통과해야 비로소 광고인이 될 수 있다는 말이다.

광고고시를 통과했다고 해서 끝이 아니다. 광고인이 되는 순간부터 납덩이처럼 무거운 짐을 져야 한다. 바로 이윤의 압박이다. 광고자본이 거대화하고 경쟁이 치열해질수록 광고 노동에 부가되는 이윤 극대화의 압력은 심해진다. 광고 노동시간의 연장, 노동의 집중력 강화, 소비자나 공익보다 광고주 이익을 지향하는 편향성, 디지털 기술 통제의 증대 등이 그 사례다. 반면 광고인들은 광고 노동 통제권을 갖지 못한다. 광고주가 부당한 내용의 광고를 원한다 해도 이를 거부할 의지가 없어 보인다.

광고 노동은 대부분 프로젝트별로 투입되어 노동 강도가 상당히 심하다. 더구나 고용 안정성이 떨어지고, 몇몇 대형 광고회사를 제외하고는 임금도 매우 낮다. 역설적이지만 이것이 광고 산업자본이 축적하는 토대이다. 그래서 그런지 광고 노동을 살피건대, 광고의 자유니 표현의 자유니 하는 것들은 사치스러운 일처럼 취급된다. 미디어 기업에서는 언론의 자유를 주장하는 목소리가 수그러들지 않지만, 광고산업에서는 표현의 자유니 공공성이니 하는 소리가 별로 없다. 광고는 산업이고, 상업에는 언론의 자유니 표현의 자유니 하는 것들이 의미가 없기 때문일까? 하여튼 광고는 민주주의나 공공성의 사각지대다.

(4) 광고비의 본질

광고산업이 벌어들이는 돈은 어디서 나올까? 광고비는 광고주가 아니라 소비자의 주머니에서 나온다. 그렇다면 광고비의 경제적 성격은 무엇일까? 정치경제학에서 광고비는 산업생산에서 확보된 잉여가치의 일부이며, 순수유통비에 속한다.[63] 마르크스의 견해에 따르면, 광고와 같은 순수유통비는 "자본주의 경제 전체의 원활한 흐름을 위해 필수불가결한 비용이기 때문에 자본가 계급 전체의 잉여가치로부터 이 비용은 보충되어야 할 것"이다(김수행, 2012: 192). 강조해서 말하면 광고비는 잉여가치를 창출하지 못하는 비생산적 노동이어서 사회에서 지출된 광고비만큼의 잉여가치가 다른 부문에서 전이되어야 한다. 그렇기 때문에 광고비 증대는 결국 노동자나 소비자에게 돌아가야 하는 잉여가치의 양을 줄인다. 미디어 산업이 얻는 소득은 대부분 광고 수입이다. 미디어 산업은 독자적인 노동을 통해서보다는 다른 생산 부분에서 얻어진 잉여가치를 광고의 이름으로 재분배한 것을 소득으로 얻는다. 광고가 재생산에 필수적인 기능을 하지만, 광고비는 어디까지나 총생산자본에서 만들어진 잉여가치가 전이된 것일 뿐이다(아리아가, 1994: 234). 따라서 상품 광고에 소비되는 노동시간은 잉여가치를 창출하지 못한다는 것이 정설이다.

광고의 이런 속성 때문에 광고산업, 나아가서는 미디어 산업의 과잉 성장은 경계할 일이다. 이것들이 곧 산업 기반을 갉아먹고, 수익성을 저하시키기 때문이다. 요약하면 광고, 정보, 문화 생산을 포괄하는 문화산업은 사회적으로는 유용한 속성이 있으나 경제적으로는 자립성이 없는 타율성 산업이라는 약점이 있다.

63 여기서 생각해야 할 중요한 문제가 있다. 광고가 과연 가치를 창출할까? 물론 광고는 상품 가격을 올리거나 내리게 한다. 그렇다면 상품의 가치를 올리고 내리는가? 가치는 사람에게 유용하고 필요한 것이라는 개념이 있듯이, 광고를 했다고 해서 그 가치가 마구 변하는 것이 아니다. 마르크스는 『자본론 II』에서 순수유통비는 가치를 창출하지 못한다고 말했다.

4. 광고자본주의 이념적 과정

평소에는 범접하기도 어려운 각계의 스타들이 애교를 떨면서 친절하게 상품을 선전한다. 광고를 접한 소비자는 기업으로부터 무슨 대접을 받는 느낌도 갖게 된다. 소비자 대중은 광고에 약한 모습을 보인다. 이 과정에서 마술이 생긴다. 광고는 상품을 소비자의 필수품으로 둔갑시키는 마력이 있다. 광고주가 이윤을 얻으려고 만든 상품을 마치 모든 사람에게 꼭 필요한 물건처럼 둔갑시키는 힘이 없다면 광고는 소비문화를 창출하지 못했을 것이다. 또한 광고는 사회적 문제를 개인적 문제로 축소하고, 사람들의 불만이나 좌절이 상품 소비로 해소될 수 있다는 환상을 심어줌으로써 상품 판매를 촉진하는가 하면 불평등한 계급 질서를 지지하는 역할도 한다(박민영, 2009: 303). 이렇듯 광고는 단순한 물건이 아니다. 그렇지만 광고를 상품 선전의 도구만으로 본다면 그 본질을 이해하기는 한층 어려워진다. 광고가 워낙 복잡한 요소로 결합되었고, 그 기능도 다양하기 때문이다. 그래서 윌리엄스(Williams, 1980)는 광고를 '요술쟁이magic system'라고 비유했는지 모른다. 부르디외가 말한 너와 나를 '구별하기'도 광고의 이데올로기적 기능이다. 수많은 사람의 감정을 끌어당기고 마비시키는 광고에는 정교한 장치, 매력적인 이념이 있다. 그럼에도 광고는 어떤 모순을 담고 있다.

1) 광고비의 역설

광고비의 정체성은 불투명하고 모순적이다. 소비자 대중은 광고비를 부담할 뿐 상응하는 권리를 누리지 못하는 반면에, 광고비를 직접 부담하지 않는 광고주가 광고비를 독단적으로 처분하는 것만 보아도 그렇다. 광고자본권이 광고시민권을 몰아내고 광고의 주인 자리를 빼앗는 것도 광고의 정체성을 모호하게 만든다. 이것이 '광고비의 역설'이다. 광고비의 역설을 통해 정립되는 광고자본주의는 진실과 거짓의 경계를 흐릿하게 만들고, 욕망과 필요성을 동일시하는 기막힌 힘을 가진다.

2) 환상적 가치 생산

광고자본주의는 사람들의 생각, 가치관, 취향, 선택, 행위 등을 통제하고 조작해야 이윤을 뽑을 수 있고 불평등한 체제를 유지할 수 있다. 광고는 이런 목적에 적합하다. 광고는 사적 소유제를 불변의 사회제도로 묘사한다. 상품사회와 낭비적 소비 형태마저 바람직한 사회상으로 그리는 반면 계획경제나 낭비를 억제하는 체제를 부정적으로 그리기도 한다(김승수, 1989: 262~263). 광고는 효율성을 모토로 삼는 자본주의 경제와 대치되는 속성이 많다. 예를 들어 독일 학자들은 신규 상품 광고의 85%는 소비자들이 전혀 인식하지 못하고, 일반 광고의 95%는 소비자들에게 인식되지 않은 채 쓰레기통으로 간다고 지적한다(심영섭 외, 2013: 58). 만들면 대부분이 휴지 조각이 되지만 광고의 10%가량이 광고주와 미디어 산업을 먹여 살리는 셈이다. 그런 한편 광고는 사람을 시민이 아닌 소비자로 격하하며, 소비지상주의의 포로로 만든다. 광고는 생산 과정을 외면하고 소비지상주의를 일방적으로 설득한다. 미디어도 이런 흐름을 따른다. 광고 세상, 소비 환상, 상품 욕망을 벗어날 수 있다고 자신하는 소비자가 몇이나 될까?

광고가 지향하는 소비문화의 핵심 기호는 '행복'이다(Jhally, 2000: 30~32). 광고는 상품 소비자가 행복의 세계에 들어간다는 환상을 조작한다.[64] 그런데 광고가 상품 소비를 행복의 열쇠라고 알리기 전에 할 일이 있다. 소비자에게 결핍감과 불만감을 느끼게 하는 일이다. "자본주의적 세계가 창조하는 것은 물질적 풍요라는 화려한 겉모습과 달리 여기로부터 끊임없이 배제되고 있는 존재의 가치와 결핍"이기 때문에(박영균, 2010.10.28), 광고는 부자 소비자건 가난한 소비자건 결핍감을 느끼게 만들어야 성공한다. 광고가 소비자에게 불만족, 부족감, 긴장감을 유발시켜 무엇을 어떻게 해도 만족되지 않는 갈망을 조작하고 강요하는 것이 문제다(New Economics Foundation, 2009: 3). 광고는 소비자에게 해방감을 주는 것 같지만 실제로는 이들의 심리를 조작하고 압박한다. 자본주의는 광고나 마케팅 메커니즘을 만들어 사람들에게 '결핍감 → 불만 → 상품 구입과 소비 → 만족 → 행복 → 또 다른 결핍감 → 불만……'이라는 감성적 사슬을 적절히 이용하여 이윤 메커니즘을 확립한다. 이런 것을 두고 윌리엄스(Williams, 1980: 93)는 '환상의 조작organized fantasy'이라고 불렀다. 광고가 시민의 기대치를 관리하고 통제하기 위해서 이루어질 수 없는 꿈을 가능성이 있는 것처럼 조작한다는 개념이다.

광고 이데올로기 가운데 부를 통한 행복 만들기보다 더 강한 것은 없을 것이다. 부자 되기, 재벌지상주의 광고는 이런 배경에서 만들어진다. 광고는 결국 부자들의 잔칫상에 가난한 시민을 초대해서 부자와 소비지상주의에 굴종하게 만든다. 서정민갑(2010.6.26)은 부자지상주의 광고를 다음과 같이 꼬집었다.

광고는 더 이상 부가 감추거나 거부해야 할 가치가 아니라 당당하고 공공연

64 "자본주의가 지금까지도 당당하게 이어지고 있는 까닭은, 화폐 증식의 욕망, 곧 더 많은 돈을 벌려는 욕망을 모든 사람들이 공유하고 있기 때문"이며 "자본가의 욕망을 노동자도 똑같이 지니고 있어서" 그런 것이다(≪실천≫, 2007년 4월호, 7면).

하게 추구해도 좋을 욕망이라고 이야기합니다. 심지어는 부가 자신을 구성하고 외화하는 권력과 자존심과 개성으로 전화되고 있음을 노골적으로 반증하고 이러한 가치관을 선동합니다. 이미 많은 이들이 지적했듯 BC카드의 광고는 IMF 구제금융 대란을 거치며 완전히 신자유주의 시대로 진입한 한국 사회의 상징과도 같습니다. 좋은 사람이 되고 착한 일을 하기보다는 부자가 되라고 말하는 저 광고 문구는 부에 대한 추구가 더 이상 죄악시되지 않고 당연하며 심지어 올바르기까지 할 수 있다는 의식의 변화를 보여줍니다. 이러한 광고들은 한국의 자본주의가 봉건적이고 도덕적인 가치 대신 자본의 가치를 전면화하고 있다는 증거입니다. 그것은 IMF 구제금융 대란 이후 한국의 자본주의가 구조조정을 거치며 그만큼 고도화되었기 때문일 것입니다. 또한 그 과정에서 수많은 부도와 정리해고라는 위협적 사건을 거치며 대중들 역시 이제는 누구도 나의 행복을 지키고 책임져줄 수 없다는 위기와 절박감을 느끼고 부가 가장 확실한 현세적 가치라는 믿음을 신봉하게 되었기 때문일 것입니다.

이 인용문은 광고의 본질을 잘 짚은 것이었다. 광고는 단지 상품 판매의 촉진이라는 눈앞의 이익만이 아니라 사람의 생각마저 통제함으로써 자본주의 이념까지 수호하는 장기적 목표를 향해 달린다. 이것이 광고의 실제 모습이다.

광고는 상품 소비, 특히 사치품 소비가 소비자의 사회적 지위와 욕망을 뽐내는 상징이나 되는 것처럼 묘사한다. 여기서 유명 광고 모델의 역할이 중요하다. 광고 모델은 소비자에게 상품을 구매하고 소비할 능력이 있으면 자신과 같은 지위와 기쁨을 누릴 수 있다는 신호를 보낸다. 광고주들은 시민을 상품 소비자나 출세주의자status seekers로 보기 때문에 자신의 상품이

특수한 신분과 연관된 것이라고 주장하지 않고서는 이들에게서 외면을 받을 수 있다(*The Economist*, 2010.12.4, p.74). 그래서 광고주는 자신이 만든 상품을 어떻게 해서든지 신분 상승, 출세, 부 따위와 연결시키는 광고를 만들려고 한다. 불과 얼마 전까지만 해도 '돈이면 다'라는 말을 공공연히 하기에는 쑥스러웠지만, 광고 세례를 받은 광고자본주의에서는 상식이 되었다. 김상봉(2010: 18)은 "우리 자신이 그토록 노예적으로 돈을 숭배하는데 어떻게 자본이 우리를 지배하는 권력이 되지 않을 수 있겠는가" 하고 개탄했다.

3) 광고와 상품의 무관성

광고는 기본적으로 사실에 기초한 것이 아니라 상상과 허구, 그리고 욕망에 기초해서 상품 이미지를 만든다. 이런 과정에서 광고 모델은 특별한 역할을 한다. 광고주들은 상품과 아무런 연관 관계가 없는 스타를 광고 모델로 기용한다. 스타 이미지를 이용해 상품 이미지를 만들려는 의도 때문이다. 사치품이나 고가의 상품 광고는 그렇다 해도 라면이나 감기약 등 생활필수품까지 유명 모델을 써서 상품 이미지를 조작하는 것은 비도덕적이다. 케이시 외(Casey et al., 2008: 7)의 말을 들어보자.

> 첫째, 광고주는 자신의 이익을 위해 광고 내용을 왜곡한다. 광고는 사실상 선전 도구다.
> 둘째, 대기업이 광고비를 갖고 광고 메시지 시스템을 장악한다.
> 셋째, 광고주는 자연식품보다 가공식품의 광고에 더 집중하는데, 이것은 가공식품의 수익이 더 많기 때문이다.

넷째, 광고 내용에서 정보의 비중은 더욱더 낮아진다.

다섯째, 광고는 자본의 가치를 반영하는 담론이다.

광고는 상품에 대해 말하는 것이 아니라 상품의 환상에 초점을 맞추어 말한다. 이 과정에서 광고주는 대중에게 친숙한 스포츠 스타나 연예인을 모델로 써서 광고 주목도를 높이려 한다. 그렇지만 광고 모델과 광고된 상품을 잘 뜯어보면 둘 사이에는 아무런 관계가 없다. 사실 수지, 이승기, 김연아, 현빈, 김태희, 원빈, 소녀시대, 고현정, 장동건처럼 최고의 인기를 누리는 스타가 모델로 나오는 광고는 상품 이미지 조작이다. 이런 식의 광고는 소비자의 심리를 조작해서 불필요한 상품을 구매하도록 유도하는데, 이것은 소비자에게 이익보다는 불이익을 더 많이 가져온다. 문제가 되었던 사례 하나를 보자. 대웅제약은 우루사 광고에 인기가 많은 차두리 선수를 모델로 썼다. 차두리는 2002년, 2006년, 2010년 월드컵 본선에 참여했을 뿐만 아니라 근력이 좋은 선수로 꼽혔다. 이런 이미지를 갖고 있는 차두리가 우루사 광고 모델로 나와서 피곤한 것은 "간 때문이야"라고 노래했다. 이 광고 덕분인지 우루사 매출이 껑충 뛰었다고 한다. 그러나 우루사 광고는 분명 문제가 있다. 간이 나쁘면 피곤해지니 우루사를 사먹으라는 광고는 환자의 건강에 악영향을 줄 수 있는 비의학적인 주장인데도 차두리에 대한 소비자의 신뢰도를 활용해서 억지 주장을 했던 것이다. 이상훈(2011: 154)의 설명에 따르면, 기업들은 제품을 판매할 목적으로 "광고라는 프레임을 통해 연예인의 부적합한 권위에 호소"하는데, 이렇듯 "마케팅이 강조되는 시대일수록 진실은 더 멀리 유배되기 마련이다".

광고주는 꽤 설득적인 방법으로 광고를 만들어야 경쟁적인 시장에서 소비자의 관심을 끌 수 있다. 스타 광고 모델은 광고의 호소력을 높이기 때문에 광고주들이 선호한다. 광고주들은 여기에 그치지 않고 소비자들이 습관적으로 자사 상품을 사서 행복감을 느끼도록 하는 소비문화를 추구한다. 가까운 사례로 목이 마르면 물이 아니라 콜라를 찾도록 뇌 속 깊이 각인하는 것이 콜라 광고다.

또 하나 주의할 사항이 있다. 스포츠 스타나 유명인이 나오는 술 광고다. 이것은 소비자, 특히 청소년 소비자에게 잘못된 신호를 보낼 수 있다. 즉, 박지성, 김연아가 출연하는 맥주 광고를 접한 청소년들에게 튼튼하고, 멋지고, 돈을 많이 벌려면 술을 마셔야 한다는 삐뚤어진 생각을 유도할 가능성이 크다. 그래서 일본을 제외한 대다수 나라에서는 스포츠 스타나 유명인의 술 광고 모델을 금지하거나 규제한다.

광고비와 상품의 품질은 비례하지 않는다. 그런데도 광고를 많이 한 상품을 본 소비자는 마치 상품의 품질이 좋은 것으로 오해하기 쉽다(Casey et al., 2008: 9). 특정 상품의 광고비 지출을 일정한 수준에서 규제하는 것도 생각해볼 만한 선택이다.

4) 미디어 산업과 수용자의 충돌

수익이 미디어 산업의 전부는 아니지만 수익성이 조금만 떨어져도 미디어 산업은 요동을 친다. 그래서 미디어 산업은 이윤 획득에 사활을 건다. 물론 미디어 사주가 미디어의 영향력을 이용해서 돈을 벌거나 정치적 이득을 얻기 때문에 미디어 경영에서 적자가 나도 개의치 않는 경우가 있기는 하다. 그럼에도 미디어 기업은 한 푼이라도 더 벌려고 갖은 방법을 동원한다. 여기서 미디어는 수용자 대중과 갈등을 빚는다.

미디어 산업이 광고비로 운영되기 때문에 만만치 않은 문제를 안고 있다. 문현병(2003)이 설명했듯이, 문화산업·대중문화의 주체는 대중이 아니라 자본이며, 문화산업·대중문화는 대중의 여가 시간을 지배하여 경제적·정신적으로 착취할 뿐만 아니라 새로운 인간소외를 낳는다. 수용자의 개입이 사실상 불가능한 광고로 미디어가 운영되는 경우, 독자나 시청자는 안중에 없다. 그저 광고주에 굴종할 뿐이다. 광고는 미디어 산업의 주인이요, 대중문화의 아버지다. 그만큼 미디어 산업 및 대중문화의 광고 의존도가 높다는 말이다. 한국의 최대 광고주인 삼성전자는 1년간 총 1,477억 원을 광고비로 썼다. 그다음으로 KT, SKT, LG전자가 각각 893억 원, 891억 원, 826억 원을 지출했다. 기아자동차는 723억 원을 광고비로 썼다. 단 5개 기업이 5,000억 가까운 돈을 미디어 산업에 쓴 것이다.

광고주의 지원을 받는 미디어에 공공성이나 공익성은 별로 중요하지 않다. 그런 결과, 미디어 산업에서는 엉뚱한 것들이 성공하고 정당한 것들이 실패한다. 다시 말해 미디어가 선정주의나 상업주의로 많은 광고 수입을 올렸다고 해서 사회적으로도 긍정적인 것은 아니다. 광고의 경제적 성공은 소비자의 실패 또는 공익의 실패로 귀결되는 경우가 많다. 광고의 성공이 문화적 실패로 연결되기도 한다. 이는 마치 문화 생산의 장에서 경제적 성공이 예술적 실패로 귀결되는 사례가 많다는 것을 설명하기 위해 부르디외(Bourdieu, 1993)가 사용한 '경제적 전도economic world reversed' 개념과 비슷한 현상이다.

이렇게 수용자는 자신이 내는 광고비로 자신의 의식과 이익이 상품과 자본에 속박됨으로써 광고주가 지배하는 광고자본주의에 갇혀 산다. 그렇다고 광고의 긍정적인 기능까지 무시하면 안 된다. 미디어 산업에 광고가 도입되면서 다양한 정보나 대중문화가 만들어질 수 있었다. 미디어가 돈이나 권력만 추구하지 않고 사회적으로 필요한 것을 만드는 과정에서 광고가 재정적 뒷받침을 하기 때문이다. 콜린스R. Collins는 미디어 산업의 재정이 광고 중심에서 유료 재정으로 바뀐 후 뉴스를 비롯한 콘텐츠의 공적 접근의 감소, 콘텐츠 품질의 악화, 뉴스를 포함한 콘텐츠의 정보원 다양성 감소와 같은 현상이 생겼다고 말한다(Collins, 2011: 1209). 광고가 문제는 많지만 그래도 유료 재정이나 세금보다는 장점이 많은 재정이라는 것이다.

5. 광고시민권의 정립

광고의 정체성은 결국 자본권과 시민권으로 갈라진다. '광고자본권'이란 광고주가 광고비를 통해 광고를 지배하여 미디어와 정보를 자신의 영향력 아래로 끌어들이는 힘을 말하며, 이로써 정보, 문화, 사회의식을 통제하고 이윤을 증식하는 힘을 말한다. 이와 대립되는 개념이 '광고시민권'이다. 이것은 광고비를 직접 부담하는 소비자 시민들이 광고비 배분을 비롯한 광고 결정권의 주체라는 개념이다. 그러나 지금은 광고자본권만 존재한다.

1) 광고자본권의 모순

광고자본주의 체제에서는 광고자본권이 광고시민권을 압도한다. 이는 마치 자본이 노동과 시민을 일방적으로 지배하는 것과 비슷하다. 광고시민권이 부정되는 광고자본주의에서는 광고비가 어떤 기준으로 상품 가격에 포함되는지도 불투명하다. 더군다나 광고주가 소비자에게서 인두세처럼 거둔 광고비가 투명하고 공정하게 집행되는지 확인할 길도 없다. 세상에 광고비처럼 기업이 마음대로 쓰는 것이 또 어디 있겠는가! 불투명성이 광고 세계를 압도하는 것처럼 보인다. 그래서 1910~1920년대 미국의 저명한 카피라이터 로티J. Rorty는 광고를 블랙박스로 보았다(Rorty, 1934: 13). 그는 광고인을 포함해 누구도 광고업의 실체를 알지 못한다고 개탄했다. 로티는 광고주를 '주님의 음성Master's Voice'처럼 떠받드는 광고 시장의 현실에 대해 짙은 회의감을 표시하기도 했다. 그때나 지금이나 광고는 자본의 유통망이자 신경망이다.

광고인들은 두 명의 주인을 섬긴다. 즉, 광고주와 광고회사가 광고 종사자의 주인이다. 이들이 광고 노동을 통제하며 광고 생산물도 지배하기 때문이다. 노동자는 자신의 노동이 귀속되어 있는 자본가의 통제 아래 일하며, 생산물은 직접 생산자인 노동자의 소유물이 아니라 자본가의 소유물이듯이(마르크스, 2008a: 275), 광고 노동 과정에서도 이런 성격이 그대로 드러난다. 이 과정에서 광고 노동자의 주체성은 무시되기 일쑤다. 광고자본권에 따르면, 광고비는 소비자의 것이 아니라 광고주의 권리이거나 사적 재산이다. 광고는 전형적인 사적 소유와 분업의 산물이다.[65] 광고는 자본을 위해 존재하는 것이어서 수용자 대중, 광고인, 미디어 종사자 모두를 소외시킨다.

루이스(Lewis, 2010: 343~349)는 광고자본권의 문제점을 날카롭게 짚었다. 그는 광고가 시민권과 정치적 다양성을 제약하며, 우리를 불행하게 만들기도 한다고 말했다. 루이스는 광고 중심적 미디어 시스템이 극단적으로 상업주의를 추구한다고 지적했다. 광고자본권이 지배적인 사회에서 광고

65 마르크스와 엥겔스는 사적 소유와 분업이 인간을 소외시킨다고 보았다. 사적 소유로 인한 소외는 노동 생산물로부터의 소외, 생산 과정으로부터의 소외, 유적 존재로부터의 소외, 인간으로부터의 소외가 있으며, 분업으로 인한 소외는 사회적 분업으로부터의 소외, 기술적 분업에 따른 소외가 있다(손철성, 2007: 184~199).

주는 수용자를 사람으로 취급하지 않고 시장으로 여기며, 미디어 콘텐츠를 사기 위해 광고비를 지불하는 것이 아니라 수용자의 관심을 사기 위해 광고비를 지불한다(Gandy, 2004: 329). 광고주나 미디어 기업이 수용자 대중을 자신의 돈벌이를 위해 거래하는 물건으로 취급하는 광고 제도는 산업자본주의 시대에 정립된 것이다. 이런 광고는 수용자·소비자 시민의 기본권을 제약하고 소외시킨다.

그럼에도 광고 노동자들은 광고 환경을 감시하고 비판할 의지마저 보이지 않는다. 광고산업에 변변한 노동운동도 없으며, 논쟁조차 없다고 해서 그다지 놀랄 일은 아니다. 전문성주의, 엘리트주의, 업무상 광고주 측과 밀접한 인간관계, 광고 노동시장의 유연성, 잦은 이직과 같은 요소가 작용해서 그런지 광고 종사자들은 불합리한 광고 현실을 주목하고 개선하려는 시도를 하지 않았다. 더구나 광고 프로듀서를 비롯한 광고 제작자들이 갖는 대중문화적 영향력은 광고인들의 비판적 의식을 억제했다. 그래서 강준만(2000: 190)은 광고인들의 문화적 리더십을 인정하고 그 대신 그들에게 사회적 책임이나 사명감을 요구하자고 제안하기도 했다.

살펴보았다시피 광고는 지력을 표출하는 소통 수단이지만, 이는 광고비를 지배하는 광고주나 광고를 규제하는 국가권력에게만 허락된 특권이다. 광고자본권이 지배적인 상황에서 광고는 사람들을 위한 가치가 아니라 자본을 위한 가치에 충실하다. 독일 신문 ≪차이트Die Zeit≫의 라우테르베르크Hanno Rauterberg 기자가 주장했듯이, 광고는 "우리가 피해 나갈 수 없는 신종 독재다".[66] 그렇다고 광고 제도의 폐지가 현실적인 대안으로 보이지는 않는다. 그러므로 먼저 광고의 민주적 지배 체제를 확립해서 '광고시민권'

66 http://en.wikipedia.org/wiki/Criticism_of_advertising

을 보장하는 것이 가능한 대안이 아닌가 한다.

2) 광고시민권의 개념적 구성

광고 지력론의 입장에서 보면 광고와 같은 문화적 수단은 정치적·경제적 힘의 일방적인 지배를 받는 것이 아니라 일정한 자율성을 누린다.[67] 광고는 경제적 활동의 일부이면서 문화적 활동의 일부이기도 하다. 이 때문에 광고가 지배계급의 이익을 일방적으로 반영하는 것 같지만, 수용자 대중의 비판 의식과 저항력이 작용하면 광고주의 뜻대로만 광고가 소비되지는 않는다. "문화가 정치경제적 지배구조에서 자유로울 수 없지만, 그에 저항하는 힘을 가지는 '지배와 저항의 접점'으로 존재"한다는(한남숙, 2009: 168에서 재인용) 그람시Antonio Gramsci의 문화사상은 일리가 있다. 문화의 상대적 자율성론 및 지배와 저항의 복합적 문화사상론은 마르크스의 문화사상을 확장한 것이다. 이들이 정립한 광고 지력론은 광고주의 일방적인 광고 지배를 인정하는 광고자본권을 거부하고, 시민들이 광고 지배권을 갖는 광고시민권을 지지한다. 광고시민권이란 시민이 광고비의 주인으로서 자신의 정체성을 정립하고, 광고를 시민의 일반적인 이익에 봉사하도록 통제하는 힘이자 권리를 말한다. 결국 광고에 대한 민주적 지배권이 광고시민권의 핵심이다. 광고자본권과 대립하는 광고시민권은 여섯 가지 개념으로 이루어진다.

첫째, 광고의 경제적 시민권이다. 광고비는 본디 상품 가격에 포함되어 소비자가 공동으로 부담하는 비용이다. 이런 광고비는 기본적으로 소비자

67 광고에 대한 비판적인 연구는 신태섭(1997)의 논문 참조.

의 것이기 때문에 소비자의 이익 증진에 쓰여야 한다. 이와 더불어 상품 가격에서 광고비가 차지하는 비중, 미디어별 광고비 배분 등에 대해 정확히 알 권리가 있으며, 이런 권리는 법적으로 보장되어야만 한다.

둘째, 광고의 문화적 시민권이다. 소비자는 다양한 문화를 접할 권리가 있다. 광고비가 특정한 미디어나 문화에 집중되지 않고, 문화적으로 다양성을 구현할 수 있도록 배분되게 함으로써 문화적 시민권을 확립하는 것은 시민의 고유 권한이다. 이것이 문화적 광고시민권이다. 이런 권리는 특히 지역 수용자의 문화적 삶을 충실히 하는 데 긍정적으로 작용한다. 전국의 소비자가 부담한 광고비는 이들을 위해 봉사해야 하는 준공공 자산이다. 그러나 실제로는 광고비의 서울 독식 때문에 지역사회는 정보나 문화를 스스로 만들어 전국적으로 유통시킬 기반이 취약하다.[68]

셋째, 광고의 정치적 시민권이다. 광고비를 부담하는 소비자가 다양한 이념적·정치적 성향을 갖고 있는 만큼 미디어에 대한 광고주의 광고비 배정이 정치적·이념적 균형을 이룰 수 있도록 함으로써 정치적 권리를 충족시켜주는 것이 광고의 정치적 시민권이다. 이를 부정하고 광고주의 정치적 성향에 따라 특정한 미디어를 일방적으로 지원하면 정보의 다양성과 민주주의는 위협을 받는다. 광고에 대한 정치적 권리를 보장하기 위해서는 광고주가 특정한 미디어에 부당한 방식으로 광고비를 주거나 반대로 끊는 경우 수용자 대중이 광고주 불매운동을 벌일 수 있어야 한다. 그런 한편 광고가 미디어 기업들의 보도 품질 경쟁을 억제하는 경향이 있기 때문에 수용자 대중의 선택과 광고 수익이 비례하게 하자는 방안도 제기되었다(조한상,

68 문화부 조사에 따르면, 전체 광고비 가운데 서울의 광고비는 87%나 된다. 나머지 13%를 갖고 나머지 지역이 나누어 먹는 셈이다. 광고 종사자들도 서울에 밀집해 있다. 3만 700명의 광고 종사자 가운데 68%인 2만 1,147명이 서울 지역에 몰려 있다.

2009: 135). 이것은 광고 시장의 투명성과 공정성을 향상시켜 광고시민권 증대에 기여할 것이다.

넷째, 광고의 교육적 시민권이다. 광고주를 견제할 수 있는 거의 유일한 세력은 소비자·수용자다. 이들이 상품 세계의 마력에 끌려 다니지 않도록 하려면 비판적 광고 교육advertising pedagogy이 필요하다. 시민들은 광고산업, 광고정책, 광고 내용에 대해 알 권리가 있다.

다섯째, 시민의 광고 규제권이다. 이것은 시민에게 광고 내용이나 광고 거래를 규제할 권한이 있다는 것이다. 부당한 광고 내용이나 불공정한 광고 거래 따위에 대한 시민의 규제는 당연한 것이다. 이것은 8장에서 제안한 미디어 평의회를 통해 이루어질 수 있다.

여섯째, 시민의 광고 개입권이다. 우리나라에서도 시민들이 광고 과정에 직접 개입한 사례가 몇 번 있었다. 1974년 동아일보 백지광고에 항의하여 시민들이 후원 광고를 했던 사례가 대표적이다. 이후 황우석 서울대 수의대 교수의 줄기세포 논문 조작에 대한 MBC의 보도에 불만을 품은 네티즌들이 MBC 광고를 거부하자는 운동을 벌인 사례도 있다. 또 다른 사례는 미국산 쇠고기 수입에 대항한 촛불시위 과정에서 일부 시민들이 조중동 광고 불매운동을 전개했던 경우다. 이런 운동은 광고 과정에서 철저히 소외되었던 시민들이 광고가 자신의 것임을 자각하고 연대한 결과다. 그럼에도 변한 것은 없다. 자본가들은 광고를 앞세워 물건 팔기에 바쁘고, 광고자본권은 여전히 경제적으로나 이념적으로 강력히 작용하고 있다.

광고시민권을 간단히 요약하면, 수용자 대중이 광고를 민주적으로 지배할 권리를 가짐으로써 광고 지력을 자신의 것으로 만드는 힘이다. 이것은 시민들이 광고나 광고비로부터 소외당하지 않을 권리, 광고를 거부할 권리를 포괄하는 개념이다.[69]

한편 광고시민권은 제한점이 분명한 개념이다. 자본주의와 시장경제가 존재하는 한 광고는 사적 소유, 자본 증식, 경쟁, 효율성과 불가분의 관계에 있다. 이런 상황에서 광고시민권의 긍정적인 기능도 한계가 보인다. 그럼에도 광고시민권의 확립은 광고주의 일방적인 권리로 악용되는 광고가 시민의 곁으로 한발 다가서도록 도와준다.

69 우리나라는 소비자의 광고 거부권을 극히 제한적으로만 허용한다. 헌법재판소는 2012년 "헌법적 허용 한계를 벗어나 타인 업무를 방해하는 결과를 가져오거나, 상대방에게 공포심을 유발해 의무 없는 일을 강요하는 소비자불매운동을 처벌하는 법률 조항은 헌법 취지에 반한다고 볼 수 없다"라고 결정하고 '언소주(언론소비자주권 국민캠페인)'가 낸 헌법소원을 받아들이지 않았다.

4장

스마트 미디어와 정보 소통

1. 스마트 시대의 개막

1) 스마트 획일화

자본과 권력 모두에게 최적의 사회는 돈 벌기 쉽고 지배하기 좋은 곳이다. 이런 목적에 잘 어울리는 것이 획일화 사회다. 이윤 극대화를 추구하는 기업에 시장 획일화는 필수적이다. 소비와 시장의 획일화, 정치의 획일화, 문화의 획일화는 자본주의 질서만이 아니라 과거 사회주의 국가의 질서이기도 했다. 시간과 공간, 체제, 이념이 사람을 통제하는 획일화 사회는 지배 세력이 꿈꾸는 이상 세계였다. 미국에서는 군산복합체가, 한국에서는 재벌·미디어·권력 복합체가 사회와 삶을 획일적으로 만들었다. 일본은 재벌과 자민당 연합 권력이 지배한다. 이런 나라에서 대중문화와 기술은 사람의 의식과 소비를 일률적으로 만드는 데 중요한 구실을 한다. 최근에는 디지털 기술과 대중문화가 융합하면서 디지털 획일화 사회가 만들어지고 있다. 사실 디지털 혁명은 획일화 혁명이다. 경제구조, 정치와 민주주의, 소비, 문화 따위가 디지털 기술과 결합한 결과는 모든 것이 일률적이고 획일적인 사회로 가까이 가게 만든다.

디지털 혁명에 의한 사회 획일화는 지금까지 세 번에 걸친 거대한 변화를 보여주었다. 인터넷이 수용자의 정보 소통을 혁명적으로 바꾼 것이 1차 디지털 혁명이다. 그 후 이동 중 정보 소통을 가능하게 만든 휴대폰은 2차 디지털 혁명을 촉발했다. 이어서 3차 디지털 혁명도 잇달았다. 앱 기술을 탑재한 스마트폰 및 태블릿 PC는 다시 한 번 정보 소통 방식을 확 바꾸어 버렸다.[70] 스마트 미디어를 이용하여 이메일을 교환하고 세계 주요 미디어를 실시간으로 접속할 수 있는 날이 온다고 누가 감히 예측할 수 있었던가!

이렇게 스마트 미디어는 인터넷, 휴대전화와 함께 디지털 소통 혁명을 일으킨 신기한 기술이다. 김영주와 이은주(2012: 179)도 스마트 미디어로 상징되는 디지털 기술과 서비스가 수용자의 미디어 이용 방식에 혁명적인 변화를 가져오고 있다고 평가했다. 한국의 수용자 대중이 양극화·빈곤화하는 경제 여건, 민주주의와 시민권이 위협받는 정치 환경에서 기존 미디어를 버리고 이토록 빨리, 그리고 집단적으로 뉴미디어를 선택하는 이유는 어디에 있을까? 인터넷, 휴대폰, 스마트폰, 태블릿 PC 등 고가의 단말기와 적지 않은 서비스 이용료에도 수용자 대중이 뉴미디어에 열광하는 이유는 무엇일까?

정보산업은 무수한 요소가 결합한 것이다. 그 가운데 자본, 기술, 사람, 그리고 아이디어가 필수적이다. 산업적으로는 하드웨어, 소프트웨어, 네트워크, 콘텐츠가 균형을 이루어야 정보산업이 정상적으로 발전할 수 있다. 그러나 이것이 다가 아니다. 창의성, 언론과 표현의 자유, 민주주의가 충분히 보장되지 않으면 정보산업은 앞으로 나아가지 못한다. 우리나라의 정보산업이 지금처럼 발전할 수 있었던 것은 지난 20년가량의 민주주의 시기가 있었기 때문이다. 그러나 민주정부와 단절한 이명박 정권 이래, 정보산업의 도약에 필수적인 공공성과 민주주의, 그리고 창의성이 벼랑 끝에 몰려 있다. 더구나 국내시장을 독점해왔던 거대한 정보산업자본이 경영, 기술발전 전략 등 많은 부문에서 폐쇄적이고 국가 의존적이었던 한계를 드러내기 시작했다. 한국 사회가 지나치게 삼성전자에 의지하는 현실도 비정상적이다. 이제는 탈脫삼성전자를 생각하지 않으면 안 될 만큼 삼성에 의한 사

70 디지털 혁명을 거치면서 수용자의 속성도 많이 바뀌었다. 수용자 개인의 정보 추구 방식은 개인적 정보 추구, 정보 소비와 재생산, 정보에 대한 낮은 신뢰, 시각적 정보 선호의 특징을 가진다(유병상, 2013: 53~54).

회 획일화가 심각하다.

한국 사회가 스마트 미디어를 비롯한 정보산업에 촉각을 곤두세우는 데에는 그만한 까닭이 있다. 자동차, 철강, 에너지 산업과 더불어 정보산업은 한국 경제의 주춧돌이다. 삼성전자와 LG전자가 주도하는 정보산업은 국내 총생산의 11%를 차지하며, 전체 수출의 33%에 이른다. 이뿐이 아니다. 교육, 정보, 행정, 군사 등 사회 전 과정에서 정보기술과 서비스가 기여하는 수준은 절대적이다. 그럼에도 우리나라가 정보산업에 지나치게 의존하는 것은 이로울 것이 없다. 정보산업이 제공하는 상품이나 서비스는 사치품이 많고, 경제 변동에 치명적이다.[71] 여기서 사치품이란 수용자 대중의 경제적 수준을 넘어서는 지출, 편리하지만 없어도 그만인 상품을 의미한다. 또 소비자의 지출과 부담에 비해 얻는 것이 별로 없는 물건을 뜻하기도 한다.[72] 수용자 대중이 디지털 미디어에 쓰는 것은 비단 돈만이 아니다. 이들은 하루 몇 시간씩을 디지털 미디어 이용에 보낸다. 이렇게 돈과 시간을 쓰는 수용자 대중 가운데 디지털 미디어를 이용해서 돈을 버는 사람은 한정되어 있다. 오히려 공공적이어야 할 디지털 미디어 공간은 사유화되었고, 유통되는 정보도 자본의 돈벌이 수단으로 전락하고 말았다. 게다가 정보 내용을 국가가 규제하려는 발상도 있다.[73] 또 무료 정보는 줄어들고 웬만한 정보는 유료화되고 있어 수용자의 부담을 증가시킨다. 디지털 공간은

71 2009년 통신 시장 매출액을 보면 경제 위기로 인해 전년 대비 OECD 회원국 평균 5.1%가 떨어졌지만 한국 시장은 무려 10.9%나 떨어졌다(임성진 외, 2011). 이것은 한국 통신 시장이 취약하다는 것을 말한다.

72 우리나라의 공공 부문과 가계 부문을 합친 총부채는 2,000조 원을 넘었다. 그중 가계 부채는 990조 원에 이른다.

73 하루 400만 개에 가까운 트윗을 포함한 SNS를 국가가 통제하겠다는 발상은 논리를 떠나서 디지털 기술을 전혀 이해하지 못하는 발상에서 나온 것이다.

점점 국가 질서 및 자본의 논리를 벗어나는 정보를 배척하는 방향으로 변질되고 있다.

2) 개념 정의

스마트폰은 소통 방식을 바꾸고, 미디어의 변화를 촉진한다. 여기에 태블릿 PC, 스마트 TV까지 더해져 소셜 미디어가 형성된다. 그런데 소셜 미디어, 스마트 미디어, 소셜 네트워크 서비스는 비슷한 개념이면서도 다른 점이 많다. 네이버 지식백과에 따르면, 소셜 미디어란 "트위터, 페이스북과 같은 소셜 네트워킹 서비스에 가입한 이용자들이 서로 정보와 의견을 공유하면서 대인 관계망을 넓힐 수 있는 플랫폼을 가리킨다". 그리고 스마트 미디어는 "하드웨어로서의 미디어와 소프트웨어로서의 애플리케이션이 분리된 것이며" 컴퓨터의 저장 공간을 하드웨어에 한정시키지 않고 인터넷상의 서버에 저장 또는 보관하면서 편리하게 이용할 수 있는 클라우드 컴퓨팅을 도입한 것이다.[74] 지식경제부는 스마트 미디어를 스마트폰, 스마트 TV, 태블릿 PC 따위의 "스마트 기기를 통해 표현되고 사용자의 상호 작용이 가능하며, 시간적·공간적 제약이 없는 융복합 콘텐츠 서비스"라고 규정했다(지식경제부 보도자료, 2010.5.3). KT경제경영연구소(2011)는 스마트 미디어의 특징을 이동성mobile, 지능화intelligence, 소셜social이라고 꼽고, 맞춤형 세상, 집단 지성 등의 변화를 몰고 온다고 예측했다. 영국 커뮤니케이션청Ofcom: Office of Communications에서는 스마트폰을 "지금 일반적으로 쓰는 휴대폰과 비교해서 더 나은 컴퓨터 기능과 접속 기능을 보장하는 이동전화"라

74 http://terms.naver.com/entry.nhn?docId=1526280&cid=3620&categoryId=3627

고 정의했다(Ofcom, 2011: 337). 정근해 외(2011: 98)는 스마트 기술의 발전에 힘입어 직선적이었던 모바일 미디어를 대신해 아이폰을 중심으로 하는 원형의 모바일 미디어가 만들어졌다고 말했다. 기존 모바일 미디어는 맨 위에 콘텐츠가 있고, 그 밑에 플랫폼과 네트워크가 있으며, 맨 밑에 단말기가 있는 시스템이었다. 이런 수직적 모바일 구조가 사라지고 아이폰이 중심에 있고 콘텐츠, 플랫폼, 네트워크가 원형의 시스템을 이루는 것이 스마트 모바일 미디어라는 것이다(정근해 외, 2011: 98).

뉴미디어 이론가인 이재현은 네이버 미디어백과 '멀티미디어: SNS' 편에서 SNS를 "웹사이트라는 온라인 공간에서 공통의 관심이나 활동을 지향하는 일정한 수의 사람들이 일정한 시간 이상 공개적으로 또는 비공개적으로 자신의 신상 정보를 드러내고 정보 교환을 수행함으로써 대안 관계망을 형성토록 해주는 웹 기반의 온라인 서비스"라고 설명했다.[75] 김은미 외(2011)가 펴낸 『SNS 혁명의 신화와 실제』에서는 SNS를 '변화의 속도'에 역점을 두는 언론 매체이자 일상문화라고 규정했다. 이러한 점들을 참고해서 스마트 미디어의 개념을 정의하면, 디지털 기술을 지능화·복합화하여 언제 어디서나 다차원적인 정보 소통을 할 수 있도록 하는 것을 말한다. 스마트 미디어를 통해 구현되는 소셜 미디어에 대한 개념 정리도 필요하다. 황유선(2012: 24, 29)에 따르면, 소셜 미디어란 블로그, 소셜 네트워크 사이트, 위키스, 콘텐츠 커뮤니티, 팟캐스트, 포럼, 마이크로 블로깅과 같이 "높은 접근성과 온라인상에서 확장 가능한 출판 기술을 활용하여 사회적 상호 작용을 하도록 만들어진 미디어"를 말한다.

75 http://terms.naver.com/entry.nhn?docId=1526243&cid=3619&categoryId=3624

3) 연구자들의 평가

스마트폰에 대한 연구는 소비자의 이용 동기나 이용 방식에 몰려 있다. 스마트폰 이용 동기에 대한 연구 결과에 따르면, 사람들은 대체로 정보 획득, 소통, 사회적 관계를 추구할 목적으로 스마트폰을 이용한다고 한다(양일영 외, 2011: 123).

스마트폰의 중독 현상에 대한 연구도 활발하다. 황하성 외(2011: 304)가 수행한 이용자 연구에 따르면, 스마트폰 중독은 이동 서비스, 멀티미디어, 인터페이스, 멀티태스킹 기능 때문에 발생한다. 이 가운데 인터페이스 기능이 중독을 불러일으키는 가장 중요한 요소라고 한다. 스마트폰이나 인터넷을 이용한 게임 중독도 최근에 주요한 연구 주제로 떠올랐다.

이영주와 송진(2011)은 스마트 미디어에 대해 정책적으로 접근했다. 이들은 구글의 안드로이드 운영체제가 스마트 미디어 시장에서 독점적 지위를 가질 경우 플랫폼의 중립성 원칙을 적용하자고 제안했다.

심재웅(2011: 27)은 소셜 미디어의 단점으로 사생활 침해, 정보의 편파성, 정치적·상업적 메시지의 범람을 들었다. 연구자들은 수용자 잡기 경쟁이 치열해질수록 소셜 미디어가 만든 SNS에서는 선정주의나 상업주의가 더욱 판칠 것이라는 데 의견이 일치한다.

재벌 기업 산하 연구소도 스마트 미디어의 잠재력을 주목해왔다. 삼성경제연구소는 스마트폰이 공간적 제약을 극복하고 정보와 소통을 무한 확장하는 기술이라고 극찬했다(권기덕 외, 2010). 이들은 스마트폰이 개인, 기업, 사회를 변화시킬 것으로 예상하기도 했다. LG경제연구원(2011: 40)도 정보기술의 스마트화는 연결의 시대 본격화, 개인용 클라우드 활성화, 공급자에 구애받지 않는 다재다능한 소비자 탄생, 경계를 넘어선 경쟁의 가속화를 촉진한다고 예측했다.

스마트폰 이용이 기존 미디어에 영향을 주는지에 대한 연구도 최근에 급증하고 있다. 김형지 외(2013)가 실시한 스마트폰 이용자 조사에 따르면, 수용자들이 스마트폰을 많이 이용할수록 인터넷, 텔레비전, 라디오, 신문, 게임 따위의 이용이 줄어든다. 이들은 스마트폰이 기존 미디어와 기능이 비슷해서 수용자의 선택과 이용을 더욱 자극하는 뉴미디어라고 평가했다(김형지 외, 2013: 111).

한편 스마트 미디어를 비롯한 디지털 기술이 만드는 네트워크 체제가 지식과 권력의 변동을 촉발할지 여부도 학문적 관심사다. 마동훈은 이 문제에 대해 다음과 같이 말했다.

> 네트워크 중심 지식 체계 패러다임으로서의 전환은 우리 인류에게 또 한 번의 위기이자 또 한 번의 기회다. 근대적 권력 구조가 조성한 불평등 사회구조와 일상의 문제가 더욱 가속화될 것인가, 아니면 새로운 네트워크 지식 구조가 반전의 실마리를 제공할 것인가 하는 점이 매우 흥미로운 관전 포인트다(마동훈, 2011: 318).

외국에서도 스마트폰에 대한 연구가 한창이다. 그중 몇 가지를 살펴보자. 우선 애거Ben Agger가 지금은 '스마트폰 시대'라고 선언한 논문에 눈길이 간다(Agger, 2011: 120). 그는 스마트폰이 아이타임iTime이라는 것을 새로 만들어 공과 사, 낮과 밤, 노동과 여가, 공간과 시간 사이에 있었던 경계를 없앴다고 주장했다. 스마트폰 시대에는 노동, 삶, 잠자기, 다른 사람과 연결하기, 지역 봉사 활동 등 모든 것에서 대대적인 변화가 일어난다는 것이 애거의 주장이다(Agger, 2011: 119). 디지털이나 정보 양극화 극복 차원에서 스마트폰을 다룬 연구도 있다. 치우(Qiu, 2007: 903~905)에 따르면, 중국에서 'Little Smart'로 알려진 '샤오링퉁小靈通, Xiaolingtong'이 노동자계급에게 값싼 이동통신 서비스를 제공했다. 샤오링퉁은 특정한 지역에서만 이용할 수 있고 간단한 문자 메시지만 보낼 수 있지만 값이 싸서 이용자가 1억 명에 가까웠다. 이것은 시장에서도 계급 간 디지털 격차를 줄일 수 있는 사례다. 다만 샤오링퉁은 불통되는 때가 많은 등 품질에 문제가 있었다고 한다.

스마트 기술과 미디어에 관한 연구가 활발히 진행되는데, 김예란은 연구 결과를 종합하여 비판론, 낙관론, 중도론으로 구별하여 설명했다. 그에 따르면, 스마트 비판론은 스마트 미디어의 물적 토대인 지구자본주의와 연관해서 분석하는 입장이며, 스마트 낙관론은 인간 주체의 역할을 높이 사는 관점이다. 김예란은 이 두 입장을 모두 수용하거나 배척하지 않고 중도론을 정립했다. 스마트 중도론은 스마트 미디어가 상징하는 적극성, 능동성, 효율성, 편리성, 경쟁과 혁신, 쿨한 매력과 세련성이 수용자의 행복과 자아실현에 도움이 된다는 시각이다(김예란, 2012: 178~226).

이렇게 많은 연구가 진행되었지만 대부분의 연구는 스마트 긍정론에 머물러 있다. 스마트 미디어라는 새로운 기술이자 문화를 긍정적으로 보려는 의욕이 앞섰을 것이다. 이제야 스마트 미디어의 과당 경쟁, 과잉 소비, 중독, 규제 등을 조명하는 연구 결과가 나오기 시작했다. 또 스마트 미디어의 공론장 기능만이 아니라 정치적·이념적 대립과 투쟁의 기능을 강조하는 연구도 나왔다. 스마트폰의 이용 동기, SNS의 효력, 한국 전자 업체의 세계적 경쟁력 따위에 대한 연구는 중요하지만 스마트 미디어를 자본과 권력, 그리고 정보와 문화의 상업화와 불평등이라는 차원에서 연구하는 것도 그에 못지않게 중요하다.

2. 스마트 미디어의 정치경제학

1) 정치경제학적 이해

스마트 미디어를 정치경제학적으로 접근한다는 것은 자본축적, 권력을 비판하는 차원에서 스마트 미디어를 평가하고, 시민사회의 대응 방안을 모색하는 것이다.

(1) 자본축적

스마트 미디어 같은 뉴미디어의 생성과 확산은 자본주의 축적을 바탕에 깔고 있다. 산업자본주의가 수명을 다하여 자본축적이 나날이 어려워지자 지구적 거대 자본과 강대국들은 디지털 혁명, 시장 개방, 금융 지구화를 강력히 밀고 나갔다. 이것은 새로운 축적의 기회이기도 하고 잠재적인 위협이기도 했다. 디지털 기술 혁명 초기에 시장이 급속하게 팽창하는 바람에 정보산업자본과 금융자본이 비대해졌다. 이들은 이윤을 추구하기 위해 곳곳에 침투하여 아날로그 기술과 서비스를 몰아냈다.[76] 수용자 대중의 미디어 소비도 급속히 디지털 위주로 바뀌었다. 조사 회사인 이마케터eMarketer에 따르면, 미국인들은 디지털 미디어를 이용하는 데 하루 평균 5시간을 쓰는 반면 텔레비전 시청에는 4시간 30분을 소비한다(*The Economist*, 인터넷판, 2013.8.17). 이렇게 디지털 미디어 이용과 텔레비전 시청 시간이 역전

76 아직은 디지털 미디어·오락산업이 비디지털 미디어·오락산업을 앞지르지 못하고 있다. 2008년 기준으로 디지털 미디어·오락이 세계시장에서 차지한 비중은 12%에 불과했다. 다만 성장 속도가 엄청나서 2017년 무렵이 되면 2조 달러에 이르는 세계 미디어·오락 시장이 디지털과 비디지털로 양분될 것으로 예상된다(*The Economist*, 인터넷판, 2013.8.17).

된 것은 2013년이 처음이라고 한다.

하지만 정보자본주의는 기대했던 것만큼 고용이나 이윤을 창출하지 못하는 실정이다. 그러자 산업자본주의를 대체할 것으로 보였던 정보자본주의는 태어난 지 얼마 되지도 않아 위기를 맞았다. 정보, 정보기술, 정보 서비스를 경제의 핵심 축으로 성장시켜 새로운 축적의 기회를 만드는 것이 정보자본주의의 목표였지만, 제대로 작동하지 않았기 때문이다. 정보자본주의에 기대했던 고용 창출, 경제성장 따위가 충분히 달성되지 않은 것만 보아도 그렇다. 오히려 기대했던 것과 반대로 정보자본주의는 거품을 만들었다. 끊임없이 재발되는 경제 위기를 보면 정보자본주의가 내적 결함이 있음을 인식할 수 있다. 그래서 스마트 자본주의 축적 방식과 권력 구조, 그리고 문화 양식을 정치경제학적으로 조명하는 것은 더 절실해졌다.

자본에게 이윤은 존립을 결정하는 요소다. 그래서 이윤을 위해서라면 자본은 무엇이든 한다. 즉, 무엇이든 삼켜서 상품으로 내뱉거나, 노동 과정을 통제하여 더 많은 잉여를 뽑아낸다. 그런데 미디어 산업은 다른 산업에 비해 한 가지가 덧붙여진다. 바로 미디어 산업의 생산물은 이데올로기 상품이라는 점이다.

스마트 미디어가 소통 수단으로 존속하려면 이윤의 토대가 확고해야 한다. 그러나 사업 전망이 밝지만은 않다. 뉴스코퍼레이션News Corporation은 세계 최초로 2011년 스마트패드 전용 신문인 ≪더 데일리The Daily≫를 창간했지만 한정된 독자층, 플랫폼 의존성 등의 이유로 창간 2년도 안 되어 폐간되고 말았다(허정윤, 2012.12.5: 5). 이것은 치열한 시장경제 체제에서 신흥 미디어의 유지가 얼마나 어려운지를 말해준다. 역사를 훌쩍 뛰어 14~15세기로 돌아가 보자. 당시 조선과 중국은 세계 최첨단의 인쇄술과 제지술을 갖고 있었고, 이런 기술로 많은 책을 인쇄했다. 성공 스토리는 여기까지다.

오히려 늦게 출발한 구텐베르크의 인쇄술이 세계 문명사를 확 바꿔놓았다. 그럼 왜 동양의 인쇄술은 쇠락하고 유럽의 인쇄술은 세계를 제패했는가? 유럽 사회는 과학기술의 진흥과 산업 발전에 사활을 걸었다. 이들은 인쇄술의 상업화를 과감히 허용했고, 정보와 지식의 자유, 사상의 자유까지 허용하기 시작함으로써 지식과 정보의 르네상스 시대를 열었다. 그러나 우리는 그렇게 하지를 못했다. 우리나라 역사가 입증하듯이 완고한 지배층은 일반 민중이 지식에 접근하는 것에 알레르기 반응을 보였다. 대다수 백성들은 말하고 쓸 자유, 사상의 자유를 혹독히 탄압당했다. 게다가 중국, 일본 등 외세 침략자들은 우리 민족을 탄압하고 절멸시키려 했다. 국내 지배층이나 외국 침략자들이 정보, 지식, 문화, 기술을 통제하거나 파괴하니 남아나는 것이 없었다. 이런 이야기를 끄집어내는 것은 커뮤니케이션 기술의 성격도 중요하지만 그 기술을 담고 있는 사회의 성격이나 능력, 대중적 능력이 중요하다는 점을 강조하고 싶어서다.

(2) 권력 질서의 강화

스마트 미디어는 기본적으로 상업적 목적으로 생겼고, 이윤을 추구하는 한편 현존하는 권력관계를 재생산한다.

정치경제학자들은 스마트 미디어를 권력관계의 차원에서 접근하기도 한다. 맨셀Robin Mansell은 스마트 미디어와 같은 뉴미디어의 정치경제학을 규명하려면 권력 및 제도와 연계된 뉴미디어의 상징적 양식, 의미, 행태에 주목해야 한다고 지적했다(Mansell, 2004: 98). 여기서 중요한 개념이 정보의 희소성이다. 정보의 희소성은 시장의 통제에 의해 조작된다. 즉, 정보 자체는 희소하지 않지만, 이윤을 추구하는 자본이 다양한 방식으로 정보를 희소하게 만든다. 저작권, 접근 통제, 정보 노후화 촉진, 수용자의 창출과 판매, 특정한 뉴미디어의 편들기 따위가 여기에 이용된다(Mansell, 2004: 98). 이렇게 스마트 미디어의 생산·텍스트·소비를 분석하고, 스마트 미디어의 권력적 속성을 검토하는 것이 정치경제학이다. 이것이 다가 아니다. 스마트 미디어의 생산과 소비 과정에서 SNS 사용자는 즐거움을 찾는 정서적 사용자에서 상품화된 무료 노동 제공자로 전환된다는 진달용(Jin, 2013: 254)의 주장은 탐구할 가치가 있다. 그러나 SNS 사용자를 소비자나 생산자로만 간주하다 보니 청소년 사용자들이 어떻게 상품으로 만들어지는지, 이들이 쓰는 시간과 에너지가 자본을 위해 어떻게 이용되는지에 대해서는 해명하지 못했다(Jin, 2013: 256).

인터넷이나 소셜 미디어가 제공하는 SNS를 패거리 다툼 또는 편 가르기 도구로 접근하는 방식도 있다. SNS를 사회자본으로 보고 이것이 결속형 사회자본인지, 아니면 연계형 사회자본[77]인지를 연구한 결과, 이재신과 이영수(2012: 97~98)는 한국 SNS가 결속형 사회자본에 가깝다고 보았다. SNS는 합리적 논쟁을 통한 공론장의 기능도 하지만 극단적인 사회 양극화 구조를 재생산하는 경향이 짙다. 정파 논리, 진영 논리, 패거리 정치가 판치는 곳이 소셜 미디어다. 제18대 대선은 SNS와 같은 뉴미디어가 정파적·이념적 갈등을 어떻게 증폭시키는지 잘 보여주었다. 사회 양극화와 편 가르기 정치가 사라지지 않는 한 어떤 신기술이 나와도 패거리 정치 또는 문화의 한계를 벗어나지 못할 것이다.

산업자본주의 시대의 미디어와 정보자본주의 시대의 디지털 미디어는

77 사회학자들의 연구에 따르면, 결속형 사회자본이란 "정치적·경제적·사회적 특성을 포함하여 하나 혹은 그 이상의 속성이 유사하나 사람들 간의 관계를 기반으로 형성되는 사회자본을 의미한다"(이재신·이영수, 2012: 89). 그리고 연계형 사회자본은 "개인의 지위나 속성을 뛰어넘어 다양한 배경의 사람들이 관계를 유지하며 형성하는 사회자본이다"(이재신·이영수, 2012: 90).

성격이나 기능이 상당히 다르다. 산업자본주의 시절 신문, 잡지, 서적 등의 미디어는 전제주의 시대를 마감하고 민주주의 시대를 여는 데 뚜렷한 족적을 남겼다. 하지만 자본주의가 산업자본주의를 넘어서 독점자본주의, 지구자본주의, 정보자본주의에 진입하자 미디어는 더 이상 노동자계급이나 시민 대중의 눈치를 볼 필요가 없어졌다. 이들의 힘이 빠졌기 때문이다. 특히 저널리즘은 수용자 대중에게 꼭 필요한 정보는 잘 주지 않는 반면 대형 광고주, 권력에 유리한 정보 따위는 과잉으로 공급한다. 저널리즘은 수용자를 배경 삼아 이익 추구에 혈안이 된 나머지 이들에게서 배척을 받게 되었다. 수용자 대중은 진실과 거리가 있는 정보를 토대로 세상이 돌아가는 것을 판단하게 되고, 결과적으로 그릇된 선택을 하는 경우가 많다. 지배구조나 지배층을 비판하고 대항할 시민사회의 조직력도 미미한 형편이다. 자본과 권력이 시민과 노동을 압도하는 현실에서 미디어와 문화를 생산·공급하는 기업들은 광고주, 국가의 편에 서 있다. 그런 미디어에서 저항적·해방적 정보를 기대하는 것은 이상적이다. 국가는 자본의 도우미이자 언론권력의 후원자로서 이들의 이익을 증대하는 역할을 한 반면 공공성, 자유, 민주주의와 같은 가치는 외면했다. 수용자 대중은 SNS를 이용해 정치적·문화적 자주성을 확보하고, 사회적 비판과 행동을 조직할 힘이 있어 보이지만, 지배 세력은 이러한 저항을 물리칠 방어력이 충분하다. 자본과 공권력이 이들의 힘이다. 특히 법적 규제권을 행사하면 아무리 새로운 미디어나 커뮤니케이션 수단이 생겼다 해도 무용지물로 만들 수 있다. 트위터는 특정 국가에서 트윗을 차단하라는 요구가 있으면 이를 따를 계획이라고 밝히기도 했다. 트위터도 국가 검열을 피하지 못한다. 시민사회 누구도 자본이나 권력과 대등하게 다툴 힘이 없는 형편이어서, 첨단 기술과 서비스가 영리나 권력의 이익에 남용되는 경향이 짙다. 따라서 스마트 미디어의 사회 비판적·저항적 기능을 긍정적으로 볼 수는 있으나 이를 과대평가할 것까지는 없다. 트위터가 한때 비판적 시민사회의 유력한 사회 여론 조성 수단이었으나, 보수 우익 단체들도 트위터를 이용하여 맞서고 있다. 트위터도 인터넷처럼 이념적 진흙탕으로 변질되는 것 같다.

(3) 비판과 대안

스마트폰이 만드는 다양한 서비스, 특히 SNS는 상품의 논리에 따라 만들어진 것인데도 진보적인 속성이 많다. 자본이 지배하는 상품적 속성과 시민이 선택한 진보적 속성이 결합한 것이 스마트폰의 또 다른 얼굴이다.

정보 검색, 이동통신, 개인적·집단적 소통을 가능하게 만든 디지털 커뮤니케이션 혁명은 사회의 정치적·경제적·이념적 과정을 투명하게 노출시켰다. 이에 따라 기존 권력은 심각한 타격을 받았다. 18대 대선 기간 국정원의 인터넷 댓글 공세, 위키리크스의 폭로, 아랍 민중 혁명 등에서 보듯이 스마트폰을 비롯한 디지털 미디어 혁명으로 수용자 대중은 무기를 쥐게 된 반면 권력은 위험 지대로 밀려나고 있다.

스마트 미디어는 수용자 대중에게 정보력과 기동력을 함께 주었다. 이런 무기를 가진 수용자 대중이 시장과 국가의 전횡을 비판하고 대안을 찾기 위해 연대하기 시작했다는 것은 커다란 의의가 있다. 새로운 정보기술이 수용자 참여를 획기적으로 확대하고 대안적 서비스를 제공한 것은 분명하다. 하지만 정치경제학에서 바라보면 뉴미디어의 비판적·전복적 기능은 미미하다. 맨셀(Mansell, 2004)은 뉴미디어에 대한 연구가 제품 및 서비스의 풍부성과 다양성이 얼마나 큰지, 뉴미디어가 얼마나 액세스를 촉진하는지에 집착한 나머지 뉴미디어의 권력 과정에 대해서는 별로 주목하지 않았다고 비판했다.

정치경제학은 수용자 대중이 뉴미디어를 민주적으로 지배해야 스마트 미디어 같은 새로운 정보 수단을 이용해서 정보를 공유하고 또 연대할 가능성을 높인다는 점을 밝힌다. 그런 맥락에서 SNS를 통해 수용자 대중이 자신의 생각을 밝히고 다른 사람이 그 생각에 동조하는 것은 사회 진화를 강하게 추진하는 힘이 된다. 미국의 인터넷 운동가인 잔트Deanna Zandt는 사람들이 생각을 같이한다는 것, 즉 공감의 힘이 얼마나 큰지에 대해 이렇게 설명했다.

> 여러분이 자신의 이야기를 한다면 어떤 일이 일어날까요? 두 가지 마술 같은 일이 벌어질 것입니다. 여러분은 당신의 네트워크에서 다른 사람과 신뢰를 쌓게 됩니다. 또 여러분은 네트워크에서 공감empathy의 정신을 쌓게 됩니다(Zandt, 2010).

잔트는 수용자 대중의 네트워크 소통이 신뢰와 공감을 가져온다고 생각했다. 그러나 아무 곳에서나 이런 것을 기대할 수는 없다. 정보의 공유 구조를 갖춘 곳에서 좀 더 믿음직한 소통이 이루어진다.[78] 그것이 아니라면 최소한 정보의 무료 서비스가 이루어져야 한다.

스마트 미디어의 정치경제학은 수용자 대중, 자본, 권력이 스마트 미디어를 두고 대립하거나 협상하는 현실을 비판적으로 살핀다. 수용자 대중은 소통과 연대를 위해, 자본은 이윤을 위해, 권력은 권력 질서의 유지를 위해 스마트 미디어를 이용한다. 이들의 관계를 대변하는 요소가 무엇인지를 찾

78 정보 공유는 정보 생산수단 및 정보를 특정한 사람이나 집단 또는 세력이 독점하거나 통제하는 것이 아니라 다수의 수용자 대중이 자유롭게 접근해서 이용할 수 있고, 민주적으로 통제할 수 있는 구조를 말한다.

는 것이 정치경제학의 과제다.

요약하자면 스마트 미디어의 정치경제학은 스마트 미디어가 정보의 생산, 유통, 소비 과정을 거치면서 한편으로는 자본을 증식하고, 다른 한편으로는 지배권력 또는 저항권력을 강화하는 과정을 살핀다. 자본주의 논리가 지배적인 스마트 미디어 시장에서 합리적인 소통 서비스는 저절로 공급되지 않는다. 전자산업과 통신산업의 이윤이 보장될 때만 스마트 소통은 가능하다. 그런데 사업자들은 이윤을 목적으로 스마트 서비스를 제공한다지만, 소비자·이용자가 그토록 많은 돈과 시간을 들여 스마트폰에 집착하는 이유는 어디에 있을까? 그 답을 찾기 위해 공급자와 이용자의 이익이 어떻게 합치되고, 어떻게 배치되는지를 해명할 필요가 있다.

2) 스마트 자본의 세계

자본주의가 지배적인 사회는 계급과 이윤을 중심축으로 움직인다. 경제는 물론 정치, 기술, 문화 등 모든 것이 계급과 이윤이라는 요소의 간섭을 받는다. 인터넷, 스마트 미디어 등 디지털 미디어도 그렇다. 크리스천 푹스Christian Fuchs는 「인터넷에서의 계급과 착취Class and Exploitation on the Internet」라는 논문에서 인터넷 플랫폼이 참여 미디어라고 하지만 수용자가 인터넷 플랫폼의 소유와 의사 결정에 참여할 수 있어야 한다고 주장했다(Fuchs, 2013: 212). 이것은 매우 중요한 점이다. 그러나 소셜 미디어를 비롯한 플랫폼은 소비 노동 및 노동 소비를 최대한 이용해서 이윤을 뽑아내기에 급급하다.

(1) 가치 창출

마르크스는 대공업 시대를 목격하면서 "기계는 상품 가격을 낮추는 것이며, 노동일勞動日 가운데 노동자가 자신을 위해 필요로 하는 부분을 단축하여 그가 자본가에게 무상으로 주는 다른 부분을 연장시키는 것"이라고 보고, 궁극적으로 "잉여가치를 생산하기 위한 수단"이라고 설명했다(마르크스, 2008a: 506~507). 그렇다면 디지털 정보산업에서 디지털 기술은 어떤 성격을 가지며, 디지털 정보산업 노동은 어떻게 잉여가치를 생산하는가?

스마트 미디어의 가치 생산이 어떻게 이루어지는지도 중요한 문제다. 스마트 미디어는 노동가치, 수용자 효용가치, 사회적 가치가 균형을 이루면서 가치를 생산한다. 이것이 스마트 미디어의 정치경제학이라면, 시장경제학은 개인적 효용을 강조한다. 이은복 LG경제연구원 선임연구원은 이렇게 말한다.

> …… 스마트의 성패 여부는 해당 기기 및 서비스가 제공하는 기능에 의존하지 않는다. 탑재된 기능이 아무리 최신이고 첨단이라 하더라도 이것이 해당 기기 및 서비스를 사용하는 고객의 효용과 연계되지 못하면 스마트는 제대로 구현되기 어렵다(이은복, 2013.3.27: 24).

스마트폰, 스마트 TV, 태블릿 PC가 만드는 스마트 소통 공간에서 무엇이 노동이고 무엇이 상품이며, 가치는 어떻게 생산되는가 하는 문제는 이론적으로 중요하다. 스마트 미디어의 기술이나 정보 생산을 직접 담당하는 노동만이 잉여를 만든다면, 전통적인 잉여가치론은 여전히 유효하다. 하지만 스마트 미디어의 생산과 소비 양쪽에서 잉여가 만들어진다면 잉여가치론은 부분적으로만 타당한 논리가 될 것이다. 한편 산업자본주의 시대의 미디어 산업에서는 자본과 노동이 분명히 구분되었고, 생산과 소비의 구분도 명확했다. 그런데 스마트 미디어를 포함한 디지털 미디어 산업에서는 이런 구분이 무의미하다. 그런 결과, 디지털 미디어 서비스 시장에서는 무엇이 상품이고, 무엇이 잉여를 창출하며, 어떤 자본이 증식되는지가 불분명하다. 그래서 전통적인 정치경제학 원리만으로 스마트 미디어와 같은 뉴미디어를 이해하는 데는 한계가 있다. 예를 들면 스마트폰을 비롯한 디지털 미디어에서는 노동의 개념이 소비에까지 확장되고, 이윤이 수용자 노동에서 나오기도 한다. 스마트 TV 사업은 앱스토어나 콘텐츠 이용료를 기본으로 한다. 그러나 수익 모형은 다 같지 않다. 구글 TV 수입원은 검색을 통한 온라인 광고이고, 애플 TV는 아이튠스 콘텐츠 판매, 영화 및 TV 프로그램 스트리밍 서비스 수입에 의존하며, 삼성 스마트 TV는 TV 판매, 애플리케이션 판매 수입에 기댄다(박가영 외, 2010.12.28: 3). 이것만 보아도 스마트 미디어의 가치와 이윤 증식 방식이 전통적인 미디어보다 더 복잡하다는 것을 알 수 있다. 따라서 스마트 미디어의 상품론, 노동론 따위를 논의할 때 이런 점들을 감안해야 한다.

(2) 독점과 이윤 극대화

스마트 시장은 전자 업체, 통신 업체, 소프트웨어 업체, 포털 업체, 콘텐츠 업체 등이 더 많은 몫을 차지하기 위해 치열하게 겨루는 다중적 경쟁 시장이다. 늘 그렇듯이 승리자는 거대 자본 집단이다. 기업들이 애써 새로운 기술이나 콘텐츠를 개발해봤자 실익은 대부분 거대 자본의 손에 들어간다. 세계시장에서도 스마트 미디어의 대중화는 지구적 거대 자본에는 축적을 위한 천재일우의 기회지만 나머지 기업에는 재앙이다. 거대 자본은 경쟁 기업이나 경쟁력을 가진 기업을 통합해서 공정한 경쟁을 제거하고, 시장을 독점하여 규모의 경제를 구현하려고 한다. 스마트 미디어도 거대 자본의 전략적 투자에서 나온 것이다. 정보산업에서 독점은 거대 자본에 더 큰 축적의 기회를 준다.[79] 거대 정보산업자본이 경쟁을 몰아내고 독점체제를 구축함으로써 독점이윤을 얻고, 중소기업을 희생시킨다. 예를 들자면 중소기업의 기술이나 인력을 빼가고, 하청으로 이윤을 증대시키기도 한다. 때로는 중소기업 생태계를 파괴하면서 자본 확장의 기회를 잡기도 한다. 스마트 시장에서 중소기업과 벤처기업의 몰락은 대부분 이런 과정에서 비롯된 것이다.

정보산업자본의 증식은 독점이윤과 밀접한 관계에 있다. 예를 들어 삼성전자는 시장독점에 따라 증식해왔다. 그러니 독점이윤이 무엇인지 살펴보자.

> 어떤 상품에 있어서 그 가치(생산가격)보다 더 높은 수준에서 독점에 의해 독점가격이 형성되고 그 결과 실현되는 초과이윤. 이러한 초과이윤은 생산가격 이상으로의 평균이윤을 넘어서는 시장가격의 인상에 의해 일어나며, 독점적 지배, 즉 강제관계로 인해 고정화된다. 그 원천은 사회 전체에 있어서의 총잉여가치의 일부이며, 그 일부분은 독점자본이 갖는 생산조건의 우위성 때문에 얻어지는 특별 잉여가치이고, 다른 부분은 독점체의 시장 지배력으로 인한 본래의 독점이윤이다. 이렇게 하여 독점이윤은 생산 지배·시장 지배·금융적 지배·대외 지배를 통해서 그 원천과 범위가 더욱 확대된다.[80]

79 ≪포춘(Fortune)≫에 따르면 2009년 애플은 세계 기업 순위가 197위에 불과했다. 그런데 스마트폰의 판매 수입이 급증하자 애플의 2010년 순위는 111위로 껑충 뛰었다. 매출액은 무려 652억 달러로 전년 대비 78.5%나 증가했고, 순이익은 140억 달러로 전년에 비해 145.7%나 올랐다. 매출액 순이익률도 무려 21.4%나 된다. 구글도 세계 순위가 324위로 올랐다. 구글의 매출액은 293억 달러이며, 순이익은 85억 달러나 되었다. 애플과 구글은 아이폰, 아이패드와 같은 스마트 미디어로 디지털 시장을 새로 만들었다. 애플과 구글의 자료는 모두 다음 문헌에서 나왔다. *Fortune*, 2011.7.25, p.F-3, p.F-7.

80 http://terms.naver.com/entry.nhn?docId=1083625&cid=40942&categoryId=31819

이 개념에 따르면 자본의 독점이윤은 시장 지배력을 기반으로 만들어진다. 독점은 소비자의 부담을 가중시키고, 다른 산업의 성장을 방해한다. 정보산업에서도 독점이윤이 존재하며, 이것은 평균이윤을 넘어서는 시장가격, 즉 독점가격으로 얻어진다. 예를 들면 전자 업체는 단말기 가격을 터무니없이 비싸게 매겨 독점이윤을 얻기도 한다. 아이폰 4S의 32GB 모델을 기준으로 단말기 가격을 비교한 결과, 한국이 94만 6,000원인 데 비해 미국은 83만 2,960원, 일본은 81만 9,429원이다. 생활수준과 경제 규모가 우리보다 앞서는 미국이나 일본 소비자가 한국 소비자보다 더 싼 가격에 아이폰 4S를 산 것이다(≪서울신문≫, 인터넷판, 2011.11.5).

이윤 확보에 혈안이 된 통신산업은 스마트폰 이용자에게 월 1만 원 이상의 기본요금에다 이용량에 따른 추가 부담을 강요한다. 이동전화 기능뿐만 아니라 앱 기능, 이메일 기능 따위를 탑재한 스마트폰의 이용 시간은 갈수록 늘어나고 있다. 그 결과, 수용자들의 통신 서비스 비용 부담은 눈덩이처럼 불어났다. 이것은 수용자들의 가계를 압박한다. 2003년 가구당 월 통신비는 11만 8,684원이었지만, 2007년에는 12만 8,842원으로 올랐고, 2010년에는 13만 6,682원이나 되었다. OECD에서 조사한 자료에 따르면, 우리나라 사람들은 월평균 8,783원을 통신 장비비로, 14만 8,854원을 통신 서비스비로 쓴다(≪동아일보≫, 2013.6.13, A35면). 우리나라 가계의 소비 지출에서 통신 지출이 차지하는 비중은 4.4%로, OECD 평균인 2.7%보다 높게 나타났고, 28개 회원국 중 2위를 차지했다. 우리나라 사람들의 소득이 OECD 소속 국가 가운데 22위인 것에 비하면 소득과 통신비 지출의 불균형이 심하다. 더구나 OECD 국가의 경제 상황, 가구별 경제 수준, 임금, 고용 등을 감안하면, 한국의 통신비는 지나치게 비싼 편이다. 게다가 단말기를 싸게 구입할 수 있다는 이유로 스마트폰 이용자들이 월 4만 5,000원 이상 되는 정액 요금제에 가입해야 하는 것도 무리한 처사다. 이 과정에서 통신산업은 폭리를 취한다. 이런 식으로 사업을 하는 이동통신사는 2010년 32조 원을 벌어 4조 7,000억 원의 이익을 냈다. 우리나라에서 통신비가 식비, 사교육비 다음으로 비중이 큰 이유도 이와 무관하지 않다.

전자산업은 끊임없이 신상품을 내놓아야 하고, 때론 '퍼주기'도 마다하지 않는다. 이들은 단말기 구입 보조금을 제공하고, 광고로 소비자를 유혹하기도 한다. 많은 돈을 쏟아붓고서라도 스마트 미디어를 하나라도 더 팔아야 시장이 유지되기 때문이다. 수용자 대중의 스마트 미디어 소비는 자신들의 능력을 벗어난 과잉 소비이고 사치인 경우가 많지만, 정보산업은 개의치 않고 막대한 비용이 드는 마케팅에 의존하기도 한다.[81] 또 때로는 국가의 지원에 의지해서 돈을 벌었다. 이렇게 정보산업은 비합리적·비효율적 구석이 많다.

전자산업은 신상품만이 아니라 다른 기업, 다른 산업의 영역까지 서슴없이 진출하여 경계를 허물기도 한다. 삼성전자와 LG전자가 푹POOQ을 탑재하여 방송 서비스, VOD 서비스까지 제공하는 것이 그 사례다.

스마트 미디어가 편리하고 유용한 소통 수단임에는 틀림없지만, 자본주의 축적과 연관해서 이해한다면 그 편리함과 유용함조차 전자산업자본의 이윤 확장에 이용된다는 것을 알 수 있다. 스마트 미디어의 최대 수혜자는 역시 삼성전자를 비롯한 전자산업이다. 수용자의 스마트폰 중독 현상[82]도 정보산업의 이윤을 확장시켜주는 중요한 요소다.

스마트폰이 곳곳에서 효율성을 떨어뜨린다는 점도 새로운 현상이다.

81 3대 통신회사는 통상 매출액의 약 25%를 마케팅 비용으로 쓴다.

82 스마트 중독은 게임 중독만큼 심리적·육체적·경제적으로 수용자에게 해를 끼친다. 그런데 중독성은 정보산업의 지속적인 이윤 확보에 기여한다.

SNS는 일상생활 중 언제든지 사용할 수 있어 일이나 공부 따위의 집중성을 떨어뜨린다. 정보산업과 생산성 관련 조사에 따르면, 영국인들이 직장 근무 중에 사적으로 소셜 미디어를 사용하면 영국 경제에 23억 달러의 손해를 끼치며, 미국인들에게 근무하는 동안 페이스북 사용을 금지한다면 노동 생산성이 1.5% 정도 향상된다고 한다(*The Economist*, 인터넷판, 2010.1.28). 그런 한편 직장에서 근무할 때나 학교에서 수업할 때 수용자는 SNS를 습관적으로 이용하는데, 이것은 노동이나 공부에 대한 소극적 저항이기도 하다.

(3) 노동 통제의 강화

기업은 노동을 통제함으로써 비용을 줄이고, 생산성을 높이려 한다. 이들이 노동과 같은 가변자본을 줄이고 기계와 같은 불변자본 비율을 높이면 자본의 유기적 구성도가 높아진다. 그리하여 이윤율이 높아지면 자본이 증식되는데, 이것이 축적의 정석이다. 이 때문에 기업은 필사적으로 임금을 줄이려 한다. 그런 동시에 자본가들은 생산성을 높이려는 목적으로 노동과정을 통제한다. 정보기술이나 서비스를 생산하는 정보통신산업도 이윤 극대화 논리에 따라 노동을 과학적으로 관리한다. 흔히 IT 노동자로 불리는 정보통신산업 노동자들은 정보 생산 및 유통 과정에서 이윤을 창출한다. 가장 일반적인 노동 착취는 정보산업 노동의 비정규직화를 통한 임금 최소화다. 정보통신산업 노동자는 대개 중소기업에 속해 있거나 비정규직으로 일하는 사람들이다. 웹디자이너, 프로그램 개발자가 대표적인 정보통신산업 노동자들이다. 이들은 주당 평균 60시간가량 일하지만, 임금은 최저생활비 수준에 그친다. 이렇게 정보통신산업의 노동환경은 나쁘다. 스마트 미디어 노동조건도 좋을 리가 없다.

첫째, 스마트 미디어를 생산하는 환경이 열악하다. 예를 들어 애플의 아이폰에 부품을 공급하는 중국 청두에 있는 폭스콘 공장의 노동자들은 장시간 노동에 시달린다. 그중에는 미성년 노동자들도 있다. 폭스콘 노동자들은 일이 끝난 뒤, 방 세 개짜리 아파트에서 20명씩 섞여 잔다고 한다(≪한겨레≫, 2012.1.28, 8면).

둘째, 스마트 미디어는 노동 통제를 강화하는 수단으로 이용되기도 한다. 기업은 스마트폰을 통해 직원의 말과 행동 하나하나까지 감시할 수 있다. 노동 현장에 스마트 미디어가 투입되어 생겨난 것이 스마트 노동smart work이다. 이민혜 외(2011: 77)의 연구에 따르면, 사무실 노동, 원격 노동과 달리 스마트 노동은 자택, 이동 중 어디서나 인터넷을 통해 다른 사람과 자유롭게 협업을 할 수 있다. 기업 또는 공공기관이 업무의 효율성을 위해 스마트폰을 도입하면 종사자를 대규모로 해고하는 구조조정이 촉발되거나, 고용주 쪽에서 스마트폰에 효율적인 애플리케이션을 장착해서 노동자의 일거수일투족을 감시함으로써 노동 과정을 엄중히 통제할 수 있다(김재영, 2010: 10).

셋째, 스마트 미디어의 콘텐츠와 관련해서 국가가 그 내용을 규제한다. 스마트 미디어가 공급하는 정보나 문화는 전문 종사자부터 일반 시민까지 다양한 사람들이 만들어낸 것들이다. 이런 것들은 대부분 지적·정신적·지능적 노동이라는 과정을 거쳤다. 그런데 아직도 국가가 나서서 콘텐츠를 규제하는 것은 표현의 자유를 망치고, 창조경제의 씨앗을 파괴하는 결과를 가져온다. 수준 높은 지식과 창의력을 바탕으로 새로운 서비스가 창조된다는 것은 상식에 속한다. 우리나라가 2000년대 중반까지 세계 인터넷 시장을 주도하고 한류 문화를 확산시킬 수 있었던 배경에는 정치적·이념적으로 자유로운 사회 분위기가 있었다. 반대로 이명박 정권 아래서 극도로 편파적이고 억압적인 정치와 미디어 정책 때문에 정보산업과 민주주의가 함께 추락했다. 예를 들어 방송과 통신의 심의, 인터넷 실명제 따위가 기본적인 자유를 억제했다. 박근혜 정권은 창조경제를 들고 나와 방송, 뉴미디어, 통신산업을 경제성장의 교두보로 이용하려고 한다. 이런 정책은 긍정할 점이 있다. 하지만 창조경제는 문화·예술의 자유, 사상과 표현의 자유, 실험 및 도전 정신의 허용, 정부의 간섭 최소화 등 제반 여건이 갖추어지지 않으면 실패하고 만다.

넷째, 정보산업을 지배하는 대기업의 이윤지상주의와 관료적·비민주적 조직 문화가 창의성을 고갈했으며 혁신적인 정보기술과 서비스 개발을 억제했다. 이들은 단기 이익에 집착했고, 수용자 대중에게 무한대의 부담을 안겼다.

다섯째, 대기업이 중소기업을 하청업체로 둠으로써 시장과 노동을 통제한다. 재벌 계열의 정보 기업들이 시장을 나눠 먹으며, 중소 정보기술 서비스 기업과 소프트웨어 업체에 비용이나 위험을 전가시키기도 한다(≪매경이코노미≫, 2011.11.16, 26면).

자본과 국가의 집중적인 통제를 받는 대다수 정보 노동자들이 처한 노동 현실은 디지털 혁명론자들이 그토록 외치던 '디지털 유토피아'가 허상이었음을 알린다. 얼핏 보아도 정보 노동자들은 일하는 기계처럼 부림을 당하는 모습이다. 한국정보통신산업노동조합이 2010년 정보산업 노동자 1,665명의 주당 평균 노동시간을 조사한 결과 61.7시간으로 나왔는데, 이것은 전체 산업 평균 노동시간보다 20시간이나 많은 것이다(≪경향신문≫, 2013.5.21, 6면). 노동시간은 많은 데 비해 정보산업 노동자들의 평균 연봉은 3,316만 원이었다. 한편 1년 후인 2011년 조사에서도 이들은 1주에 평균 55.9시간씩 일하고 1년에 3,000여 시간을 일하는 것으로 나타났다(≪한겨레≫, 2011.9.1, 12면). 특히 소프트웨어 업계 종사자들은 저임금, 장시간 노동, 고용 불안정에 시달린다. 정보산업 노동자를 괴롭히는 또 다른 요인은 이른바 '포괄임금계약'인데, 이것은 기업이 정보 노동자의 초과 노동에 대해 임금을 지불하지 않는 방식으로 노동을 착취하는 것이다(≪미디어오늘≫, 2013.6.6). 이렇게 디지털 산업의 이윤 경쟁은 증대하는 반면 공공성은 감소하는 가운데, 비용 절감 차원에서 디지털 노동을 쥐어짜는 경향이 강해지고 있다.

(4) 수용자 참여의 상품화

스마트 미디어 수용자들은 구글이나 트위터를 이용해서 정보를 검색하는 등 편리함을 맛본다. 수용자들은 무료로 이런 기능에 접근할 수 있다. 돈벌이는 딴 곳에서 이루어진다. 구글 이용자들이 매일 공짜로 웹에 제공하는 기가바이트 급의 개인정보와 구글에 오른 창의적인 콘텐츠를 광고주에게 팔기 때문에 구글의 진짜 고객은 광고주다(바이디야나단, 2012: 52).

신문이나 방송 같은 전통적인 아날로그 미디어가 주로 미디어 노동과 광고를 중심으로 이윤을 창출했다면, 인터넷을 비롯한 디지털 미디어는 수용자의 참여를 상업적으로 이용해서 이윤을 증식한다. 디지털 미디어 수용자의 참여, 이용, 그리고 이들에 의한 콘텐츠 제작도 자본에 의해 상품이 되며, 이러한 수용자 노동에서도 큰 이윤이 만들어진다. 스마트 미디어를 비롯한 디지털 미디어는 기계제 대공업 시대에 만들어진 관념, 이론, 가치 따위를 바꾸거나 무효화시킨다. 전통적인 경제학이나 정치경제학은 생산과 소비를 분리해서 경제 현상을 설명했다. 그러나 이것은 기계제 공업의 물질적 생산 방식에는 맞지만, 디지털 생산 방식을 설명하기에는 한계가 있다. 소유, 이윤, 노동과 소비 등 전통적인 개념으로 디지털 생산 방식을 이해하려면 매우 많은 것을 수정해야 한다. 생산, 유통, 소비로 이어지는 아날로그 미디어 생산 방식과 달리 디지털 미디어 생산 방식은 전문 제작자들에 의한 제작 노동, 참여 노동 및 수용 노동으로 이루어지는 수용자 생산 노동, 유통 노동으로 자본을 축적하는 유통, 그리고 소비 노동으로 정교화된다. 디지털 생산 방식에서는 생산과 소비의 경계가 모호해지고, 노동의 성격도 흐릿해진다. 소비나 노동, 그리고 수용자 같은 개념은 많이 바뀌었다. 소비는 곧 노동이고, 노동은 곧 소비다. 수용자들은 댓글이나 동영상을 제공한다. 이것은 시장의 영역을 확장함으로써 정보산업자본에 추가적인 이윤 시장을 만들어준다. 좀 더 분명히 말해 수용자들이 디지털 미디어를 이용하고 참여하며 자신들이 제작한 콘텐츠를 인터넷이나 SNS에 올리는 행위는 경제적으로 말해 노동이자 이윤 창출 행위이며, 정치적 행위이자 문화적 권리의 구현이기도 하다. 푹스는 뉴미디어 수용자(이용자)의 참여 현상을 새롭게 해석했다. 그는 참여 행위가 잉여가치를 생산하는 노동인지 여부에 대해 다음과 같이 설명했다.

> 만약 이용자가 생산적이려면, 마르크스 계급이론에서 볼 때 생산적 노동은 잉여가치를 창출하는 노동이기 때문에 이용자들은 잉여가치를 생산하고 자본에 의해 착취를 당해야 한다. 그러므로 구글, 유튜브, 마이스페이스, 페이스북은 소프트웨어나 하드웨어의 기획, 최신화, 유지의 목적으로 고용한 사람들을 대상으로 삼아 잉여가치를 착취하며, 이용자가 제작한 콘텐츠에 개입한 직원이나 제작자도 이용자를 상대로 착취를 한다. 새로운 미디어 기업들은 콘텐츠를 제작한 이용자에게 돈을 주지 않거나 거의 주지 않는다. 한 가지 축적 전략은 제작하는 이용자에게 회사의 서비스나 플랫폼을 무료로 이용할 수 있게 함으로써 이용자들이 콘텐츠를 계속 제작하게 하고 광고주에게 팔려 나갈 수 있는 콘텐츠를 만들 수 있는 다수의 제작자를 보유하는

> 것이다. 어떤 제품도 이용자에게 팔지 않지만 이용자는 광고주에게 상품으로 팔린다. 콘텐츠를 제작하는 이용자를 더 많이 확보한 플랫폼일수록 광고 단가를 높일 수 있다. 한편으로 자본이 생산적 노동시간을 착취하는 것은 유급 노동자들의 노동시간을 착취하는 것이며, 다른 한편으로 이용자가 인터넷에서 보내는 시간을 착취하는 것이다(Fuchs, 2010: 147~148).

디지털 자본주의, 즉 정보자본주의의 생산, 유통, 소비 개념이 이전과 달라지면서 학계에서도 노동과 잉여가치의 개념 재정립에 부심하고 있다. 이러한 공간에서는 유급 노동에 의한 지식 노동이 첫 번째 노동의 유형이라면, 무급 노동에 의한 수용자의 지식 노동이 두 번째 노동의 유형이다(Fuchs, 2010: 148). 자연히 스마트 미디어를 비롯한 디지털 미디어 산업에서 이윤율(p)은 '$s / (c + v_1 + v_2)$'로 정리된다. 다시 말해 이윤율은 잉여가치(s)를 불변자본(c), 고정 직원에게 지불하는 임금(v_1), 콘텐츠를 만들어 올리는 이용자에게 지불되는 임금(v_2), 이 세 가지를 더한 값으로 나눈 것이다(Fuchs, 2010). 전통적인 잉여가치는 대개 직원의 임금과 연계되는데, 디지털 미디어 산업에서는 이용자가 받는 임금과도 연결된다. 디지털 미디어 산업자본이 이윤율을 극대화하려면 잉여가치를 크게 만들어야 한다. 이를 위해 불변자본, 고정급 임금, 이용자 임금을 최소화시키면 된다. 동시에 디지털 산업은 이용자의 참여를 생산으로 전환시켜 참여 노동이라는 새로운 영역을 만듦으로써 비용 절감을 시도한다.

그렇다면 디지털 미디어 산업은 어떻게 수용자 노동의 가치를 극대화할 수 있을까?

첫째, 기업은 가능한 한 수용자 노동을 무료로 이용한다. 아무리 주목을 많이 끌어도 수용자 노동에 지출되는 비용을 최소로 함으로써 이윤을 극대화하자는 것이 디지털 미디어 산업의 전략이다.

둘째, 수용자들이 스마트폰을 비롯한 디지털 미디어를 오랫동안 사용하게 만든다. 수용자의 이용 시간이 늘어나면 그만큼 자본의 가치가 증대할 것이다. 스마트폰이나 게임 중독은 수용자 노동의 가치를 극대화할 수 있는 효과적 수단이다.

셋째, 수용자들의 노동을 통해 만들어진 생산물이 특정한 상품이나 서비스의 판매를 촉진하거나 사람의 주목을 끈다. 이렇게 함으로써 얻을 수 있는 것은 광고주의 관심이다.

(5) 정보 사유화·상업화

인터넷에서 시작된 디지털 정보 혁명은 일종의 무료 혁명이었다. 수용자들이 일정한 통신비를 내면 거의 모든 정보를 무료로 쓸 수 있었고, 다양한 기능에도 접근할 수 있었다. 그러나 정보를 무료로 공급하던 기업, 기구 등이 수익성 및 재정 압박을 이유로 무료 정보의 공급을 중단하거나 대폭 줄였다. 이들은 이전에 무료였던 정보를 유료화하거나, 기능이 고급화된 서비스에 비싼 가격을 붙이기도 했다. 정보의 사유화와 상업화가 확장·강화되면서 정보산업자본은 더 많은 이윤을 올릴 수 있다. 그리하여 무료 정보 혁명은 빈껍데기만 남은 것 같다.

사적 소유와 이윤의 논리가 지배하는 정보산업에서는 전파, 방송과 같은 정보 생산수단부터 정보 서비스, 정보 내용에 이르기까지 모든 것이 돈벌이 수단이다. 주파수도 상품이다. KT와 SKT는 황금 주파수라는 2.1GHZ의 사용권을 갖고 있다. 그런데 방송통신위원회는 주파수 경매제를 도입하여 1.8GHZ의 사용권을 9,950억 원에 SKT에 넘겼다. 이것은 공공성이 높은 정보 생산수단인 주파수를 사적 거래의 대상으로 만들었으며, 막대한

주파수 경매에 든 비용이나 부담이 고스란히 사회에 전가되는 결과를 초래했다.[83]

스마트폰은 수용자들이 각종 앱을 내려 받게 만든 다음 광고, 유료 앱, 프리미엄 앱으로 정보의 상업화를 확대한다. 수용자들이 더 많은 앱을 사용할수록, 더 비싼 앱을 다운로드할수록 앱스토어와 개발자의 수익이 늘어난다.

정보 유료화는 이윤 증식에 특히 중요하다. 정보산업은 다양한 방법으로 정보를 유료화한다. 첫째는 무료 정보를 유료화하는 것이고, 둘째는 유료 정보의 가격을 올리는 것이며, 셋째는 새로운 유료 정보를 개발하는 것이다. 이런 식의 정보 유료화가 문제인 것은 수용자 대중이 꼭 필요한 정보조차 자유롭게 접근할 수 없도록 하며, 수용자의 비용 부담을 늘린다는 점이다. 정보에도 통행세를 강요하는 것을 두고 블랙키D. Blackie는 '정보 유료도로information toll road'라고 불렀다(Blackie, 1995). 사람들이 절실히 필요로 하든 말든 정보산업 자본가들은 정보에 접근하는 길목마다 가입비니 이용료니 해서 높은 장벽을 설치한다. 예전에는 웬만한 정보나 자료가 무료 서비스였으나 지금은 어지간하면 다 유료로 바뀌었다. 이것은 수용자 대중의 정보권을 제약하여 정보 불평등을 고착화한다. 그래서 정보 공유지information commons니 디지털 공유지니 하는 개념의 필요성이 제기되고 있는 것이다.

(6) 국가의 지원

삼성전자, LG전자, KT, SKT를 주축으로 한 정보산업은 국가의 전폭적

83 이동통신사들이 국가에 내는 전파 사용료가 연간 2,772억 원이나 된다. 이는 이동통신 서비스 가입자 1인당 8,000원씩을 부담한 셈이다(≪경향신문≫, 2011.11.3, 17면).

인 지원과 특혜를 받았다. 그렇지 않았다면 이들은 지금처럼 거대한 규모로 축적할 수 없었다. 외국자본 및 외국시장에 의존적인 거대 정보 기업들의 정체성이 불분명한데도 정부는 이들이 한국 경제에서 차지하는 비중이 크다는 이유로 많은 특혜를 주어왔다.

스마트 미디어의 이윤 증식 과정에서도 국가의 역할은 상당하다. 정부나 공공기관은 특정 기업의 휴대폰이나 스마트폰을 집단적으로 사서 구성원들에게 나눠 주기도 했다. 정부는 일반 소비자가 부담하는 요금보다 훨씬 싼 가격으로 정보산업에 전기를 공급하기도 한다. 이런 식의 정부 특혜는 여기서 그치지 않는다.

포털 시장은 세계시장과 단절하여 폐쇄적으로 운영되고, 전자제품 시장에서는 2대 가전사를 위해 정부와 국회가 전폭적으로 지지하는 후원자 역할을 해왔다. 통신 시장에서는 2대 통신회사의 사적 이익을 위해 공공성을 훼손해도 아무렇지도 않게 넘어간다. 삼성전자, KT, SKT 등의 지분 구조를 볼 때 이들이 진짜 한국 기업인지 의심스러울 정도로 외국인 지분율이 높다.

(7) 인적 소통의 위기

스마트 미디어가 편리한 소통 수단이긴 하지만, 사람 사이의 소통을 감소시키고 기술이 매개된 비인간적 소통을 증대시킨다는 점 또한 엄연한 사실이다. 소통 방식이 기술에 의지하면서 사람들은 점점 멀어지고 소외된다. 스마트 미디어의 역설이다. 장호종은 이렇게 해석한다.

> …… 자본주의 사회가 뒤틀어 놓은 사람들 사이의 관계 때문에 사람들은 점점 더 '편안한'(얼굴을 마주할 필요도, 여러 가지 난처한 환경에 놓일 필요도

없는) 대화 방식을 선택하는 듯하다. 그러나 …… 효율성으로 보자면 정보 습득은 아는 사람에게 묻는 게 빠르고 신뢰도도 높다. 의견 교환도 문자만 있는 것보다는 전화가 낫고 대면 접촉이 훨씬 효율적이다. 무엇보다 경험을 통해 알겠지만 중요한 정보 획득 과정, 논의 과정은 대개 편안함과는 거리가 멀다. 따라서 사람들 사이의 관계가 근본적으로 달라지지 않는 한 이런 모순은 사라지지 않을 듯하다(장호종, 2009: 264).

스마트 미디어를 이용한 소통은 정치 이념적·재정적·기술적 제약이 많아 편안하지도 않고, 효율적이지도 않으며, 인간적이지도 않은 그늘도 있다. 그리고 극단적인 개인주의, 증오심, 사생활 침해 따위가 스마트 미디어의 공간을 타락시킨다.

3. 스마트 미디어와 소통

수용자 대중은 스마트 미디어를 접하면서 경이로운 소통 세계를 만들었다. SNS가 바로 그것이다. SNS는 불가능하리라 여겼던 정보나 지식을 세상에 전달할 능력을 수용자 대중에게 주었다. 휴대폰, 인터넷에서 스마트폰에 이르기까지 디지털 미디어는 수용자 대중에게 편리함을 주고 민주주의를 확장하는 역할도 했다. 전자산업은 디지털 미디어 덕분에 몇십 년 동안 호황을 누렸다. 이렇게 긍정적인 역할을 하는 것이 스마트폰이다. 그럼에도 스마트폰 등을 이용한 SNS가 정보 혁명에는 이르지 못하는 것 같다. 윌리엄스(2010: 138)가 말하기를, 사람이 삶을 스스로 결정할 수 있는 능력과 권한을 가질 수 있도록 하는 것이 자본주의 모순을 극복하는 문화 혁명이라고 했는데, 스마트 혁명이 그런 수준에 이르려면 아직 멀었다.

1) 스마트 미디어의 이중성

(1) 긍정성

스마트 기술의 도움으로 사람들은 시간적·공간적 제약을 넘어 언제 어디서나 정보를 접하고, 또 직접 만들어 유통할 수 있게 되었다. 수동적 정보 소비자에 불과했던 수용자 대중이 능동적 정보 생산자로 비약한 것이다. 누가 뭐래도 스마트 미디어 혁명은 인류에게 정보 혁명의 진수를 보여주었다. 이것은 수용자 대중이 스마트 미디어를 비롯한 디지털 커뮤니케이션을 자신에게 가장 필요한 수단으로 만들어 소통, 참여, 연대, 집단행동이라는 직접민주주의를 펼칠 수 있는 가능성도 열어놓았다. 이들은 소셜 미디어라는 시민적 소통 수단과 연대의 무기를 손에 넣고 신자유주의가 파놓은 구덩이에서 빠져나오려고 안간힘을 다했다. 소셜 미디어는 수용자 대중끼리 정보를 공유하고 소통함으로써 연대와 행동을 촉진하는 힘을 주었다. 전통적인 저널리즘이 증거와 논리, 이념을 바탕으로 수용자에게 이해와 설득이라는 방식으로 여론을 만들어낸 것과 비교하여, SNS는 수용자의 교감과 공감을 바탕으로 참여와 연대라는 방식으로 여론을 만들고 있다(≪시사인≫, 2012.1.7, 17~18면). 인터넷과 SNS를 가진 수용자 대중은 중간에 기존 미디어의 도움이 없이도 독자적으로 사회적 의제를 설정할 능력을 가진다. 소설가 이외수나 조국 서울대 법학전문대학원 교수의 트위터는 웬만한 미디어의 영향력과 비교해 뒤처지지 않는다.

수용자 대중은 인터넷과 SNS를 이용해서 소통과 연대를 넘어 대안적 가치관과 대안적 사회를 추구하는 방향으로 진화하려고 한다. 스마트 미디어의 사회 비판 기능과 사회 변동 기능은 경제 위기가 한창인 미국이나 유럽에서 역동적이다.[84] 이런 추세라면 스마트 미디어가 제공하는 SNS는 국내외적으로 기존의 권력 질서를 변화시킬 가능성도 있다. 한진중공업 사태나 서울시장 선거 과정에서 SNS가 보여준 위력은 많은 것을 함축한다. 스마트폰은 세상 사람들을 모아 논쟁하고 단결하여 시민의 힘을 보여주는 데 큰 역할을 했다.

(2) 부정성

앞서 설명한 대로 인터넷과 SNS는 시민의 기본권을 충실히 구현하는 역할로 각광을 받았다. 아랍 민중 혁명, 서울시장 선거, 국정원의 대선 개입 비판 등 굵직굵직한 사건의 중심에서 SNS는 정보 제공을 통한 사회 여론 형성 및 시민 연대에 긍정적인 역할을 했다. 하지만 뉴미디어의 한쪽 면만 보아서는 안 된다. 인터넷에서 촉발된 디지털 혁명은 정보의 유통 방식을 크게 바꿨다는 점에서 엄밀히 보면 정보 유통 혁명이지 정보 내용 혁명, 즉 정보의 질적 혁명은 아니었다. 정보산업이 혁명적으로 변했다고는 하나 정보의 본질이라 할 수 있는 정보의 내용이나 질은 크게 나아진 것이 없다. 스마트 혁명만 해도 그렇다. 스마트 미디어가 정보의 질과 내용을 향상시킨다는 증거는 많지 않다. 이동하면서 정보를 유통할 수 있다는 기능 따위가 추가되었을 뿐이다. 물론 수용자 대중이 스마트 미디어를 이용해서 언

84 미국에서도 새로운 유형의 정보 혁명이 한창이다. 2011년 7월 13일 한 블로그에 다음과 같은 메시지가 떴다. "9월 17일 우리는 2만 명의 시민이 남부 맨해튼에 물밀듯이 와서 텐트를 치고, 부엌을 만들고, 평화로운 바리케이드를 만들어 몇 달 동안 월가를 점령했으면 한다. 일단 그곳을 점령하면 다양한 목소리로 한 가지 단순한 요구를 끊임없이 반복할 수 있을 것이다." 이 메시지는 원래 기업 감시를 전문으로 하는 애드버스터스(Adbusters)가 공지한 것이다(*Extra!*, 2011.12). 이것이 블로그에 올려지면서 이른바 '99%의 저항'이라는 21세기형 시민혁명이 시작되었다.

제 어디서나 누구와도 소통함으로써 사회 상황을 잘 파악하고 대처하는 데 도움을 준다는 점은 긍정적이다. 그럼에도 새 시장 개혁에 사활을 걸고 있는 스마트 자본주의[85]가 인터넷과 SNS 공간의 이동성과 편재성을 활용해 그 공간을 상품 시장으로 만든 것 또한 사실이다. 거기에다 정치적·이념적 투쟁과 갈등이 스마트 미디어를 통해 확산되는 문제도 있다.

스마트 미디어는 우리에게 감당하기 어려울 만큼의 많은 정보를 준다. 한마디로 말해 정보 과잉이다. 수용자들은 스마트폰을 비롯한 디지털 미디어를 과소비하고, 중독에 시달리기도 한다. 이런 것은 삶의 질을 떨어뜨린다. 더구나 디지털 문명은 아날로그 문명과 달리 어마어마한 자원과 에너지를 소비하기 때문에 자원이 부족한 우리나라에서 얼마나 버틸 수 있을지 의문이다. 여기에다 각종 디지털 소모품이 쓰레기가 되어 환경오염도 심하다. 한세억 동아대 행정학과 교수는 감당 못할 많은 양의 화석 에너지를 소비하는 디지털 혁명에 대해 다음과 같이 비판적으로 짚었다.

> 한국의 정보화는 화려한 외양에 비해 내실은 빈약하다. 우리의 사회 동력은 아직까지 산업사회 차원에서 벗어나지 못했다. IT 기기 생산, 보급을 비롯한 정보통신 활력의 원천이 재생 불가능한 화석연료에 의존하고 있다. 당장 전원 공급이 중단되면 IT 산업은 올 스톱이고 똑똑한 IT 기기는 먹통이 되며 인터넷은 암흑세계로 변할 게 뻔하다. 전자 정부든 스마트 기업이든 지능 홈이든 전기 공급 없는 컴퓨터와 통신, 가전은 상상할 수 없다. 그런 만큼 화석 에너지 중독은 정보 강국을 무색하게 하는 아킬레스건이다. 더구나 온실가

85 스마트 기술과 시장 덕분에 스마트 자본주의가 만들어지는 것 같다. 스마트 자본주의란 첨단 디지털 기술을 이용하여 흩어져 있던 기능을 수렴하고, 새로운 기능까지 첨가시켜 새롭게 상품 및 시장을 창출하여 자본을 증식하는 것이다.

스 배출량 세계 9위라는 불명예의 주범 중 하나가 IT였다는 사실도 정보 강국의 불편한 진실이다(≪중앙일보≫, 2011.7.21, 29면).

디지털 경제는 많은 에너지를 소비한다. 반도체를 만들고, 디지털 TV 수상기를 생산하며, 스마트폰을 만드는 것부터 대량의 용지 소비에 이르기까지 하나하나가 에너지 소비다. 셋톱박스는 엄청난 전력을 소비하는 기계여서 '전기 먹는 하마'라는 별명이 붙을 정도다. 한국이 의존하는 디지털 혁명은 대량의 에너지 소비를 필요로 하지만 에너지 자주성이 없어 위태로워 보인다. 거기에다 버려지는 디지털 쓰레기는 바다를 이룬다. 디지털 미디어가 확산될수록 자원 낭비와 환경오염을 증대시키기 때문에 그 대책을 강구해야 하고, 파생되는 비용은 전자산업이 부담해야 마땅하다. 정보 혁명이 삼성전자라는 1개 기업에 의존하는 것도 좋은 모습은 아니다.

한편 스마트 혁명이 전통적인 종이 문명, 아날로그 문화를 몰아내는 현상도 위험하기 짝이 없다. 스마트 미디어가 없다고 사람이나 기업이 제 할 일을 못하는 것도 아니다. 그런데도 디지털 미디어 산업에 일방적으로 자원을 투입한 나머지 종이책, 종이신문 등 전통적인 미디어는 설 자리를 잃고 있다. 디지털 문명은 인류 문명을 이끌어왔던 종이 문명을 몰아낸다. 디지털 문명과 종이 문명이 공존해야 인류 문명이 균형을 이룬다. 하지만 지금 같은 추세로는 종이 문명의 몰락이 필연적이다. 디지털 기술, 디지털 문명은 유구한 역사를 가진 종이 문명을 잡아먹는 황소개구리일지도 모른다. 인터넷에서 스마트 미디어에 이르는 디지털 기술은 사람들이 생각하고 고민하는 문화, 직접 소통하는 문화를 대수롭지 않게 만들었다. 하물며 디지털 기술은 손 글씨 문화까지 앗아갈 태세다. 더구나 디지털 정보산업이 제공하는 디지털 미디어나 서비스 가운데 사람에게 절실히 필요한 것이 별로 없다는 점도 문제다. 스마트 미디어를 보자. 이것은 삶에 필수적인 것도 아니요, 민주주의에 없어서는 안 될 물건도 아니다. 스마트 미디어는 모양만 살짝 바꿔 수용자 대중의 주머니를 터는 도구로 보인다. 이런 여러 가지 이유 때문에 디지털 문명이 의외로 단명할 가능성도 있다.

2) 시민과 권력의 대립

(1) 시민적 소통력의 증대

스마트 미디어가 제아무리 첨단 기능을 제공한다 해도 수용자들이 필요로 하는 가치를 창출하지 못하면 살아남지 못한다. 결국 스마트 미디어도 수용자 가치를 창출하느냐 여부에 따라 그 운명이 정해진다. 스마트 미디어는 수용자 대중에게 편리한 정보 소통 능력을 줌으로써 가치를 높였다. 오랫동안 자주적인 소통 수단을 찾으려 하던 수용자 대중의 바람이 스마트 미디어로 실현되는 듯했다.

역사적 전개 과정에서 수용자들은 때로는 전단으로, 때로는 벽보로, 또 어떤 때는 책이나 잡지로 남들과 소통하고 연대하려 했다. 이따금씩 성공하는 경우도 있었으나, 대중적으로 소통할 수 있는 공간을 찾는 데는 실패했다. 이런 시대를 종식시킨 것이 인터넷과 스마트 미디어다. 특히 수용자 대중은 소셜 미디어를 이용해서 언제 어디서나 소통할 능력을 얻었다. 수용자 대중은 자본과 국가의 검열 장치인 편집·편성으로 여과된 미디어나 정보에 의존하지 않고도 얼마든지 자유롭게 국내외적으로 정보를 전달하고 소통할 수 있다. 이렇게 수용자 대중은 전례 없이 강력한 소셜 미디어를 얻었다. 영국의 정치학자인 안스테드Nick Anstead와 오로린Ben O'Loughlin은 이런 수용자를 뷰어태리어트viewertariat라 불렀다. 뷰어태리어트란 "정치적 담론을 다룬 텔레비전 프로그램을 시청하며 SNS를 통해 실시간으로 의견을 나누는 사람들을 일컫는 용어"로서 시청자viewer라는 영어와 무산계급을 뜻하는 프롤레타리아트proletariat를 합친 말이다(허윤철 외, 2012: 218).

스마트폰이나 태블릿 PC 같은 것들은 수용자 대중에게 실시간으로 정보나 자료를 비교·검증할 수 있는 능력을 준다. 수용자 대중은 방송을 비롯한 전통적인 미디어와 접촉을 줄이면서 소셜 미디어를 이용해 실시간으로 자신들의 의견을 확산한다. 이것은 갇혀 있던 수용자 대중을 동굴에서 끌어낸 것과 같은 효과가 있다. 소셜 미디어가 다분히 개인적 소통의 욕구에서 출발했지만 사회적 쟁점을 부각시키는 기능도 하고, 권력이나 자본의 행태를 감시하는 기능도 함으로써 공론장의 지위를 얻게 되었다.

수용자 대중이 소셜 미디어를 손안에 확보한 것은 획기적이다. 이로써 수용자들은 기득권에 집착한 권력 저널리즘, 기업 저널리즘을 떠나 독자적이고 개인적인 소셜 미디어를 갖게 된 것이다. 문제는 SNS가 아니라 SNS에 채워진 정보이며, 정보를 통해 소통하고 연대하는 사람들이다. SNS가 단순히 정보 소통 혁명이 아닌 진정한 의미의 문화 혁명이 되고 사회 진화의 수단이 되려면 수용자 대중이 정보를 통해 사회를 민주적으로 지배하는 힘을 가져야 한다. 그런데 수용자 대중이 그런 힘을 가지려면 아직 멀었다.

수용자 대중은 스마트 미디어를 이용해서 사회의식과 지성, 그리고 사회적 연대를 추구한다. 이들에게 스마트 미디어는 자신들의 재능을 알릴 수도 있고, 비판적 여론을 형성하거나 집단적 행동을 조직할 수도 있는 수단이다. 무엇보다 시민 대중을 공동체로 엮는 힘이 스마트 미디어에 있다는 것이 희망적이다. SNS를 이용한 민주적 소통 질서는 어디까지나 시민 중심적이다. 이러한 디지털 시민성은 필요, 사회적 차원, 공적·사회적 혜택, 권리, 장기적 관점, 공익을 위한 규제, 시장 실패를 교정하기 위한 지속적 규제의 가치를 존중한다(Livingstone et al., 2007: 629). 디지털 기술이 만든 서비스의 가치와 권리를 누리는 수용자가 스마트 대중이다. 이들은 정보, 문화, 기술 등을 민주적으로 통제할 힘을 가지려고 애쓰며, 끝내 그런 힘을 스스로 쟁취하는 주체적인 수용자다. 부족하나마 지금도 스마트 대중은 스마트 소통을 통해 사회적·자연적 위기를 탈출하기도 한다. 2011년 7월 집중 호우로 중부 지방 전역이 물에 잠기고 산이 무너지는 사태에서 대부분의 미디어가 먹통이었을 때 스마트 대중은 기민하게 정보 활동을 벌여 피해를 줄였다. 당시 사상자만도 수백 명이었다. 그런데도 미디어, 기상청, 정부 누구 하나 비상 재해 정보를 제공하지 않았다. 위험한 처지에 놓이거나 위험한 상황을 깨달은 수용자들은 트위터에 접근해서 필요한 정보를 주고받았다. 그래서 가까스로 위기를 넘긴 사람들이 많았다. 수용자 대중의 스마트 미디어 이용은 단순히 정보 추구만을 목적으로 하지 않는다. 이들은 비판을 넘어서 집단적 지성, 집단적 연대를 조직할 힘과 의지를 확보할 수 있다. 스마트 대중은 시장이나 권력에 대한 민주적 지배력의 확보에도 적극적이다. 2011년 10월에 실시된 서울시장 보궐선거는 스마트 대중의 진수를 보여주었다. 집권당 후보가 신문과 방송의 절대적인 응원을 받으며 선거운동을 할 때 무소속 야당 연대 후보는 트위터를 이용한 SNS로 맞섰다. 국가권력, 자본, 언론권력이 시민사회를 무차별적·집중적으로 공격했지만, 시민 대중은 SNS를 이용해서 슬기롭게 정보를 소통하고 연대 활동에 성공했다. 이렇게 시민 대중은 조중동·KBS·MBC가 만든 비좁은 정보 공간에서 벗어나 드넓은 디지털 공간으로 진출하는 데 성공했다. 수용자들이 트위터, 블로그, 페이스북, 유튜브 따위를 이용해서 스스로 정보를 만들고 유통하는 소셜 네트워크 서비스는 수용자 대중에게 정보 자주성을 가져다주었다. 물론 이것은 소통하고 연대를 절실히 원하는 수용자 대중이 분투해서 얻은 것이다.

기업 홍보 담당 전문가들도 최근 영향력이 가장 많이 증가한 미디어로 소셜 미디어를 꼽았으며, 그다음이 인터넷 커뮤니티, 모바일, 포털, 방송, 신문이다(≪연합뉴스≫, 2010.4.25). 우리나라에서 특히 트위터는 뉴스를 여과하고 우선순위를 조정하는 기능을 함으로써 대중적 정보 소통 수단으로 확실히 올라섰다(≪미디어오늘≫, 2010.7.1). 수용자들이 부자 미디어, 국가 통제적 미디어를 불신하고, 차별화된 콘텐츠를 제공하며, 소통하고 싶은 욕망을 충족시켜주는 트위터를 널리 이용하는 것은 자연스러운 현상이다(≪미디어오늘≫, 2010.7.1).

SNS는 한국 수용자와 세계 수용자를 연결한다. 이 덕분에 한국의 상황, 외국의 상황이 서로에게 알려지고, 한류 문화도 공유할 수 있다. 버락 오바마Barack Obama 미국 대통령이 한국을 방문했을 때 "스마트폰, 트위터, 미투데이와 카카오톡 등으로 전 세계가 하나로 연결되어 있다. 전 세계 많은 사람들이 한류에 빠져들 수밖에 없다"라고 말한 것은 이런 추세를 반영한 것이다. 이렇듯 디지털 혁명은 미국이 장악했던 아날로그 기술 시대와는 전혀 딴판의 지구적 정보 질서를 그리고 있다.

경험하다시피 일반 대중이 지배권력의 공세를 막아낼 내구력을 비로소 갖게 되었다. 인터넷과 스마트폰은 이 과정에서 지대한 역할을 했다. 그렇다고 스마트 현상이 SNS의 특별한 힘에서 나온 것처럼 과장할 이유는 없다. 정인숙이 지적했듯이 "SNS는 여론을 반영해주는 바로미터일 뿐 SNS 그 자체가 승리나 패배의 원인이 아니다"(≪경향신문≫, 2011.11.2, 23면). 이 말을 뒷받침하는 사례를 보자. 2011년에 치러진 서울시장 선거에서 여당인 한나라당 후보는 같은 당 출신인 오세훈 전 시장의 시정 실패, 이명박 정권의 민심 이반 등으로 악조건에 몰려 있었다. 여기에 SNS가 시민의 문화적·정치적 힘을 모아 마지막 일격을 가했을 뿐이다. SNS 때문에 시민사회가 선거를 이겼다고 보기는 어렵다. 서울시장 선거를 이은 19대 총선과 18대 대선에서 시민들은 SNS를 이용해서 열심히 소통하고 변화의 흐름을 만들었으나 선거에 별다른 영향을 미치지 못했다. 이 말은 시민사회가 아무리 SNS와 같은 신형 미디어를 갖고 있다고 해도 독자적으로 영향력을 만드는 데는 한계가 있다는 뜻이다. 보수 세력도 보수 정당 및 보수 후보를 밀기 위해 SNS 공간을 확보하여 시민사회와 경쟁했다. 결국 시민 대중이 정국을 주도할 힘을 보유하는 것이 중요한 것이지, 신기술이니 뉴미디어니 디지털이니 하는 것들이 중요하지는 않다. 이것을 누가 지배하고 이용하는지가 중요한 문제다. 수용자 대중이 스마트 미디어를 이용해서 소통과 연대, 그리고 집단적 대응을 계속하여 스마트 대중으로 진화할 때 사회 변화는 가능할 것이다.

(2) 지배권력의 통제 욕구

스마트 미디어가 수용자 가치를 생산하지만 거기에는 한계가 있어 보인다. 정부가 개입하여 스마트 미디어를 이용한 사상과 표현의 자유를 통제하는 것만 보아도 그렇다. 일부 수용자들은 이념적 양극화에 휘말리고, 자극적인 오해 정보에 집착한다. 거대 자본도 스마트 미디어를 평정해서 사실상 홍보 도구로 만들었다. 삼성전자를 비판하는 정보가 몇 개나 있는지 스마트 미디어를 찾아보면 깜짝 놀라지 않을 수 없다. 이런 맥락에서 김동광 고려대 과학기술연구소 연구교수는 SNS의 한계를 이렇게 지적했다.

> SNS가 고발자로서 긍정적인 기능으로 수행할 수 있지만, 갑을 관계를 떠받치고, 재생산하고, 강화시키는 사회구조에 대한 문제 제기는 이 수준에서 이

루어질 수 없다. 온라인 공간은 더 자극적이고 말초적인 뉴스가 터지면 언제든 달아올라 어제의 쟁점을 묻어버릴 채비가 되어 있다. 따라서 기존 언론매체의 역할은 SNS를 흉내 내서 개별 사건이나 인물에 시선을 집중시키고, 자극적이고 감성에 호소하는 기사를 쏟아내는 것이 아니라 재화와 서비스를 주고받는 비인격적인 업무상의 관계를 인격적 주종관계나 노예관계로 자동 번역해내는 구조가 무엇인지 파헤치는 일이다(≪미디어오늘≫, 2013.5.15, 18면).

불평등한 사회의 서열적 착취 구조를 개선하려는 노력도 없이 SNS에 기대어 무슨 획기적인 역할을 할 것이라는 기대는 물거품이 되기 쉽다. 더구나 SNS는 사이버 진보와 사이버 우익이 이념 투쟁을 하는 공간으로 변질되었다. SNS가 공론장 기능을 못하고, 이념 갈등이나 증폭시킨다면 굳이 막대한 돈을 들여 유지할 필요가 있을까? 오히려 SNS를 없애는 것이 한국 사회의 고질병인 이념 갈등을 조금이라도 억제할 수 있지는 않을까?

이광석은 SNS를 비롯한 디지털 공간이 자유롭고 대항적인 기능을 할 수 있을 것이라고 기대했다. 그는 이런 말을 했다. "폭압적 정서를 드러내는 온라인 철권통치에 대항해 현재 신생 플랫폼이자 새로운 저항의 처소에서 절망과 분노에 찬 이들 간의 횡적 연동과 연결은 당분간 큰 흐름으로 이어질 분위기다"(이광석, 2012). 이런 흐름은 새로운 미디어가 나타날 때 흔히 생기는 현상이다. 그래서 진보주의자들은 뉴미디어의 출현을 반긴다. 하지만 시작만 좋아 보이는 경우가 많다. 조금만 지나면 자본과 권력, 그리고 이념의 힘이 훌륭한 뉴미디어를 극한의 정치적·이념적 싸움터로 변질시킨다. 출발 초기에 신선했던 뉴미디어에 이윤과 이념이라는 진드기가 붙으면서 참신했던 성격과 기능도 모두 타락하고 만다. 스마트폰을 비롯한 뉴미디어가 제공하는 SNS의 기능을 보건대 엄청난 비용을 부담해서 이것을 유지할 가치가 있는지 의문을 품게 된다.

커뮤니케이션으로서 SNS는 사회적·개방적 소통 방식에서 개인적·보수적 방향으로 전환하고 있다. 이종대 트리움 이사가 분석한 대로 트위터를 비롯한 개방형 SNS는 퇴조한 반면 개인적 관계를 중심으로 하는 카카오스토리나 페이스북과 같은 폐쇄형 SNS가 대세를 이루고 있다(≪시사인≫, 2013.10.5, 42면). 소셜 미디어가 만든 스마트 소통도 출범 초기의 참신함과 비판성은 어디로 갔는지 볼 수 없고 개인적·사적 이익을 담은 메시지가 판친다. 그나마 남양유업이 대리점을 착취하고 괴롭히는 현실이 SNS를 통해 퍼짐으로써 불평등한 갑을 관계의 모순을 폭로하는 역할을 했다. 그러나 그것으로 끝이다. 남양유업 문제가 해결된 것도 아니고, 갑을 관계에 어떤 변화가 있는 것도 아니다. 힘을 동반한 정보와 소통만이 세상을 바꿀 수 있다는 엄연한 진리가 SNS 판에서 그대로 재현된다.

수용자 대중에 의한 스마트 소통의 확대는 권력자나 기업에 별로 유리하지 않다. 우익 정당과 미디어가 제일 우려하는 상황이 이렇게 수용자 대중이 자주적인 정보력과 판단력을 갖는 것이다. 이렇게 되면 부의 집중과 권력의 횡포가 적나라하게 밝혀져 지배 질서가 공격을 당할 가능성이 상당하다. 그래서 기득권자들은 SNS의 부작용을 들어 규제를 강화하자고 주장하고 있다.

사적 자본은 강력한 정보산업의 지배자다. 스마트 소통도 따지고 보면 이들의 기술에 의존한다. 인터넷 등장 이후 소셜 미디어까지 디지털 미디어의 진화와 변신은 대단하다. 이런 뉴미디어는 출현 초기에 소통 혁명을 촉발한다고 높은 평가를 받다가, 국가 규제가 증대하는 등 여러 가지 원인 때문에 실질적인 시민 권력의 일부가 되지 못하는 경우가 많았다.

아무리 양질의 미디어나 획기적인 기술이 나타난다 해도 중요한 것은 여전히 거기에서 흐르는 정보의 질과 내용이다. 결국 중요한 것은 누가 정보 내용을 지배하느냐는 것이다. 소셜 미디어가 소통의 기능을 충실히 수행하려면 수용자 대중이 재벌·미디어·권력 복합체와 대등한 힘을 가져야만 한다. 계급관계가 균형을 이루지 못하고, 민주주의가 뿌리를 내리지 못하면 하느님이 스마트폰을 갖고 지구에 재림한다고 해도 소셜 미디어는 수용자 대중을 위한 도구가 되지 못할 것이다.

한편 국가는 다양한 방식으로 스마트 미디어에 개입한다. 가장 적극적인 개입은 법적·정책적 개입이다. 정부는 국내 산업을 보호한다는 명분으로 애플의 아이폰이 국내시장에 들어오는 것을 막은 사례도 있다. 이석채 KT 회장이 "정부 덕분에 아이폰 도입이 늦어 삼성전자가 살았다"라는 논평을 한 것은 이런 이유에서였다(≪시사인≫, 2011.11.12, 10면). 그런 한편 정부는 스마트폰에서 소통되는 정보 내용까지 규제한다. 이것은 스마트폰을 이용한 언론과 표현의 자유를 위축시킨다. 사적 권력이든 국가권력이든 권력이 스마트 커뮤니케이션을 통제하는 한, 수용자 대중의 이익만이 아니라 디지털 경제 그 자체도 위협을 받는다.

트위터, 카카오톡, 페이스북 같은 소셜 미디어는 전통적인 저널리즘을 대체할 수 있을까? 당분간 그렇지는 않을 것 같다. 소셜 미디어는 대중적·개인적 속성을 모두 갖고 있지만 개인적 속성이 더 강하다. 또 소셜 미디어는 대중적 정보 생산 및 사회 여론 형성 기능이 아직은 전통적인 저널리즘에 못 미친다. 이와 비교해 신문이나 방송을 이용한 저널리즘은 편집·편성을 통해 수용자 대중이 이용하기 편리하게 정보를 공급한다.

소셜 미디어는 수용자들에게서 돈과 시간을 많이 가져간다는 것도 문제다. 스마트폰이나 소셜 미디어의 중독성은 수용자에게 해롭다. 이런 것보다 더 민감한 문제는 소셜 미디어도 국가 검열이나 규제 대상으로 추락한다는 것이다. 국가권력은 수용자 대중이 소셜 미디어와 같은 수단을 이용하여 자신들을 비판하는 것을 못마땅하게 여긴다. 이들은 소셜 미디어 내용까지 가차 없이 통제한다.[86] 아무리 최첨단 기술이 있으면 무엇 하나? 선진적인 미디어가 많으면 또 무엇 하나?

스마트폰을 비롯한 디지털 미디어는 수용자 대중을 감시하는 기능도 한다. 니콜라스 카Nicholas G. Carr는 인터넷이 사람들의 생각과 뇌 구조까지 바꿔 사람들에게서 인간적인 요소들을 쓸모없는 것이나 되는 듯 폐기해버린다고 우려한 바 있다(카, 2011: 322~324). 점점 더 많은 수용자 대중이 SNS를 이용해서 권력이나 시장을 감시하고 사회개혁에 필요한 여론을 조성하기 때문에 디지털 혁명론자들은 디지털 미디어의 시민성, 비판성, 조직성을 높이 평가했다. 그렇지만 자세히 보면 디지털 미디어 수용자는 정치적으로나 법적으로 물샐틈없는 감시를 당하고 있다. 국가기관은 디지털 미디어에서 흐르는 정보를 관리하고 수용자 대중의 성향을 감시한다. 국정원이 인터넷 댓글을 달아 18대 대선에 개입한 것만 보아도 그렇다. 따라서 어떤 미디어나 정보가 긍정적인 면이 있다고 해서 이를 과대평가할 이유는 없다. 민주주의 기능을 하는 미디어가 있다고 해서 사람들이 유식해지고, 다른 사람들과 소통을 많이 한다고 해서 불평등과 고통의 사회구조가 바뀌는 것이 아니라는 말이다(Blackie, 1995). 우리가 불평등과 고통이 사라진 사회를 바란다면 그런 사회를 이룩할 수 있는 물질적인 힘과 정치적인 역량도 있어야 한다. 이때 시민 대중에게 힘이 되는 정보와 문화가 있으면 연대감과 저항력을 증강시켜 이상적인 사회로 전진하는 데 유리하다.

86 미디어 정치경제학에 대해서는 필자의 연구(김승수, 1988, 2000, 2004, 2007, 2011b) 참조.

3) 문화적 대립

스마트 미디어는 기술이자 서비스로서 그 성격이 정치적·사회적 환경에 따라 만들어진다. 그 과정에서 다양한 가치가 이합집산을 하면서 새로운 문화를 창출하고 있다. 스마트 미디어가 만드는 스마트 문화도 천편일률적이지 않다. 즉, 자본주의적 스마트 문화와 저항적 스마트 문화가 팽팽히 대립하고 있다.

(1) 자본주의적 스마트 문화

소셜 미디어가 기존의 문화권력을 강화·확장한다는 조사 결과가 계속 나오고 있다. 이호영 외(2012)는 기존의 문화권력이 SNS를 자신의 힘을 확산하는 지렛대로 이용한다고 말했다. 스마트 미디어가 만든 SNS는 기본적으로 자본주의적이다. 돈이 흐르고, 정보가 생기며, 권력이 형성되는 공간이 SNS다. 게다가 스마트 미디어는 정보 검색과 유통까지 못하는 것이 없다. 그렇지만 이 모든 것이 시장의 틀에서 이루어진다는 점을 잊어서는 안 된다. 스마트 미디어가 만드는 문화 역시 진보적인 것보다는 자본주의적인 것이 훨씬 많다. 그래서 스마트 미디어에서 진정한 의미의 소통이 이루어지는지에 대해 누구도 장담하지 못한다. 구글의 공동 창업자인 세르게이 브린Sergey Brin의 스마트폰 불통론은 그럴듯해 보인다. 그는 이렇게 말했다. "스마트폰을 쓰는 것은 스스로 사회적으로 고립되는 일이다. 유리 표면을 문지르고 있자면 일종의 무력감을 느낀다"(≪한겨레≫, 2013.3.27, 30면). 그럼에도 스마트 미디어 이용자들은 스마트 미디어를 기계로 취급하는 것이 아니라 신체의 일부이거나 친구 또는 동반자로 여기는 경우가 많다. 더구나 스마트폰 중독자에게 사람은 스마트폰의 일부로 포섭되었다고 할 만큼 종속적이다. 스마트폰은 다른 사람과 직접적인 소통도 줄어들게 만든다.

문화 생산은 수용자 대중의 필요에 의해 이루어지기도 하지만 대부분은 공급이 수요를 규정한다. 수용자 대중의 필요라는 요소는 자본주의 문화 생산에서 중요한 고려 사항이기는 하나 결정적인 것은 아니다. 일반 제조업 따위에서는 수요가 공급을 창출하는 것이 일반적이다. 그러나 정신적 분야에서는 수요가 공급을 창출하기도 하지만 공급이 수요를 더 많이 창출하기도 한다(Parenti, 1999). 공산품이나 농산물과 달리 뉴미디어 상품의 생산은 정치적·문화적 취향에 좌우되기도 한다. 예를 들면 텔레비전 방송이 1956년에 개국된 것은 경제적으로는 터무니없는 것이었지만 경제 외적 요인이 작용했을 것으로 보인다. 광고주, 텔레비전 기술이나 기자재도 없고, 수상기 보유자도 거의 없어 소비 시장이 0에 가까웠는데도 당시 기업이나 정부는 텔레비전 개국을 서둘렀다. 국가적으로 뉴미디어는 독점이 보장되는 경우가 많다. 수요가 없어도 독점의 특혜가 보장되면 사적 자본이나 국가 자본은 진입하려고 한다. 그렇다고 수요가 별것 아닌 것은 아니다. 실재적이든 잠재적이든 수요가 있어야 공급도 있다. 수용자 대중의 저변에 흐르는 사회적 소외, 두려움의 감성, 과시욕과 사치, 문화적 동질 의식, 소통과 연대의 욕망이 없다면 스마트폰은 지금처럼 급속히, 또 많이 소비되지 않았을 것이다.

수용자들은 새로운 정보를 접하거나 다른 사람과 소통하려고 비싼 돈, 아까운 시간을 들여 스마트폰의 이용자가 된다. 그런데 수용자들의 스마트폰 소비 행태는 경제 논리를 따르지 않는 경우가 많다. 경기가 좋을 때나 어려울 때나 상관없이, 부자건 가난하건 상관없이 사람들은 새로운 소통 수단이 나타나면, 다른 소비는 줄이면서 여기에 모든 것을 바치듯이 한다. 수용자들은 나라 경제가 어려워 가계 재정이 나빠지면 집에서 스마트폰과 같은 뉴미디어에 의지해 오락 시간의 대부분을 보내는 코쿠닝cocooning 행태를 보인다(≪뉴스위크≫, 한국판, 2011.10.26, 17면). 이것은 나름대로 효율적인 선택인 셈이다.

스마트 미디어가 지향하는 문화는 탈인쇄·탈문자 문화다. 이 때문에 전통적인 출판산업과 독서 문화가 스마트 문화의 확산으로 크게 위축되고 있다. 그나마 출판산업은 수험서 시장 덕분에 명맥을 유지하고 있다. 통계청의 조사에서 보듯이 가구당 월평균 도서 구입비가 2003년 2만 6,346원에서 2011년 2만 570원으로 떨어진 것은 당연한 결과다(≪한겨레≫, 2012.2.27, 17면). 도서 비용의 감소가 꼭 뉴미디어 때문이라고만 말하기 어려우나, 이 둘 사이가 반비례 관계인 것만은 틀림이 없다.

자본이 소셜 미디어의 시스템과 유통을 지배하고, 국가가 정보 내용을 통제하는 상태에서 소셜 미디어는 여러 가지 점에서 비판을 받아왔다. 소셜 미디어 시스템의 독점성, 이용자의 배타성, 정보 불균형, 정보의 신뢰성 부족, 이용자의 정신적 집중 및 사색 능력의 감소, 시위 및 혁명 과정에서 소셜 미디어의 실질적 영향력의 한계, 비이용자의 관심을 못 받는 정보의 범람, 소셜 미디어 콘텐츠의 소유 주체 문제, 정보 보안의 문제, 사생활 침해, 고독감 증가 등이 소셜 미디어가 안고 있는 문제라고 한다.[87] 자본과 권력, 그리고 이념 세력이 소셜 미디어를 악용하거나 통제하는 등 이중·삼중의 압박이 소셜 미디어의 기능을 혼란시킨다.

(2) 저항적 스마트 문화

스마트 미디어는 전자산업, 통신산업, 미디어 산업에 새로운 상업주의

87 http://en.wikipedia.org/wiki/Social_Media

기회를 만들어주는 한편, 공동체 문화의 형성, 소통 촉진, 권력 비판 등 긍정적인 기능을 수행하기도 한다. 개인들이 스스로 정보를 유통할 힘을 준 것은 스마트 미디어의 역사적 공헌이다.

스마트폰을 비롯한 소셜 미디어는 수용자 대중을 소통과 연대, 그리고 집단적 행동으로 이끄는 힘이 있다. 이들 스마트 미디어가 수용자 대중에게 비판의 무기 역할을 넘어 대안적 상상과 연대, 그리고 대안적 행동의 무기가 될 수 있을까? 이것이 쟁점이다. 스마트 미디어는 민주적 여론을 형성하는 기능도 하고, 사람의 삶과 공동체 가치를 촉진하는 기능도 한다. 특히 스마트폰의 공동체 가치 형성은 날로 확장되고 있다. 배우 김여진이 트위터를 이용해서 한진중공업 노동자의 대량 해고 사태를 널리 알려 사회적 쟁점으로 만들고, 합리적인 해결책을 선택하도록 만든 것은 소셜 미디어 운동의 성과인 동시에 공동체적 삶과 문화를 공유하려는 시민적 의식과 행동의 결과이기도 하다. 스마트폰은 이 과정에서 사회 여론을 환기하는 등 긍정적인 역할을 했다.[88] 수용자 대중은 2011년 서울시장 보궐선거 과정에서 트위터 등을 이용한 소통 운동을 통해 연대 정신을 경험했다. 유권자들은 선거라는 특별한 공간에서 정치적·문화적 공동체 가치를 복원함으로써 시민사회의 위력을 여실히 보여주었다. 이런 것은 시민권력·시민문화의 창출과 확장에 기여했다. 특히 중요한 것은 스마트폰을 매개로 SNS 문화를 공유한 사람들이 공동체 가치와 공동체 미래를 함께할 수 있는 기회

88 트위터나 페이스북은 언제 어디서나 정보와 사람을 접할 수 있고, 사람을 조직하는 힘까지 있다. 그래서 중동, 아시아 민중은 독재와 부패, 사회 양극화에 저항하는 시위를 벌려 집권 세력에 큰 타격을 주었다. 국내외 미디어는 이를 격찬하면서 트위터 혁명이라고 이름을 붙이기도 했다. 그런데 비슷한 일이 영국에서 발생하자 보수 미디어와 영국 정부는 언제 그랬냐는 듯이 '블랙베리 폭동(BlackBerry riots)'이라고 비난했다. 림(RIM)사가 만든 블랙베리는 청소년의 37%가 소유하는 스마트폰이다. 이것을 이용해서 사회에 불만을 품은 사람들이 폭동을 일으켰다는 것이다. 이 내용에 대해서는 *The Economist*, 인터넷판, 2011.8.13 참조.

를 만들 수 있다는 점이다. 자본주의 스마트 문화가 스마트 미디어의 지능적 속성을 이윤 추구에 이용하고, 현존하는 권력 질서를 재생산하는 것이라면, 비판적 스마트 문화는 수용자 대중의 창의적·비판적 가치와 대안을 보호하는 자율 공간이 되는 것이다. 그럼에도 시민적 스마트 문화가 공공의 문화, 시민의 문화가 되려면 아직 갈 길이 멀다. 수용자 대중은 정신적으로 정치적 민주주의와 문화적 공공성이 뒷받침되고, 물리적으로 지배권력의 부당한 힘을 저지할 사회적 대응력을 갖춰야 사람답게 살 수 있다.

5장
미디어 노동시장의 타락

한국 미디어 산업은 커다란 시장이다. 여기에서는 수십조 원의 상품과 서비스가 거래되고 수많은 사람들이 바삐 일한다. 미디어 시장은 좀 독특한 시장이다. 한편에서는 자본의 논리가, 다른 한편에서는 권력의 욕망이 춤춘다. 또 다른 한편에서는 비판과 저항의 기운이 있다. 뉴스, 드라마, 광고 등 미디어 산업의 종사자들은 이윤 추구에 내몰리고, 권력과 공생하는 법을 터득한다. 그런 틈에서도 미디어 종사자들은 비판 의식을 갖고 권력을 감시하기도 한다.

미디어 노동자들이 만드는 정보 상품은 사회적 생산물이다.[89] 좁게 보면 미디어 노동은 자본의 영역이지만 넓게 보면 사회적 영역이다. 이들이 하는 일이 정보를 생산하고 유통하는 것인데, 정보는 사람의 삶과 국정에 영향을 미치는 공공재다. 사기업이 만든 정보라 해도 공공재다. 이것만 보아도 미디어 생산은 사회적인 것이지 개인적인 것이 아니다. 미디어 노동은 자본의 이해관계와 사회적 역할 사이에서 고민하는 직업이지만 누가 뭐래도 사회적 역할이 근본이다. 언론인들은 엄혹한 독재체제에서도 목숨을 걸다시피 한 언론 자유 투쟁을 전개했다. 동아자유언론수호투쟁위원회, 조선언론자유수호투쟁위원회의 희생적 언론 자유 투쟁이 우리나라 민주주의의 초석이었다. 조용수, 장준하, 리영희, 송건호, 최승호를 비롯해 셀 수 없이 많은 언론인들은 당대에 지식인에게 요구되었던 사회적 역할에 충실했다. 이들 언론인은 진실 추구라는 대의명분에 기꺼이 몸을 던졌다. 그러나 요즘은 척박한 시장 환경에서 정론 저널리즘을 향해 달려가는 언론인이 사라지는 것이 아쉽다. 미디어 산업이 자본이나 국가권력의 압박을 받는 상

89 정보 노동은 정보, 지식, 오락 따위를 생산하는 데 소요되는 사람들의 신체적·정신적 노동을 말한다. 미디어 노동은 정보 노동 중 하나로 미디어라는 특정한 정보 생산수단에 투입된 노동을 뜻하는 말이다.

황에서 기자나 프로듀서 등 종사자들은 공익의 추구자, 정론의 구현자 역할을 하지 않으려 한다.

변화무쌍한 환경도 미디어 산업을 자극한다. 경제 위기, 대의민주주의 실패, 디지털 미디어의 확산으로 말미암아 미디어 산업구조, 생산 방식, 수용자의 미디어 및 정보 이용 행태 등에서 큰 변동이 일어났다. 다른 나라의 미디어 노동시장도 혁명적으로 바뀌는 중이다. 영국 옥스퍼드 대학의 올네브링H. Ornebring 교수는 저널리즘 노동의 변화를 저널리즘 노동시장의 규제 완화와 노조 약화, 유연 노동을 비롯한 새로운 형태의 고용 방식 확산, 저널리즘 작업장의 기술화, 저널리즘 노동의 다기능화, 전문성 약화 등 탈숙련 노동화로 설명했다(Ornebring, 2009: 7~12). 이것은 영국을 비롯한 유럽의 상황을 말한 것이고, 한국의 경우는 국가의 저널리즘 노동 통제, 시장 개방 등도 변화를 일으키고 있다.

우리가 미디어 산업의 종사자들에게 관심을 쏟는 까닭은 여러 가지다. 가장 중요한 이유는 이들의 사회적 영향력이 크기 때문이다. 여기 5장에서는 미디어 노동의 전개와 특징을 살펴볼 것이다.

1. 사회 분업과 정보 노동의 진화

정보 노동은 분업의 발달과 함께 지속적으로 세분화되었다. 생산 방식과 계급 질서는 정보 노동의 분화를 촉진했다. 4차에 걸친 정보 노동의 분업 과정을 보자.

1) 제1차 분업: 물질적 노동과 정신적 노동의 분리

제1차 미디어 분업은 물질적 생산과 정신적 생산의 분리를 말한다. 이것은 물질적 생산으로 일정한 잉여가 누적되고 사회계급도 분화되는 가운데 이루어진 것이다. 이때 제사를 비롯한 정신적 생산은 물질적 생산으로부터 독립된 지위를 얻었다. 네이버 철학사전은 정신노동mental labour과 육체노동physical labour의 분업을 특징으로 하는 제1차 분업을 이렇게 설명했다.

> 정신노동(학자, 예술가, 승려, 교사, 의사, 변호사, 그 외에 여러 가지 기술에 관계하는 기술자 등이 이에 속한다)은 육체노동에서 분리되었으며 반면에 육체노동에 종사하는 사람들, 즉 직접 생산자는 지배계급의 착취 대상이 된다(단, 자본주의의 발전은 정신노동자도 착취 대상으로 변화시켜 간다). 이러한 분리는 노예제 사회의 초기에 발생한 분업의 결과이다. 분업의 발생 당시 육체노동으로부터 정신노동의 분리는 일정한 진보적 역할을 수행하였고, 과학이나 기타 문화 발전에도 기여하였다. 그러나 적대적인 계급사회에서 이 분리는 계급적 적대관계를 나타내는 것으로 정신노동은 지배계급의 특권이 되는 한편, 육체노동은 피착취계급의 운명이 된다. 자본주의의 대두는 자본가 자신도 처음에는 봉건제 사회하에서 피착취계급이었지만 동시에 그들은 직접 생산자를 착취하는 입장에 있으며, 그리고 이 계급을 봉건적 피지배 상태에서 해방시키는 역할을 수행한 정신노동에의 종사자들을 창출해냈다. 다음으로 자본주의 사회에서의 계급 대립의 격화는 정신노동에 종사하는 사람들 내부로부터도 피착취·피지배의 육체노동에 종사하는 사람들과의 연대를 보이며, 이 사람들과 노동자계급의 입장에서 정신적 소산, 과학적, 예술적 등등의 이데올로기를 창출하게 되었다. 그러나 정신노동과 육체노동이 그것

에 의해서 소멸된 것은 아니다. 계급사회로부터 벗어나는 제1보인 사회주의에서도 아직 양 노동의 차별은 남아 있다. 그러나 여기서는 적대적 관계가 해소되고 다만 일의 분야의 차이로 된다.[90]

네이버 철학사전에 따르면, 분업은 생산력의 발달과 계급 분화의 결과로 해석할 수 있다. 제1차 분업이 생길 당시 정신노동은 생산 및 사회 활동에서 정치와 종교의 분리에 따른 것이며, 정신노동자들은 정보의 생산 및 통제 권한을 행사했다.

2) 제2차 분업: 사적 노동과 국가의 분리

제2차 미디어 분업은 국가에 소속된 미디어와 기자 등 정보 생산자들이 국가로부터 분리되어 사적 공간을 마련하면서 시작되었다. 자본주의 이전 시대에는 국가, 종교 및 문화 기구가 정보 생산수단을 갖고 있었다. 정보 생산자들은 공직 또는 성직에 있는 사람들이 대부분이었다. 그러다가 생산과 상업을 통해 자본을 축적해오던 부르주아 세력이 등장하여 독자적인 정보 생산 영역을 구축해갔다. 이들은 사적·상업적 가치에 토대를 둔 미디어를 통해 기업화·산업화를 실행했다.

제2차 미디어 분업으로 미디어 노동의 독립성과 전문성은 다소나마 허용되기 시작했다. 의사나 변호사 수준은 아니지만 미디어 노동은 글쓰기, 편집, 말하기 등에서 전문성이 있다는 평가를 받았는데, 이 당시에 미디어 종사자는 노동자라기보다는 전문가 색채가 더 강했다. 자본주의 초기에 등

90 http://terms.naver.com/entry.nhn?docId=388632&cid=282&categoryId=282

장한 미디어와 관련 종사자들은 계몽주의를 신봉하는 한편 시장경제에 미래를 걸었다. 그럼에도 저널리즘이 도입되던 시기에 언론인들은 정부의 실정을 비판하는 등 미디어의 계몽적 기능을 충실히 수행했다.

중국 화동대학교 역사학과 쉬지린 교수는 미디어 산업이 발전하면서 '미디어 지식인'이라는 집단이 형성되었다고 말했다. 미디어 지식인이란 작가, 예술가, 기술자, 인문학자 등이 미디어를 중심으로 한 문화 시장에서 상업적 동기를 갖고 활동하는 사람들을 말한다(쉬지린, 2013: 219). 이들은 주로 시장의 논리에 따른다는 점에서 공적 책임을 중시하는 공공 지식인, 전문 기술을 가진 전문 지식인과는 역할이 다르다.

제2차 미디어 분업의 특징은 미디어와 기자들이 국가로부터 벗어나기 시작한 것이다. 우리나라에서 대표적인 사례는 KBS다. KBS는 1973년 한국방송공사로 바뀌기 전까지 공보부 방송관리국 소속 중앙방송국이었다. 여기에 소속된 사람은 모두 공무원이었다. KBS 보도계장은 사무관이었고, 기자는 주사나 서기직을 갖고 있었다. KBS가 공사로 탈바꿈하면서 기자들은 공무원 신분에서 풀려났다.

3) 제3차 분업: 미디어 노동의 세분화

제3차 미디어 노동의 분업은 커뮤니케이션 기술이 고급화되고, 투자가 더 대규모적으로 이루어지며, 노동 역시 다양한 직종으로 잘게 쪼개지는 과정을 뜻한다. 광고 시장이 커지고 미디어 산업이 성장하면서 미디어 노동은 저널리즘 노동, 프로듀서와 스타 중심의 대중문화 노동, 광고 노동 등으로 세분화되었다. 이때만 해도 미디어 기업에 고용된 기자들이 시사 정보를 사실상 독점해서 만들었다. 자연히 미디어 기업의 힘은 국가나 재벌 기업에 버금갔다.

제3차 미디어 노동 분업체계에서도 일간지와 지상파 방송은 시사 정보와 대중문화를 독점했다. 자연히 부패가 발생했다. 일부 미디어는 사주와 기자가 똘똘 뭉쳐 왜곡·조작된 정보를 갖고 부당한 영향력을 행사하기도 했다. 이런 현상을 두고 '언론권력'이라는 비판이 제기되었다. 이런 비난에도 불구하고 지배적 신문 기업은 스스로 혁신하지 않고 오히려 기존 관행을 답습해갔다. 그러자 시민들은 이런 미디어를 의혹의 눈초리로 바라보기 시작했다. 시민들은 기자를 두고 '펜을 든 용팔이'로 취급하고 취재 현장에 접근하지 못하게 막는 등 시민과 기자의 적대적 관계가 형성되었다(박상주, 2012: 67). 기업 저널리즘과 저널리스트는 정보자본주의와 시민 저널리즘, 독립 저널리즘의 시대를 맞아 구태를 벗어나지 못해 사회적 불신을 받으며 서서히 몰락하는 중이다.

4) 제4차 분업: 디지털 노동의 확립

(1) 디지털 미디어 노동

생산과 소비의 분리는 산업자본주의 정보 생산의 기본이었다. 만드는 사람 따로 있고, 돈 내고 이용하는 사람 따로 있는 것이 전통적인 미디어 생산 방식이었다. 자본의 이윤 욕구 및 디지털 기술의 발전은 19세기형 미디어 생산 방식을 모두 바꾸었다. 디지털 미디어 생산 과정을 살피면 생산과 소비의 경계 약화 및 동시화, 노동의 성격 변화, 미디어 종사자의 지위 약화, 노동환경의 악화, 포털의 정보 유통 독점 등 새로운 형태의 체제가 세워지는 중이다. 그리고 정보 생산 및 유통 과정에 대한 수용자 대중의 참여와 같은 새로운 현상이 나타난 것을 알 수 있다.

인터넷의 등장과 함께 미디어 생산과 소비의 장벽이 거의 없어졌다. 모든 사람이 정보 생산자인 동시에 소비자가 된 것이다. 정보를 만드는 사람 따로, 이용하는 사람 따로였던 아날로그 미디어 체계가 무너진 것이다. 인터넷이나 스마트폰 등 디지털 미디어는 수용자 대중을 정보 생산이나 소비에 적극 끌어들여 자본 생산성을 높였다. 수용자의 참여가 노동이자 소비가 된 디지털 정보 노동은 전통적인 노동관을 깨버렸다.

디지털 미디어 공간에서는 생산과 소비 모두 노동의 속성이 있고, 상품의 속성도 있다. 엄밀히 말해 디지털 수용자는 디지털 노동자로 변신한다. 이들은 디지털 공간에 진입하는 순간부터 통신자본, 광고자본, 인터넷 자본 등을 위해 봉사하는 디지털 노동자다. 디지털 노동시장에서는 생산자와 이용자가 따로 구별되지 않는다. 수용자는 인터넷, 휴대폰 등을 이용해서 직접 생산자가 될 수 있다.

디지털 미디어는 수용자 대중이 개인적·집단적으로 소통 과정에 참여해서 특정한 문제나 사안에 대해 공감대를 조성하는 역량을 발휘한다. 문용식 나우콤 대표가 말하듯이 인터넷 질서는 "권위도 아니고 자본의 힘도 아니고 권력도 아니고 공감"이다(≪서프라이즈≫, 2011.4.7). 그러나 자본이나 권력은 인터넷을 비롯한 디지털 미디어를 이윤과 지배의 논리로 대응한다. 여기서 수용자 대중과 치열한 다툼이 벌어진다.

미디어 생산 방식이 디지털로 바뀌면서 종사자들의 분업체계는 재편되었다. 미디어 노동 과정에서 디지털 기술이 차지하는 비중이 늘고, 노동의 표준화가 정착되었다. 종사자들은 더욱더 기술 습득에 시간을 보내야 한다.

디지털 미디어 시대에 기자와 같은 전통적 저널리스트는 전문직으로서의 강점을 잃고 있다. 미디어와 정보가 독점 시장이었던 때는 기자를 비롯한 미디어 종사자들이 고급 정보를 가진 유력자였으며, 편집·편성을 통해 정보를 디자인할 수 있었다. 그러나 새로운 커뮤니케이션 기술과 미디어, 서비스가 홍수처럼 밀려오는 정보자본주의 체제에서 미디어 노동자는 전문직도 아니고 자율성을 향유하는 자유의 수호자도 아니라는 평가를 받는다. 다양한 정보를 접할 수 있고 전문 지식을 가진 수용자들이 디지털 공간을 넘나들면서 상황을 판단할 능력을 갖고 있어 기자들이 이들과 경쟁하는 데 한계가 있다.

디지털 미디어 산업은 사주나 투자자가 정보 내용과 흐름을 통제하는 전체주의적 양상을 보인다. 이런 환경에서 미디어 기업은 더욱더 위계화, 이윤 극대화 조직이 되고, 미디어 노동은 직종을 가릴 것 없이 동질화된다(박진우, 2011: 46). 디지털 미디어 노동자는 아날로그 미디어 노동자가 누리던 자율성이나 저항력을 갖지 못한다. 대부분의 디지털 미디어 종사자들이 노동계약서나 노동조합 없이 일하는 것도 스스로를 보위할 힘을 갖고 있지 못하다는 증거다(강정수, 2010.7.31).

디지털 노동 체제에서 기자, 프로듀서, 아나운서, 제작자 등 미디어직은 그 어느 때보다 자본과 정부의 통제를 받는다. 비정규직 비율도 급증하는 추세다. 특히 주목할 점은 디지털 미디어 종사자들이 점점 더 디지털 기술에 종속된다는 것이다. 이들은 글도 쓰고, 방송에도 출연해야 하며, 사진도 찍어야 한다. 미디어 종사자들은 하루하루 파김치가 되는 어려운 상황에 몰려 있기 때문에 이들에게 자율성이니 비판 정신이니 하는 것들은 딴 세상의 일인지도 모른다. 그런 가운데 미디어 종사자들은 경쟁에서 이기고, 이윤을 남겨야 살아남는 임금노동자로 추락하고 만다.

(2) 디지털 정보 노동

디지털 정보 노동(IT 노동)은 디지털 미디어 노동과 비교해서 훨씬 심각한 문제를 안고 있다. 디지털 미디어나 디지털 기술은 사람들에게 많은 혜택을 주지만 일부 정보기술 전문가를 제외하고는 별다른 일자리를 제공하지 못했으며, 인터넷은 경제에서 수익을 만들어내는 부분이 아니다(코웬, 2012: 88). 인터넷의 주된 기능은 생산이 아니라 유통이라는 점을 잊을 수 없다. 인터넷 강국, 디지털 선진국이라고 떠들어대지만 일자리로서 인터넷을 비롯한 디지털 정보 노동은 '속 빈 강정'이다. 디지털 정보 노동은 저임금, 장시간 노동, 고용 불안정을 상징한다. 이런 곳을 누가 가려고 하겠는가? 그러니 정보기술 및 디지털 노동시장은 노동력 공급이 수요를 따라가지 못한다. 왜 이런 현상이 생겼을까?

> 아직까지 이공계 전공자들을 '공돌이'로 보는 시각이 남아 있기 때문이다. 상당수 한국 부모들이 IT나 컴퓨터에 관심이 많은 자녀에게 '그거 해봐야 밥 먹고 살기도 빠듯하다'며 꿈을 꺾는 경우가 비일비재하다. 여기에다 개발자들의 불안한 미래, 급여 구조, 산업구조 등이 얽혀 창의적 인재 양성의 발목을 잡고 있다(김평철 전 NHN 최고기술책임자, ≪파이낸셜뉴스≫, 인터넷판, 2013.4.1).

일하는 사람이 오지 않고, 일하러 온 사람은 어떻게든 빠져나갈 궁리만 하는 것이 정보산업 노동이다. 이런 산업이 오래갈 까닭이 없다.

2. 디지털 미디어 노동의 특징

> 제작 인력과 독창적 콘텐츠가 항상 조직 운영의 중심에 있도록 하겠다. — 조지 엔트위슬George Entwistle BBC 사장(≪연합뉴스≫, 2012.9.18에서 재인용)

기술과 정보의 결합으로 생긴 디지털 미디어는 새로운 생산관계를 정립하고 있다. 미디어 산업의 전면적인 디지털화는 노동 구조, 수용자 관계 등 모든 면을 바꾼다.

1) 이념적 가치에서 경제적 가치의 이행

디지털 경제와 기술 체제에서 정보나 지식의 성격은 아날로그 체제의 것과는 다를 것이다. 그래서 디지털 미디어 노동이나 정보를 보는 시각도 많이 바뀌는 중이다.

김종한(2000: 151~162)은 디지털 체제에서 마르크스의 노동가치설이 타당한지에 대한 논쟁을 세 가지로 정리했다. 첫째는 기존 정치경제학설이 디지털 경제체제에서도 더욱 관철된다는 긍정론이다. 둘째는 마르크스 정치경제학설을 지키면서도 디지털 경제라는 새로운 조건에서 노동가치론을 재구성하는 수정·확장론이다. 셋째는 디지털 경제체제에서 정보 상품과 생산은 노동가치를 기반으로 하지 않기 때문에 노동가치설이 타당하지 않다는 부정론이다. 이에 대해 심도 있는 연구가 필요하지만, 잠정적으로 평가한다면 디지털 정보경제 구조에서 전통적인 노동가치설이 부분적으로 타당하다고 볼 수 있다. 이것은 종이신문, 지상파 방송과 같은 아날로그 미디어의 정보 생산에서도 노동가치설은 부분적으로만 타당하다는 것과 맥이 닿아 있다.

미디어 산업은 정보 상품의 생산과 유통, 저작권, 광고, 정치적 거래를 통해 가치를 실현한다. 대부분의 상품이 노동을 통해 가치를 창출하는 데 비해 정보 상품은 노동을 통해서는 약간의 가치만 창출하고 일부는 광고나 정치적 특혜를 통해 실현된다. 이것은 정보 상품의 가치가 노동, 소비, 거래 과정에서 만들어진다는 뜻이다. 이런 이유로 정보 상품은 기생성이 있다. 스스로 존재하지 못하고 다른 시장에 의지해서 존재하는 것이 정보 상품이다.

좀 더 토론할 문제는 정보 상품은 유통 과정을 거쳐 가치를 증식한다는 점이다. 이것은 정보 상품을 만들지 않아도 유통망을 가진 사업자가 정보 상품을 널리 유통시켜 이득을 얻는 것을 말한다. 디지털 기술 혁신 덕분에 정보는 더 많은 사람이 접하고, 가치도 늘어난다. 유통 가치는 이렇게 해서 만들어진다. 정보 생산에 아무런 일을 하지 않는 케이블 SO나 포털이 큰돈을 만지는 것은 유통 가치를 잘 구현하기 때문이다.

디지털 미디어 노동이 숙련노동인가 아니면 비숙련노동인가 하는 문제도 쟁점이다. 대체로 기사를 작성하는 기자의 노동은 단시간의 훈련을 받으면 된다. 즉, 기자는 비숙련노동자인 것으로 보인다. 다만 특정 분야, 예를 들면 경제, 국제정치, 법률, 건강 및 의료, 과학기술 등에 관련된 기사 쓰기는 장기간의 전문 교육을 받은 사람들이 할 수 있는 숙련노동의 일종이다. 이와 비교해 방송작가나 프로듀서는 장기간 교육과 훈련을 받아야 일을 할 수 있는 숙련노동자들이다.

하지만 디지털 미디어 노동과 관련하여 오해하기 쉬운 구석이 있다. 다음 글을 읽어보자.

> 이제 노동은 물질 노동에서 비물질 노동으로 전환되었다. 다시 말해 경제적 형태가 유형적 재산(자본, 동산, 생산수단 등)의 매매와 소유로부터 벗어나 무형적 재산(아이디어, 상상력, 정보 등)의 교환과 접속으로 바뀌었으며, 그로 인해 경제적·정치적 권력은 유형의 재산을 더 많이 소유한 사람들로부터 무형의 재산을 더 많이 소유한 사람들에게로 전이되었다(한국철학사상연구

회, 2010: 163).

이 글은 정보산업 혁명이 노동, 경제, 부의 축적에 엄청난 변화를 몰고 왔다는 점을 잘 지적했다. 하지만 정보산업 혁명의 비물질적 노동을 과대평가하는 것 같다. 사실 정보산업 혁명은 유형적 경제의 비중을 줄이고, 무형적 경제의 비중을 대폭 늘렸다. 이 때문에 노동 과정, 축적 방식, 정치권력 등 많은 것이 바뀌었다. 그러나 상상력이나 아이디어를 중심으로 하는 무형 경제가 유형 경제를 앞서는 것은 아니다. 또 정보나 아이디어가 새로운 시장을 만들고 축적을 하는 데 중요한 역할을 하지만 물질적 생산에 투입된 자본이나 생산수단보다 더 중요한 것은 아니다. 여전히 육체노동이 주가 되는 제조업이 사회 생산의 근간을 이룬다. 정보통신산업이나 할리우드 산업이 크게 발전한 미국이지만, 미국 자본주의가 몰락에 가까운 위기에 처하게 된 데에는 제조업이 와해된 탓이 크다.

2) 공급 과잉

프로듀서, 아나운서, 기자, 카메라맨, 방송작가, 카피라이터 등 미디어 직종은 구직자들 사이에서 인기가 높다. 그러나 미디어 시장은 경쟁이 심하고 이윤이 박한 곳이어서 좀처럼 고용을 증대하지 않는다. 이렇게 미디어 노동시장의 수요는 얼마 안 되는 데 비해 공급은 넘친다. 다른 나라를 보아도 미디어 직종으로의 진출은 일정한 지식과 기술 습득이 필요하고, 여기에 많은 비용이 들며, 경쟁도 무척 세서 노동시장 진입 비용이 비싸다 (어셀, 2010: 172). 미디어 노동 중에서 연예·오락 노동은 특히 공급이 수요를 압도하는 시장이다.

3) 참여 노동의 형성

(1) 수용자의 정보 생산 노동

디지털 기술의 등장으로 많은 것이 바뀌었고, 수용자의 성격도 바뀐 것이 많다. 과거 아날로그 미디어 구조에서 수용자 대중이 참여할 공간은 거의 없었다. 미디어 종사자와 정치인, 고위 공무원, 광고주, 지식인, 스타들이 정보 생산을 독차지했기 때문이다. 그러나 디지털 미디어는 이런 벽을 가차 없이 무너뜨렸다. 기존 미디어가 기업적·이념적 차원에서 정보를 잘 편집하고 재단한 것이라면, 디지털 미디어, 특히 인터넷이나 소셜 미디어는 수용자들이 자유롭게 정보를 생산하고 이용할 수 있는 공간을 마련해주었다. 정보 생산의 독점 시대가 일단 끝난 것이다. 하지만 디지털 미디어 세계가 마냥 낙관적이고 긍정적인 것은 아니다. 이 세계에서 수용자들은 쉴 틈이 없다.

정보 생산 과정에서 자본과 노동의 분리는 여전한데, 아날로그 미디어 생산 과정에서 분리되었던 노동과 소비는 사실상 통합되거나 노동적 소비, 소비적 노동으로 변한다. 이것은 사람들의 노동시간과 영역이 소비에까지 확장되어 디지털 생산 과정에서 자본의 착취가 강도 높게 진행된다는 점을 말한다.

수용자의 무보수unpaid labor 노동은 전형적으로 수용자를 쥐어짜는 행위다. 노동은 하는데 임금이 지급되지 않는 노동이 수용자 노동이다. 수용자는 광고나 콘텐츠를 더 많이, 더 다양하게 접할수록 미디어 산업과 광고주의 이윤 증식에 기여한다. 말로는 수용자 참여를 높이 평가하지만, 포털 사업자와 통신회사의 본심은 수용자의 참여 노동을 공짜로 가지려는 것이다. 올네브링(Ornebring, 2010: 60)은 시민 저널리즘이나 블로거는 무보수 노동이지만 기회비용이 들고 가치를 생산하는 노동이라고 설명했다. SNS를 비롯한 디지털 미디어는 참여 노동자라 할 수 있는 이용자가 이윤을 생산한다. 디지털 노동에서 이용자는 노동과 소비 두 영역에서 자신의 지식이나 시간 또는 돈을 쓰도록 요구받는다. 디지털 세계는 환상의 섬이 아니다.

수용자가 직접 정보를 생산하고 유통한다고 해서 모든 문제가 풀린 것은 아니다. 이것은 분명 미디어 자본과 광고주, 그리고 국가의 합작품이라 할 수 있는 전통적인 저널리즘의 위상을 격하시켰다. 하지만 수용자 정보 생산은 거대 자본을 위한 노동과 별다를 바 없는 경우가 많다는 것이다. 포털, 통신회사, 광고주는 수용자의 정보 노동을 이용하여 각자의 이익을 챙긴다. 수용자의 정보 생산물이 이유 없이 특정한 사람을 곤경에 빠뜨리기도 한다는 문제도 있다. 인터넷이나 스마트폰을 이용한 정보 유통은 전국 누구에게나 도달할 수 있기 때문에 정보 왜곡의 피해 범위가 막대하다.

(2) 수용자의 정보 소비 노동

형식적으로 수용자는 소비자이면서 생산자가 된 것이지만, 실질적으로는 생산 노동자이면서 소비 노동자가 된 셈이다. 소비가 노동이며 노동이 소비인 시대가 디지털 시대다. 디지털 미디어는 수용자의 참여가 없으면 모든 것이 중단될 정도로 수용자의 역할이 크다. 아날로그에서는 볼 수 없던 현상이다. 그렇지만 이용과 참여는 많은 돈과 시간 투자가 있어야 한다.

수용자들은 하루에 몇 시간씩 미디어를 이용하는데, 이것이 미디어 산업자본의 증식에 기여한다. 미디어 이용이 수용자에게는 정보 접촉과 문화 향유이지만, 자본에게는 이윤이며, 권력에게는 이데올로기다. 수용자가 비판적·전투적 의식을 갖고 정보를 이용하는 행위는 소비 노동이라고 할 수 없다. 그러나 이런 수용자는 극소수에 지나지 않는다. 대다수 수용자는 순응적이고 수동적인 자세로 미디어 시장에 접근해서 정보를 소비한다. 수용자들이 미디어 소비에 시간, 관심 등을 쓰면 쓸수록 미디어 기업과 광고주는 더 많은 이익을 얻을 수 있다. 세상에 공짜란 없기 때문이다. 수용자의 미디어 소비는 결국 돈과 시간, 그리고 주목이라는 물질적·의식적 자원을 고갈한다.

4) 저널리즘 노동의 쇠퇴

저널리즘과 대중문화는 산업자본주의 시대의 산물이다. 대량생산, 대량소비, 대의제 민주주의를 사회적으로 조정하는 역할이 저널리즘과 대중문화에 주어졌다면, 여기서 일하는 기자, 프로듀서, 아나운서, 작가, 연예인 등은 전문직으로서 각광을 받았다. 마르크스도 ≪라인신문≫을 비롯한 여러 인쇄 미디어의 기자로 일했다. 마르크스가 기자로서 기사나 평론을 쓸 때 기준으로 삼았던 원칙은 '사실의 변동'을 정확하고 신속히 보도한다는 것이었다(陳力丹, 2010: 47~49).

산업자본주의가 심화할수록 미디어 종사자들은 소유주와 광고주의 이익을 으뜸으로 삼았고, 국가권력과 유착해서 개인적 이득을 챙겼다. 특히 기자직에서 그런 흐름이 많았다. 인터넷과 SNS가 활성화되면서 가장 큰 타격을 받은 것이 저널리즘이고 기자들인 것을 보면 알 수 있다.

3. 미디어 노동의 통제 방식

미디어 노동은 가장 자유로운 환경에 있어야 그 기능이 정점에 이를 수 있다. 그러나 자본주의적·국가적 통제 상황에서 미디어 노동은 자유롭지 못하다. 그럼 무엇이 미디어 노동을 억압하는가?

1) 고단한 취업 여정

디지털 미디어 시대, 자유경쟁 시대가 오면 시장 규모가 팽창하고 고용을 창출함으로써 미디어 산업이 경제성장을 견인한다는 풍설이 한때 있었다. 그러나 이런 기대감은 사실이 아니었다. 디지털 미디어 시대가 활짝 열렸지만 고용 환경은 날로 나빠지는 것 같다. 그럼에도 미디어 시장에 진출하려는 사람들이 구름처럼 몰려온다. 그러나 인터넷을 비롯한 디지털 미디어는 소수의 인력만을 필요로 했다. 종편 채널이 고용을 창출하리라던 예측도 어긋났다. 종편 채널은 기존 미디어 노동시장에서 경력자를 주로 채용하거나 비정규직 노동에 의존했다.

미디어 산업은 공채로 신입사원이나 경력사원을 뽑는다. 공채는 비교적 투명하고 공정한 과정을 거쳐 사원을 선발한다는 장점이 있다. 하지만 문제점도 많다. 공채 시험은 전문성을 측정하지 못하는 소모적 시험이고, 기수 중심의 서열화를 조장하는 약점이 있다(류희림, 2007: 394~398).

미디어 산업은 글쓰기, 제작(카메라, 인터넷, 광고 등), 외국어, 사회조사방법론 등을 잘하고, 민주적 가치를 가진 사람을 채용하는 것이 정상이다. 그러나 실제 미디어 기업의 채용은 필기시험(논술, 종합교양, 국어)과 영어 점수를 기본으로 하며 오디션, 심층면접, 집단토론을 거치기도 한다(≪미디어 오늘≫, 2011.10.22). 이런 식의 채용 시험은 과거보다는 많이 나아졌지만 여전히 상식, 영어, 학벌에 의존한다. 더구나 많은 스펙을 요구하는 데다가 일부 불합리한 면접시험까지 있어 응시자를 괴롭힌다. 미디어 가운데 한겨레신문이 자격 조건을 보지 않고 신입기자를 뽑기도 해서 언론계에 신선한 바람을 몰고 오기도 했다. 하지만 이런 것은 벌써 없어졌다.

기자 채용이 큰 규모의 보수적 미디어에 밀집되어 진보적 미디어의 인력 샘이 말라간다는 점도 미디어 산업의 이념적 불균형을 증대시키는 작용을 한다. 예를 들어 한겨레신문, 경향신문, 오마이뉴스와 같은 진보적 미디어가 뽑는 신입사원의 규모는 아주 작다.

미디어가 기자 등 직원을 뽑을 때 지방대학 출신자들이 소외를 당하는 것도 뿌리가 깊다. 한때 정연주 KBS 사장이 과감히 지역 할당제를 도입하여 신입사원의 지역적 배경을 다양하게 만든 적도 있었다. 그러나 이런 좋은 제도는 오래전에 없어지고 말았다.

그런데 이상한 점이 있다. 미디어 기업은 국내외 4년제 대학교를 졸업해야 공채에 응시할 자격을 주는 관행이다. 대학 졸업 여부에 따라 언론인 자격을 제한하는 제도는 직업 선택의 자유, 평등성의 원칙을 규정한 헌법에 위반될 수 있다.

한편 신입기자의 경우 대부분 수습 기간을 거친다. 신입사원의 자질과 성격을 보겠다는 뜻일 것이다. 그러나 수습기자제는 인권 경시와 전근대적 착취 방식을 많이 담았다. 수습기자는 일정한 기간에 걸쳐 경찰서에 출입하기도 한다. 그런데 경찰서에 배치된 수습기자는 거의 24시간 늘 대기 상태이며, 먹고 쉴 시간조차 제대로 주어지지 않는다. 거기에다 비정상적인 술 문화는 수습기자의 건강까지 좀먹는다. 이런 식의 신입기자 길들이기는 파시스트 문화의 잔재다. 미국의 칼럼리스트 글리오나J. M. Glionna는 한국의 언론계에 대해 수습기자cub reporter 때부터 장시간 노동과 강요된 음주 문화, 그리고 인권유린 등을 경험하기 때문에 출발부터 잘못된 관행을 체득한다고 비판했다(*LA Times*, 인터넷판, 2010.2.19).

2) 비정규직 양산

2010년 3월 통계청은 경제활동인구에 대한 조사 자료를 발표했다. 이에 따르면 우리나라는 약 1,800만 명의 노동자를 고용하는데, 이 중 정규직이 833만 명, 비정규직이 828만 명으로 나타났으며, 비정규직 노동자의 임금은 정규직 노동자의 46.2%라고 한다(≪미디어오늘≫, 2010.6.23, 5면). 노동인구 2명 가운데 1명은 나쁜 조건에서 일하는 비정규직이다. 미디어 산업 노동은 다른 산업보다는 나은 편이지만 직업 안정성이나 독립성이 하루가 다르게 나빠지고 있다. 이것은 비정규직 노동자의 비중이 높아가는 것만 보아도 알 수 있다.[91] 2010년 현재 4만 7,896명의 미디어 종사자들이 일하고 있는데, 그중 정규직이 79.1%, 비정규직이 20.9%로 나타났다. 비정규직 비중이 전년에 비해 6% 늘어난 것이다(≪신문과 방송≫, 2010.10).[92] 좀 더 자세히 비정규직 현황을 보자(〈표 5-1〉 참조).

2011년 기준으로 신문산업의 비정규직 기자는 21.6%였다. 2009년에는 16.8%, 2010년에는 20.5%였다. 비정규직 비중이 꾸준히 늘어나는 추세다. 신문 종류별로 보면 일간지 7.3%, 주간지 31%, 인터넷 34.3%로 나타났다(한국언론진흥재단, 2012b: 145).

미디어 산업의 비정규직 비중이 점차 커지는 것이 문제이고, 더 큰 문제는 정규직조차 고용 안정성이나 노동 자율성이 떨어진다는 점이다. 사기업 형태의 미디어보다는 공영방송 같은 공기업 형태의 미디어가 비교적 안정적인 고용을 보장한다는 점에서 긍정적이다. 그럼에도 방송산업이 비정규

91 비정규직 비중은 조사 방법에 따라 조사마다 조금씩 다르게 나온다.

92 비정규제, 계약제 등 이른바 유연 노동을 통한 고용 방식은 자본이 미디어 노동을 제압하는 효과적인 방법이다.

표 5-1 | 미디어 종사자의 비정규직 비율

전체 미디어 종사자 가운데 비정규직 비율	20.9%
신문 종사자 가운데 비정규직 비율	23.9%
일간지 종사자 가운데 비정규직 비율	16.8%
전문 주간지 종사자 가운데 비정규직 비율	37.4%
방송 종사자 가운데 비정규직 비율	7.8%
공영방송 종사자 가운데 비정규직 비율	6.1%
인터넷 신문 종사자 가운데 비정규직 비율	35.4%

자료: ≪신문과 방송≫, 2010년 10월, 87~88면.

직 비중을 늘려가는 것은 방송의 공공성에 부정적인 영향을 준다. 이종구(2009: 59)의 조사를 보면, 비정규직 연출자는 불안정한 고용관계와 저하된 노동조건에서 일한다. 또 이들은 노동기본권, 생존권을 보장하는 법적·제도적 보호를 받지 못하며, 사회안전망에서도 벗어나 있다. 게다가 신규 비정규직 연출자는 교육이나 숙련을 할 기회를 갖지 못한 채 제작 현장에 투입되며, 조기 퇴직이 일반적인 현상이다(이종구, 2009). 노동환경건강연구소가 비정규직 방송 노동자를 대상으로 실태를 조사한 결과, 지상파 방송에서 원청, 하청, 파견, 용역 따위의 조건에서 일하는 노동자의 55.6%가 월 150만 원 미만의 임금을 받는다(≪한겨레≫, 2011.12.22, 15면). 비정규직 방송 노동자는 같은 일을 하는 정규직 방송 노동자 임금의 1/4 수준을 받는다. 방송산업의 이윤이 주로 어디에서 나오는지 알 수 있는 대목이다. 비정규직 방송 노동자들은 자신들의 비참한 처지를 이렇게 한탄한다.

> 나는 지상파 FD다. 외주제작사에서 6개월 정도 일하다 2년 계약으로 지상파에 입사했다. 그러나 겉모습만 '직원'이고 실제는 '값싼 외부 인력'으로 취급받는다. '어디 외주가 와서 설치냐', '너는 그 돈 받고 왜 그렇게 열심히 일하냐'는 공채 선배들의 말을 들었다. 외주제작사 시절에는 한 달 월급이 60~70만

원이었고 지금은 130~140만 원을 받는다. A 용역업체에서 파견계약 상태라 문서상으로는 이 방송사와 아무 관계가 없다. 용역업체는 내 월급에서 50만 원 정도를 떼어간다. 사람의 가치가 돈으로 매겨지는 건 아니다. 하지만 일할수록 자존감은 줄어들고 기계 속의 부품으로 느껴진다. 공채 PD와 같이 있으면 서로 월급 얘기는 하지 않는다. 공채와 나눠지는 자괴감은 얇은 월급봉투의 서러움보다 가슴에 맺힌다. 10년차 외주제작사 선배들은 1~2년차 공채 PD의 눈치를 본다. 며칠 밤을 새워도 야근수당은 일정액만 나온다. 퇴직금은 1년 단위라 11개월 하고 그만두면 받을 수 없다. 연봉조정권도 없다. 주는 대로 받아야 한다. 처음엔 부당하다고 생각했지만 점점 익숙해졌다(≪PD저널≫, 인터넷판, 2011.5.4).

보다시피 비정규직 방송 노동자의 고용 및 작업 환경은 척박하기 이를 데 없다. 그런데도 이들이 의지할 데라고는 한군데도 없다. 이번에는 외주제작사에 소속된 프로듀서의 노동조건에 관한 내용이다.

나는 독립 프로덕션 소속 PD다. 지상파 케이블에서 교양 프로그램을 만들고 있다. 2002년부터 FD 생활을 했고, AD 생활은 5년 했다. 10년간 장비는 발전했지만 제작 환경과 인력에 대한 처우는 바뀌지 않았다. 지금 월급은 100만 원 정도다. 수당 개념이 있다면 두세 배는 더 받았을 거다. 연출을 직접 하게 되면 일한 만큼은 벌 수 있다고 하지만 아직까진 막연하다. 프리랜서로 남들에게 명함이라도 내밀려면 PD 몇 년 차에 프로그램 몇 개는 해야 한다. 프로덕션이 방송사에 납품을 하는 상황에서 저작권은 꿈도 못 꾸고 있다. 방송사는 대기업이고 프로덕션은 하청업체다(≪PD저널≫, 인터넷판, 2011.5.4).

이런 식의 노동 착취는 방송, 인터넷, 연예·오락 산업 등에서 보편적이다. 임금, 고용 안정, 노동 자율성, 복지 등 모든 면에서 인간 이하의 대접을 받는다. 그러니 비정규직 미디어 노동자는 하루도 편할 날이 없다. 어떻게 이런 시스템이 유지될 수 있는가!

미디어 노동 가운데 신문 배달 노동의 여건도 나쁘기로 악명이 높다. 배달 노동자들은 새벽부터 무거운 신문지를 들고 수십 가구, 수백 가구를 돌아다닌다. 배달 노동자의 값싼 노동력이 없었다면 독자들은 쉽게 신문을 접하지 못했을 것이며, 신문자본의 축적은 어림없었을 것이다. 그러나 이들이 받는 대접은 열악하기 그지없다. 심영섭(2010: 96~98)은 신문 배달원의 상태를 다음과 같이 보고했다.

> 첫째, 신문 배달원은 불법적인 고용 형태가 많다.
>
> 둘째, 1990년대까지 신문 배달원의 다수를 차지했던 것이 고학생들의 부업이었으나, 이제 주로 전업주부나 전문 부업으로 노동의 주체가 바뀌었다.
>
> 셋째, 신문 배달원의 대다수는 사회적 안전망 밖에 방치되어 있다.

신문 배달 노동자들이 정당한 보수를 받지 못하는 것이 문제다. 이들은 자신들이 배달하는 신문 부수별로 보수를 받는데, 광고 전단지의 배달료는 받지 않는다. 여기서 수탈이 생긴다. 한국과 달리 영국을 비롯한 많은 나라에서는 신문 외에 광고 전단을 배달하면 그에 따른 배달료를 더 준다. 노동에 따라 수익이 생겼는데 이를 배달원에게 배당되지 않는 것은 이상한 일이다.

이런 여러 가지 정황을 살피건대 미디어 인력 고용구조가 몇 가지 점에서 파행적이다. 첫째, 비정규직 고용이 빠르게 확산되고 있다. 둘째, 서울대, 연세대, 고려대 중심의 편향적인 선발 구조가 고착되었다. 셋째, 여성의 경우 외모를 중시하여 뽑는다는 비판을 받아왔다. 넷째, 미디어 종사자 채용 기준이 투명하지 않은 사례도 많다. 다섯째, 지역 미디어 환경이 위축됨에 따라 지역 미디어는 신규 인력의 고용을 극소화하고, 저임금·비정규직 고용이 확대되고 있다.

비정규직 문제가 해법은 보이지 않지만 해결하려는 노력이 쌓이면 무언가 탈출구가 있을 것이다. 하지만 정상근 미디어오늘 기자가 설명한 대로 비정규직 노동자의 현재는 물론 미래도 그다지 녹록해 보이지 않는다.

> 비정규직은 '버린 자식'이다. 무분별한 용역·외주의 법적 기반을 마련한 국가에 버림받고, 이를 시행하는 회사에 버림받고, 옆에서 같이 일하는 정규직 '형님'들에게 버림받았다. 비정규직 문제가 사회적 화두에 올라 누구나 비정규직을 입에 올리지만, 막상 자신의 손익이 걸리면 비정규직은 다시 버린 자식이 된다(≪미디어오늘≫, 2011.2.14).

그래도 비정규직 노동자가 삶의 근거를 찾지 못하면 한국 사회의 다른 문제도 풀리지 않는다. 이 말은 비정규직 노동 문제의 해결이 우리 사회의 문제를 푸는 시금석이란 뜻이다.

3) 업무 통제

미디어 산업이 자본과 권력의 세상인 한 조직민주주의나 노동 자율성은 위협을 받는다. 미디어 기업 내부의 관료적 통제는 미디어 노동의 자율성을 위축시킨다. 공영방송도 정치권력을 비판하는 뉴스나 프로그램을 제작하기는 대단히 어렵다. 4대강 사업, 천안함 사건, 국정원의 선거 개입 사건 등 사회적 관심이 크지만 정치적으로 민감한 내용은 사실상 내부 검열체제에 의해 걸러진다. 미디어오늘의 정철운 기자는 방송사의 엄격한 관료적 통제 때문에 제작 자율성이 훼손된다면서 이렇게 썼다.

> 왜 KBS 스타 PD들이 CJ로 가는 것일까. PD들 입장에선 KBS만큼 안정적인 시청률을 보장받는 곳도 없다. 복지 등 처우도 좋고, 공영방송에서 일한다는 자부심도 가질 수 있다. 하지만 PD들은 떠나고 있다. 이를 두고 KBS 특유의 관료적 조직 분위기와 KBS의 '올드 플랫폼화'가 창조적인 직업에 해당하는 PD와는 잘 맞지 않기 때문이란 지적이다(≪미디어오늘≫, 인터넷판, 2012.12.5).

KBS는 직원 처우가 가장 좋은 미디어 기업 중 하나다. 사회적 영향력도 대단하다. 그런데도 PD들이 '좋은 직장' KBS를 떠나 케이블 채널이나 외주 제작사로 옮기고 있다. 기자들도 임금이나 영향력 면에서 어림도 없는 팟캐스트 등으로 일터를 옮기기도 한다. 독립성과 자율성이 결여된 KBS의 조직 문화가 제작자의 이직을 재촉하는 것 같다.

4) 임금 통제

미디어 산업의 임금체계는 양극적이다. 〈표 5-2〉에서 보듯이 광고, 방송 분야의 종사자는 소프트웨어 개발, 출판, 오락 분야의 종사자보다 두 배 가까운 임금을 받는다. 같은 분야에서 일한다 해도 미디어의 규모에 따라 임금격차가 상당히 크다.

표 5-2 | 상장 미디어 관련 기업의 직원 평균임금

업종	직원 수(명)	평균 연봉(만 원)
통신업	47,157	6,320
광고업	2,249	5,893
전자업	247,382	5,783
방송업	7,225	5,680
소프트웨어 개발업	14,050	3,867
출판업	1,396	3,834
엔터테인먼트업	2,364	3,311

자료: ≪재벌닷컴≫, 2013.5.26.

자본이 자본인 까닭은 직원을 고용하고 임금을 줄 수 있기 때문이다. 임금은 자본이 노동을 통제하는 끈이다.

5) 광고주 눈치 보기

산업자본주의 시대에 미디어는 독과점 시장이고, 영향력도 많았다. 미디어는 선거, 국가정책에서부터 문화에 이르기까지 온갖 것에 다 끼어들어 참견했다. 정권과 광고주도 미디어 앞에서 고개를 조아렸다. 그러나 다양한 디지털 미디어가 확산되고, 시장 경쟁이 증대하며, 수용자 시장이 세분화되자 전통적인 대중 미디어의 필요성이나 영향력은 급감했다. 상대적으로 광고주의 힘은 증강되었다. 더구나 빈번한 경제 위기로 인해 광고 시장이 요동치자 광고주의 힘은 더 세졌다. 광고주의 세상이 온 것이다. 특히 신자유주의는 광고주 지상주의 시대를 활짝 열었다.

미디어 기업은 광고주가 무엇을 좋아하고 싫어하는지 잘 알아서 뉴스와 프로그램을 만든다. 거기에다 방송의 간접광고까지 허용함으로써 프로그램의 상업화는 한층 심해졌다. 방송법에 따르면, 프로그램 시간의 5% 범위에서 특정한 상표를 노출할 수 있으며, 광고의 크기는 전체 화면의 1/4을 넘지 못하도록 했다.[93] 광고주가 침범하지 못했던 드라마나 프로그램 내용에 간접광고를 빌미로 직접 통제할 수 있게 되었다. 지상파 방송사는 중간광고를 허용하라고 정부와 국회를 압박하는 지경이다.

광고주는 미디어 기업의 숨통을 쥐고 있는 물주다. 미디어 기업에 수용자는 광고주를 끌어들이는 데 쓰이는 마중물이다. 미디어는 광고주들이 선호하는 수용자의 입맛에 맞추려 한다. 때로는 중산층 소비문화를 창조함으로써 대량소비의 문화적 환경을 제공한다. 그러나 소비문화를 통해 인위적으로 소비를 부양한다고 해서 과잉 생산의 문제가 해결되는 것은 아니다. 문제는 또 있다. 소비자들이 소비에 따른 지출을 감당하지 못해 빚을 지는 것이다. 소비문화의 표적인 중산층이 사라지는 것도 광고주와 미디어 기업을 곤혹스럽게 만든다. 비주류, 소수파, 가난한 계층의 수용자는 미디어 산업에 적색 고객일 뿐이다. 미디어 산업에서 이들은 아예 무시당하거나 주변부 취급을 받는다.

6) 정보원 통제

기자가 어떤 자료, 어떤 정보원을 갖고 기사를 쓰느냐에 따라서 기사의 질이나 방향이 달라진다. 그런데 기자나 미디어가 사실을 바탕으로 기사를 썼으면 좋겠으나 대부분 자신들이 속한 집단의 이익에 따라 기사를 쓰는

93 간접광고는 미국을 제외하고 많은 나라에서 금지되었다. 그러나 광고주, 방송사 모두 간접광고의 허용을 강하게 요구한 데다가 미국 드라마의 간접광고가 강력한 영향력을 발휘하는 데 마땅치 않게 생각한 나라에서는 간접광고를 허용해 맞불을 놓았다. 영국이 그렇다. 영국 커뮤니케이션청(Ofcom)은 2011년부터 드라마와 쇼 프로그램의 간접광고를 허용했다. 다만 시사, 어린이, 종교 프로그램의 간접광고는 여전히 금지되어 있다.

표 5-3 | 미국 주류 미디어의 경제 뉴스에 나타난 정보원의 성격

(단위: %)

뉴스 종류/정보원	정부	업계	일반 시민/노동자	노조
경제 뉴스 일반	31	34	11	3
최저임금 관련 뉴스	39	27	11	6
고용 관련 뉴스	19	57	6	2
무역 관련 뉴스	55	15	4	5

자료: Madland(2008: 6~7)에서 정리한 것이다.

경우가 많다. 이상하게도 기자들은 기사를 쓰기 위해 정보원을 선택할 때 자기들의 주장을 뒷받침하는 사람을 주로 선택한다. ≪동아일보≫ 기사의 정보원을 분석한 임영호와 이현주(2001: 323)의 연구를 보면, 기사에 인용된 정보원은 관리자나 대변인이 많았고 노동자는 적었다. 그런데 사회면 기사에는 노동자들이 정보원으로 자주 등장한다. 이들 연구자는 노동자들이 흥미나 선정성 위주의 연성 뉴스에 많이 등장하지만, 권력 자원의 분포와 관련된 주제가 쟁점이 되는 정치 기사나 경제 기사와 같은 경성 뉴스에서는 배제된다고 분석했다. 신문이 별로 심각하지 않은 사안에 대해서는 노동자를 자주 등장시켜 공정하다는 인상을 주지만 노동정책이나 노사 분규에 대한 보도에서는 노동자 정보원이 잘 나오지 않는다. 이렇게 미디어의 반노동적 성향은 보편적이다. 미국 미디어라고 해서 다를 것이 없다. '미국진보센터Center for American Progress'의 매드랜드D. Madland 연구원이 미국 주류 미디어mainstream media의 경제 뉴스 정보원이 누구인지 분석한 결과 업계와 정부에 치우쳤다고 한다(Madland, 2008).

〈표 5-3〉을 보면 미국 주류 미디어에 나타난 경제 뉴스의 정보원은 60~70%가 정부와 업계에서 나왔다. 그만큼 경제 뉴스가 정부와 기업의 의견을 경청한다는 뜻이다. 반면 노조나 노동자의 견해는 턱없이 적게 반영한다. 그것도 교묘히 색칠해서 인용하는 등 삐뚤어진 정보가 많았다고 한다.

7) 국가의 미디어 통제

국가는 다양한 방식으로 미디어 노동을 통제한다. 법과 정책에 의한 규제, 공직 자리 주기, 정부 광고비 등을 통해 국가는 미디어 기업을 관리하고, 저널리즘 노동을 통제한다. 특히 대통령은 막강한 힘으로 미디어 규제 기구를 관리한다. 대통령이 미디어 규제 기구와 공영방송 경영진 인사권을 쥔 상태에서 방송이 자유로울 턱이 없다.

4. 공공 지식인으로의 진화

미디어 생산 노동은 두 갈래로 나뉜다. 하나는 미디어 노동인데, 이것은 자본의 지시에 따라 정보나 대중문화를 만들고 유통함으로써 이윤 또는 영향력을 얻으려는 노동이다. 미디어 노동은 진실 추구나 정의 구현보다는 이윤, 권력, 영향력 따위를 추종한다. 이와 반대되는 개념이 언론 노동이다. 이것은 정보나 문화 생산을 통해 진실과 정의를 추구하고 공익적 가치를 으뜸으로 삼는 노동을 말한다.

≪미디어오늘≫(2011.5.19)에서 지적했듯이, 미디어 산업 간, 기업 간, 기자 간 "생존경쟁이 더더욱 치열해졌으며, 기자들 개개인도 진실 보도보다는 자사나 자신의 이해에 따른 보도를 더 많이 강요당하는 현실"에서 이들이 만드는 저널리즘은 민주주의 및 공공성의 원칙과는 더욱 멀어지는 모습이다. 아침 신문을 읽고 저녁 뉴스를 시청한 사람이라면 저널리즘이 권력과 기업의 편에 서 있음을 느낄 때가 많다. 그런 가운데서도 기자들이 언론의 자유, 전문적 가치 추구, 비판적 의식, 약자 배려와 같은 가치를 추구함

으로써 단순한 봉급생활자를 넘어서 사회 비판 의식을 생성하는 언론인으로 거듭나려고 한다. YTN, MBC의 공정 보도 운동, 한국일보, 부산일보의 편집권 독립 투쟁이 상징적이다.

1) 진실 추구

기자들에게 필요한 소양은 사물을 비판적으로 접근하는 안목이다. 김규원 한겨레신문 기자는 기자가 자본이나 관료를 경계하고, 스스로 회사원이 되지 않도록 주의하자고 말했다(≪신문과 방송≫, 2012.8, 45면). 이런 의식이 있어야 기자들은 사실을 찾고 진실을 추구하려고 한다. 리영희 교수는 1977년에 쓴 『우상과 이성』에서 "나의 글을 쓰는 유일한 목적은 진실을 추구하는 오직 그것에서 시작되고 그것에서 그친다"라고 말했다. 진실 추구는 모든 나라 지식인들에게 공통된 임무다. "진실이 은폐되는 나라는 망한다"라는 미국 언론인 로버츠P. C. Roberts의 말도 같은 맥락이다(Roberts, 2013. 3.18). 사실과 대립하고 진실을 외면한 미디어가 활개를 치는 나라는 정상이 아니다.

진실 추구는 비단 미디어 종사자에게만 해당하는 것이 아니라 지식인 모두가 따라야 하는 원칙이자 상식이다. 이에 양심적인 미디어 노동자들은 사실을 발견하고 진실을 수호하기 위해 모든 것을 바쳐왔다. 이들은 노조 운동을 통해서, 때로는 취재 현장에서 진실 하나를 얻기 위해 두려움을 떨치고 나서기도 했다. 2010년 8월 태풍 뎬무가 부산을 몰아칠 때 취재하다 순직한 손명환 KNN 기자는 언론인의 표상이다. 그는 태풍 현장을 카메라에 담기 위해 부산 광안리의 민락동 방파제에서 취재하던 중 해일에 쓸려갔다. 그런데도 손 기자는 죽을 때까지 카메라를 놓지 않았다. 우장균 한국 기자협회장은 손 기자를 이렇게 기렸다.

> 태풍 뎬무가 대한민국을 덮쳐올 때 손 기자는 태풍 속으로 들어갔습니다. 손 기자의 오른손엔 여느 때처럼 육중한 ENG 카메라가 들려 있었습니다. 거센 파도가 손 기자의 온몸을 덮쳐올 때도 그는 카메라를 놓지 않았습니다. 손 기자가 그때 카메라만 놓았다면 아마 오늘 우리와 함께 한국기자협회 창립 46주년을 축하했을 것입니다. 그는 기자이기에 카메라를 놓지 않았습니다. 카메라엔 시민들에게 알려드릴 생생한 태풍 현장이 담겨 있었습니다. 국민들에게 재난이 될 수 있는 상황에서 시민의 안전을 위해, 그리고 국민의 알 권리를 위해 손명환 기자는 태풍 속으로 들어갔습니다(≪기자협회보≫, 2010. 8.17).

이렇게 미디어 노동자는 자연재해로 인해 죽기도 하고 다치기도 한다. 또 때로는 정권에 의해 구속되기도 하고, 미디어 기업에 의해 해직되기도 한다. 이런 희생 속에서 언론의 자유와 민주주의가 이 땅에서 여명을 보인 것이다.

미디어 종사자들은 자주적 노동환경을 위해 노동조합을 만들고 투쟁한다. 그러나 경영진이나 국가는 미디어 노동자를 예속시키기 위해 갖은 방법을 다 동원한다. 그런데도 기자를 비롯한 종사자들은 자신이 회사에서 자유로운 존재라고 주장한다.[94] 그러나 실제 조사를 해보면 기자를 비롯한

94 미국 저널리즘에서 기자의 자주성은 제대로 보장되지 않음에도 자신들이 마치 대단한 자유를 누리는 듯 허풍을 떨었다. 이에 언론 비평가로 활동한 조지 셀더스(George Seldes)는 “저널리즘 역사에서 가장 멍청한 허풍은 기자들이 회사의 지시를 받고 기사를 쓴 적이 한 번도 없다고 말하는 것”이라는 말을 남겼다.

제작자들은 자율성이 없거나 위축된 상태에 있다고 고백한다.

양심과 사상의 자유를 보호받으려면 기자를 비롯한 미디어 종사자들이 스스로 양심을 지키려고 노력해야 한다. 기자 또는 프로듀서가 광고주나 취재 대상에게 돈이나 향응을 받는 등의 비양심적 행위는 절대 안 된다.[95]

2) 언론의 자유 쟁취

남재일(2013.10.30)은 언론의 자유 또는 언론의 자율성이란 정치적 독립, 경제적 독립, 무능과 탐욕으로부터 기자의 독립, 시민의 독립이라고 말했다. 하나같이 만만치 않은 것들이다. 그럼에도 언론과 기자의 독립성을 강조하는 것은 언론의 독립과 자유의 수준이 정보 내용에 상당한 영향을 미치기 때문이다. 기자나 프로듀서 등 정보 생산자는 권력을 비판하는 일을 하기 때문에 언론 자유가 보장되지 않으면 비판적 보도나 공정한 뉴스의 기능이 위축될 수밖에 없다.

진정한 의미에서 언론의 자유는 자본의 자유가 아니다. 오히려 자본을 감시하고, 권력을 비판하는 자유가 언론 자유의 본질이다. 도정일 경희대 교수는 언론과 표현의 자유가 자본과 권력의 손에 들어가면 타락의 자유로 돌변할 수 있다고 경고했다. 그는 “우리 사회의 지배적 언론 조직들은 객관성과 공정성의 준수 같은 공익적 책임을 방기하고 몰수하는 것을 언론의

95 선진 미디어 기업은 종사자들에게 투명한 도덕성을 요구한다. 한 가지 사례를 보자. 톰슨로이터 계열의 경제 전문 웹사이트인 브레이킹뷰스(Breakingviews)는 경제 칼럼니스트인 닐 콜린스(Neil Collins) 기자를 해고했다. 콜린스 기자는 자신이 보도했던 기업의 주식을 보유한 사실을 숨겼다는 이유로 해고당했다(≪연합뉴스≫, 2010.10.19). 특정 기업의 주식을 가진 기자가 보유 사실을 알리지 않은 채 그 기업에 대해 보도하는 것이 비윤리적이라는 회사의 규정에 따른 것이다. 미디어가 서릿발 같은 도덕과 윤리 기준을 지키고 있다는 사례다.

자유라고 생각하는 극단적 이익집단"으로 타락하고 있다고 비판했다(도정일, 2008: 355). 이것은 사회정의 및 미디어 공공성이 바로 세워지지 않은 상태에서 미디어 산업이 권력과 이윤을 좇기 때문에 생기는 결과다.

언론의 자유는 본디 시민과 언론인의 합작품이다. 이들은 민주주의와 언론의 자유를 쟁취하기 위해 투쟁해왔고, 그 과정에서 숱한 고통과 경험을 공유해왔다. 그러나 1990년대 이래 이윤 추구에 집착하고 보수 이념에 매달리는 신자유주의로 인해 미디어 산업은 미디어 노동자를 돈 버는 기계로 타락시키고, 시민의 언론 자유를 무시한 채 자본의 언론 자유를 추종해왔다. 미디어 종사자들은 자신을 죄어오는 압박을 견디지 못하고 정론 저널리즘을 포기했다. 이리하여 언론의 자유는 자본의 자유로 변질되고 말았다.

이런 흐름에서 국가권력과 자본은 자신에게 불리한 정보의 확산을 막으려 한다. 세상에서 가장 착한 집권자도 정보 규제의 유혹에 사로잡힌다. 미디어 노동자나 수용자 대중 어느 한쪽이라도 언론의 자유에 무관심하면 국가와 자본은 늑대처럼 달려들어 자유를 채간다. 정보의 규제를 최소화하고 자유롭게 말할 공간을 넓히는 노력은 미디어 노동자의 몫이다. 수용자 대중은 언론 자유 투쟁의 튼튼한 방호벽 역할을 한다.

독재정권이 아무리 눌러도 양심적인 언론인들은 어둠을 밝히려 혼신을 다했다. 그들은 진실과 시민권의 수호자 역할을 하려고 자신을 던졌다. 그래서 언론인 또는 미디어 노동자에게는 특별한 유전자가 있지 않나 농을 해본다. 강명구는 회사에서 쫓겨나기도 하고 월급도 못 받으면서 몇 달 동안 공정 보도를 주장하며 파업을 하는 방송인들을 보고 이런 말을 했다.

> 임금 인상도 아니고, 권익 향상을 요구하는 것도 아닌데, 파업을 100일 넘게 지속하고 있는 기자와 피디들의 열망은 어디에서 나오는 것일까. 월급

도 중단되고, 해고와 중징계를 무릅쓰고 중견 간부들까지 파업에 동참하고, 사장의 결단을 요구하는 간부들이 상당수 있는 것은 무슨 까닭일까(강명구, 2012: 3).

문화방송의 이상호 기자도 강명구 교수와 비슷한 질문을 던졌다.

공정 보도가 무엇일까, 과연 기자란 무엇을 하는 존재일까? 공정 보도가 뭐길래 800명에 달하는 생활인들이 자신과 가족의 희생을 무릅쓰고 저토록 힘겨운 싸움을 이어가는 것인가(이상호, 2012: 4).

진정한 언론인이라면, 즉 정론 저널리즘을 실천하고자 한다면 공익과 진실에 모든 것을 거는 것은 당연하다. 방송인들은 방송의 자유와 공정성을 쟁취하기 위해 지난 반세기 동안 많은 노력을 기울였다. 1990년대에는 KBS와 MBC가 방송 민주화를 요구하며 총파업을 벌이기도 했다. 21세기에 들어와서도 공정 보도 운동은 계속되었다. 이명박 정부 시절 MBC 종사자들은 김재철 사장의 횡포와 불공정 보도를 비판하고, 노동조합을 중심으로 장장 170여 일간 파업을 벌였다. 파업에 따른 희생은 엄청났다. MBC는 8명의 직원을 해고하고 64명을 정직시키는 등 무려 195명을 징계했다(≪시사저널≫, 2013.4.9, 28면). 이후 MBC 뉴스와 시사 프로그램에서 권력 비판성은 거의 사라졌다.

2012년 연합뉴스 노조도 보도 공정성과 편집의 독립성을 요구하면서 100일에 걸쳐 파업을 벌인 끝에 보도 공정성 제고, 합리적 인사, 뉴스 통신 경쟁력 강화, 근로여건 개선, 사내 민주화 제고, 지역취재본부 시스템 개선 및 차별 해소를 사측과 합의했다. 이 합의안을 보면 임금 인상 문제가 노사 갈등의 기본 원인은 아니다. 공정 보도, 편집권 독립과 같은 공익적·민주주의적 가치가 중심이었다.

몇 가지 사례에서 보듯이 미디어 산업에서 벌어지는 파업의 대부분은 공정 보도와 관련된 것이다. 한마디로 말해 미디어 산업의 노사 분쟁은 임금보다는 언론의 자유와 관련된 것들이 많다. 그렇기 때문에 미디어 산업의 파업을 임금이라는 좁은 안목으로 바라보는 시각은 무의미하다.

3) 사적 지식인에서 공공 지식인으로

김기현(2009: 291)에 따르면, 유교는 지식인에게 세 가지를 요구한다. 하나는 거경居敬인데, 이것은 세계와 삶을 외경으로 대하라는 말이다. 또 다른 하나는 궁리窮理로, 이것은 "만사 만물의 이치를 부단히 탐구"하라는 뜻이다. 마지막으로 역행力行이다. 역행이란 "배워서 안 것을 힘써 실천"하라는 것이다. 이대로만 한다면 지식인은 얼마든지 공공 지식인이 될 수 있다. 이와는 좀 다른 맥락에서 독일의 마르크스는 실천적 지식인론을 주장했고, 이탈리아의 그람시는 유기적 지식인론을 말했다. 동서양의 지식인론을 종합하면 지식인의 비판성, 실천성, 공공성을 공통적으로 강조한다. 특히 지식인의 공공성을 강조하는 전통은 동서고금 모두 비슷하다.

기자, 프로듀서, 아나운서, 교수, 변호사 등은 전문성을 갖고 사회적으로 발언한다. 이들 지식인은 두 갈래로 분리되는데, 공공 지식인과 사적 지식인이다. 공공 지식인은 사회 공공성과 공익성을 이루고자 지식을 전파하는 지식인이며, 이와 반대로 사적 지식인은 권력이나 자본의 편에 서서 지지하고 도와주는 대가로 사익을 챙기는 지식인이다. 언론 종사자들이 노동자이면서 동시에 공공 지식인으로서 역할을 하는 사회는 미래의 전망이 밝다

할 것이다. 공공 지식인으로서 언론 노동자들이 사회 비판을 게을리하지 않는 한, 사회적 문제들이 공론을 통해 해결될 가능성이 크기 때문이다.

4) 즐거움이 있는 글쓰기

미디어 종사자들에게 절실히 필요한 덕목은 글쓰기 능력이다. 복잡한 현상도 간단히 표현하고, 글 속에 이야기가 있어 읽는 사람, 보는 사람에게 즐거움을 주는 미디어 노동은 사람들의 마음을 사로잡는다. 훈계형, 계몽형, 자극성 글쓰기로 사람의 마음을 끄는 데는 한계가 있다. 옛 선비들의 글 가운데 본받을 만한 사람은 연암 박지원과 다산 정약용이다. 그리고 현대 지식인 중에서는 리영희의 글쓰기가 주목을 받았다. 한양대 동아시아문화연구소의 박수밀(2013) 교수에 따르면, 박지원의 글쓰기는 '진부함을 꺼린다'는 말로 압축된다. 박지원[96]은 "진심의 글을 써라, 아프고 가렵게 하라, 지금 눈앞을 담아라, 흠과 결점을 보여주어라" 하는 글쓰기 사상을 정립했다(박수밀, 2013: 79~110). 정약용과 리영희도 고통을 감내하면서 진리를 찾는 글쓰기에 주력했다. 기자, 교수 등 지식인들은 다른 무엇보다도 진실 앞에서 즐거움을 찾는 일이 본업이 아닌가 한다.

5) 비판적 미디어 노동 문화의 창조

미디어 종사자는 공공 지식인 역할을 하라는 사회적 압박을 받는다. 그

96 박지원의 글쓰기 과정을 관찰한 박수밀은 이렇게 설명했다. "탐구심으로 관찰하기 – 자연 사물과 교감하기 – 자료 모으기 – 제목에 따라 구상하기 – (내용 조직하기) – 협력적 글쓰기 – 수정하기"(박수밀, 2013: 123).

러나 미디어 종사자들이 공공 지식인으로만 굳어지는 것은 좋지 않다. 그들은 결국 임금노동자이기 때문에 비판적·저항적 힘을 갖는 노동 문화가 필요하다. 이성철 창원대 사회학과 교수는 노동자계급 문화의 특성을 이렇게 짚었다.

> 첫째, 노동자계급 문화는 계급 개념이 지니고 있는 것과 마찬가지로 대항의 관계 속에서 구체적으로 생성되는 것이다. 그러므로 자본주의적 사회관계의 본질에 대한 대안적 이념을 갖출 수 있는 것이어야 한다. 둘째, 대안의 창출은 지배적인 사회구조에 대한 맞섬이기 때문에 노동자계급 문화는 당연히 정태적일 수가 없다. 여기서 노동자계급의 문화 실천이 중요하게 부각된다(이성철, 2009: 28).

미디어 종사자들이 노동자임에 틀림없지만 이들은 정보권력을 누리고, 사회적 지위가 있기 때문에 전형적인 노동자는 아니다. 기자, 프로듀서, 아나운서, 방송작가 등 미디어 종사자는 글쓰기, 말하기를 전문으로 하는 노동자들이다. 최지선의 조사에 따르면, 프랑스 기자는 노동법 제711조에 규정된 대로 "하나 또는 복수의 언론사, 통신사에서 전문적인 활동을 통해 급여를 받는 사람"이다(≪신문과 방송≫, 2013.9, 102면). 꼭 프랑스의 사례를 들지 않아도 기자를 전문직 노동자로 보는 것은 여러모로 타당하다. 이 점을 인정하면서 미디어 노동자론을 전개해야 설득력을 가진다.

6) 전문성 확립

전문성professionalism이란 개념은 중간계급에 속한 의사, 교수, 법조인 등의 독립성과 자율성을 보호하기 위해 동원되는 이념적 상징이다. 미디어 산업에서도 전문성은 중요한 개념이다. 미디어 종사자의 전문성은 자유와 독립, 그리고 지적 전문성을 포괄한다. 채민기 조선일보 기자가 "오늘날 기자들이 전문가가 되기를 요구받고 있다"라고 진단한 것은 적합한 판단이다(≪신문과 방송≫, 2012.8, 49면).

그렇지만 아무리 전문성을 강조해도 기자와 같은 전통적인 미디어 직종은 다방면으로 위협을 받는다. 기자, 변호사 등 정신적·지적 종사자들은 전문 지식을 무기로 상당한 독립성과 권한을 누렸지만 시장이 이들을 그냥 두지 않는 것이 그 이유다. 시장은 이들을 임금노동자로 끌어내리거나 정계로의 진출을 유혹한다. 더구나 시장은 냉정해서 수용자의 주목을 끄는 능력을 가진 기자만을 생존시킨다. 그래서 기자들은 자극적이고 선정적인 제목을 달고 내용도 그런 방향으로 채운다. 그렇기 때문에 기자의 전문성은 점점 더 멀어지는 추세다. 예전에는 기자가 거대한 미디어 기업의 브랜드를 배경으로 손쉽게 정보를 얻을 수 있었고 영향력을 행사했지만, 지금은 수용자들이 이메일, 블로그, 소셜 미디어 등을 이용해서 얼마든지 다양하고 전문적인 정보를 접할 수 있다(PEW, 2009).

7) 약자에 대한 배려

다른 어떤 것보다 언론인에게 필요한 덕목은 약자의 처지를 고려하고 배려하려는 따뜻한 마음이다. 이런 의지가 다른 어떤 것보다 중요하다. 부자보다는 서민에게, 여당보다는 야당에 좀 더 눈길을 주는 것도 언론인들이 가져야 할 덕목이다. 사실 어려운 처지에 있는 사람을 도와주는 것은 언론인에게만 필요한 덕목이라기보다는 사람이라면 반드시 가져야 할 가치다. 기자, 프로듀서, 교수, 법조인, 종교인, 의료인 등 지식인들이 어려운 처지에 있는 사람을 배려하는 정신을 공유하는 사회는 걱정거리가 없을 것 같다.

6장

한국 저널리즘의 전개

저널리즘은 사회가 어떻게 돌아가는지에 대해 다양한 미디어를 이용하여 사실적으로 보도하는 행위이자 제도이다. 위키피디아는 저널리즘에 대해 진실, 공개, 편집의 독립성을 기초로 삼아 대중에게 뉴스 및 기타 정보를 제공하는 서비스라고 설명했다.[97] 오래전에 마르크스도 사실 보도를 저널리즘의 기본이라고 지적했다. 그는 '사실의 변동'에 대해 보도하는 것이 뉴스라고 말했다. 이것은 저널리즘이란 사실의 변동을 추적하고 보도하는 행위임을 뜻하는 것으로 해석할 수 있다(陳力丹, 2010: 47). 헝가리 출신 철학자인 루카치György Lukács는 저널리즘을 '자본주의 물화의 가장 기괴한 구현체'라고 평했다고 한다. 이것은 저널리즘이 이윤에 기초한 자본주의 산물이며, 정보와 문화라는 정신적 공간을 돈벌이로 만들었다는 비판이다.

봉건 시대에 싹터서 산업자본주의 시대에 활짝 핀 저널리즘은 왕권, 신권에 맞서 정치적 자유, 상업의 자유를 주창했다. 저널리즘은 식민지라는 엄혹한 체제에서도 독립을 위해 분투하고, 자유를 쟁취하기 위해 투쟁하기도 했다. 예를 들어 미국 식민지 저널리즘은 영국의 지배에서 독립하려고 노력했다. 우리나라 저널리즘은 이와는 다른 길을 걸었다. 구한말까지 우리나라 신문은 일본의 침략에 맞서 싸웠지만 일본이 조선을 강제로 합병해 식민지로 만들고 나서부터는 식민지 저널리즘으로 변질되었다. 당시 발행된 신문이나 잡지는 근본적으로 일본 식민 통치의 수단이었다.

우리나라 역사에서 저널리즘은 잠시나마 계몽주의 사상에 따라 권력을 감시하고 민족의 자주성을 주창하는 고상한 기능을 수행하기도 했다. 하지만 조선이 일본의 식민지로 떨어지자, 저널리즘은 식민지 통치 수단으로 타락하는 길을 걸었다. 해방 후에는 언론의 자유와 알 권리를 수호하기 위해

97 http://en.wikipedia.org/wiki/Journalism

투쟁한 적도 있었다. 그러나 저널리즘이 민주주의를 달성하려고 투쟁한 기간은 짧았다. 그 대신 저널리즘은 독재정권을 비롯한 국가권력과 유착해서 이익을 얻어 미디어 산업자본의 축적을 도왔다. 그나마 신문 저널리즘은 국가로부터의 독립을 주장하는 비판적 언론인들의 투쟁 덕분에 일방적으로 정권에 굴종하지는 않았다. 이와 대조적으로 방송 저널리즘은 노골적으로 국가권력의 하수인 노릇을 했다. 정부 여당이 방송에 끼치는 영향력이 워낙 커서 그렇다고 치부할 수도 있겠지만, 방송 저널리즘은 정권 비판을 할 줄도 몰랐다. 그만큼 방송 저널리즘의 권력 감시 기능이 부재했다는 말이다. 그런 가운데서도 저널리즘은 한국 수용자 대중이 나라가 어떻게 돌아가는지 대충이나마 알 수 있게 해준 정보원이었다. 저널리즘은 정치의 중심에 있었다. 1990년대까지는 신문이 저널리즘 시장을 주도하면서 정치와 민주주의에 많은 영향을 미쳤다. 그 후 방송 저널리즘의 영향력이 만만치 않게 커졌다. 21세기는 인터넷 세상이다. 인터넷은 정보 생산과 유통, 그리고 소비에 이르기까지 모든 것을 바꾸어놓았다. 정보 생산자와 소비자의 장벽을 허문 것도 인터넷이다. 더구나 스마트 미디어까지 나와서 누구든지 자유롭게 정보를 유통시킬 수 있게 되었다. 신문과 방송이 편집된 저널리즘이라면, 인터넷이나 소셜 미디어는 개방적·시민적 저널리즘을 만들었다.

이렇게 그때그때마다 발전된 기술을 이용한 저널리즘은 대중적 시사 정보를 제공함으로써 수용자들의 알 권리를 충족시키고, 민주주의 발전에도 기여했다. 저널리즘은 대중문화와 함께 소비문화를 촉진하기도 했다. 하지만 재벌·미디어·권력 복합체가 형성된 이래 저널리즘은 언론의 자유, 알 권리를 무기로 삼아 국가권력이나 자본권력과 유착하고, 언론권력을 누렸다. 이들은 광고 수입 증대나 정부로부터 얻는 특혜에 집착했다. 자연히 이들이 공급하는 뉴스는 관급 정보이거나 상업 정보가 많았다.

저널리즘은 수용자 대중을 봉사의 대상이자 통제의 대상으로 삼았다. 이들에게 정확하고 다양한 정보를 주지 않음으로써 수용자 대중 의식을 관리하려 했다. 저널리즘이 국가권력과 광고주에 유리한 정보를 만드는 사이에 수용자 대중은 저널리즘을 불신하고 저널리즘으로부터 멀어졌다. 수용자 대중에게서 불신받고 배척당할수록 저널리즘은 광고와 정부 특혜, 그리고 부대사업의 확장에 골몰했다. 수용자 대중의 저널리즘 불신은 언론 개혁으로 번졌다. 김대중 정권은 신문 사주의 탈세 등 불법행위를 처벌했다.

사실 사회 환경도 낡은 저널리즘에 호의적이지 않다. 지금은 산업자본주의 시대가 아니다. 저널리즘이 융성했던 산업자본주의 시대가 아니란 말이다. 그동안 저널리즘을 주도했던 신문의 미래는 특히 어둡다. 그래서 김남석(1999: 60)은 "전통적인 신문은 21세기 동안 사라질지도 모른다"라고 말하기도 했다. 알 안스테이Al Anstey 알자지라 영어 채널 사장은 수용자 대중이 원하는 것은 "진정성이 담긴 정보"라고 했는데(안스테이, 2013: 242), 지금의 저널리즘은 그런 정보를 만들지 못하는 실정이다. 그래서 저널리즘은 사회적으로 불필요한 존재이거나 있어도 그만, 없어도 그만인 것이 되고 말았다. 한마디로 말해 저널리즘은 아직도 살아남아 사회적 천덕꾸러기 신세를 면치 못하고 있다.

왜 이런 일이 벌어졌을까? 여기 6장에서는 저널리즘 위기의 원인과 결과가 무엇인지 검토하려고 한다.[98] 전통적인 저널리즘이 새롭게 전개되는 정보자본주의 체제에서 왜 문제가 되는지 살펴보자. 필자는 기술이나 재정

98 5장에서도 저널리즘에 대해 다루어 6장과 일부 내용이 중복된다. 다만 5장에서는 노동으로서의 저널리즘을 다루었다면, 6장은 역사와 제작 관행으로서의 저널리즘을 논의한 것이다.

이라는 국부적 요소에 의해 발생한 것이 아니라 자본주의 구조적 위기와 변동에 따른 것으로 보았다.

1. 자본주의와 저널리즘의 역사성

1) '갑질'을 하는 저널리즘

정보가 얼마나 중요한지 새삼 강조해도 쓸데없는 일은 아닐 것이다. 자연, 사회, 세계의 움직임을 잘 모르면 누구든지 살아남기 어려운 현실에서 정보를 수집하고 전파하는 행동은 생존 본능에서 나왔다. 국가나 기업도 그렇다. 수용자 대중은 특히 정확하고 다양한 정보를 필요로 하지만 그렇지 못한 현실 때문에 고통을 받는다. 이런 문제의 근원은 저널리즘의 모태인 자본주의에 있다. 이런 주장의 연장선상에서 "한국형 기자 제도는 압축성장 시대의 졸속 모델에 갇혀 아직 바람직한 진화의 방향을 설정하지 못했다"라는 이재경(2013: 32)의 지적은 통찰력이 있다. 한국 저널리즘은 전형적인 갑을 관계에서 갑의 특권을 누려왔다. 갑을 관계란 힘을 가진 갑이 그 힘의 영향을 받는 을을 괴롭히고 착취하는 상태를 말한다. 서열적 저널리즘 세계에서 미디어, 기자, 프로듀서는 갑이고, 취재원과 출연자는 을이다. 때로는 수용자 대중이 을의 대우를 받기도 한다. 갑질을 하는 저널리즘의 행태에 대해 윤형중 한겨레신문 기자는 이렇게 비꼬았다.

> 갑질하는 언론의 모습은 다양합니다. 많은 기자들이 회사 돈이 아닌 기업과 공공기관의 돈으로 해외출장을 갑니다. 기자들을 상대하는 한 홍보대행사

직원은 "한 매체의 기자가 해외출장에 가족들을 데려와 애초에 책정한 것보다 비싼 호텔 방을 예약해달라고 요구해 애를 먹었다"고 털어놓은 적도 있습니다. 일부 언론사 간부들은 기업이 출시한 신제품이나 비싼 공연 티켓 등을 출입기자에게 얻어 오라고 요구합니다. 회사 안에서는 '을'인 기자들이 울며 겨자 먹기로 취재원에게 '갑질'을 해야 하는 경우죠. 언론사가 엠티나 워크숍, 피크닉 등을 갈 때 기업이 숙박시설을 예약해주고, 기자들에게 나눠줄 각종 경품을 지원하곤 합니다. 이럴 때 센스 있게 잘 도와주는 기업은 큰돈 안 들이고 괜찮은 로비를 하는 셈이죠. 지금까지 나열한 사례들은 찌질한 갑질에 불과합니다. 진짜 언론의 갑질은 '수익'과 관련돼 있습니다. 업계에선 '광고를 받는 두 가지 방법'이 쪼찡과 조지기라고 합니다. 쪼찡은 일본 말 조친提燈에서 유래한 말로 홍보성 기사를 의미합니다. 효과는 쪼찡보다 조지는 것이 좋습니다. 2년 전 제가 한 대기업의 잘못을 지적하는 기사를 썼을 때 이 기업의 홍보실장은 "원하는 것이 있으면 무엇이든 얘기해봐라. 임원과 상의해서 최대한 들어드리겠다"고 말했습니다. 일부 언론사 간부들은 분기·반기별 광고 수주 실적을 확인한 뒤에 특정 기업을 지목해 기사 쓸거리를 찾아오라고 지시합니다. 이럴 때 괜찮은 기삿거리를 찾아서 해당 기업의 고위급 임원이 언론사로 찾아오게끔 하는 기자는 유능한 사람으로 평가를 받기도 하죠. 종편 채널을 준비했던 언론사들은 자본금을 유치하기 위해 몇몇 기업을 상대로 무력을 과시한 적도 있습니다. 지금 종편 언론사들은 거꾸로 주요 주주로 참여한 기업들의 '을'입니다. 조선일보가 동국제강, 대한항공, 에스피시SPC에 대해 비판적인 기사를 잘 쓰지 않는 이유이기도 하죠. 언론사가 참가비가 일인당 수십만 원, 수백만 원에 이르는 세미나, 포럼 등을 자주 여는 이유도 있습니다. 기자들이 갑의 지위를 활용해 출입하는 기업과 기관에 표를 팔 수 있기 때문이죠. 일부 언론들이 운영하는 투자정보 전문 뉴스 서비스 역시 기자들이 수십만 원짜리 구독권을 기업들에 판매하곤 합니다(≪한겨레≫, 2013. 5.11, 2면).

이렇게 한국 저널리즘은 돈 따라, 권력 따라 움직인다. 이에 못지않은 문제점은 저널리즘이 극우 이념을 추종한 나머지 다른 이념을 '종북'이니 '친북'이니 하면서 특정한 이념을 잣대로 덧칠하는 냉전 사고에 집착하는 행태다. 사람의 생각을 이런 편협한 이념으로 재단하는 저널리즘으로는 사회적으로 신뢰나 권위를 얻기가 힘들다.

미디어는 저널리즘을 무기로 삼아 기업에 많은 것을 요구한다. 기업 홍보실은 미디어 기업의 광고, 협찬, 행사 인력 동원이라는 삼중고를 겪는다고 한다(≪KAA≫, 2013년 7~8월호, 26~27면). 만약 기업이 이런 요구를 들어주지 않는다면 무슨 일이 생길지 아무도 모른다.

한국 저널리즘은 왜 이렇게 망가졌을까? 이것을 말하기 전에 자본주의와 저널리즘의 관계를 보자. 유럽에서 생긴 대중 저널리즘은 산업자본주의 시대에 싹텄다. 자본주의가 대중적으로 성장하는 과정에서 내건 기업과 국가의 전략이 대량생산·대량소비, 대의제 민주주의였다. 기업들은 공산품을 대량으로 소비하는 '소비 대중'이 있어야 했다. 미디어 산업도 저널리즘과 대중문화를 습관적이고 대량으로 구매하는 '미디어 대중'[99]을 필요로 했다. 광고주와 미디어 산업의 이해가 일치하는 곳은 대중문화 및 저널리즘 시장이었다. 이들은 국가의 적극적인 후원을 받아 빠른 시간에 성장의 기반을 닦았다. 그러나 주기적으로 발생하는 자본주의 위기는 자본의 수익성

99 미디어 대중이 전통적인 신문·방송의 소비자, 소극적 수용자의 의미를 담고 있다면, 수용자 대중은 참여와 소통, 그리고 연대를 지향하는 새로운 형태의 수용자를 말한다.

을 불안정하게 만들었고, 대의제 민주주의의 정치적인 정당성을 감소시켰다. 이런 위기를 해소하기 위해 자본주의 국가에서는 디지털 혁명, 시장 개방, 노동시장의 유연성, 규제 완화 등이 이루어졌다. 이 과정에서 무수한 중소기업이 무너졌다. 전 세계적으로 중산층은 상당히 붕괴되었고, 서민 대중은 빈곤과 비정규직으로 내몰렸다. 산업자본주의가 만든 소비 대중은 더 이상 존재하기 어려워졌다. 그런 한편 소비 시장은 한층 세분화되고 개인화되었다. 이런 환경, 즉 중산층이 붕괴되고 대량소비문화도 감소하는 상황에서 광고는 광고주나 소비자에게 그다지 필요한 것이 아니다. 그저 미디어 산업만 안달할 뿐이다.

산업자본주의 아래서 미디어 산업은 광고주의 전폭적인 지원을 받았다. 이에 미디어 산업은 저널리즘과 대중문화를 통해 동질적인 미디어 대중을 만들어 시장을 독점화·간편화·보수화하는 데 기여함으로써 기업들의 이윤 실현에 기여했다. 미디어 대중은 저널리즘이 자신들의 편에 서서 자신들에게 필요한 것을 줄 것으로 기대했다. 그러나 저널리즘이 사회적 영향력을 바탕으로 언론권력이라는 힘을 행사하면서 문제가 불거졌다. 미디어 기업들은 공익과 언론의 자유, 그리고 시민의 알 권리를 내세워 국정과 시장에 깊숙이 개입했지만, 부정확하고 불공정한 내용의 정보를 대량으로 유포해서 사회적 갈등이나 혼란의 골을 더 깊게 만들었다.[100] 이들이 사회 여론을 일방적으로 몰고 가는 행태가 저지되지 않으면 사회정의와 민주주의는 지금보다 후퇴하는 결과가 생길 수 있다.

저널리즘은 수용자 대중을 대신하여 시장과 권력을 감시하고 비판하는

100 최영재(2011: 218~248)는 한국 저널리즘이 정치권력화, 이념적 보수화, 상업적 편향이라는 정파성에 매몰되어 있다고 지적했다.

역할을 부여받았으나, 그런 역할을 제대로 못하는 데다가 자본주의 위기와 저널리즘 산업의 재정난 때문에 더욱더 공론장 역할에서 멀어지고 있다. 왜 그런지 보자.

첫째, 저널리즘은 국민 위에 군림하려는 비뚤어진 욕망 때문에 근본이 망가졌다. 우리나라에 서양식 저널리즘이 들어온 것은 1890년대 무렵부터다. 이때부터 발행된 ≪독립신문≫, ≪제국신문≫, ≪황성신문≫, ≪대한매일신문≫ 등은 형식상 민간지였지만 자본구조상 정부와 관료자본, 친일매판자본의 소유로 정부의 통제 아래 상인들이 경영했던 것이어서, 민간인들은 신문사를 '별도의 관청'으로 여겼다(박노자, 2007: 143). 아무리 민간인인 척해도 권력에 줄을 대고 있는 신문사 사주나 기자에 대해 대중은 불신의 눈초리로 바라보았던 것이다. 신문이 또 다른 권력이라는 대중적 사고는 이렇게 뿌리가 깊다. 신문을 비롯한 미디어 종사자와 이들이 만드는 저널리즘은 사람들 위에서 호령하려는 지배계급의 사고에 사로잡혀왔다.

둘째, 사적 가치를 존중하는 차원을 넘어서 저널리즘은 극단적인 방식으로 사적 가치와 사적 이익을 신봉한다.

셋째, 권력과 시장의 감시 및 비판이라는 기본적인 공익 기능을 제대로 수행하지 못했다. 미디어 산업이 생산하는 저널리즘은 대중문화와 함께 수용자 대중의 비판적 의식을 꺾으려 한다. 저널리즘은 국가권력의 하수인 노릇을 하는 경우도 종종 있다.

넷째, 저널리즘은 공정한 평가자, 사실의 기록자 지위에 만족하지 않고 스스로 권력이 되려고 했다. 이런 욕구에서 나온 흉물이 이른바 '언론권력'이다.

다섯째, 저널리즘이 공론장 기능을 수행하는 데 필요한 공공성과 공익성을 추구하지 않고 과격한 이념인 신자유주의를 추종했다. 저널리즘은 신자유주의를 선전하고 나름대로 이익을 챙겼다. 그렇지만 수용자 대중은 이익만 좇는 저널리즘을 내치기 시작했다.

여섯째, 저널리즘이 국내외 현안을 깊이 있게 분석하고 대안을 제시할 만한 기본 능력이 떨어진다. 이런 문제는 지배층이나 지배적 기관들에게서 공통적으로 나타난다. 우리나라 저널리즘은 깊이 고민하지 않고 미국에 의지하여 보도하거나, 잘못된 것을 저지른 권력자나 기관을 탓하지 않고 북한에 책임을 전가하는 '북한 알리바이'를 내세워 정치적 곤경을 탈출하는 것을 돕곤 했다.

일곱째, 저널리즘은 주기적으로 벌어지는 자본주의 위기를 사실대로 보도할 능력이나 의지가 모두 없다. 최근에도 여러 종류의 국가적 위기가 발생했지만 어떤 저널리즘도 그 위기를 사전에 예측하지 못했고, 위기 과정에서도 엉터리 정보를 공급해서 오히려 혼란만 가중시키곤 했다.

그러면 연구자들은 저널리즘의 파행을 어떻게 보고 있을까? 저널리즘의 위기에 대해서는 그동안 많은 연구가 있었다. 일부 연구에서는 역대 정부의 비효율적인 정책과 시장 경쟁 때문에 미디어 산업이 위기에 몰렸다고 진단했다(예를 들어 강미선 외, 2003: 163). 또 어떤 연구에서는 디지털 뉴미디어 혁명에 따른 신문의 위상 약화, 비합리적이고 전근대적인 신문 시장, 위기의 악순환을 저널리즘 산업의 위기 원인으로 짚었다(한국언론진흥재단, 2010: 76~79).

이은주(2008b: 80)는 신문 위기를 종합적으로 진단했다. 그는 신문의 위기에 관한 문헌을 분석한 끝에 위기의 원인을 신문의 외적 환경 변화, 특히 뉴미디어 등장에 따른 도전, 신문 내적 시장구조와 경영 문제, 신문 내적 콘텐츠 및 생산 관련 요소 등 여러 가지 요인의 복합이라고 설명했다.

이준웅과 최영재(2005)는 신문 위기론의 이론적 성향을 세 가지로 분류하기도 했다. 첫째, 뉴스 미디어의 기능적 대체 가설, 둘째, 저가치 제공 가설, 셋째, 공정성 위기 가설이 그것이다.

한편 저널리즘의 위기를 넘어서는 방법론에 대한 연구도 많았다. 한국언론진흥재단(2010: 28~41)이 엮은 『한국신문의 미래전략』에서는 언론의 독립성과 다양성을 위한 환경 조성, 고품격 맞춤형 뉴스 콘텐츠 확보, 전문적이고 공익적인 언론인 양성, 언론(인)의 윤리성과 책임성 제고, 시민 소통 강화 및 신뢰 회복을 저널리즘 위기의 대안으로 내놓았다.

미국을 비롯한 많은 나라에서도 저널리즘 위기에 대한 연구가 활발하다. 그중 미국은 경제 위기와 민주주의 위기가 심각하고 저널리즘 산업이 붕괴될 정도여서 그런지 위기론에 대한 연구가 많이 나왔다. 저널리즘 위기를 촉발시킨 여러 가지 요소 가운데 수용자들의 신뢰 위기가 정말 심각하다는 것이 공통된 연구 결과다. 이른바 주류 미디어들이 광고주나 권력과 유착한 나머지 사실을 제대로 보도하지 않아 미국 수용자들에게서 불신을 샀다. 전문가들도 미디어에 호의적이지 않다. 모함마디Saman Mohammadi는 주류 미디어가 비핵심적 요소 및 현상을 과다하게 보도하고, 거짓 뉴스를 생산하며, 사실이나 대안적 의견을 보도하지 않고, 신화 및 의식을 이용한 대중 세뇌라는 제작 기법을 사용하여 허위 사실false reality을 사실인 것처럼 조작한다고 비판했다(*The 4th Media*, 인터넷판, 2012.11.12). 그러니 수용자들이 저널리즘을 등지고 떠난다. 수용자 대중이 떠난 저널리즘 시스템은 소비경제만이 아니라 정치와 민주주의에도 부정적인 영향을 준다. 이에 연방상무위원회FTC: Federal Trade Commission는 특별 연구 기구를 만들어 저널리즘의 붕괴 위기를 대처하려고 시도했지만 뾰족한 대책은 없는 것 같다. 연방상무위원회(FTC, 2010: 1)는 수익 모형의 불안정, 혁신적인 저널리즘 양식의 대두, 수용자의 뉴스 이용 습관 변화가 저널리즘의 위기를 초래한다고 보고 지원책 마련에 부심해왔다. 하지만 연방 재정 적자가 수조 달러에 이르러 연방정부가 일시 폐쇄되는 마당이어서 미디어 산업에 재정을 지원하는 것이 불가능해 보인다.

학자들은 과격한 신자유주의 시장이 경제, 정치, 저널리즘을 모두 망쳤다고 주장한다. 미핸E. R. Meehan은 신자유주의 정권이 방송 규제, 반독점법, 케이블 TV 규제와 같은 최소한도의 공익적 규제를 철폐하고 '시장이 결정한다(Let the market decide)'는 도그마에 빠졌다고 비판했다(Meehan, 2007: 11~12). 시장 결정론에 따라 미디어 집중, 정보의 유료화와 상업화는 더욱 증대했다. 이른바 규모의 경제니, 시너지 효과니, 융합이니 하는 이념적 가치들이 신자유주의 미디어 정책 수립 과정에서 난무했다. 오랫동안 공공 영역으로 취급되었던 저널리즘은 하루아침에 이윤 중심의 시장으로 변질되었다. 이런 현실을 극복하기 위해서 베이커C. Edwin Baker는 다음과 같이 제안했다(베이커, 2010: 271~289).

> 첫째, 커뮤니케이션 권력의 민주적 분배(시민들이 공정하게 미디어 소유에 참여, 공영방송을 비롯한 공공 미디어와 상업 미디어, 그리고 비영리 미디어의 균형, 모든 사람이 자연스럽게 의존할 수 있는 지배적 미디어의 존재)
> 둘째, 선동적인 미디어 권력의 억제와 권력 감시견 역할
> 셋째, 콘텐츠 생산의 공급에서 시장 실패 줄이기(가난한 수용자에게 봉사하는 콘텐츠 생산, 긍정적 외부성의 증대)

이상에서 보았듯이 많은 사람들이 저널리즘의 위기를 인지하고 다양한 해석과 대안을 내놓았다. 그러나 그동안 제기된 저널리즘 위기 연구는 대개 기술과 시장 변화를 분석하는 데 치중했다. 디지털 기술 혁명, 시장 세

분화와 같은 요소는 저널리즘 위기를 설명하는 데 부분적으로 타당하지만 충분하지는 않다. 그리고 저널리즘 제작 개선이나 정부의 지원책을 대안으로 제시하는 경우가 많지만 그다지 설득력이 있어 보이지 않는다. 수용자 대중이 원하는 저널리즘의 정당성 확보 노력은 보이지 않기 때문이다. 또 국가 지원을 말하지만 주요 신문 기업은 막대한 재원이 소모되는 종편 채널에 투자하고 있으니 앞뒤가 맞지 않는다.

2) 주요 개념

많은 연구자들이 저널리즘의 특성을 정의했는데, 이민웅(2008: 43~45)은 저널리즘과 비저널리즘을 구분하는 요건으로 시의성, 진실성, 서사성, 시민에 대한 충성, 자율성을 꼽았다. 듀즈(Deuze, 2005)는 공공 서비스, 객관성, 자율성, 즉시성, 윤리가 기자들의 직업 이데올로기라고 짚었다. 헤스먼드할프(Hesmondhalgh, 2013: 385)는 "저널리즘이란 시민들이 사회적 불의 social injustice에 대응하도록 정보 자원을 제공하는 역할을 한다"라고 말했다. 코바치 외(Kovach et al., 2001: 16~17)에 따르면, 저널리즘의 기본적인 목적은 시민이 자유롭고 자치를 누리는 데 필요한 정보를 제공함으로써, 공동체 사회를 확립하고 시민권과 민주주의를 수호하는 것이다. 맥네어(McNair, 2009: 19)는 저널리즘이 "경제적으로만 중요한 것이 아니라 핵심적인 사회적·문화적 동력"이라고 했다. 이 말은 저널리즘의 가치를 높이 산 것이다. 이런 주장을 종합하면 저널리즘이란 미디어 기업이 기자를 비롯한 전문 저널리스트를 고용하여 편집·편성을 매개로 보도하고 논평하는 행위를 말한다. 정보 공급자와 이용자가 분리된 것이 저널리즘이다.

탈저널리즘도 중요한 개념이어서 설명이 필요하다. 이것은 정보의 공급과 이용이 융합되고, 통제 지향적인 편집과 편성이 생략되거나 민주적인 지배가 가능한 상태를 말한다. 수용자 대중은 저널리즘이 공급하는 정보에만 의지하지 않고 스스로 정보 생산자가 됨으로써 저널리즘 공간으로부터 탈주한다.

공론장 개념은 저널리즘의 기본 철학이다. 원래 저널리즘이란 사회적 쟁점이 되는 문제에 대해 공개적인 토론과 합의를 이루어내는 공공성 철학을 토대로 발전해왔다. 그럼으로써 진실한 사회 여론이 형성되어 민주주의를 촉진한다는 것이 공론장의 본질이다. 영국, 독일을 비롯한 유럽 국가에서 민주주의가 발전한 밑바탕에는 공공성 이념이 깔려 있었다. 유럽에서는 국가와 시장으로부터의 언론 독립, 미디어 제작자의 독립성·전문성 인정, 지역성 등을 미디어 공공성으로 간주하여 적극 수호했다. 간햄Nicholas Garnham은 공론장을 구성하는 두 가지 요소를 지적했는데, 하나는 자유로운 토론을 통한 사회적 합의이고, 다른 하나는 누구나 자유롭게 공론장에 접근할 수 있어야 한다는 것이다(Garnham, 2000: 171). 이기형(2009: 4~5)은 공론장을 "자유로운 의견과 관점의 표현과 교환을 기반으로 하는 사회적인 합의와 의미의 구현이 가능한 열린 공간"이라고 규정하고 참여민주주의가 공론장의 기반이라고 말했다. 그런데 공공성과 공론장은 계급적으로 균형을 이룬 사회에서는 효력이 있으나, 계급적 불평등 구조가 고착되고 모든 것이 사적 가치 중심으로 움직이는 신자유주의 사회에서는 위력을 잃고 만다. 이 때문에 이상길은 공론장 이론이 "지나치게 이상적인 가정"에 바탕을 둔다고 지적했다. 그는 이런 질문을 던진다(이상길, 2006: 312).

> 아무런 제약이나 구속 없이 자유롭고 평등하며 권력관계가 작용하지 않는 공적 토론이 과연 이루어질 수 있을 것인가? 또 투명성과 보편성의 원리 위

에서 더 나은 논증의 힘만을 인정하는 커뮤니케이션 합리성의 형식은 언제나 바람직한 것인가?

2. 저널리즘의 산업화

1) 산업자본주의적 동기

저널리즘의 산업화는 정보를 매개로 이윤을 증식해서 생존하는 틀을 만드는 것이다. 이것이 성공하려면 몇 가지 요건을 갖춰야 한다. 첫째, 소비경제가 일정한 수준으로 성장해야 한다. 둘째, 중산층이 경제적·정치적·문화적으로 단단한 위치를 확보해야 한다. 셋째, 미디어 산업은 기술 개발을 통해 생산성을 향상시켜야 한다. 넷째, 조직의 효율성과 제품의 부가가치를 향상시켜야 한다. 다섯째, 언론의 자유와 정치민주주의가 확립되어야 한다. 그래서 대부분의 국가에서 저널리즘 사업은 산업자본주의 시대에 시작되었다. 공장에서 대량으로 생산된 공업 제품을 빨리 팔아야 이윤을 얻을 수 있었던 기업주들은 소비를 촉진하는 저널리즘이나 대중문화에 광고비라는 뒷돈을 댔다. 이와 같은 맥락에서 광고가 저널리즘이나 미디어의 일부가 아니라, 오히려 정반대로 저널리즘이 광고산업의 일부라는 주장도 나왔다(McChesney et al., 2009). 저널리즘은 광고주가 광고비를 대고 국가가 후견인 노릇을 하는 과정에서 산업으로 급성장했다. 이들이 언론 자유 투쟁을 벌이기도 했지만 그보다는 소비문화의 확산, 산업자본주의 국가의 질서 확립에 더 많은 역할을 했다.

한국은 1960년대 초반까지 소비경제 체제를 정립하지 못했다. 따라서 소비경제를 기반으로 삼는 저널리즘, 대중문화, 광고, 마케팅 같은 것들도 미성숙했다. 이런 허약한 토대위에서 만들어진 신문산업은 구독료와 광고에 의지해서 재정을 충당하는 한편 정부로부터 각종 혜택을 받아 몸집을 키웠다. 이들은 정부의 후원으로 외부에서 저금리로 자금을 끌어와 사업을 확장하기도 했다. 이런 식으로 정부의 지원이 없었다면 미디어 산업은 급속히 성장하기 어려웠을 것이다. 1970년대 이후 정권의 언론 탄압, 권언유착, 사주의 편집권 장악, 미디어 기업의 사업 다각화 등으로 인해 진지한 저널리즘의 설 자리가 줄었다. 저널리즘 행위 하나하나가 돈으로 계산되기 때문에 공공성이나 공익성과는 관계없는 영리사업이 되고 말았다.

이윤과 권력을 추구하는 미디어 기업, 시장을 독점하고 국가로부터 특혜를 얻어내려는 재벌 기업, 강권으로 통치하려는 정권의 욕망이 맞아떨어지면서 저널리즘은 재벌·미디어·권력 복합체의 도우미 노릇을 했다. 미디어는 재벌 기업의 광고와 정부의 지원에 힘입어 손쉽게 산업화를 이룩할 수 있었다. 특히 장면 정권이 산업화를 개시한 이래 박정희 정권에 이르러 재벌경제·수출경제를 견고히 할 목적으로 내수 시장에 주목하면서 저널리즘과 광고의 산업화가 강력히 추진되었던 것이다.

2) 국가의 정보 통제 욕망

우리나라는 유교 사상이 지배적이어서 사대부와 선비만이 말하고 쓸 자유가 있었다. 자본주의 국가 체제에서는 정부와 기업이 이런 자유를 누리는 경향이 짙었다. 언론민주주의가 질식할 때 시민들이 나섰고, 지식인들도 싸움터에 나가 힘을 보탰다. 그렇지만 지식인들은 힘센 골리앗과 싸우다 말고 돌아선 적이 한두 번이 아니었다. 저널리즘도 자유와 민주주의를 위해 기여하는 바가 있었지만 독재정권과 재벌 광고주들이 만들어준 온실에서 안주하던 때가 더 많았다. 미디어 기업은 스스로 '언론'이라는 호사스러운 이름을 짓고 고속 성장, 벼락출세를 거듭했다. 특히 지금처럼 저널리즘이 산업으로 바뀐 것은 박정희 군사정권부터다. 합법적 · 민주적이었던 장면 정권을 무력으로 무너뜨린 박정희 정권은 자신의 취약한 정치적 · 대중적 기반을 보완할 필요가 있었다. 그것은 미디어 산업을 키우는 정책으로 나타났다. 국가가 직접 나서는 것보다 저널리즘이라는 대리인을 내세워 정보, 대중문화, 여론을 지배하려 했던 박정희 정권은 미디어 산업을 적극 육성했다. 이것은 정권의 정치적 · 이념적 안정에 기여했다.[101] 삼성그룹은 박정희 정권의 막대한 지원을 받고 일간지(중앙일보) · 라디오(동양방송) · 텔레비전(TBC)이라는 미디어 제국을 조성했다. 이들을 통해 일본식 저널리즘과 대중문화가 국내에 유입되었다.

박정권이 추진한 재벌경제 체제도 저널리즘과 대중문화를 필요로 했고, 이것이 미디어 산업의 성장을 재촉했다. 그러나 전두환 정권은 재벌 기업이 지배하던 미디어 구조를 그냥 두지 않았다. 1980년에 실시된 언론 통폐합으로 'KBS · MBC · EBS · 서울신문 · 연합통신 · 한국방송광고공사'라는 거대한 국영 미디어 제국을 만들어 정보와 대중문화를 조작한 것이 전두환 군사정권이었다.

101 대표적인 허위 보도는 베트남전 보도였다. 1955년에서 1975년 사이에 일어난 베트남전에는 한국군도 참전했다. 신문, 방송, 정부의 '대한뉴우스'는 미국이 지지하는 남베트남군이 베트콩과 북베트남군을 연일 격파하여 승리를 눈앞에 둔 것처럼 보도했다. 하지만 이것은 대개 거짓말이었다. 1975년 4월 30일은 북베트남과 베트콩이 승리하고, 남베트남이 망한 날이었다. 당시 남베트남이 멸망했다는 소식은 우리나라 사람들에게 청천벽력과도 같은 것이었다. 20년 동안 한국 저널리즘은 남베트남의 승리를 기정사실인 것처럼 보도했고, 정보가 없었던 국민들은 냉전과 정치적 조작에 찌든 저널리즘의 속임수 때문에 그 당시 당연한 진실이었던 북베트남의 승리 가능성이 높다는 사실을 까맣게 몰랐다.

정권은 미디어 산업의 육성에 심혈을 기울였지만 한 가지는 절대로 양보하지 않았다. 바로 정보 통제다. 군사정권의 정보 통제는 실로 엄중했다. 저널리즘도 정권의 비위를 맞추는 데 급급했다. 저널리즘은 정치적 목적을 위해 진실을 거짓으로, 거짓을 진실로 바꿔 보도하기 일쑤였다. 정론 저널리즘은 보이지 않았고 권력 저널리즘이 대중 정보를 지배했다.

군사정권은 미디어를 산업으로 육성하기 위해 적극적으로 지원했지만 저널리즘의 내용에 대해서는 엄중히 단속했다. 박정희, 전두환, 노태우 군사정권의 30년 동안 저널리즘은 시민을 중심에 놓고 움직인 것이 아니라 돈과 권력을 위한 정치적·이념적·경제적 선전 기능에 충실했다. 이에 일부 저널리스트가 반독재 언론 자유 운동을 실천했으나 대부분 해직되어 저널리즘 현장을 떠났다.

3) 대중적 요구

산업자본주의 시대에는 수용자 대중의 삶에도 크고 작은 변화가 많았다. 도시 생활, 고용, 물가, 선거, 교육 등 많은 것들이 전통 사회 양식에서 산업화 사회 양식으로 이행하자 사람들은 새로운 정보에 목말라했다. 특히 도시인들은 중산층을 이루며 신문을 구독하고 텔레비전을 시청함으로써 뉴스와 시사 정보, 그리고 소비문화를 접할 수 있었다. 저렴한 신문 구독료나 텔레비전 수신료[102]가 아니었다면 미디어 대중은 매일 정보를 접하고 대중문화를 향유하는 데 어려움이 많았을 것이다.

산업자본주의 시대의 저널리즘은 미흡하나마 공론장 기능을 수행했다.

102 방송 수신료는 공정성, 지역성, 품질이라는 가치에 비용을 지불하는 것이다.

저널리즘이 때로는 직접적으로, 때로는 간접적으로 독재정권을 비판하여 미디어 대중의 권리를 보호한 적도 있었다. 미디어 대중은 노사 갈등, 환경 오염, 빈부격차, 복지정책 등 사회적인 문제를 비판적으로 다루는 저널리즘에 신뢰를 보냈다. 비교적 진지한 저널리즘이 미디어 대중의 의식에 깊은 영향을 주었다. 광고도 미디어 대중에게 상품 정보와 시장 상황을 알려준다는 차원에서 긍정적이었다. 이렇게 지난 20세기의 미디어 대중은 저널리즘에 의존해서 세상이 돌아가는 소식을 들었으며, 다양한 오락과 교양 문화를 접촉했다.

3. 저널리즘 노동의 실패

기자들의 처지가 날로 나빠지고 있다. 다양한 미디어의 치열한 시장 경쟁, 시장점유율 감소, 저널리즘 조직의 삭감, 멀티미디어 뉴스 생산의 일반화 등으로 기자의 노동환경이 악화하고, 노동 강도는 증대했다(Haak, Parks and Castells, 2012: 2924).

1) 기자와 언론인 사이에서

기자가 뉴스를 만드는 직업이라면 언론인은 정론을 통해 진실을 추구하는 사람을 말한다. 최규화 오마이뉴스 기자는 기자와 언론인을 다음과 같이 구분했다.

> 기자가 되기는 쉬워도 언론인이 되기는 어렵다. 하루하루 기사 마감만 생각

하다 보면 그저 '보도업체 종사자'가 되기 십상이니까. 그래서 정말로 눈과 귀가 필요한 곳에 목숨을 걸고 뛰어드는 언론인을 볼 때마다 부끄러움을 숨길 수가 없다(≪오마이뉴스≫, 2012.3.3).

기자는 시사 정보를 만들어 사회 흐름을 평가하고 기록하는 일을 주된 업무로 삼는다. 사실을 기록하는 직업이 기자다. 이들이 사실에 기초하여 진실을 찾고 정의를 구현한다면 시장과 권력의 횡포는 어느 정도 억제할 수 있다. 기자들 중 진실과 정의를 추구하고 사회 불평등을 규탄하며 새로운 사회를 향한 진화를 추구하는 사람들이 언론인이다. 다시 말해 기자 가운데 사회적 가치를 구현하기 위해 분투하는 사람을 언론인이라고 부를 수 있다. 이들은 진실과 정의를 추구해야 할 기준으로 삼아 강고한 권력, 시장, 국제 독점체 따위와 싸운다. 언론인은 시민 대중의 이익을 수호하고, 노동자, 실업자, 장애인과 같은 사회적 약자의 편에 서서 정보를 만드는 사람들이다. 아쉽게도 우리나라에서 기자는 차고 넘치지만 언론인은 보기 어렵다.

2) 기자 노동의 본질

기자는 어디까지나 피고용인이다. 기자란 고용주의 뜻에 따라 언제든지 직장을 떠나야 하는 처지다. 이런 압박부터 시작해서 요소요소에 기자의 자주성을 위협하는 것들이 많다. 특히 신문기자들이 그렇다. 이완수(2010: 136~137)는 신문기자들이 회사를 떠나는 이유를 네 가지로 분석했다. 첫째, 신문기자들은 신문산업의 미래를 비관적으로 보기 때문이다. 둘째, 지나치게 짧아진 직업 정년과 내부 연공서열, 기수를 무시하는 치열한 경쟁 구조 때문이다. 셋째, 기자의 직무가 변했기 때문이다. 신문기자는 사회적 의제 설정자로, 사회문제 해설자로, 역사의 기록자로 평가받던 공익적 위치에서 광고와 신문 부수 확장에 더 신경을 써야 하는 기업인으로의 변화를 요구받는다. 넷째, 신문기자라는 직업적 가치의 사회적 평가가 하락했기 때문이다. 이는 오늘날 신문기자의 위상이 어디에 있는지 잘 정리하고 있다. 이런 내용을 기초로 저널리즘 노동자를 압박하는 요인들이 무엇인지 검토해 보기로 한다.

(1) 이윤의 압박

이윤이 없으면 어떤 미디어도 살길이 없다. 아무리 국가 재정으로 운영되는 국영 미디어일지라도 적자가 계속 나면 직원이나 제작비를 줄이거나 문을 닫을 수밖에 없다. 사영 미디어는 이윤을 위해 산다고 해도 과언이 아닐 정도로 이윤 추구적 성향을 보인다. 그럼에도 사적 소유의 미디어가 적자를 내도 사주, 계열사, 모기업에 더 큰 이익을 안기면 적자를 감내하는 것이 시장이다.

언론권력을 가진 미디어는 다른 미디어와 비교해 상대적으로 쉽게 이윤을 낸다. 장삿속이 보통이 아니기 때문이다. 강기석 전 경향신문 편집국장의 말을 들어보자.

> 조중동의 언론 장사는 두 가지 형태로 전개된다. 자신들이 확보한 독자에 대한 접근권을 광고주에게 팔아서 얻는 광고 수입을 기본으로 하되 수구 기득권 세력의 보호견, 혹은 가이드견을 자임하는 대가로 정치권력, 자본권력 등으로부터 특혜광고, 사업협찬 등의 명목으로 일종의 보호세를 받아내는 것이다(≪프레시안≫, 2009.7.6).

미디어는 자신들이 필요한 경우에는 시장의 논리를 따르고, 그렇지 않을 경우에는 반시장 논리, 정치적 가치를 주장한다. 뉴스, 경영, 사업에서 그런 모습이 나타난다. 김영호 언론광장 대표는 이렇게 말한다.

> 신문사는 문화사업이나 부대사업을 해서 돈을 번다. 그런데 제 돈은 거의 들이려고 하지 않는다. 협찬이란 명목으로 이 기업, 저 기업한테 돈을 뜯어서 한다. 돈을 안 주려고 하면 협찬 상품이라도 달라고 요구하고 광고를 넣어준다며 홍보물 제작비라도 뜯어서 사업을 벌이는 나쁜 습성을 가졌다. 기업의 입장에서는 돈을 주지 않으면 후환이 생길까 두려워 마지못해 협찬 기업으로 이름을 단다. 이렇게 해서 큰 신문사일수록 큰 사업을 자주 벌여 돈을 더 번다(≪프레시안≫, 2009.9.16).

미디어 제작 현장도 이윤의 압박 때문에 자유롭지 못하다. 기자나 프로듀서 등 제작자들은 무엇이 회사에 돈이 되는지를 먼저 생각한다. 인터넷 미디어 기자들은 다른 누구보다도 혹독한 이윤 압박에 시달린다. 일례로 연예 뉴스 기자들은 매일 수십 건씩 기사를 올려야 한다. 기사가 얼마나 자극적이냐에 따라 수용자들의 반응이 다르기 때문에 제목부터 선정적으로 단다. 지상파 방송 제작자들도 이윤 극대화 압박에 노출되어 있다. 김민식 MBC 프로듀서의 말을 들어보자.

> (협소한 제작) 시장에서 수지를 맞추는 방법은 하나뿐이다. 제작 단가를 낮추는 일이다. 그래서 남들 일주일에 한 편 만드는 시간에 우리는 다섯 편을 만든다. 연속극이나 미니시리즈도 마찬가지다. 짧은 시간 내에 많은 분량을 제작하다 보니 자극적인 대본 전개로 승부할 수밖에 없다. 첫 장면부터 시청

자의 눈길을 사로잡기 위해 복수나 삼각관계, 출생의 비밀 같은 강한 설정이 나와야 하고, 매회 끝에서는 다음 회를 보게 만드는 중독성 강한 엔딩이 나올 수밖에 없다. 한국 드라마가 해외시장에서 성공한 이유는 이처럼 열악한 제작 환경에도 불구하고 치열한 내수 시장 경쟁에서 살아남기 위해 제작진 모두가 몸부림친 결과이다. 작가는 온라인 반응을 보고 쪽대본을 쓰고, PD는 날밤 새우며 드라마를 찍는다. 후진적인 제작 시스템 덕에 콘텐츠의 선진화가 이루어졌다니, 이거 참 웃어야 할지 울어야 할지 모르겠다(≪미디어스≫, 2013.3.18).

간단히 말해 방송 제작은 단시간에 최소의 비용으로 최대의 시청률을 기록하는 프로그램을 생산함으로써 효율성을 증대한다.

미디어 산업은 이윤 압박에 시달리자 품질을 개선하려는 노력을 게을리한 채 사업 확장, 종사자들의 노동시간 증대, 비정규직 확대 등에 집착해왔다. 대표적인 사례로 신문사들이 교열기자 수를 줄이거나 비정규직화함으로써 저널리즘의 언어적 품질을 하락시킨 경우가 있다.

(2) 조직민주주의 부재

미디어 기업은 사주를 정점으로 하는 엄격한 서열 조직이다. 정부 계열 미디어도 정도의 차이는 있지만 정부가 낙점한 사장이 경영권을 독점한다. ≪PD저널≫의 영국 통신원으로 글을 쓰는 장정훈은 힘에 좌우되는 미디어 기업을 이렇게 비판했다.

제대로 된 방송 언론사라면 사장이 바뀌었다고 해서 구성원 개개인이 세상을 보는 시각, 권력을 대하는 태도가 바뀔 수 없다. 조폭식 일사불란함과 상

> 명하복의 구조가 여간 탄탄하지 않고서는 사장의 한마디에 프로그램이 날아가고, 조직의 정체성이 손바닥처럼 뒤집히는 건 불가능하다는 말이다. 어떤 권력 앞에서든 언론사로서의 정체성을 잃지 않고 권력에 대한 감시와 비판의 정신을 날카롭게 유지한다는 건 쉽지 않은 일이다(≪PD저널≫, 2009.12.2).

가장 자유롭고 민주적이어야 할 미디어 조직에서 서열화에 따른 경직성이 심각한 수준이다. 기자 등 미디어 종사자들은 누가 먼저 입사했느냐에 따라 서열이 정해지기도 한다. 미디어 관련 업무의 습득도 도제식이다. 미디어 기업의 사주와 자본의 이해관계를 민감하게 반영하는 조직 이기주의가 기자나 프로듀서를 압박한다.

(3) 출입처 '문화'

1941년은 제2차 세계대전이 한창이던 때였다. 이때 일본 군사정권은 '출입기자 제도'를 도입했는데, 이것은 정부 기관에 기자실을 만들어 등록된 기자만이 출입하면서 취재하는 제도였다. 출입기자 제도는 정부와 미디어가 정보를 매개로 유착함으로써 국민의 알 권리를 무시하는 것이었다. 일본인 전문가치고 출입기자제를 긍정적으로 평가하는 사람은 별로 없다. 일본 도시샤 대학 미디어학 전공 교수인 아사노 겐이치淺野健의 평가는 특히 비판적이다.

> 출입기자 제도를 통해 언론은 정보를 독점하며 통제한다. 아마 태양이 서쪽에서 뜬다는 기자회견을 해도 일본 기자들은 그대로 전할 것이다(≪미디어오늘≫, 2013.5.8, 13면).

이런 파렴치한 제도는 식민지였던 조선에도 들어왔다. 기자들은 공공기관이나 기업 등에 상시적으로 출입하면서 정보를 모으고 또 교환한다.[103] 정부 기구 등은 기자의 취재 편의를 위해 기자실을 만들었다.

출입처와 기자실 제도는 긍정적 기능도 하지만 부정적 기능을 더 많이 한다. 예컨대 기자가 출입처를 발판으로 삼아 권력 놀음의 한 부분이 된다는 비판도 있고(안수찬, 2010: 151), "출입처를 자신의 독점적 영토로 확보함으로써 출입처 정보를 독점"하려 한다는 지적도 있다(김사승, 2010: 82). 출입처는 결국 기자와 취재 대상이 정보를 나누어서 서로의 이익을 교환하는 편리한 장소다. 출입처는 기자들의 영향력을 상징한다. 얼마나 힘세고, 물 좋은 곳에 배치되느냐에 따라 기자들이 얻을 수 있는 것이 많다.

출입처 중에서 가장 중요한 곳은 역시 청와대다. 이곳에는 권력과 정보가 집결한다. 그런데 청와대라는 출입처가 문제투성이다. 김기만 전 청와대 춘추관장은 청와대 출입기자를 이렇게 빗댔다.

> 청와대 기자들은 기자가 아니라 '리에종 오피서Liasion officer', 연락관들이다. 기사는 안 쓰고 고급 정보를 회사 고위층에 전달하는 역할을 한다(≪기자협회보≫, 2010.8.20).

출입처는 한때 기자와 정보원이 부당한 거래를 하는 장소로 악용되었다. 군사정권과 재벌경제는 정보를 조작·통제하지 않으면 견디지 못하는 취약한 체제이기 때문에 비정상적 저널리즘과 출입처 제도가 만들어졌다.

103 출입처에 등록된 기자를 기준으로 보면 국회 출입기자 수가 600명, 새누리당 900명, 민주통합당 900명이나 된다. 이런 엄청난 수의 기자가 정당과 국회를 취재하는 만큼의 다양한 기사가 나오는가?

(4) 스폰서

미디어 산업은 독자적인 경제 기반이 없어서 다른 산업이 제공하는 광고에 기대거나 국가에 의지해서 돈을 번다. 이들은 스폰서 없이는 하루도 굴러가지 못할 정도로 스폰서에 대한 의존도가 크다. 한국 미디어 산업은 한마디로 말해 스폰서 산업이다. 예를 들어보자. 2010년 10월부터 2011년 9월까지 ≪중앙일보≫는 총 424개 대학 광고를 실었다. ≪중앙일보≫라는 유명 신문을 통해 학교를 널리 알리려는 목적이 있었을 것이다. 그런데 이것이 다일까? 대학 광고의 상당 부분은 ≪중앙일보≫가 실시하는 대학 평가 결과가 발표되고 대학 수시가 몰리는 9월에 증가했다(≪시사인≫, 인터넷판, 2011.10.11). 이것은 많은 것을 말한다.

공식 스폰서는 광고만 있는 것이 아니다. 광고주들이 미디어 기업이나 관련 사업에 직접 투자하여 확실한 스폰서가 되기도 한다. 예컨대 11개 대형 제약사들이 종편 채널, 보도 전문 채널에 총 228억 원을 투자했는데, 이것은 투자 이익을 얻으려는 목적보다는 언론권력에 보험을 든 성격이 강하다(≪미디어오늘≫, 2011.9.28, 6면). 서민들에게 막대한 손실을 끼친 일부 저축은행이 종편 채널에 투자한 목적도 이와 비슷할 것이다. 종편 채널은 처음부터 사회적인 불신과 반발을 사면서 출발했고, 시장 환경도 부정적이었다. 종편 채널에 투자한 기업의 입장에서는 영향력 있는 조중동을 후견인으로 두는 것이어서 썩 나쁜 투자는 아닐지도 모른다. 공식 스폰서는 그나마 정당성이 있을지 모른다. 문제는 비공식 스폰서다. 촌지, 골프 접대 따위를 제공하는 비공식 스폰서는 미디어 산업의 상식을 무너뜨린다.

(5) 디지털화 · 다기능화

미디어 기업은 인건비를 줄여서라도 최대한도로 이윤을 얻으려 한다.

미디어 생산의 디지털화, 노동의 다기능화는 이런 목적에 딱 들어맞는다. 기자나 프로듀서는 스마트폰, 태블릿 PC를 갖고 한편으로는 기사를 쓰고, 다른 한편으로는 사진을 찍거나 카메라 촬영을 한다. 특히 지역 미디어에서는 다기능을 하는 종사자들이 많다.

(6) 진실 추구

기자는 다양한 압박과 압력, 그리고 회유라는 복합적 공간에 갇혀 있다. 그럼에도 진실을 추구하려는 언론인들의 의지는 쉽게 꺾이지 않는다. 진실 추구는 기자 노동의 본질 가운데 하나다. 진실을 향한 보도는 폭풍우에서도 이들이 살아남을 수 있는 한 조각의 돛단배와 같은 것이다.

3) 기자 저널리즘에서 피디 저널리즘으로

프로듀서는 시사와 교양 프로그램 등 다양한 양식을 통해 사회 의제를 설정하고 해석해서 대중 의식과 사회에 영향을 준다. 이들은 연예·오락 프로그램이나 드라마를 통해 사회문제를 대중적 의제로 만들기도 한다. 이렇게 프로듀서들이 시사, 교양, 오락 등의 프로그램을 만들어 진실을 말하고, 비판 의식을 형성하며, 사회 공동체 의식을 고취하는 것을 피디 저널리즘이라고 한다. MBC 〈PD수첩〉은 가장 선진적이고 대표적인 피디 저널리즘이었다. 〈PD수첩〉과 최승호 프로듀서로 상징되는 피디 저널리즘은 권력의 횡포를 고발하고, 재벌 기업의 문제를 정면으로 노출시켰다. 미국의 문제를 비판하는 데에도 〈PD수첩〉은 적극적이었다. 정파 저널리즘을 벗어나지 못하는 기자 저널리즘과 달리 피디 저널리즘은 정론에 근접했다. 수구 집권 세력이 이들을 싫어하는 건 어쩌면 당연하다. 이명박 정권이 피디 저널리즘의 아성인 MBC와 〈PD수첩〉을 탄압한 배경도 여기에 있다.[104] 이들은 MBC의 〈PD수첩〉을 형벌로 다스리고, KBS의 시사 프로그램도 망가뜨렸다. 정부만 피디 저널리즘을 멀리하는 게 아니다. 광고주들도 피디 저널리즘을 껄끄러워한다. 이런 프로그램에 광고를 해봤자 얻을 것이 별로 없다는 판단일 것이다. 역설적인 평가지만 기득권 세력이 집요하게 피디 저널리즘을 죽이려 덤벼드는 것을 보면 피디 저널리즘의 사회적 역할이 상당하다는 것을 느낄 수 있다. 마침내 이명박 정권에서 피디 저널리즘은 숨을 거두었다.

4. 저널리즘의 제작 실패

지난 수십 년 동안 시사 정보를 주무르며 영향력을 행사하던 저널리즘이 대중적 불신을 받고 휘청거린다. 수용자 대중은 정론 저널리즘을 요구하지만, 시장에 나온 것은 정파 저널리즘, 상업 저널리즘 따위다. 무엇 때문에 저널리즘은 정론성을 확립하지 못했는가? 심석태 SBS 기자를 비롯한 방송 저널리즘 전문가들은 기본적인 기사 요건도 갖추지 못한 사이비 기사를 다음과 같이 지적했다(심석태 외, 2013).

· 사실관계 확인 부족

· 정치적 편향

104 한국 방송은 그나마 비판 의식이 살아 있었으나, 이명박 정권에 의해 비판성이 거세되면서 정권의 충견 역할에 충실한 일본 방송을 닮아간다.

· 광고주 편향

· 출입처 동화

· 자사 이기주의

· 시청률 집착

· 관습적 기사 작성

≪뉴욕타임스The New York Times≫의 질 에이브럼슨Jill Abramson 편집인도 "기사의 속보도 중요하지만 독자들은 무엇보다 정확한 기사를 원하고 있다"라고 말했다(≪연합뉴스≫, 2013.4.21에서 재인용). 국내외 언론인들은 사실, 즉 정확성이 저널리즘의 기본 원칙이라는 점에 동의한다. 이런 것들을 기초로 해서 한국 저널리즘의 문제점을 짚어보자.

1) 색깔론과 북한 알리바이

'이것은 빨간색이요, 저것은 파란색이요' 하면서 사람의 생각을 멋대로 재단하는 색깔론 전통은 세계 도처에 있었다. 중세 유럽의 마녀사냥, 미국의 매카시즘McCarthyism은 전형적인 색깔론이다. 한국에서는 다른 어떤 나라보다 색깔론이 기승을 부린다. 색깔론은 사상의 자유에 대한 제한에 그치지 않고, 비판적 인물을 '공공의 적'으로 규정함으로써 인권을 탄압하는 반인륜적 사상이다. 보수 세력은 우익 저널리즘을 앞세워 자신의 맘에 들지 않는 사람을 친공, 친북, 용공이라고 몰아붙였다. 보수 기득권 세력은 북한과 대화하고 공존하려는 일조차 '종북從北', 즉 북한 추종자라고 이름 붙여 공격했다. 여기에는 기본적으로 권력 비판을 봉쇄하겠다는 전술이 담겼다. 색깔 저널리즘은 진보 세력과 비판 사상을 시민들로부터 분리시키겠다는 발상에서 비롯된다.

색깔론은 '북한 알리바이'와 연계되어 있다. 이념적 저널리즘은 자신들에게 불리한 사건이 발생할 때 흔히 북한을 끌어들여 시민들의 관심을 다른 곳으로 돌리는 보도를 하곤 했다. 이른바 '북한 알리바이 보도'인데, 이것은 일종의 '물타기' 보도다. 그렇게 해서 진짜 책임져야 할 사람은 슬그머니 달아나도록 방조한다. 일례로 2013년 3월 21일 KBS, MBC, YTN, 신한은행, 농협의 컴퓨터가 해킹을 당하자 저널리즘은 별 근거도 없이 중국과 북한을 해커로 지목했다. 방송통신위원회는 농협 컴퓨터 시스템을 분석한 결과 "중국 IP가 업데이트 관리 서버에 접속해서 악성 파일을 생성했다"라고 주장했다. 그러나 '범인'은 엉뚱한 곳에 있었다. 3월 22일 정부는 농협 해킹에 이용되었던 IP는 농협 직원이 사용하던 것이라고 발표했다. 방송통신위원회는 공인 IP와 사설 IP조차 구분하지 못하고 북한이나 중국에 손가락질을 했던 것이다(≪미디어오늘≫, 2013.3.27, 5면).

사회적으로 민감하고 중요한 사건을 면밀히 분석하고 대응해서 위기를 넘겨야 하는 것이 정부와 미디어의 역할이다. 그러나 이들은 국내 문제에 의도적으로 북한을 끌어들이거나, 잘못의 책임을 북한에 미뤄 임시방편으로 위기를 모면하려는 경우가 많았다. 2012년 대선 과정에서 벌어진 NLL 논란이 대표적인 사례다. 북한 알리바이 보도로 사회 여론을 조작하여 정치적 위기를 넘기려 했던 한국 사회는 국내 문제, 남북 관계, 국제 문제를 보는 안목 및 문제 풀이 능력이 추락하고 말았다.[105]

105 2011년 2월 15일 KBS는 〈9시 뉴스〉에서 느닷없이 북한 김정일 국방위원장의 아들이라는 김정철이 싱가포르에 놀러갔다는 것이 무슨 대단한 특종인 양 몇 꼭지를 보여주었다. 그다음 날 신문들도 김정철에 관한 기사로 지면을 도배했다. 왜 대한민국 시민들이 누군지도 모르는 김정철이라는 사람의 취미 생활까지 염탐해서 보아야 하는 것일까? 이런 것이 저널리즘인가?

2) 사실성과 정론의 무시

사실성과 정론은 저널리즘의 기본적인 가치다. 거짓이나 선전을 추구하는 저널리즘에 언론의 자유라는 특권을 주고 국가적으로 지원하는 것은 사회적 흉기를 휘두르는 사람을 보호하는 것처럼 부당한 일이다. 저널리즘에서 약간의 과장은 있을 수 있으나, 사실에서 크게 어긋나는 거짓이 있으면 퇴출되어야 마땅하다. 하지만 이를 묵인하는 관행이 마치 언론의 자유인 것처럼 잘못 받아들여졌다. 한국 저널리즘은 오보를 먹고 사는 것 같다. 때로는 시간 압박을 핑계로 엉터리 정보를 만들고, 때로는 사익이나 권력의 이익을 위해 정론을 배척하기도 한다.

3) 편집·편성에 따른 정보 통제

전통적인 미디어는 기자나 프로듀서를 고용해서 정보, 프로그램을 제작하고, 편집·편성하는 기능을 수행하도록 했다. 이것은 수용자들이 편하게 서비스를 접할 수 있게 하는 순기능도 있지만, 자본이나 권력이 정보나 프로그램 내용을 통제하는 역기능도 한다. 정보를 거르는 기능이라 할 수 있는 편집·편성 행위를 통해 미디어는 사주, 경영진, 광고주, 국가의 시각을 주로 반영하고, 수용자 대중의 이익을 보조적으로 반영한다. 미디어 기업의 사주 및 경영진은 경영권, 편집권 및 편성권, 영업권을 무기 삼아 정보 생산 과정을 지배한다. 이들은 편집국장 해임, 편집 종사자 해고, 기사나 프로그램 내용에 대한 임의적 통제 등을 통해 편집국이나 보도국을 관리하기도 한다(이승선, 2013: 3~4). 그럼으로써 미디어는 특정한 방향의 정보를 만들어 여론 조작을 수행하는 것이다. 즉, 자본이나 국가권력이 편집과 편성을 무기로 악용할 잠재력이 얼마든지 있다. 그러나 디지털 혁명은 권력을 가진 사람들의 개입을 배제할 수 있게 되었다. 수용자들이 스스로 정보를 만들고 유통할 수 있는 디지털 커뮤니케이션 수단을 갖게 되었기 때문이다. 인터넷과 모바일 미디어는 실시간 정보를 유통한다. 신문이나 방송처럼 편집할 이유가 없고, 그럴 필요도 없다. 미디어 기업이나 광고주가 제공하는 정보나 광고는 더 이상 일방적으로 수용자를 지배하지 못한다. 소셜 미디어의 영향력이 커지고 있는 것만 보아도 그렇다.

4) 세뇌 보도

미디어가 거짓을 진실인 것처럼 반복해서 보도하다 보면 수용자들은 이를 진실로 받아들이곤 한다. 이것은 마치 중국 춘추전국시대의 '증삼살인曾參殺人'을 생각나게 한다. 증삼은 유학자로 효심이 깊은 사람이었다. 그런데 증삼의 모친은 세 사람한테 아들이 살인을 했다는 말을 들었다. 그런 일이 있을 수 없다는 것을 알면서도 주위 사람들이 자꾸 죽였다고 말하니 결국 어머니는 사람들 눈을 피해 도망갔다는 사자성어가 있다(라이지엔청, 2010: 184~185). 현대사회에서 증삼살인은 미디어 살인으로 바뀌었다. 우리나라에서는 특히 부자 미디어, 국가, 재벌이 여론을 조작할 때 자신들에게 유리한 정보를 반복해서 유포함으로써 사람들에게 믿도록 유도한다.

미디어 산업은 저널리즘이나 대중문화를 상품으로 판다. 이를 통해 수용자 대중을 정치적·이념적·문화적으로 설득하고 제압해서 지배 체제에 복속시키는 기능을 한다. 한마디로 말해 다수 시민을 길들이는 것이다. '개곰'이라는 필명의 누리꾼은 미디어의 시민 길들이기 행태를 다음과 같이 설명했다.

한국에서는 없는 사람들은 있는 사람들이 장악한 언론에 세뇌당해서 정작 자기들을 위해 싸워줄 정치인에게는 침을 뱉고 자기들을 쥐어짜낼 정치인에게 표를 던진다. 아니면 먹고살기 힘들어서 아예 정치에서 등을 돌리고 투표를 하지 않는다. 반면 한국의 있는 사람들은 자기들의 이익을 대변해줄 사람을 위해 악착같이 투표를 한다(개곰, 2010.7.30).

이 얼마나 역설적인 현상인가!

5) 편들기 보도

미디어 산업은 양극화되었고, 저널리즘은 내 편과 네 편을 나누어 편파 보도를 한다. 이른바 '분할통치divide and rule'의 원리가 미디어에서도 작동한다. 사회를 분할한 후 우리 편에 대해서는 우호적으로 다루고, 반대편에 있는 사람에 대해서는 가혹하게 보도하는 것이 편들기 뉴스다. 그렇다고 미디어가 아무 때나 편들기를 하지는 않는다. 이들은 이권이 큰 사안을 골라 편들기 보도를 한다. 대충 헤아려보면 미디어는 선거나 노사 갈등이 벌어질 때 힘이 센 쪽을 지지한다.

6) 자의적 인용

미디어가 다른 사람의 말이나 표현의 맥락, 배경을 거두절미한 채, 자신의 목적에 부합되는 말이나 글만 인용해 보도하는 기법도 일상적이다. 이를 따옴표 저널리즘이라 한다. 따옴표 저널리즘은 객관성을 가장한 보도 방식이다. 이런 식의 보도는 인용의 배경이나 맥락을 무시하는 경우가 많다.

7) 관심 돌리기

시민 모두가 정치 현안에 집중해서 관심을 기울이면 집권 세력에게는 큰 부담이다. 이럴 때 미디어가 사람들의 이목을 돌릴 만한 미끼 정보를 만들어 유포함으로써 정치적 분위기를 반전시키는 경우가 허다하다. 관심 돌리기 뉴스는 대개 연예인을 희생시켜 만들어지곤 한다. 집권 세력이 궁지에 몰리면 대중적으로 주목을 받는 연예인 등 스타의 사생활을 폭로하는 '뉴스'가 넘치는 것이 우연한 일만은 아니다. 수용자 대중은 선정주의, 관음주의에 익숙해서 그런지 이런 낚시 뉴스에 쉽게 걸려든다.

8) 공공의 적 만들기

미디어는 사회적으로 증오하는 대상을 만들어 대중적 비난을 이곳에 몰리게 한다. 북한, 노동조합, 복지 따위는 미디어가 만든 공공의 적이다. 미디어를 포함한 지배 복합체는 사회문제의 책임을 공공의 적에게 전가시키고 자신들은 면피하려고 한다.

9) 보도자료 베끼기

미디어는 공공기관, 기업 등이 돌리는 보도자료를 거의 그대로 싣는 경우가 많다. 때로는 시간 제약을 이유로 사실 확인이 안 된 채, 보도자료가 그대로 뉴스가 되어 잘못된 여론을 만들기도 한다. 특히 연합뉴스 베끼기는 저널리즘계의 습관처럼 뿌리내렸다.

지금까지 설명한 대로 정치적·이념적으로 굴절된 저널리즘은 좀처럼 사회적으로 가치 있는 기능을 하지 못한다. 오죽하면 신문이나 방송의 저널리즘이 실행하는 사회 비판 기능이 텔레비전 드라마나 영화만도 못하다는 평가가 나올까. KBS의 〈개그콘서트〉, 〈직장의 신〉, MBC 드라마 〈빛과 그림자〉, SBS 드라마 〈추적자〉, 영화 〈부러진 화살〉, 〈7번방의 선물〉, 〈변호인〉 등은 조중동 저널리즘이나 방송 저널리즘보다 사회 및 권력 비판 기능을 더 잘 수행했다.

5. 사례 연구: 원전 보도의 정치경제학

원전[106]이나 핵무기는 인류의 생존이 달린 사안이다. 우리는 이것에 대해 정확히 알 권리가 있다. 원전과 핵무기는 한반도를 재앙에 빠뜨릴 수 있어 철저히 통제되어야 할 것들이다. 원전 등에 관한 정보를 접할 수 있는 통로로는 전문 서적이나 미디어를 들 수 있다. 그러나 원전 관련 보도에는 거짓, 왜곡, 과장, 축소가 난무한다.

1) 원전 문제

1979년에 미국의 스리마일 섬에서 대규모 원전 사고가 일어났다. 그 후 1986년 소련 체르노빌에서 터진 원전 사고는 막대한 인명 손실과 환경 파

106 원전이라는 말보다 핵발전소라는 말이 사실적이다. 그러나 이 두 가지 개념이 혼용되기 때문에 여기서도 그렇게 한다.

괴를 초래했다. 이때부터 원전에 대한 위험성을 많은 사람들이 자각했다. 그러나 기후 변화, 석유 고갈, 비용 증가 등을 이유로 많은 나라에서 원전 불가피론, 원전 대세론이 나왔고, 이런 여론이 국제 여론으로 확립되었다. 원전 마피아는 한 걸음 더 나아가 원전이 '신세계'를 만든다고 거짓말을 했다. 이들이 주장한 안전성과 경제성은 모두 허구였음이 드러나기 시작한 것은 박근혜 정권에서부터였다. 그 전까지 원전 마피아와 미디어는 원전 르네상스를 그리느라 여념이 없었다. 그러나 2011년 3월 11일 일본 후쿠시마 원전 폭발이 모든 것을 쓸어버렸다. '원자력 르네상스'를 철석같이 믿고 있었던 세계인들은 후쿠시마 원전이 폭발하자 큰 충격을 받았다.[107] 특히 원전 르네상스를 추진하던 한국, 일본, 중국에 결정적인 타격을 주었다.

우리나라에도 25기나 되는 원전이 있다. 연간 생산되는 에너지원의 5%, 전력 생산의 25% 정도가 핵발전소에서 만들어진다. 그런데 원전 설비에 드는 비용이 만만치 않다. 원전 1기 설치비가 3조 5,000억 원에서 4조 원이나 든다. 투자비 및 폐기 비용이 많이 들어가기 때문에 노후해서 사고 위험이 높은 원전을 폐기하지 않고 대충 손질해서 쓰는 일이 다반사다. 그러니 원전 사고가 너무 잦다. 실제로 2007년 5월 말 수명이 다했던 고리 1호기는 2008년 1월 정부가 10년간 재가동을 승인해 다시 운영되고 있으나 각종 사고에 노출되어 있다. 2012년 말 30년의 수명을 다한 월성 1호기 역시 수

107 여기서 눈여겨 볼 사안이 있다. 자본주의 국가와 시장은 한 치 앞도 못 보면서 이윤의 욕구 때문에 이성을 잃는다. 그런 상징 하나를 보자. "원자력으로 풍요로운 사회와 마을 만들기", 이것은 2011년 3월 11일 후쿠시마 원전 사고가 일어나기 바로 전 후쿠시마 현 소속 후타바 군 입구에 세워진 대형 아치에 쓰인 말이다(≪프레시안≫, 2012.5.17). 이런 허위, 선동 슬로건이 마을 입구에 세워지기까지 지방자치단체, 의회, 원전회사가 책임이 있을 것이고, 이를 감시하지 못한 미디어, 시민단체도 책임이 있으며, 최종적으로는 시민에게 책임이 있다. 어차피 국가, 지방자치단체, 원전회사, 미디어 기업 등은 모두 이윤을 찾아서, 또는 권력을 좇아서 이리 뛰고 저리 뛰는 존재들이 아닌가.

명 연장 여부를 두고 격론이 있었다. 월성 1호기의 경우 세계적으로 유례가 없는 중수로 방식이고, 사고 위험도 크다고 한다(≪한겨레≫, 2011.3.18, 6면). 결국 원전은 전혀 안전한 에너지가 아닌데도 단기적인 경제성만 생각해서 원전 르네상스가 국가 에너지 정책으로 채택된 것은 비극이었다.

그렇다면 누가 원전을 막무가내로 밀어붙이는가? 우리나라에서는 재벌 기업, 정부, 원전사업자들이 원전 정책과 사업을 주도한다. 일본에서도 원전 마피아가 원전 정책을 주무른다. 정부, 전력사업자, 건설업자, 미디어, 제너럴 일렉트릭, 도시바 등 원전 제조업자,[108] 학계가 원전사업을 주도하고, 그 결실을 따먹는 집단들이다. 미국과 일본의 원전 기업은 기술적·경제적 연계관계를 맺고 원전 건설을 추진해왔다. 제너럴 일렉트릭은 도시바와 제휴하고, 웨스팅하우스는 히타치와 제휴관계를 맺었다. 일본이 원전사업을 버리지 못하는 것은 이 사업에 욕심을 가진 미국 기업의 압박도 한몫했다. 하물며 국제원자력기구IAEA: International Atomic Energy Agency도 원전 마피아에 포섭되었다는 비판을 받았다. 이렇게 원전 마피아가 실타래처럼 엉킨 가운데 후쿠시마 원전이 폭발하자 '원전 안전 신화'는 산산조각이 났다.[109]

108 일본의 도시바는 세계적인 원전사업자인 웨스팅하우스를 인수한 후 원전사업을 크게 불렸다. 일본은 도시바의 영향권 아래에 있다. 일본 후쿠시마 원전 사고 과정에서 보듯이 일본 정부는 시종일관 원전사업자인 도쿄전력의 상술에 밀렸다. 정부가 사업자의 포로가 된 전형적인 모습이었다.

109 일본 후쿠시마 원전 사태가 터지자 한국의 미디어는 일본이 냉정하고 침착하게 원전 사고를 극복하고 있다느니, 결사대가 나서 목숨을 걸고 사고 현장에서 수습하고 있다는 등의 어처구니없는 뉴스로 도배질을 했다. 이른바 '500명의 원전결사대'라는 말은 그릇된 표현이다. 이들은 대부분 원전 기술자가 아닌 단순 노동자이며, 생계 때문에 현장에 나가라는 회사 지시를 따른 것뿐이다(≪한겨레≫, 2011.3.23, 9면). 현장 파견자들은 처자식이 없는 비정규직 노동자가 많았고, 일당 12만 원에 사고 현장에 나간 사람들이라고 한다. 이것이 사실이라면, 힘없고 돈 없는 사람들을 싼값에 사서 원전 사고 현장에 투입한 것은 매우 비인도적인 처사다. 이러한 행태를 두고 '감동적이니', '애국적이니' 하는 감탄사를 내뱉는 미디어가 한국에도 있었다. 심지어 일부 미디어는 일본 시민들이 큰 시련 앞에서도 당황하지 않고 냉정한 자세를 보이고 있다며 일본 국민성을 배우라고 보도하기도 했다. 그러나 일본 국민은 엉터리 원전 정책을 견제하지 못하고,

한국의 원전 정책도 일본 못지않게 엉망이다. 정책과 안전 규제 기관이 동일한 것은 특히 문제다. 이명박 정권에서는 교육과학기술부가, 박근혜 정권에서는 산업자원부가 각각 원전 정책 수립권을 갖고 있다. 그런데 이들 부서는 산하에 한국원자력안전기술원을 두고 있다. 이렇게 원전 정책의 책임자인 정부가 안전을 검사하는 권한까지 가진 것은 타당하지 않다.

역대 정권은 원전에 긍정적이었다. 누구 할 것 없이 원전 확장에 주목했지만, 관리는 소홀했다. 원전 부품을 가짜로 교체하는 등 부정부패는 말할 수 없이 심각하다. 정부 여당이 못할 때 야당이라도 제 몫을 다하면 최악의 정책 실패는 줄일 수 있다. 그러나 야당의 무관심과 무능도 정부 여당 못지않다. 이들이 원전 정책을 꾸준히 감시하고 개혁을 추구했더라면 지금과 같은 기형적인 원전 구조는 만들어지지 않았을 것이다. 2011년 3월 일본에서 원전 재앙이 터지고, 우리나라 원전이 하루가 멀다 하고 사고가 일어나도 야당은 뚜렷한 대안을 내놓지 못했다. 그러자 여당인 한나라당은 한술 더 떠 "원전은 자원이 부족한 우리 현실에서 전력을 저렴하고 안정적으로 공급하는 방안"이라고 주장하며 원전 불가피론을 붙들고 있다. 한나라당은 "서민 물가 안정과 기업 발전을 위해 필수적인 정책"이라는 주장까지 내놓았다. 무능하고 무책임한 국가권력 체제가 문제를 심각하게 만든다.

2) '원자력 르네상스' 미신과 보도

이른바 '원자력 르네상스'는 미국 원전산업에서 만들어져 세계로 확산된

무능한 일본 정부를 감시하지 못했을 뿐만 아니라 사고 후에도 도쿄전력에 모든 것을 맡긴 결과, 자신들은 물론 인접 국가에 심대한 피해를 준 당사자들이다. 사정이 이런데도 일본 국민성을 배우라고 요구하는 것은 식민성의 발로다.

이념이다. 이것은 한국, 미국, 일본,[110] 프랑스를 원전산업의 틀에 묶어두자는 심산이다. 원자력 르네상스의 이데올로기는 다음과 같은 명제를 따른다(김수진 외, 2011).

첫째, 원자력은 경제적이다.

둘째, 원자력은 안전하다.

셋째, 원자력은 청정하다.

넷째, 원자력은 지속 가능하다.

여기에 대안 부재론, 수출 경쟁력까지 더해지면 원자력 르네상스가 완성된다. 이 정도는 약과다. 원전 폐기가 암흑시대로 이어진다는 터무니없는 주장을 하는 사람도 한둘이 아니다. 원자력 르네상스 주창자들은 "원자력발전소 반대 = 원자력발전소 즉각 중지 = 정전 = 원시시대"라는 프레임을 강요함으로써 원전을 대신한 대체에너지 개발을 무력화시킨다(≪프레시안≫, 2011.3.24).

원전 르네상스는 원전사업자나 정부만의 이데올로기가 아니었다. 대부분의 미디어도 원전 르네상스를 선전했다. 원전 뉴스는 거의가 원전 르네상스의 복사판이다. 오영환 중앙일보 기자가 쓴 글을 보자.

원전에서 나오는 양질의 전력은 한국 산업화의 일등공신이다. 문제는 안전

110 원전 안전 신화를 앞장서서 퍼뜨리던 일본에서 2011년 후쿠시마 원전 폭발이 발생하자, 이케다 모토히사(池田元久) 일본 경제산업성 부장관은 예견할 수 있는 사태를 가정해서 대응하고 있지만 그 이상의 최악의 사태는 "신만이 알 수 있다"라고 말을 바꾸었다(≪조선일보≫, 2011.3.29, A10면). 이것은 일본이 원전 사고에 무지했다는 참담한 고백이다.

이다. 지진·쓰나미에도 끄떡 않는 철옹성 원전을 만들어야 한다. 비상시 펌프 없이도 자동적으로 냉각수가 핵 연료봉에 공급되는 꿈의 원자로 개발도 급선무다. 과학은 한계 없는 프런티어다(≪중앙일보≫, 인터넷판, 2011.3.18).

이 글을 쓴 기자는 원전을 거의 완전무결한 에너지원으로 착각하는 것 같다. 결점 없는 원전을 개발하자는 주장까지 했으나 그런 원전이나 과학이 진짜 있는지도 의문이다.

미디어, 정부, 원전사업자 등이 주창하는 원전 르네상스론이 허술하기 짝이 없지만, 이 가운데 원전이 경제적이라는 주장은 특히 사실을 오도한다. 원전 르네상스 주창자들은 원전의 경제성을 주장할 때 다른 에너지원과 비교하면서 원자력발전소의 건설비, 운영비, 연료비만을 계산하지만 정확히 경제성을 따지려면 발전소 폐쇄와 방사성 폐기물 처리에 드는 비용도 포함해서 따져야 한다(이헌석, 2011: 99~100). 원전은 수명이 다해 폐기하고 싶어도 폐기할 수 없는 절대적 한계를 가진 에너지원이다. 여기에 덧붙여 사고 비용까지 포함한다면 원전은 대단히 위험하고 아주 비싼 에너지원이다. 그런데도 이른바 '전문가'들이 미디어를 통해 원전 르네상스를 홍보해서 많은 사람들은 원전 위험성을 인정하는 동시에 원전 경제성을 긍정하기도 했다. 정세진 동아일보 기자는 "원자력 꽃이 피었습니다"라는 제목의 기사에서 전 세계에 원전 건설 붐이 일고, 750조 원 규모에 건설업계의 설렘이 가득하다고 보도했다(≪동아일보≫, 인터넷판, 2008.9.9).

미디어 산업은 원전사업의 불가피성을 인정해서 그런지, 아니면 원전사업자의 홍보 전략이 주효했는지 원전 르네상스론을 지지하는 반면 원전 비판론에 대해서는 적대적이었다. 예를 들자면 ≪중앙일보≫는 환경운동 진영의 원전 비판을 못마땅하게 여기는 사설을 싣기도 했다.

이제 원전은 우리의 생존 수단이다. 원유나 석탄은 자원 빈국을 위협하는 치명적 무기가 돼버렸다. 바이오 연료나 풍력·태양광 발전 같은 대체에너지는 아직 비싸고 갈 길이 멀다. 현실적으로 원전을 빼고는 대안을 찾기 힘들다. 다행히 이명박 대통령은 19일 "화석(연료) 발전에 집착하는 것은 아주 위험하다. 원자력 비중을 높여야 안정적인 에너지 공급이 가능하다"고 밝혔다. 백번 맞는 말이다. 정부는 원전 확대 쪽으로 에너지 정책을 다시 손질해야 할 것이다. …… 이제 우리 환경단체들도 원전 무조건 반대라는 극단주의에서 벗어나야 한다. 요즘 선진국 환경단체들도 대안 없는 비판을 접고 불편하더라도 현실을 받아들이는 게 대세다. 무리한 환경 일방주의는 곤란하다. 언제까지 중동 지역 석유에 목을 매고 노예로 끌려 다닐 수 없지 않은가(≪중앙일보≫, 인터넷판, 2008.4.28).

≪중앙일보≫ 사설에 따르면, 한국 사회는 원전만이 살길인데 환경론자들이 이를 모른다. 이 신문만이 아니라 거의 모든 미디어가 석유 한 방울 나지 않는 나라에서 원전처럼 싸고 편리한 전력 공급을 외면할 수 없다고 주장한다. 그러나 원전이나 에너지 정책과 관련한 미디어 보도에 대해 한재각 에너지기후정책연구소 부소장이 따끔하게 짚었다.

언론은 원자력을 옹호할 땐 석유 의존도와 온실가스 문제를 진심으로 걱정하는 척하지만 정작 이를 줄일 수 있는 실질적인 대안은 소홀히 하고, 반대로 오히려 더 심화시킬 수 있는 해외 유전 개발, 유류세 인하 등은 적극 지지한다. 이는 앞뒤가 전혀 안 맞는 행태다. 원자력과 석유 사이를 왔다 갔다 하며 일관성 없이 '업계의 이해'에만 휘둘리는 게 대다수 언론의 현실인 것 같다(≪미디어오늘≫, 2011.3.23, 6면).

일본 후쿠시마 원전 폭발을 계기로 원전 르네상스론은 불신을 받았다. 그러나 방사능 유출 사태가 수습조차 안 되는 형편인데도 원전 주창자들은 원전 르네상스를 변형시킨 '원전 징검다리론'을 들고 나왔으니 황당한 일이다. 한국수력원자력에 따르면 원전 징검다리론은 "신재생 에너지를 경제적이며 안정적으로 공급할 수 있을 때까지 원전을 징검다리 삼아 에너지 위기를 넘겨야 한다는 주장"이다(≪동아일보≫, 2013.3.8, B3면). 이런 식의 징검다리론이 미디어에 슬슬 퍼지고 있다. 원전 징검다리론은 원전의 파멸적인 위험성을 은폐하고, 원전의 경제성이라는 논리에 기초한 선전이다. ≪조선일보≫는 이른바 원전의 세계적 추세라는 입장에서 원전 유지를 지지했다. 이 신문은 후쿠시마 사태 이후 세계의 탈원전 정책이 재원전 정책으로 선회하고 있다고 주장하고 일본의 무원전 정책 포기, 값싼 원전 에너지의 매력, 산유국의 원전 도입을 증거로 제시했다(≪조선일보≫, 인터넷판, 2013.3.21).

3) 정보 조작

미디어는 자사의 이익 및 세계관에 따라 원전에 관해 보도한다. 이들은 대개 원자력 르네상스에 입각해서 원전 문제를 다루었다. 이 때문에 대다수 사람들은 부정확한 원전 관련 정보에 노출된다. 특히 원전을 미화하는 뉴스는 시민들에게 잘못된 정보를 줌으로써 의식을 통제한다. 그렇다면 미디어는 원전에 대해 어떤 식으로 보도하는지 살펴보자.

(1) 정보 숨기기

공개된 원전 정보는 거짓이 많고, 진실은 공개되지 않는다. 원전의 장단

표 6-1 | 원전산업의 비밀주의 사례

· 1984년과 1988년 월성 1호기 냉각수 누출 사고, 1988년 국정감사 때까지 은폐 · 1995년 월성 1호기 방사성 물질 누출 사고, 1년 뒤 보도 · 1996년 영광 2호기 냉각재 누출 사고, 몇 주 후 주변 환경오염으로 공개 · 2002년 울진 4호기 증기발생기의 관 절단으로 발생한 냉각수 누출 사고를 단순 누설 사고로 축소, 은폐 · 2004년 영광 5호기 방사성 물질 누출을 감지하고도 재가동 강행 및 일주일간 방치 · 2007년 대전 원자력연구소 핵물질 3kg이 들어 있는 우라늄 시료 박스의 소각장 유출 사건이 3개월 뒤에 공개, 분실된 우라늄은 행방 묘연 · 2003년 부안에 대한 핵폐기장 '원전수거물 관리시설 후보부지 예비조사 보고서' 내용이 사실과 달라 안전성을 보장하지 못함 · 2005년 경주를 핵폐기장으로 지정 후 2007년 7월 착공, 본 보고서와 예비조사 보고서 공개를 거부하다 2009년에 공개 · 2007년 12월 고리 1호기 수명 연장 허가로 재가동, 수명 연장에 필요한 안전조사 보고서 일체 공개 거부 · 아직 세계적으로 단 1기도 수명 연장이 추진되지 않았던 캔두형 원자로인 월성 1호기도 수명 연장을 위한 압력관 교체 작업 강행 · 2010년 신규 원전 후보지 4곳 선정, 용역보고서 공개 거부

자료: 환경운동연합.

점이 시민에게 균형 있게 알려지지 않고, 장점만을 과대 포장한 정보만 유포되어 있다. 2012년까지 한국의 원전 사고에 대한 심층 보도는 별로 없었다. 원전 비리 역시 보도된 것이 거의 없었다. 그런데 2013년부터 검찰수사가 시작되면서 무수한 원전 비리가 드러났다. 그 전에는 비밀주의가 판쳤다. 〈표 6-1〉은 환경운동연합이 원전 비밀주의와 사건을 정리한 자료다.

한전이 아랍에미리트연합과 맺은 원자력발전 사업도 의문투성이다. 둘 사이에 맺은 계약 내용이 공개되지 않은 것부터 이상하다. 계약 조건 중 하나로 한국군을 파병해서 핵발전소를 지킨다는 추정과 공사 대금 중 100억 달러를 한국이 빌려주고 28년 동안 아랍에미리트가 갚아 나간다는 추측이 있을 뿐이다(허만섭, 2011: 96~104). 국가 명운이 걸린 원전사업의 내용이 무엇인지 제대로 밝혀지지도 않은 것이 절망적이라면, 아무도 이런 사실을 보도하려고 하지 않는 흐름이 더 절망적이다. 극도로 불안정한 원전을 수출한다고 환호하는 저널리즘의 태도는 비이성적이다.

핵 사고가 나면 할 수 있는 일이 아무것도 없다. 방사성 물질의 침투를 막을 방제복이 있어야 하지만 현재의 기술로는 그런 방제복을 만들 능력도 없다고 한다. 이것 하나만 보아도 핵발전소의 사소한 사고가 대형 참사로 이어질 수밖에 없다는 것이 분명하다.

(2) 안전성 · 경제성의 과장 홍보

'괜찮아요.' 이 말은 원전과 관련해서 문제가 생길 때 꼭 나오는 말이다. 일본 핵발전소 폭발로 세계가 공포에 사로잡힌 순간에도 '괜찮아요' 병은 심각하다. 이명박 대통령이 2011년 3월 21일 라디오 연설에서 "지금까지 사고로 분류되는 경우는 한 건도 발생한 적이 없고 공식적으로 세계 최고의 안전성을 인정받고 있다"라고 주장한 것만 봐도 그렇다. 이는 원전이 안전하다는 신화를 철석같이 믿는 데서 나온 말일 것이다. 지난 수십 년 동안 정부와 원자력문화재단 등은 우리나라에서 원전 사고가 일어날 확률은 '국제원자력기구가 권고하는 10만 년에 1회 사고 확률보다 더 안전한 100만 년에 1회 미만'이라고 선전하며, 원전이 '청정에너지'라고 홍보해왔다(고희철, 2011.3.20). 이런 선전 구호는 일본 후쿠시마 원전이 폭발하기 전까지 난무했던 것이다. 정부, 한전, 원자력 관련 단체, 원자력사업으로 이득을 얻는 조직들은 안전성과 경제성을 외쳤지만, 이들을 감시해야 할 핵 전문가, 미디어가 이들과 부화뇌동해온 것은 문제다.

미디어는 원전 르네상스를 경제적인 각도에서 많은 보도를 했다. 그중 ≪조선일보≫는 2009년 12월 29일 "한국, 원전 수출국 되다—30년 원자력발전소 무사고 운영 …… 20% 낮은 건설단가"라는 제목의 기사도 냈다. 다음은 그 기사의 일부다.

> 한국 원자력발전의 최대 강점을 꼽는다면? 전문가들은 30여 년간 단 1건의 사고도 없는 안정적인 운영 실적과 우수한 기술력, 가격 경쟁력 등을 꼽는다.

2013년 이전의 미디어 보도만 보면 한국 원전은 안전하고, 기술력 좋고, 가격까지 싼 것처럼 보인다. 미디어들은 원전이 무슨 미다스Midas의 손이나 되는 것처럼 극찬했다. 더구나 KBS는 다른 어떤 미디어보다 원전 수출을 더 긍정적으로 보도했다. 다음 뉴스를 보자.

> 사회자의 말 사상 처음으로 아랍에미리트연합에 원전 수출을 성공시킨 우리 정부가 신규 원전 시장 진출에 본격적으로 나서기로 했습니다. 세계 원전 시장점유율을 5%까지 끌어올린다는 게 목표…….
>
> 기자의 보도 세계적으로 오는 2030년까지 아시아에 242기, 유럽에 113기 등 모두 430기의 원전이 새로 지어질 예정입니다. 1,200조 원이나 되는 거대 시장입니다. 현재 세계 원전 시장은 미국과 프랑스, 캐나다 등이 점유율 90% 이상을 차지하고 있습니다. 정부는 이번 첫 원전 수출을 계기로 오는 2030년까지 세계 시장점유율을 5%까지 높인다는 계획입니다. 이를 위해 가장 시급한 과제는 현재 95% 수준인 원전 기술 자립도를 100%로 끌어올리는 겁니다. 정부는 내년에 착공하는 신울진 원전 1·2호기에 원전 설계 코드와 제어계측장치 등 그동안 외국에 의존해온 기술들을 국산화하기로 했습니다. 또 지역별·나라별로 세분화된 마케팅 전략과 함께 다변화하고 있는 원전 시장에 능동적으로 대응하기 위한 중소형 원전 개발도 서둘러 풀어야 할 과제라고 관련 업계는 밝히고 있습니다(KBS 〈9시 뉴스〉, 2009.12.29).

이는 원전 뉴스라기보다는 전형적인 원전 홍보물 같다. KBS의 원전 뉴스는 수출과 돈벌이라는 시각에 매여 있다. 어떻게 하면 우리나라가 세계 원전 시장의 점유율을 높일 수 있을지에 주목할 뿐이다. KBS의 눈에는 기껏해야 원전 기술의 국산화가 숙제일 뿐이다. KBS는 뉴스에서만 원전을 찬양한 것이 아니라 일반 프로그램에서도 미화했다. KBS는 2010년 1월 31일 〈열린 음악회: 한국원전 수출기념〉을 방송했다. 이것은 이명박 대통령이 아랍에미리트와 맺은 원전 수출을 기념하는 프로그램이었다. 그런데 놀랍게도 원전 수출 기념 프로그램의 협찬자는 원전 수출을 담당하는 한전이었다. 한전은 KBS를 위해 수신료를 징수하는 역할도 한다. KBS는 한전에 의존하는 관계다. 이런 상황에서 KBS가 원전의 안정성이니 경제성이니 따질 것으로 기대하는 것 자체가 비현실적이다.

원전은 사고가 나기 전까지만 안전하다.[111] 즉, 원전은 불나방이 불속에 뛰어 들어가는 것보다 더 위험한 사업이다. 빈번한 원전 사고가 이를 입증한다. 1978년 원전이 처음 가동한 이래 2009년까지 423회나 고장이 나서 작동이 중지되었다. 2000년에서 2009년 사이에는 140건의 고장이 생겼다(고희철, 2011.3.20). 2013년 들어 원전 고장이 잦아 사회문제로 부각되자 비로소 정부는 원전 비리를 밝히라는 시민적 압력을 받고 복마전 같은 원전사업을 재검토하고, 검찰은 비리를 수사하기 시작했다. 불량 부품, 가짜 부품, 뇌물 수수, 사고 숨기기 등 원전은 그야말로 비리의 온상임이 드러났다. 그런데도 수십 년 동안 원전 비리에 대한 비판적 보도가 거의 없었다. '침묵의 카르텔'이 작용했던 것이다.[112]

111 돈 때문에 원전을 만들고 운영하다가 사고가 나면 일본처럼 비정규직 '결사대'를 투입해서 방사능 확산을 막을 것인가?

112 원전은 홍보할 대상이 아니라 비판해야 할 대상이다. 그러나 원전권력은 원전 홍보에 시민들의

(3) 부당한 지원 정책

원전 건설 과정에서 가난한 농어촌 지역을 골라, 안전성에 대한 검토보다 보상비나 개발 지원으로 주민들의 저항을 입막음해왔다. 이런 식의 미끼 던지기는 부당한 유인 행위로 보인다. 농어촌 지역의 경제발전은 종합적인 국가정책 아래서 진행되어야지 지원을 미끼로 농어촌에 원전 부지를 사고, 원전을 건설하는 행위는 미개한 방식이다. 어떤 기준으로 보아도 가난한 곳을 찍어 돈 몇 푼 집어주는 식의 비인간적·반지역적 원전 정책이 더 이상 허용되어서는 안 된다.

4) 미디어의 원전 사랑

스리마일 섬, 체르노빌, 후쿠시마에서 발생한 핵발전소 사고는 인류의 삶에 엄청난 영향을 미쳤다. 이 사건은 모든 사람의 뇌리에 핵 공포를 불어넣었다. 그러나 사고가 터질 때뿐이다. 시간이 지나면 핵 공포도 망각의 늪으로 사라진다. 원전사업자는 다시 이윤 극대화를 향해 기지개를 켠다. 한국에서도 크고 작은 원전 사고가 자주 일어났지만 박근혜 정권 이전에는 변변한 비판 보도를 찾기 어려웠다. 원전 사고가 나면 원전 감시를 게을리한 미디어에도 비판의 화살이 쏟아지곤 한 것은 놀라운 일이 아니다. 일본 릿쿄 대학 교수인 노나카 아키히로野中章弘의 말은 현실을 잘 묘사했다.

> 정부나 전력회사, 관료들이 말하는 것은 대체로 신뢰할 수 없습니다. 신문

돈을 끌어다 쓰고 있다. 시민들이 부담하는 전기요금의 3.7%가 전력산업 기반 조성이라는 이름으로 광고에 지출된다(≪주간경향≫, 2012.3.13, 34면). 시민의 귀중한 재산이 '원자력은 행복에너지'라고 주장하는 광고 따위에 쓰이고 있는 것이 문제다.

과 방송 등의 미디어도 대단히 '엉성하고 무책임'합니다. 상황을 자기 스스로 판단할 수 있는 힘을 기르는 것이 중요하다고 생각합니다(≪오마이뉴스≫, 2011.6.11).

원전권력의 무책임성은 일본만이 아니라 한국에서도 극심하다. 원전 관련 기구의 악취 나는 부정부패만 보아도 그렇다.

원전 폭발 사태가 망각 속으로 사라지는 것처럼 보이자 원전 마피아, 원전 카르텔이 무대 뒤에서 재빨리 움직이기 시작한 것도 무책임한 행태다. 이들은 원전 불가피론을 들고 나왔다. 대체할 에너지가 없으니 원전을 고수하는 것이 상책이란다. 정부와 미디어도 원전 불가피론을 지지하면서 다음과 같은 입장을 고수했다.

첫째, 한국 원전은 일본 원전보다 안전하다. 건설도 일본보다 최근에 이루어졌고, 기술적으로도 더 안전하다는 주장이다. 둘째, 원전이 고장 나거나 문을 닫으면 '전력 대란'이 생겨 국민 생활과 산업에 큰 피해를 준다. 셋째, 원전을 폐기하거나 비중을 줄이면 대체에너지를 개발해야 하는데, 이것은 막대한 비용 증가를 유발한다. 넷째, 원전이 고장 나면 부품을 가는 등 고쳐 쓰면 된다. 다섯째, 원전 비리는 철저히 응징한다.

이런 주장은 그럴듯해 보이지만 억지스러운 내용이 많다. 한국의 원전과 초대형 사고를 낸 일본의 원전을 비교해보니 한국 것이 안전하다고 주장한들 무슨 의미가 있겠는가? 물론 한국 원전이 일본 원전보다 나은 면도 있겠지만 못하다는 증거도 많을 것이다. 문제점 보완론은 그야말로 '눈 가리고 아웅' 하는 꼴이다. 일본 원전 사고에서 보듯이 사소한 문제, 예상하지 못한 문제가 국가적 재앙으로 확산될 위험이 있다.[113]

우리나라는 지난 반세기 동안 원전 확장에만 집착해왔다. 그런 나머지 대체에너지 개발을 실행하지 못했다. 원전 사고가 빈번해 불안감과 공포감이 퍼진 상태인데도 원전 의존도를 줄이기는커녕 '수출산업'으로 키우겠다는 정부 정책은 민심을 거스른 행위다. 그나마 2013년 박근혜 정권이 들어서면서 원전이 잦은 고장을 일으키자 미디어들도 원전 사고 및 작동 중단을 비판적으로 보도하고 있다. 그러나 정권도 미디어도 원전 중단을 포함한 원전 재검토 정책은 생각하지도 않는다.

이유진 녹색연합 정책위원이 말하듯이 "원자력의 어두운 면, 예를 들면 우라늄 채굴에서 발생하는 환경 피해와 원자력발전의 안전성 문제, 핵 확산, 핵폐기물, 원자력 보조금, 재무 위험, 원자력 업계에 팽배한 비밀주의 등에 대한 정보를 제대로 전달해야 한다"(≪프레시안≫, 2010.3.17).

일부지만 미디어도 원전을 비판적으로 보도하기도 한다. ≪경향신문≫은 1999년 10월 14일 울진 원전 1호기가 설계도에 없는 미확인 용접이 수십 군데인 '누더기 원전'이라고 보도했다. ≪한겨레≫나 ≪오마이뉴스≫도 비판적인 관점에서 원전 보도를 해왔다. SBS는 2013년 9월 15일에 방송된 〈SBS 스페셜: 죽음의 습격자, 후쿠시마발 방사능 공포〉에서 원전 사고의 치명성을 파헤쳤다. 박근혜 정권이 들어선 후 미디어는 원전 비리를 비판하는 보도를 많이 했지만 원전 폐기나 축소를 지지하지는 않았다.

지금까지 원전 보도의 본질이 무엇인지 살펴보았다. 원전 보도의 정치경제학을 압축하는 말이 있다. 〈후쿠시마의 미래〉를 제작한 이홍기 독립프로듀서의 "방사능보다 더 무서운 것이 진실을 알리지 않는 정부와 언론"

113 후쿠시마 원전 사고를 계기로 많은 나라가 원전 정책을 재고한 것은 의미가 있다. 독일, 베네수엘라, 이스라엘이 원전 포기 정책으로 돌아섰고, 중국, 영국 등 많은 나라에서 원전 증대 정책을 재고하거나 원전 신설을 불허할 계획이다. 다른 나라는 어떨지 몰라도 독일은 원전 폐쇄 정책을 바꾸지 않고 끝까지 가려는 것 같다.

이라는 말이 정곡을 찌른다(≪PD저널≫, 2013.3.20, 2면). 그리고 원전을 어떻게 할지는 정부의 연구 보고서에 다 나와 있다. 2013년 국무총리 산하 한국환경정책평가연구원이 발표한 「우리나라 에너지 현실 및 정책방향」이라는 보고서는 이렇게 제안했다.

> 원자력은 안전하지도 안정적이지도 값싸지도 않아 장기적 대안이 될 수 없음. 신규 원전 포기 등 질서 있는 후퇴를 시작할 필요(≪경향신문≫, 2013.11.2, 1면에서 재인용).

환경 전문가인 마리오 다마토Mario Damato 그린피스 동아시아 지부 사무총장도 똑같은 말을 했다.

> 원자력은 절대 값싼 에너지가 아닙니다(≪경향신문≫, 2013.11.22, 23면에서 재인용).

6. 저널리즘의 위기

한국 저널리즘의 화려한 날은 오래전에 지나고 지금은 시민들에게 폐를 끼치고 눈칫밥을 먹는 형편이다. 저널리즘이 환골탈태를 하지 않는 한 '위기 → 몰락 → 소멸'이라는 길을 걸을 수도 있다. 이런 우울한 예측을 하는 데는 그럴 만한 이유가 있다.

한국 저널리즘의 원형은 일제 때 조성된 식민지 저널리즘이다. 해방 이후 한국 저널리즘은 돈, 권력, 보수 이념에 지나치게 집착했다. 그렇다고 저널리즘이 민주주의에 기여한 바가 없는 것은 아니다. 정권을 질책하는 보도로 때로는 신문사가 폐간되고, 언론인들이 구속·해고된 사례는 많다. 그럼에도 한국 저널리즘은 민주주의나 사회정의보다는 권력과 자본의 편에 서서 사회 여론을 조작하는 경우가 훨씬 더 많았다. 여기서 우리가 살펴야 할 점은 저널리즘의 위기를 초래한 근본 원인이 무엇인가 하는 것이다. 저널리즘의 위기가 자본주의 구조 위기에서 발생한 것인지, 정치적 편파성이나 규제 실패 따위로 발생한 자본주의 운영 실패에 따른 것인지가 쟁점이다.[114] 저널리즘 위기가 일차적으로는 자본주의 구조 위기에서 발생한 것이지만, 디지털 미디어 혁명은 저널리즘을 한층 더 구석에 몰아넣는다.

1) 위기의 원인

(1) 극단적인 편협성

한국 저널리즘이 위기에 빠진 데에는 뉴스의 보편성이 형편없이 떨어지고, 편 가르기로 내 편과 네 편을 나눈 후 무조건 내 편을 옹호하는 반면 네 편을 공격한 행태가 크게 작용했다. 과격한 편 가르기 및 편협성은 저널리즘의 질적 수준을 떨어뜨렸다. 한 가지 사례를 보자. 2013년 7월 7일 아시아나 항공기가 샌프란시스코 비행장에 착륙하려다 사고가 났다. 이 사고로 중국인 여학생 2명이 안타깝게도 목숨을 잃었다. 그런데 사건 당일 채널A 〈뉴스특보〉는 이렇게 보도했다.

정부 관계자가 사망자 두 명은 중국인으로 추정된다고 하는 소식 들어와 있

114 자본주의 위기와 미디어, 정보경제에 관해서는 Fuchs(2011: 223~244) 참조.

습니다. 우리 입장에서는 다행이라고 말할 수도 있을 것 같은데요.

사람이 죽었는데 무엇이 다행일까? 중국 사람의 죽음은 별것 아니란 말인가? 채널A의 보도는 중국인을 격분시켰다. 중국 미디어들도 채널A의 보도를 격렬히 성토했다. 이에 박근혜 대통령과 외교부가 중국에 사죄하는 일이 벌어졌다. 이 사건은 저널리즘은 어떤 경우에도 불편부당한 시각에서 보편적 사실을 말해야 할 의무가 있음을 상기시켰다.

신문 저널리즘의 편협성도 심각한 수준이다. 이들은 자신의 이익, 자신들이 하는 사업을 부각시킨다. 종편 채널을 운영하는 신문사들이 방송 편성표에서 가장 눈에 띄기 쉬운 자리에 같은 계열 종편 채널의 편성표를 배치하는 것만 보아도 그렇다. 그러다 보니 KBS 1TV 편성표보다 좋은 자리를 차지한 신문사의 종편 채널 편성표 배치는 타당해 보이지 않는다.

(2) 정보자본주의와 저널리즘의 불협화음

산업자본주의 시대의 저널리즘 산업은 대중적 정보 상품, 대중 광고, 대중적 수용자, 편집과 편성을 통한 정보 조작과 통제, 소유와 생산 과정에서 수용자 대중의 원천적인 배제를 특징으로 한다. 산업자본주의 시대에 인쇄기술, 상업광고, 언론의 자유, 중산층, 대의민주주의는 저널리즘과 미디어 산업이 설 수 있는 기반이었다. 자본가들은 노사 대립 구조에서 압도적인 우위를 차지하기 위해 호의적인 사회 여론이 필요했고, 저널리즘은 이런 목적을 잘 따라주었다. 자본가는 미디어 기업과 거래할 때는 광고주로 변신하여 광고비를 지원했다. 그래서 노사관계가 갈등을 빚을 때 미디어 기업은 거의 광고주의 편을 들었다.

저널리즘과 대중문화는 대량생산과 대량소비의 연결 고리 역할, 대의제 민주주의의 촉진 역할을 해왔다. 산업자본주의 체제에서 저널리즘을 생산하는 미디어 산업은 대중적 영향력과 광고를 바탕으로 축적해왔다. 광고주들은 대부분 재벌 기업이나 다국적 기업이었다. 이들이 판매를 촉진하고, 기업 이미지를 향상시킬 목적으로 미디어 산업에 많은 광고비를 지출했다.

그러나 세계는 산업자본주의와는 많은 점에서 다른 정보자본주의로 이행하고 있다. 산업자본주의가 정보 생산의 독점 시대라면, 정보자본주의는 무한 경쟁 시대다. 산업자본주의 시대에 신문과 방송이라는 기득권 미디어의 강력한 힘은 펜과 마이크가 지닌 진실의 힘이 아니라 독점적인 정보 송출권과 대규모 정보 생산 능력이었다(김국현, 2013: 111). 즉, 거대 자본을 바탕으로 미디어 제작과 유통을 독점하던 미디어 기업은 자연스럽게 시장을 지배하고 정보를 통제했다. 자본과 기술 독점력이 시장을 지배했던 원동력이었다. 이와 달리 정보자본주의는 미디어 경쟁, 정보 경쟁을 통해 시장 지배력이 결정되는 추세다. 대표적인 사례가 한류 문화산업이다. 이들은 콘텐츠만 갖고 국내외 시장에서 두각을 나타냈다.

축적 방식에서도 산업자본주의와 정보자본주의는 다르다. 산업자본주의가 기계제 대공업 아래서 육체노동에 의한 자본축적을 근간으로 삼았다면, 정보자본주의는 정보산업에서 또는 정보를 통해서 자본을 축적하고, 사회적·정치적 과정이 이루어지는 체제다. 정보자본주의는 상품화·사유화·이윤 극대화를 기본 가치로 삼고, 시장 개방, 디지털 기술 혁명, 계급 양극화, 자본과 시장 의존적인 국가, 허약한 노동자계급을 특징으로 하는 사회다. 그래서 그런지 정보자본주의 체제에서 자본가들은 산업자본주의 시대와 달리 사회 여론이나 노동자계급을 심각하게 생각하지 않는 것 같다.

디지털 혁명 덕분에 정보의 생산과 이용 방식이 바뀌면서 저널리즘이라는 정보 양식이 디지털 시대에 부적합하다는 약점을 드러내기 시작했다.

산업자본주의적 대량생산·대량소비 체제는 현저히 약화되고, 시장 세분화로 인해 대중적·대량적 광고의 필요성이 반감되면서 역설적으로 광고주의 위상은 더욱 강화되었다.

정보자본주의를 밑으로부터 이끄는 이념은 신자유주의다. 이것은 사유화, 상품화, 제한 없는 개인주의를 특징으로 하는 시장 근본주의를 신봉한다(Giroux, 2011). 이런 사회에서 공공성, 공익성, 공론장, 민주주의와 같은 사회적·공적 가치는 소멸에 가까운 위기를 맞는다. 정보·문화 분야에서 공영방송, 공공 서비스, 문화, 저널리즘과 같이 전통적으로 보호를 받아왔던 공공 영역도 사유화·상업화된다. 정보자본주의는 저널리즘이 오직 이윤 극대화를 추구하도록 만들었다. 미디어 복합기업은 저널리즘과 뉴스를 '킬러 앱killer app'으로 간주해서 빠른 속도로 여러 플랫폼에 유통해서 대중적 주목을 받고 수익을 올리는 데 급급하다(Ornebring, 2010: 8~9).

저널리즘은 광고주의 이익을 대변할 뿐 공론장 기능을 거의 하지 못한다. 이런 경향은 1997년 외환 위기를 당한 이래 매년 증대했다. 그래서 저널리즘을 대체할 새로운 형태의 정보 소통 방식을 찾기 위해 많은 시도가 있었다. 저널리즘이 이윤 추구의 도구, 권력의 수단으로 전락함에 따라 수용자 대중은 SNS를 비롯한 다양한 소통 수단을 통해 저널리즘이나 미디어의 매개를 거치지 않고 직접 정보나 문화를 생산·유통하고 있다. 저널리즘을 통한 간접민주주의는 스마트 미디어나 인터넷으로 무장한 직접민주주의에 길을 내주고 있다.

(3) 국가권력과의 유착

미디어 기업과 정치권력의 유착은 정보를 공동으로 통제하는 협력관계를 넘어서 권력과 이권을 나누어 먹는 한국형 권력 시스템을 만들어냈다.

권언유착은 총선과 대선에서 두드러진다. 정치권력은 기자를 비롯한 미디어 종사자를 끌어들인다. 정치권력이 미디어 종사자에게 자리를 내주는 셈이다. 17대 총선 결과를 보자. 이 선거에서 총 299명의 국회의원이 탄생했다. 전체 의원 가운데 11.4%인 34명이 언론계 출신이었다(≪미디어오늘≫, 인터넷판, 2007.1.2). 28명은 지역구 의원이고, 나머지 6명은 비례대표제로 국회의원이 되었다. 2007년 대선은 권언유착의 전형을 보여주었는데, 무려 40명의 기자가 한나라당 이명박 후보의 선거대책위원회에 참여했다(≪한겨레≫, 인터넷판, 2007.12.8). 이들 대부분은 후에 좋은 자리를 차지했다. 그럼 왜 정치권력은 언론계 인사를 요직에 앉힐까? 그 답은 "신동아가 부정적 기사를 계속 내보내는 것에 무슨 근거가 있는 거냐. 동아일보 출신이면서 왜 제대로 대응하지 못하느냐"라고 말한 이명박 대통령의 말 속에 있다(≪한겨레≫, 2010.3.23, 8면). 이것은 동아일보 정치부장 출신인 이동관 대통령 홍보수석비서관을 향한 말이다. 자신의 출신 회사인 동아일보 계열 신동아의 정권 비판적인 보도를 왜 통제하지 못하느냐는 질책인 셈이다. 이로 비추어 보아 정치권력은 미디어를 통제하기 위해 기자를 영입했다고 해석할 수 있다.

저널리즘의 덕목은 독립성, 자율성, 공정성이다. 이것이 없으면 저널리즘은 사회적인 흉기가 될 수도 있다. 특히 미디어 기업과 국가의 상호 의존도가 높으면 권언유착이 구조화되어 저널리즘은 비판성과 독립성을 잃고 만다.

(4) 저널리즘의 광고 예속

광고는 저널리즘을 먹여 살리는 식량이다. 광고비를 공급하는 광고주는 저널리즘에 무엇을 쓰고 무엇을 쓰지 말아야 할지 신호를 보낼 필요조차 없다. 미디어 기업이 알아서 광고주를 모시기 때문이다. 저널리즘은 자본주의 증식에 유리한 소비 환경, 정책 환경을 만들어주는 여론을 조성함으로써 광고주를 만족시킨다. 이런 환경에서는 저널리즘의 광고주 비판이 쉽지 않다.

사실 광고주의 적극적인 후원이 없었다면 저널리즘의 탄생 그 자체가 불가능했을지 모른다. 산업자본주의가 싹틀 무렵 기업들은 대량으로 생산한 상품을 판촉하기 위해 저널리즘과 대중문화에 광고비를 지원했다. 그래서 윌리엄스(2010: 308)는 "신문이나 방송 서비스는 광고 같은 사업을 위한 미디어"라고 평가하기도 했다. 저널리즘 사업이 정보 사업이라기보다는 광고 사업이라는 것이다. 하물며 일제 때에 발행된 ≪조선일보≫가 1932년 2월 21일자 기사에서 신문이란 자신의 세력과 가치를 배경으로 광고를 하며, 이를 통해서 경제발전을 촉진한다고 보도했던 것은 놀라운 것이 아니다. 이 신문은 광고 수입이 신문의 유일한 물적 조건이라고 평가하기도 했다. 이런 여러 가지 관점을 종합하면 저널리즘은 본질상 광고 사업이다. 그렇지만 한편으론 저널리즘은 광고주로부터 독립되었다는 인상을 주고자 쉬지 않고 노력했었다. 때로는 저널리즘이 자신에게 돈을 대는 광고주를 따끔하게 비판하기도 하면서 독립을 지키려는 흔적을 보이는 척이라도 했다. 하지만 1997년 경제 위기를 기점으로 모든 것이 싹 바뀌었다. 광고 시장이 위축되고, 미디어 시장도 크게 줄었다. 그런 한편 인터넷을 비롯한 미디어까지 경쟁에 뛰어들어 광고 시장을 잠식해 들어갔다. 이런 상황에서 미디어 기업은 예전보다 훨씬 더 광고주에 밀착해서 이들의 도우미처럼 보이려 애쓰기도 했다. 미디어 산업은 광고 시장을 좌우하는 재벌 기업에 특히 신경을 썼다. 그 가운데 삼성그룹에 대한 저널리즘의 굴종은 지나쳤다. 삼성그룹을 홍보하는 보도는 많은데 문제점을 비판한 보도는 찾아볼 수가 없다. 그래서 저널리즘이 제공한 정보만으로는 삼성그룹의 실제 모습을 볼 수 없다. '삼성 X파일'이 폭로되어도 저널리즘은 스스로 입을 닫았다. 그리고 꼭 해야 할 말도 하지 않았다. 이것이 몰락한 저널리즘의 현주소다.

2) 저널리즘 실패의 결과

한 가지 큰 사건 보도를 시작으로 저널리즘 실패 결과를 논의해보자. 2013년 5월 박근혜 대통령은 대규모 방문단, 기자단과 함께 미국을 방문했다. 한미 정상회담을 여는 등 분주한 가운데 윤창중 대통령 대변인이 대통령 방문단을 도와주기 위해 임시로 채용했던 인턴을 성추행한 전대미문의 사건이 벌어졌다. 그런데 놀라운 것은, 숱하게 많이 따라갔던 한국 기자들은 아무것도 모르는 가운데 미국에 사는 한인 여성이 '미시 유에스에이Missy USA'라는 여성 전용 사이트에 성추행 사건을 폭로하고 도움을 요청하는 글을 올리면서 그 사건이 알려졌다는 점이다. 대통령 대변인이 큰 사고를 친 결과 미주 한인 사회가 동요하고, 피해 여성이 큰 상처를 받는 등 변고가 일어났어도 한국 저널리즘은 이를 몰랐다. 이 사건을 보면서 한국 저널리즘이 제 역할을 하고는 있는지, 사회적으로 진정 필요한 것인지에 대해 다시금 의문이 생긴다.

(1) 저널리즘에 대한 불신

2013년 2월 대통령 직속 사회통합위원회는 「2012년 연례보고서」를 발표했는데, 이 보고서는 흥미로운 자료를 담았다. 전국의 2,000명을 대상으로 사회 각 부문의 신뢰도를 조사했다. 이 조사의 결과에 따르면, 응답자의 15.8%만이 정부를 신뢰하는 반면 46%가 불신한다고 말했다. 한마디로 말해 시민들은 정부를 믿지 않는다는 것이다. 그런데 언론에 대한 불신도 상당히 높았다. 응답자의 16.8%는 언론을 믿는다고 답했고, 45.6%는 불신한다고 답했다. 시민의 언론 불신도 상당한 편이다. 왜 이러한 현상이 일어났을까?

수용자 대중의 눈에 비친 저널리즘은 이중적이다. 사람들은 대개 저널리즘이 권력이나 광고주를 추종하며, 지독히 이기적이고 편파적이라고 생각한다. 그러면서도 권력이나 시장을 감시하는 기능도 기대한다. 수용자들 사이에서 이런 이중적 평가는 점차 사라지고 저널리즘이 뉴스나 대중문화를 무기로 언론권력을 행사하고 치부하는 데만 관심 있는 것으로 비춰진다. 저널리즘이 언론권력이라 할 정도의 막강한 사회적 영향력을 행사하게 된 배경에는 저널리즘이 사회 감시 기능, 사회 의제 설정 기능, 사회적 재생산 기능, 위기에 대한 사회적 해석 기능이라는 힘을 갖고 있었기 때문이다. 미디어 기업들은 1980년대 후반 독재정권이 시민들의 저항으로 퇴각함에 따라 국가권력이 공백 상태로 남자, 언론의 자유와 비판 기능을 무기로 국가권력에 직접적인 영향을 줄 수 있는 위치를 확보했다. 이후 미디어 기업은 저널리즘을 이용해서 정치적 영향력을 행사하고 대기업으로 성장했다. 그렇지만 언론권력을 행사하는 저널리즘은 보수 권력의 강화를 위해 유리한 정보를 만들고 불리한 정보는 막았다. 이 과정에서 미디어 기업은 저널리즘의 편집 및 편성의 자율성을 보장하지 않았다. 기자들은 사주나 경영진에 부당한 지시나 요구에 복종하지 않으면 해고를 비롯한 불이익을 감수해야 한다. 저널리즘 생산의 주체가 되어야 할 기자는 이미 정해진 취재거리를 갖고 이미 정해진 뉴스 방향에 따라 내용을 채우는 단순 노동자로 변질되었다. 자본과 권력에서 독립해야 한다는 말이라도 할 수 있었던 산업자본주의 시절의 저널리즘이 언론권력으로 변질된 지금은 그런 말조차 들리지 않는다. 저널리즘이 수용자 대중의 불신을 받는 것은 당연하다. 한국언론진흥재단(2012a)의 수용자 조사에 따르면, 응답자들은 무책임한 보도를 한국 저널리즘의 가장 심각한 문제로 꼽았고, 그다음이 권력과의 유착 보도, 전체 국민의 이익이 아닌 미디어 기업의 사익 우선 보도를 문제로 여겼다. 이념을 떠나 저널리즘에 대한 지식인들의 불신 또한 상당하다. 이상돈 중앙대 법대 교수는 "신문마다 전하는 뉴스 자체가 너무나 달라서 '신문'이라는 존재 자체에 대한 회의감" 때문에 신문을 불신하게 되었다고 한다(≪기자협회보≫, 인터넷판, 2010.5.24).

보다시피 신문사와 방송사가 주도했던 저널리즘은 공급자, 광고주, 국가권력이라는 '갑' 중심의 정보 질서를 구축해왔으며, 그 결과 공신력을 잃으면서 무너지는 중이다. 미디어 산업이 국가에 유착하고, 광고주에 굴종하는 행태를 보이는 것은 습관적이다. 저널리즘이 권력이나 재벌 기업을 꼬집는 것은 더 큰 이익을 얻기 위한 할리우드 액션이지 사회 비판이라고 보기 어렵다. 상업적 꼬집기 기사 가운데 보복성 기사는 특히 언론권력의 남용이다. 보복성 기사는 의도적으로 물어뜯는 행태이기 때문에 진정한 의미의 비판이 아니다. ≪한국경제신문≫이 2013년 2월 5일자 1면에 실은 "매일경제, 광고·협찬 안 하면 무차별 보복 기사"라는 제목의 기사에 이런 내용이 있다.

> 광고나 협찬을 거부하는 기업에 사소한 잘못을 트집 잡는 보복성 기사를 서슴지 않았다는 평입니다. 한 편집 간부가 금융권에 광고 단가 인상을 요구하면서 협박성 이메일을 보냈다가 들통이 난 것은 아주 작은 사례입니다.

이런 나쁜 관행은 한국 미디어 산업에서 흔히 볼 수 있는 상업 저널리즘의 폐단이다. 수용자 대중은 이런 상업적·보복적 비판 기사가 진정성 없이 미디어 산업자본의 전술에 따른 것임을 잘 안다. 이들은 저널리즘의 한계도 정확히 파악하고 있다. 이에 미디어 산업이 이러지도 못하고 저러지도 못하는 형편이다.

그렇다고 인터넷을 비롯한 디지털 저널리즘이 새로운 지평을 연 것도 아니다. 이들은 탄생 초기의 신선했던 비판적 기능을 잃고 점차 진실보다는 이윤을 선택하는 경향을 보인다. 강정수는 이렇게 설명한다.

> …… 우리가 누르는 클릭은 인터넷 매체의 밥이다. 이것은 비유가 아니라 현실이다. …… 저널리즘보다 월급봉투가 우선이다. 토끼 같은 자식들이 눈을 동그랗게 뜨고 기다린다. 한국 기자들이라고 저널리즘 하고 싶지 않겠는가. 누군들 스스로 미끼 기능공이 되고 싶겠느냐 말이다. 헉! 충격, 경악, 숨 막힘 등으로 점철된 인터넷 매체들의 기사 제목이 생겨난 연원은 밥이고, 이런 퇴행적인 유사 저널리즘이 유지되는 이유도 밥이다(≪나·들≫, 2013.2).

이렇게 가다가는 머지않아 디지털 저널리즘도 수용자 대중의 불신을 받아 어려운 지경에 빠질 가능성이 크다.

(2) 공론장 기능의 실패[115]

경제 위기 및 대의제 민주주의 위기가 깊어지면서 그 원인이 어디에 있는지 찾으려는 노력이 활발하다. 연구 결과는 일치된 것이 없지만, 저널리

115 저널리즘의 기본 원칙이자 생명은 정확성에 있다. 진실성과 정의 추구 기능까지 있다면 금상첨화다.

즘이 공론장 기능을 제대로 수행하지 못해 위기가 심화했다는 점에 대해서는 의견이 일치하는 것 같다.

누구나 인정하듯이 저널리즘은 합리적인 공론을 창출한다는 공론장 기능을 전제로 생겼다. 상품 생산과 소비의 전면화, 민주주의 확산, 계급적 대립의 심화를 특징으로 하는 산업자본주의 환경은 사회적 모순과 문제를 완화하는 데 도움이 되는 공론의 장을 필요로 했다. 그래서 광고주가 비용을 대고, 정부가 언론의 자유를 보장하는 저널리즘이라는 새로운 정치 시장이 만들어졌다. 저널리즘 산업화는 한편으로는 공론장의 토대이면서도 공론장을 위협하는 이중적 성격을 가진다. '축적과 권력의 욕망', '환경 감시와 비판', 이 둘 사이에서 저널리즘은 균형을 지켜야 한다는 압박을 받았다. 그러나 한국 저널리즘은 공적 문제를 사회적 시각에서 보도하지 않았고, 계급적·정파적 시각에서 편향 보도를 해왔다. 이들은 사회적 갈등과 논란이 되는 문제를 공정하게 다루지 않고 자본과 권력의 편에 섰다. 그나마 예전에는 미디어 기업들이 정권이나 광고주의 눈치를 보면서도 사회적 쟁점을 적극적으로 다루기도 했다. 또 가끔이나마 집권 세력을 비판하는 척이라도 했다. 오늘날에는 그마저 자취를 감추었다.

저널리즘의 공론장 기능 실패는 이른바 서남표 식의 카이스트 개혁 관련 보도에서도 엿보인다. 카이스트는 지난 몇 년간 경쟁과 효율에 기초한 개혁을 강력히 추진했으나 무모한 개혁의 소용돌이 속에서 학생이 숨지는 안타까운 일이 벌어졌다. 그런데 성적, 경쟁, 수업료를 한데 엮어 학생을 굴비처럼 만들던 카이스트 개혁은 저널리즘의 뒷받침이 없었으면 불가능했을 것이다. 신문, 방송 가릴 것 없이 서남표 카이스트 총장을 거의 무조건적으로 밀어주었던 것만 보아도 그렇다. 여러 미디어 가운데 여론 형성력이 큰 ≪조선일보≫의 보도를 살펴보자. ≪조선일보≫(2006.9.19, 30면)

는 "카이스트 확 바꾸는 서남표 총장"이라는 제목의 기사에서 학점이 낮은 학생은 수업료를 내게 하는 징벌제 도입을 긍정적으로 소개하고, 중국 칭화대가 경쟁 상대임을 부각시켰다.

공론장으로서 저널리즘이 수명을 다했다는 사례는 더 많다.[116] 2009년 신문과 방송의 교차 소유를 허용한 방송법의 국회 날치기 사태와 2010년 종편 채널 사업 허가 과정에서 저널리즘은 완전히 죽었다. 이들은 자신들의 이익을 위해 신문과 방송의 교차 소유를 허용하는 방송법 개정안을 다각적으로 보도하지 않고 찬성 일변도로 보도했다. 시민, 미디어 종사자, 학계, 야당 등이 일관되게 반대한 것을 외면한 채 찬성 여론을 중심으로 보도했던 것이다. 이후에도 미디어 기업은 종편 채널의 사업 허가에 유리한 여론을 조성할 목적으로 신문 지면을 사유화하고, 종편 채널 사업의 허가를 받은 이후에는 각종 특혜를 공공연히 요구하는 보도를 했다. 18대 대선에서 신문과 계열 종편 채널은 대놓고 여당 후보를 지지했다. 이런 비정상적 행태를 보이는 저널리즘은 사회 위기를 감지하거나, 지구적인 정치적·경제적 변동을 제대로 파악해 보도하고 논평할 능력을 가질 수가 없다.

(3) 대의민주주의 실패

우리나라는 대의민주주의를 도입했으나 부분적으로만 성공한 것 같다. 정부와 국회가 사회 각계각층의 다양한 이해관계를 제대로 반영하지 못한 까닭이다. 선거를 통해 정당성을 부여받은 국가는 사회 불공평을 완화하는

116 저널리즘의 공론장 기능이 무너진 데에는 신자유주의 정책에 커다란 책임이 있다. 맥체스니(McChesney, 2008: 420)는 신자유주의 미디어 정책의 성격을 이렇게 정리했다. 첫째, 시장은 미디어를 비롯한 모든 것을 지배할 수 있는 가장 좋은 수단이다. 둘째, 시장 이외의 마땅한 대안은 없다. 영국을 지배했던 공영방송과 같은 미디어 시스템도 실패한 것이 이를 입증한다. 셋째, 인터넷과 같은 새로운 기술은 전통적인 미디어 규제나 공적 개입을 낡은 것으로 만들어버렸다.

기본적인 기능도 못하는 실정이다. 이른바 국가 실패가 분명하다.

저널리즘 역시 대의민주주의적 가치를 충실히 구현하지 못했다. 이들은 다양한 사회계층이나 집단의 이익과 정서를 합리적으로 반영하지 않고 권력과 광고주 이익을 우선적으로 반영했다. 저널리즘은 기본적으로 막대한 자본이 투자되고 많은 광고비가 있어야 유지되는 산업이고, 국가와 충돌해서는 생존하기 어려운 업종이다. 그래서인지 저널리즘은 자신들의 이익에 영향을 줄 수 있는 자본이나 국가권력과 편안한 관계를 유지하려 한다. 이들에게 다양한 사회적 의견을 반영하고 사회적으로 통합하는 기능을 하여 대의민주주의를 구현할 것이라고 기대하는 것은 비현실적이다.

(4) 언론 자유의 파탄

언론과 표현의 자유는 모든 자유, 모든 권리의 기본이자 토대다. 이것들은 어떠한 경우에도 통제되거나 양도될 것이 아니다. 언론의 자유는 수용자 대중의 정치적 권리이자 정신적·문화적 권리에 속한다. 동시에 언론의 자유는 미디어 제작자의 자유이기도 하다. 미디어 기업의 자유도 보장해야 하지만 제작자의 자유도 확고히 보장하는 것이 현대 언론 자유의 추세다. 기자나 프로듀서가 독립된 시각으로 정보를 편집·편성할 자유와 권리의 제도적·법적 보장 여부가 민주주의를 규정하는 요소로 작용한다.[117] 그럼에도 저널리즘 종사자들이 국가의 정보 통제, 편집 및 편성에 대한 사주의 개입, 광고주의 뉴스 개입을 반대할 의지나 행동이 없으면 언론의 자유는 그대로 무너진다.

117 미군이 점령했던 일본에서 언론 개혁의 여론이 높아지자 사주나 경영진의 권리를 보장할 목적으로 급조된 편집권이라는 개념이 한국에 들어오면서 편집·편성의 자유와 독립이 크게 훼손되었다. 편집권과 편성권은 사주나 경영진이 저널리즘을 지배할 권리나 되는 것처럼 악용되었다.

자본과 국가권력의 통제를 받는 저널리즘에 언론의 자유를 허용하는 것은 재벌·미디어·권력 복합체의 지배와 독점의 자유를 허용하는 반면 수용자 대중의 자유와 권리를 파괴한다. 헌법은 시민이 국가의 주인이며 자유의 주체라고 명시했다. 언론 자유 역시 미디어 기업의 사주나 간부가 독점하는 것이 아니라 시민의 것이다(최경영, 2010: 25). 그런데 어느새 미디어 기업은 언론권력을 행사하면서 마치 자신들이 언론 자유의 주인이나 되는 것처럼 행세한다. 1992년 군사정권이 물러가 권력 공백 상태가 되자 힘을 길러왔던 미디어 기업들이 저널리즘을 앞세워 사자가 떠난 정글을 차지하고 호령하기 시작하면서 언론의 자유를 독식했다.

권위주의적 사회에서는 공권력을 행사하는 국가가 언론 자유의 수위를 결정한다. 한국에서는 방송통신위원회, 방송통신심의위원회, 검찰, 법원 등 국가기관이 언론 자유의 허용 한도를 정해왔다. 세계 모든 나라에서 자유롭게 쓸 수 있는 인터넷마저 국법질서의 이름으로 엄중히 통제하는 우리나라의 현실은 아직도 국가권력의 힘이 절대적으로 작용하고 있음을 말해준다. 예를 들면 정체성이 모호한 방송통신심의위원회는 방송 내용의 잘잘못을 가려 벌을 주고, 네티즌이 올린 글을 수정하거나 삭제하라고 명령까지 한다. 언론과 표현 활동에 대한 법적 규제도 심각한 수준이다. 정부를 비판하면 명예훼손죄를 근거로 시민이건 전문가건 규제를 받는다. 이런 원시적인 국가 통제는 언론과 표현의 자유를 억압하는 시대착오적 행태다. 더 큰 문제는 따로 있다. 누구보다 언론과 표현의 자유가 유린되지 않도록 감시해야 하는 저널리즘이 국가권력의 정보 통제를 지지하는 행태는 놀랍다. 저널리즘은 자신의 이익이나 가치관과 다른 것을 종종 색깔론으로 비난했다. 저널리즘이 더 이상 사회적 언론 자유를 수호하지 않고, 권력의 일부로 작동하는 현상을 두고 '민주주의의 스토커'라고 칭한 것은 그다지 과장된

말 같지 않다(≪르몽드 디플로마티크≫, 2011.2).

(5) 정보 상품의 한계 노출

저널리즘은 편집된 정보를 상품으로 거래하는 사업이다. 편집·편성 과정은 블랙박스처럼 모든 것이 불투명하다. 이 과정에서 비판적 정보나 공익적 가치가 걸러지고, 사익과 권력의 욕구가 관철된다. 저널리즘을 지배하는 자본이나 권력에게 중요한 것은 공익이 아니라 사익이다. 상업 저널리즘은 사회적으로 중요하고 공공적 가치가 있는 정보라도 이윤이 없으면 상품으로 만들지 않는다. 이런 시장에서 언론인들도 공익이나 사회적 가치를 운운하기에 앞서 돈벌이에 내몰린다. 안수찬(2010: 159) 한겨레신문 기자는 '시장의 강고한 힘' 앞에서 기자들이 무기력해진다고 실토했다. 저널리즘 시장에서 경쟁이란 기사 경쟁이 아니라 기업 경쟁이다(안수찬, 2010).

저널리즘 실패는 사회 불신을 증폭시키고, 경제와 정치를 심각하게 교란하고 왜곡시킨다. 그래서 경제학자들이나 정치학자들도 저널리즘 개혁을 강력히 요구한다. 미국 컬럼비아 대학의 스티글리츠Joseph E. Stiglitz 교수는 특히 종합적인 처방전을 내놓기도 했다. 광고 시장 제어, 언론 독점 금지, 공적 지원을 통한 언론의 다양화, 언론의 다양성 보장, 언론의 공정성 향상 따위는 스티글리츠가 내놓은 치유책이다(스티글리츠, 2013: 248). 오죽했으면 경제학자까지 나서서 정보의 파행성 문제를 지적했겠는가!

3) 소결: 탈출구는 있는가?

지금까지 살핀 대로 저널리즘의 시대는 저물었다. 저널리즘과 정보자본주의의 갈등, 저널리즘의 불신 따위가 저널리즘을 벼랑 끝으로 몰아넣었다. 이재경은 저널리즘의 정체성 위기를 다음과 같이 경고했다.

> 해방 후 한국 언론의 행적을 되돌아보면, 기자들과 신문, 방송사들은 스스로 그릇된 정체성을 형성해왔다. 잘못된 사회적·정치적 역할을 자임하는 한국적 언론 관행을 고정시키면서 오늘에 와서는 언론이 사회를 위기에 빠트릴 수도 있는 상황에 이르렀다. …… 한국 저널리즘의 문제들은 그 뿌리가 깊어 앞으로 고치기 힘들 만큼 체질화되어 있다(이재경, 2008: 48, 67).

김성해(2012: 5~6)는 민주주의와 저널리즘의 후퇴로 인해 국민 기본권의 약화, 정치언론과 언론정치의 확산, 불통의 일상화와 같은 문제가 생긴다고 지적했다. 이런 형편에 저널리즘을 공급하는 미디어 독점기업에 더 큰 이권을 주거나 영향력을 확대하는 정책은 정치적으로나 사회적으로 해롭다. 한국 사회의 시스템과 이념, 그리고 미디어 구조 자체를 바꾸지 않으면 안 된다. 이것보다 더 시급한 일이 있다. 국내외 전문가들은 저널리즘 위기를 신뢰 회복으로 극복해야 한다고 한목소리로 말한다. 알지지라의 영어 채널 사장 알 안스테이는 위기 대응책을 이렇게 제시했다.

> 신뢰를 쌓고 평판을 얻으면 독자가 늘어나고 자연스레 수익이 상승한다. 언론사는 신뢰할 수 있는 정보를 제공하면 된다. 그러면 얼마든지 공신력 있는 언론으로 성장할 수 있는 것이다(안스테이, 2013: 243).

아주 쉬운 해법이다. 미국의 언론 비평지인 ≪엑스트라Extra!≫ 편집장 나우렉카스Jim Naureckas도 저널리즘이 사실에 기초하지 않은 엉터리 보도 때문에 몰락하게 되었다고 지적했다. 그는 우리에게 진정으로 필요한 것은 객관적 언론objective press이 아니라 실증적 언론empirical press이라고 주장했다(*Extra!*, 2013.2.27). 나우렉카스에게 실증적 언론이란 세계를 있는 그대로 보도하는 것이며, 명백한 사실demonstrable facts에 기초한 보도를 말한다.

저널리즘 종사자의 자기 혁신도 필요하다. 저널리즘 종사자들이 사회 공공성과 공익성을 추구하는 공공 지식인으로서 역할을 다한다면 권력의 부패는 어느 정도 막을 수 있다. 그렇지만 좀 더 근본적인 변화를 모색해야 한다. 시사 정보를 주도하는 저널리즘 제도를 대신해서 수용자 대중에게 정확하고 사려 깊은 정보를 생산·유통할 수 있는 새로운 체제를 만드는 것은 한국 사회가 반드시 이뤄야 할 과제 가운데 하나다.

7장

국가의 정보 통제

2012년 대선에 대한 국정원의 개입 여부를 두고 시민들은 항의하고 정부 여당과 미디어는 시치미를 떼는 국면이 있었다. 이에 천주교 이성효 주교는 성 오거스틴의 말을 인용해서 국가권력을 질타했다.

정의가 없는 국가는 강도떼와 같다(≪한겨레≫, 2013.8.21, 2면).

국가의 힘은 예나 지금이나 강력하다. 봉건적 반상 체제, 일제 식민지 억압, 미군정의 군사 통치, 독재정권을 거친 우리나라 역사는 국가가 무소불위의 힘을 갖게 만들었다. 어떻게 보면 국가는 통제 불능 상태에 있다. 시민들은 국가를 민주적으로 통제하지 못하고 끌려 다니는 실정이다. 삼성을 비롯한 재벌 기업이 국가에 버금가는 힘이 있다고는 하지만 국가권력의 눈 밖에 나면 큰 코를 다친다는 것을 누구보다 잘 안다. 그래서 재벌 기업은 국가 시책을 적극 따른다. 이에 국가는 자본의 축적을 돕고, 계급관계의 재생산에 기여한다. 다른 말로 말해 국가는 사유재산 보호와 자본축적의 촉진을 주된 기능으로 삼는다(정이근, 2008: 109). 위기가 만성적인 자본주의 체제에서 위기로 인해 발생된 자본 손실을 시민 대중에게 넘기는 일도 국가의 역할이다. 이런 일을 하기 위해 국가는 공권력을 갖고 제도를 만들어 사회를 규제한다. 국가는 복지정책을 통해 시민 생활을 안정시키는 중요한 역할도 한다.

국가는 시장에 개입하고, 소비자에게 영향을 준다. 미디어 시장에서도 마찬가지다. 국가는 종전에 갖고 있던 권한 중에서 미디어 통제권의 대부분을 사적 자본에 넘겨줌으로써 이제는 내용 규제에 전념하고 있다. 그럼에도 국가가 미디어 산업과 정보 생산에 여전히 영향을 미치기 때문에 국가의 정보 통제 행태를 깊이 살펴야 한다.

1. 국가의 성격

한국은 하루도 편안하지 않은 초긴장 사회다. 경제, 국방, 의료, 고용, 종교, 건설, 입시, 남북 관계, 음식 무엇 하나 안전하지 않다. 있는 사람은 있는 사람대로, 없는 사람은 없는 사람대로 긴장하며 산다. 그 배경에는 비정상적인 국가 체제와 이념이 있다.

1) 구조적 특성

(1) 부의 집중 체제

한국 사회의 취약점을 꼽으라고 하면 많은 사람들이 부의 집중 현상을 말할 것이다. 재벌 기업이 한국 경제의 지배권을 쥐고 있는 현실은 심각하다. 재벌 중에서도 4대 재벌이 핵심이다. 이들의 자산 총계는 국내총생산 대비 점유율이 49.04%에 이르며, 매출액 총계는 50.72%나 된다(경제개혁연대, 2009). 5대 재벌인 삼성, 현대차, SK, LG, 롯데는 국내총생산의 55.7%를 차지한다. 놀라운 사실이 아닐 수 없다. 우리나라 국내총생산은 1,172조 원이다. 10대 재벌 기업은 제조업 부문에서 총 756조 원을 벌어들여 전체 시장의 41%를 차지했다. 30대 재벌 그룹의 연간 매출액은 1,134조 원으로 국내총생산의 96.7%나 된다(≪한겨레≫, 2012.2.13, 1면). 이 말은 우리나라가 30대 재벌 그룹 밖에서는 살 수가 없는 황무지라고 할 정도로 국가의 부가 재벌 그룹에 몰렸다는 뜻이다. 이뿐이 아니다. 재벌 기업은 막강한 경제력을 기반으로 정치를 비롯한 사회 과정을 모두 손에 쥐고 있다.

땅도 극소수 사람의 손에 있다. 국토부 조사에 따르면, 단 50만 명이 국토의 26.2%를 소유하며, 사유지의 55.2%를 갖고 있다. 전체 인구의 1%도

안 되는 사람들이 국토의 1/4이나 갖고 있는 나라가 지구상에 또 있을까!

(2) 일제 식민지 잔재

근대는 국가와 민족의 정체성이 확립되는 결정적인 시기였다. 이때 스스로 지킨 나라는 강성했고, 그렇지 못한 나라는 식민지 굴레로 떨어졌다. 우리나라는 후자의 길을 걸었다.

대한민국은 여전히 일본에 종속되어 있다. 이 때문에 우리나라는 어렵사리 수출해서 돈을 벌수록 대일본 적자가 눈덩이처럼 불어난다. 일제가 남긴 유산은 이뿐만이 아니다. 남북 분단도 따지고 보면 일제 식민 통치의 유산이다.

(3) 기득권 과보호 체제

국가는 부나 권력 질서를 유지하는 데 많은 자원을 낭비해왔다. 이 점에 대해 안랩의 설립자인 안철수의 이야기를 들어보자.

> 우리의 현재 시스템은 기득권 과보호 시스템이라 별 노력을 안 해도 갖고 있는 파워로, 시장 지배력으로 일등을 유지할 수 있다. 별로 노력 안 하고 이익 많이 내고 그러다가 결국 실력이 뒤처져서 외국과의 경쟁에서 못 이겨 어렵게 되고, 국민 세금으로 그걸 유지해주고, 이런 악순환의 사이클에 들어 있다(≪주간조선≫, 2011.8.7).

기득권 과보호는 국가 예산의 낭비를 초래하고, 다른 공적 기능에 써야 할 자원을 소진한다. 과보호 체제는 기득권층을 극도로 나태하게 만든다. 어려운 일, 귀찮은 일, 돈이 많이 들어가는 일 따위도 기득권자들이 알아서 처리하지 않고 국가나 시민에 떠넘긴다. 그러니 기득권 체제는 매우 무능하고, 몰沒공동체적 성향을 보인다.

(4) 정치권력의 사적 통제

정치권력은 한국 사회의 공권력을 통제한다. 공권력은 시민의 재산과 생명에서 국가 주권에 이르기까지 절대적인 힘을 갖기 때문에 이를 지배하는 정치권력은 막강하다. 그러므로 정치권력은 어떤 경우에도 합리성과 정당성이 있어야 한다. 그러나 사적 세력이 정치권력에 영향을 끼쳐서 공권력을 오도하는 경우가 많다. 사적 세력이란 재벌 기업, 언론권력, 종교권력, 외국 정부 및 외국 기업 등을 포함한 세력을 말한다. 이들이 정치권력의 성립, 공권력의 방향까지 영향을 준다.

정치권력의 사적 통제는 결국 기득권 세력의 결합 체제를 만들었다. '수구·보수 권력 동맹'이 한국 사회의 부, 권력, 정보 따위를 독차지한다. 김평호(2011: 25~26)는 정치·행정·사법권력, 재벌을 필두로 한 자본권력, 조중동으로 대변되는 언론권력이 수구·보수 권력 동맹을 만들어 우리나라를 약탈한다고 주장했다. 여기에 종교권력, 교육권력, 그리고 미국과 일본이 더해져 기득권 구조가 만들어진다. 이런 체제에서 국가는 공공성이나 민주주의보다는 기득권 세력의 사적 이익을 더 강조한다. 그런데도 집권자들은 정의니 민족이니 하는 말을 쉽게 꺼낸다. 전두환 군사정권의 국정 기치가 '정의사회'였고, 이명박 정권이 '공정사회'를 내걸었던 것은 웃음거리였다. 이후 한국 사회는 더욱 불평등해지고 불공정해졌다. 거기에다 국정은 몇몇 권력자가 마음대로 움직이는 영역으로 변질되기도 했다. 이런 분위기에서 민주주의는 살아날 수가 없다.

이명박 정권은 정실 인사 등을 통해 국가를 사유화했다. 이 정권은 영남,

고려대, 기독교 출신을 고위 공직에 많이 배치했고, 부자, 특히 재벌 기업을 우대했다. 학연이나 지연 등 연줄도 국가의 사유화를 증대시켰다. 방통위의 인적 구성을 사례로 보자. 최시중 위원장은 대구 대륜고등학교, 서울대학교 출신이다. 그런데 2009년 6월 말 기준으로 방통위에는 4급 이상 직원이 47명이 있었는데, 이 중 11명인 23.4%가 대구에서 고등학교를 나왔고 40.4%인 19명이 서울대 출신이었다는 자료도 있다(이은용, 2010: 73). 이런 식의 극단적인 지역 편중, 학교 편중은 한국 사회에 뿌리박힌 편 가르기의 병폐다. 이러한 편중 인사가 광범위하게 퍼져 있어 우연이라고 보기는 어렵다. 편중 인사, 편파 인사는 국가의 공공성을 파괴하는 것이기 때문에 이유를 불문하고 금지하는 것이 마땅하다.

정치권력의 집중과 사유화는 대한민국의 정당성을 약화시키고, 내적 균열을 일으키고 만다. 이런 사회는 조그만 충격을 받아도 크게 흔들린다. 권력이 집중될 경우 권력의 무능과 부패에 대한 책임을 묻기가 어렵다는 문제도 있다. 권력의 사유화는 권력이 집중된 결과이기도 하다. 정보 집중은 권력 집중과 직결된다. 권력이 집중된 나라치고 정보가 집중되지 않은 나라는 없다.

(5) 남북 분단과 대립

국토가 분단되고, 전쟁까지 터져 숱한 인명이 살상된 것은 한반도의 불행한 역사다. 분단과 전쟁은 일제가 남긴 최악의 유산이다. 패전국인 일본이 분단되어야 하는데 한반도가 분단되었으니 어디에 따질 곳도 없다. 남북 분단은 결국 한국전쟁으로 이어져 우리 민족에 씻을 수 없는 오점과 상처를 남겼다. 이후 남북은 공존하기보다 서로 흉보고, 손가락질하고, 싸우는 데 정신이 팔렸다. 같은 땅, 같은 정체성을 갖고 수천 년을 살아온 사람들끼리 총질하고 전쟁을 벌여 숱하게 죽고 다치는 것이 정상적인 민족의 모습은 아니다. 2010년 12월 21일 한반도의 한심한 모습을 보자. 여의도 순복음교회는 김포시 하성면에 있는 애기봉에 성탄 트리를 세웠다. 남한은 대북 심리전 중 하나로 성탄 트리를 세웠고, 북한은 이에 강력히 반발했다. 북한은 "대형 전광판에 의한 심리 모략전은 새로운 무장충돌을 일으킬 수 있는 위험한 망동"이라고 비난했다(≪한겨레≫, 2010.12.22, 5면). 이런 식으로 일부러 한쪽이 다른 쪽이 싫어하는 일을 하고, 다른 쪽은 이에 강력히 반발하는 양태가 반세기를 넘었다.

냉전 세계가 벌써 끝났는데도 한반도를 분단한 남북이 서로를 못 잡아먹어 안달하는 것처럼 비치는 것은 참으로 한심한 일이다. 이런 흉한 모습을 보고 중국의 시진핑習近平 주석은 "남북은 같은 동포이고 형제인데 북한이 미국을 향해 하고 있는 몇 가지 압박 전술에 대해 흥분하고 분개하면서 감정적인 대응을 하면 안 된다"라고 훈계했다(≪프레시안≫, 2010.10.19). 이런 훈계에 할 말이 없는 것이 한국이다.

(6) 서울과 지방의 불평등 구조

서울과 지방의 불평등은 너무나 심각한 수준이어서 체제의 안정을 해친다. 서울에 자본, 권력, 시민, 교육, 문화, 스포츠, 정보 등 모든 것이 밀집되어 있다. 상대적으로 지방은 열악하다. 이런 탓에 지방 사람들이 집 팔고 땅 팔아서 서울로 오다 보니 지방은 텅 빈 채로 남았다. 불평등이 서울과 지방을 갈라놓고 있는 것이다.

(7) 복지 부재

우리 사회의 복지 및 사회안전망은 극히 미흡한 수준이다. 특히 복지 예산 규모는 형편없다. 한국은 정부 예산 중 11%만이 사회보장에 지출된다. 이와 비교해 OECD 소속 30개국의 평균은 45%에 이른다. 복지 재정의 국가별 순위에서 한국은 29위이며, 꼴찌는 멕시코다(한국철학사상연구회, 2010: 33). 다른 지표로 보아도 한국의 복지 상태는 열악하다. 국내총생산 대비 복지비가 9%에 불과한 데 비해 OECD 소속 국가의 평균은 20%나 된다. 어떤 기준으로 평가해도 한국의 복지 예산은 다른 나라보다 절대적으로 적다. 돈이 없어서 그렇다면 핑계거리라도 댈 수 있다. 그러나 4대강 사업이나 군비에는 몇십조씩 예산을 쓰면서, 정작 국가의 도움이 필요한 빈곤층이나 서민층을 위한 복지 예산은 깎이거나 정체 상태다. 보수 정당은 초·중·고 학생에게 제공하는 무료 점심조차 복지대중주의니 증세 유발이니 하면서 반대하다가 시민들에게 거센 반발을 사곤 했다. 이유진 한겨레신문 기자는 우리나라의 복지 행정이 얼마나 비인간적인지를 이렇게 보도했다.

> 기초생활보장 수급자 김 아무개(50, 남, 경기도 평택시) 씨는 지난달 23일 복지 급여를 깎는다는 내용의 우편물을 받았다. 2011년 한 해 내내 번 40만 원이 문제였다. 각종 질병에 시달리면서도 그나마 몸 상태가 좋을 때 짬짬이 날품을 팔아 번 푼돈이 '적발'된 것이다(≪한겨레≫, 2012.1.5, 1면).

가난해서 받는 복지 급여가 생활비로 충분하지 않아서 1년 동안 날품을 팔아 40만 원을 번 것인데, 그렇다고 복지 급여에서 그만큼 깎는다니 융통성도 없고 냉혹하기 그지없는 나라다. 정부가 부자한테도 이렇게 원칙대로 법을 집행하는지 궁금하다.

대학에 들어간 젊은 세대들은 비싼 등록금을 당해내지 못하고 빚만 잔뜩 지고 졸업한다. 그 후에는 실업이 기다릴 뿐이다. 너무나 척박한 삶에

질려 사람들이 스스로 목숨을 거두는 일까지 잦으니 나라 꼴이 말이 아니다. 복지와 안정적인 삶의 보장은 누가 집권하든, 어떤 경제구조를 갖든 반드시 해야 할 일이다.

(8) 빚 덩이 나라

우리나라는 부채 대국이다. 기획재정부에서 2011년 기준으로 추산한 중앙정부 부채가 774조 원, 지방정부 부채가 17조 9,000억 원, 공기업 부채가 463조 5,000억 원으로, 총 국가 부채는 1,255조 4,000억 원이나 된다. 여기에 1,000조 원의 개인 부채까지 합치면 부채 나라, 부채 국민이라 할 수 있다.

(9) 에너지 종속형 사회 · 경제 구조

우리나라는 많은 에너지를 소비해야 경제가 돌아가고 사회가 움직이는 에너지 소비형 국가다. 국내총생산 대비 원유 수입 비중이 10%를 넘은 것만 보아도 그렇다. 이것은 한국 경제가 에너지 과소비형이며, 어렵게 돈 벌어서 원유를 사는 데 몰두하고 있다는 것을 말해준다. 이 때문에 한국은 위험한 원전 에너지에 의지해서 현행 경제체제를 유지하려 한다. 정부는 석탄이나 석유와 같은 화석연료가 소멸될 것에 대비하여 고작 하는 일이 원자력발전소를 늘리는 것이다. 앞서 보았듯이 원전은 안전성, 폐기 처분의 어려움 등 많은 문제를 안고 있다.

(10) 대외 종속

자주성이 유린된 나라는 경제적 · 정치적 · 군사적으로 외세에 끌려 다니기 마련이다. 우리나라는 광복이 되어 독립국가를 이뤘다고는 하나 취약한 점이 많다. 군사작전권, 경제 주권 등 무엇 하나 확고한 독립성을 이루지 못했다. 하다못해 교육, 종교, 오락까지 미국에 종속되어 있다. 미국 박사 학위나 영어 논문이 없으면 교수가 되기 어려운 나라가 한국 말고 또 있는지 궁금할 따름이다.

① 경제적 종속

미국과 일본은 지난 100년 동안 번갈아가면서 한국 경제를 주물렀다. 영국, 프랑스, 네덜란드 등 많은 나라까지 들어와 우리나라는 외자가 없으면 경제가 한시도 작동하지 못하는 위험한 경제구조를 갖고 있다. 2010년 기준으로 한국에 투자된 외국자본은 총 600조 원이며,[118] 이것은 국내총생산 대비 50.8%나 된다고 한다(김성훈, 2011.9.1). 외국자본은 주식시장의 30%, 채권시장의 20%가량을 차지한다(김성훈, 2011.9.1). 이들은 알짜배기 기업들을 손아귀에 넣고 한국 경제를 쥐락펴락해왔다. 한국은 외국자본 의존도가 높아 이들을 규제할 힘도, 의지도 없다.

우리나라 사람이나 기업이 아무리 열심히 일해서 성과를 내봤자 별 볼 일 없다. 한국에 투자한 외국인들이 결실을 채가기 때문이다. 2001년에서 2008년 사이에 증권거래소에 상장된 기업들이 총 71조 2,565억 원을 투자자들에게 배당했는데, 이 가운데 40.12%가 외국인에게 돌아간 것이다. 간단히 말해 한국 경제의 절반은 외국인 것이라고 할 수 있다. 2011년에는 외국인 투자자들이 주식배당금 명목으로 9조 원 넘게 가져갔다. 수출해서 아무리 많은 돈을 벌어봤자 알짜배기는 고스란히 외국인 것이 되고 마는 것이 한국의 실상이다.

118 여기서 외국자본이란 외국자본의 직접투자 누적 금액, 외국자본이 보유한 주식의 시가 총액, 채권 보유액, 파생상품 투자 금액을 모두 합친 것이다.

한국 자본주의는 무역이 전부라 할 만큼 해외시장 의존도가 높다. 기획재정부는 우리나라의 경상 국민소득 대비 수출입 비중이 2009년 기준으로 82.4%나 된다고 밝혔다. 이에 반해 미국은 18.7%, 일본은 22.3%, 중국은 45%라고 한다(≪한국경제신문≫, 인터넷판, 2010.6.16). 세금도 수출이 잘되어야 많이 걷힌다. 국가는 예산을 안정적으로 확보하기 위해서라도 수출 의존적 경제를 지원할 수밖에 없다.

한국이 수출에 모든 것을 걸다 보니 재벌 기업에 종속되는 사회구조를 갖게 되었으며, 국제시장과 지구적 자본에 취약성을 노출하곤 한다. 그럴수록 한국은 더욱 자주적 역량을 강화하여 자립 경제를 확립하는 것이 중요하다.

② 군사적 종속

우리나라가 안고 있는 큰 취약점은 우리가 스스로를 지킬 군사력이 없다는 것이다. 이는 우리나라 주권을 미국에 의탁한 결과다. 그것도 모자라 이제는 한·미·일 삼각 군사동맹까지 버젓이 거론되는 실정이다. 한·미·일 군사동맹은 미국이 한국과 일본을 거느리되 한국과 일본의 군사동맹을 전제 조건으로 한다. 한일 군사동맹은 말할 것도 없이 경제력과 군사력이 뛰어난 일본이 한국을 하위 국가로 삼는 것이다. 이로써 일본이 우리나라에 군사적으로 진출하고 한반도 재침략의 결정적 계기를 만들 것 같다.

군사 자주권이 없는 우리는 외침을 현장에서 격퇴하고 싶어도 자위권을 발동할 수 없는 처지다. 독자적인 힘이나 전략도 도무지 찾을 수가 없다. 미국의 지원을 받지 않으면 민족 주권을 유지하기도 벅차다. 국가 체제는 공안 국가이면서도 자주적으로 주권을 지킬 힘이 없다는 것이 취약한 우리나라의 모습이다. 그래서 시민들은 미국이 통제하던 군사작전권의 환수를 원했고, 이에 노무현 대통령은 미국이 가진 전시작전통제권을 2012년에 환수하기로 미국과 합의했다.[119]

2) 이념적 특성

(1) 돈 만능주의

우리나라는 강자 독식의 사회다. 부나 권력이 있으면 무슨 일이든 할 수 있고, 이것이 없는 사람은 고통스럽게 살아야 한다. 법 적용도 가난한 사람에게 가혹하다. 부유층을 비롯한 사회적 강자는 충분한 권리와 자유를 누리지만, 사회적 약자는 다수인데도 기본적인 권리마저 제대로 행사하지 못한다. 이런 사회의 중심에 돈 만능주의가 있다.

돈 만능주의는 사람과 사회를 파탄시킨다. 이런 곳에서 공동체 정신이니 공익이니 하는 말들은 그야말로 공허하다. 같이 살아야 할 이유나 공통분모가 없는 사람들끼리 모여 서로 미워하고 다투는 사회가 대한민국이라면 너무나 슬픈 일이 아닌가! 한국 사회를 평가한 지표에서도 극단적인 물질주의와 개인주의 가치관이 팽배하다는 위험 신호가 늘 나타난다. 이 모든 것은 재산이든 권력이든 극소수 사람이 독차지하는 반면 대다수 사람은 살길조차 막막하게 만드는 불평등한 사회구조에서 발생한다.

극단적으로 양극화된 사회에서 부자나 권력자의 행태는 매우 비정상적이다. 통일부 장관과 중국 대사를 지낸 김하중은 우리나라 지배층의 모습

119 우리나라는 네 가지 점에서 군사 주권이 제대로 확립되어 있지 못하다. 첫째, 우리나라는 전시작전통제권이 없다. 둘째, 국방에 필요한 군사력이나 과학기술을 발전시키려면 일일이 미국의 허가를 받아야 한다. 셋째, 미군이 60년 넘게 주둔하고 있지만 임대료도 내지 않고 무상으로 땅을 점령하고 있다. 넷째, 한국전쟁 이후 맺은 정전협정에서 한국은 배제되었다(≪서프라이즈≫, 2010.12.3).

을 이렇게 그렸다.

> 장관, 총리, 돈 많다는 사람, 명예 높다는 사람들을 전부 만나봤다. …… 100%라고는 할 수 없지만 그 사람들의 특징이 있었다. 그 자리를 유지하기 위해, 그 돈을 갖기 위해 얼마나 불안해하는지 모른다. 겉만 번지르르할 뿐 근심과 걱정이 가득했다. 그 사람들은 강퍅하고 교만해서 함부로 아랫사람들을 대하고 욕하고 비판한다(≪주간조선≫, 인터넷판, 2010년, 2100호).

이것이 사실이라면 개탄할 일이다. 사람들이 돈의 노예가 되는 사회에서 인간성은 소멸되고, 서민의 삶도 고될 것이 분명하다. 이런 가운데서 미디어는 돈 지상주의를 신앙의 차원으로 만드는 역할을 한다. 특히 텔레비전 드라마는 돈 숭배, 재벌 숭배가 심하다.

(2) 성장지상주의

우리나라는 국가의 지원 아래 재벌경제와 수출경제를 경제 시스템으로 확립했다. 이것은 한국 산업자본주의를 창출했다. 이런 결실을 무시하거나 과소평가할 이유는 없다. 어떤 잣대로 보아도 1945년 이래 우리가 일궈낸 비약적인 발전은 대단한 성공 스토리다. 그렇지만 성장을 위해 정부 정책이 비뚤어지고, 시민들의 희생이 따랐다는 것도 엄연한 사실이다. 성장 일변도의 국가정책 때문에 균형 배분과 복지는 후진국 수준에 머물러 시민들이 고통을 받고 있다.

(3) 제한적 민주주의

시민 대중은 자유롭게 말하고 비판할 권리가 있다. 그러나 일제, 미군정이라는 식민지 체제가 끝났는데도 독재체제가 40년 넘게 계속되면서 언론의 자유를 비롯한 민주주의가 꽃피기는 어려웠다. 언론과 표현의 자유, 정치적 민주주의, 이념적 다양성 등은 독재정권에 의해 파괴되었다. 그런 가운데서도 비판적 지식인, 야당, 노동자계급이 성장하면서 보수적·독재적 기득권층에 도전했다. 독재구조는 심각한 타격을 받았고, 민주주의는 조금씩이나마 진전했다. 시장경제의 성장과 민주주의는 1945년 일제의 사슬에서 풀려날 때 세계에서 가장 가난한 국가이자 독재국가였던 우리나라를 역동적이고 긍정적으로 바꿨다.

(4) 반공·반북주의

한국 사회를 지배하는 이념 가운데 하나는 반공·반북 사상이다. 이것은 사회주의 사상이나 북한과 관련된 어떤 것도 불허하는 완고한 이념이다. 반공 이념은 한국 사회구조를 떠받치는 역할을 한다. 반공 이념은 언론과 표현의 자유, 집회와 시위 등 거의 모든 것을 제한한다.

(5) 무책임성

책임은 공정, 균형과 더불어 공동체 사회를 지탱될 수 있게 하는 유력한 가치다. 이것이 부정되는 사회는 몰락한다. 그런데 한국 사회는 누구도 책임지지 않는 문화가 정착되었다. 사회 지배층은 자신에게 부여된 일을 제대로 하지 않아도, 법을 지키지 않아도 많은 돈을 벌고, 권력도 한 움큼씩 쥔다. 시민에 의한 견제력이 약해서 그런지 지배층은 무책임하고 무능하기 짝이 없다. 이들은 시민들을 무지하게 만들고, 정치 참여도 가급적 줄이려 한다.

미디어 정책에서도 국가의 무책임과 무능한 행태가 자주 나타난다. 종편 채널,[120] 미디어렙 관련 정책과 법 제정 과정을 보면 국가적 정당성이란 찾아보기 어렵다. 정부 여당은 사회 여론을 반영하지도 않았고, 공익적 가치를 구현하려고 노력하지도 않았다. 이들이 만든 미디어 정책이나 법은 조중동의 이권을 열거해놓은 것처럼 보인다.

(6) 영어 식민지

우리나라 사람은 엄연히 한글이 있어 누구와도 소통할 수 있다. 특히 한국의 경제력과 문화력이 향상되면서 한글을 비롯한 한국 문화를 접하려는 세계인들이 괄목할 만하게 늘었다. 그런데 한국 사회에 영어가 끼어들어 말뿐만 아니라 정치, 경제, 교육 등 모든 분야를 진창으로 만들었다. 영어는 입시, 취업, 승진 등 거의 모든 것에서 특별한 작용을 한다.[121] 이쯤이면 대한민국은 영어 숭배 국가다.

영어는 계급적 차이를 분명히 하는 작용도 한다. 그래서 한국은 영어를 아는 계급과 모르는 계급으로 양극화되었다. 미국 솔즈베리 대학교의 남태현 교수는 다음과 같이 말했다.

> …… 우리의 영어 망국병은 병이 아니라 사기라는 것입니다. 말 그대로 사람

120 국민 대부분이 반대한 신문과 방송의 교차 소유 허용, 종편 채널 허용은 경제성도 없다는 비판이 압도적이었으나, 정부 여당은 한꺼번에 무려 4개의 종편 채널을 허가했다. 무책임의 극치다.

121 영어라는 외국어가 취업, 교육, 미디어, 문화, 예술 따위에서 커다란 영향을 미치는 사회는 병적인 사회다. 영어 점수가 높은 사람이 손쉽게 대학에 입학하는 것은 전형적인 언어 식민지에서나 가능한 일이다. 고등학교, 대학교 입시까지 영어는 합격에 결정적인 힘을 가진다. 교육도 영어 중심이고, 영어를 배우기 위해 막대한 돈을 쏟아붓는다. 영어 교육은 거의 전적으로 시험용이다. 대부분의 사람들에게 영어 교육은 시험에 합격하는 방법을 배우는 과정이다. 대학 교수가 되려면 영어로 논문을 쓰고, 영어로 강의를 해야 한다. 독일이나 일본 유학 출신의 교수도 영문 학술지에 논문을 내야 살아남는다. 이것이 주권국가의 학문 체제라 할 수 있는가?

이 다른 사람을 건드려서 자신의 이익을 얻는 그 사기 말입니다. …… 영어 망국병은 결국 우리 사회의 정치, 경제의 문제이자, 영어로 갈라진 계급 간의 갈등인 것입니다. …… 우리는 이미 영어 계급사회에서 살고 있는 것이죠(남태현, 2012: 14).

이 글에 따르면 영어를 강요하는 것은 거대한 사기극이다. 영어가 계급적 불평등을 정당화하는 수단으로 악용되지만, 사람들은 속절없이 많은 돈과 시간을 들여 영어를 배우려 한다. 모든 사람들이 굳이 영어를 배울 필요가 없는데도, 불이익을 받지 않기 위해 많은 돈과 시간을 쓰면서 영어를 배운다. 사람들이 영어 사기극에 말렸다는 남태현의 지적은 날카롭다.

3) 강력한 국가의 정보 통제 체제

(1) 정보 통제자들

국가는 공권력에서 정부 광고에 이르기까지 다양한 수단을 이용해서 정보를 통제한다. 그래서 기자들은 언론의 자유를 가장 심각하게 위협하는 요소로 정권을 꼽았다. 한국언론진흥재단(2009: 101)에서 조사한 자료를 보면, 정부와 정권이 언론의 자유를 가장 심각하게 침해한다고 답한 기자가 31.1%였고, 사주, 사장, 편집국·보도국 간부가 26%, 광고주가 26%라고 답했다. 한편 온라인의 경우 정부와 정권이 28.6%, 사주, 사장, 편집국·보도국 간부가 27.1%, 광고주가 24.3%였다(한국언론진흥재단, 2009: 102). 온라인, 오프라인 모두 정권이 언론의 자유를 가장 많이 침해한다고 답한 것이다. 이것만 보아도 국가권력은 여전히 가장 심각한 정보 통제자다.

(2) 국가의 정보 통제

국가는 어느 시대에서나 지배 세력의 도구였다. 그렇다고 국가가 무조건 지배 세력을 옹호한다거나 일반 사람을 괴롭히기만 한 것은 아니었다. 때로는 가난한 백성을 구휼하고 외침을 막아내기도 했다. 그러나 국가는 기본적으로 통제자·지배자의 역할을 벗어나지 않는다.

자본주의 이전 시대에는 국가의 힘이 특히 강했다. 조선은 선진 인쇄 기술을 만들어놓고도 책이나 간행물을 찍어내는 데 매우 주저했다.[122] 책이나 간행물을 유통시키면 국가의 정보 독점체제가 무너질 것을 염려하여 조정은 지식과 정보의 상품화를 극력으로 억제했다. 그 바람에 서점, 민간 출판 등이 활발하지 못했다. 반면 국가 이데올로기에 충실한 지식이나 정보의 유통은 적극 장려했다. 조선 중종은 백성에게 유교적 윤리관을 가르치기 위해 『삼강행실도』를 한 번에 2,940부나 대량 인쇄해서 배포하기도 했다(이재정, 2008: 13).

근대 이후 정보 분야에서는 아직도 국가의 통제력이 압도적이다. 공영방송의 경우 정권이 바뀌어 이사회와 사장이 교체되면 하루아침에 논조가 이전과는 정반대로 변하기도 한다. 공영방송이 노태우 정권에서는 노태우 방송이 되는 것이고, 노무현 정권 아래서는 노무현 방송이 되는 것이며, 이명박 정권에서는 이명박 방송, 박근혜 정권에서는 박근혜 방송으로 변질된다. 보도의 논조도 시종일관 정권의 이익을 추구한다. 하물며 대중문화도 정권의 눈치를 본다. 한편 정부, 국회를 망라하는 국가기구는 많은 자원과 인력을 쓰는 조직이다. 이들이 쓰는 예산이나 인력은 그 어떤 사적 부문과

122 고려는 조선과 달리 출판, 지식, 서적에 대한 접근이 쉬웠다. 민가에는 서점이 있어 사람들이 쉽게 책에 접근할 수 있었다.

비교할 수 없을 정도로 많다. 이뿐이 아니다. 국가는 가장 강력한 권력의 행사자다. 국가가 가진 시장 정보 생산 능력은 누구도 따라갈 수 없기 때문에 시장은 정보 공급자인 국가에 의존한다. 이런 점에 비추어볼 때 국가는 비판과 견제의 대상이 되어야지 정보의 주도자·통제자가 되어서는 안 된다. 그렇게 가면 독재국가가 된다.

2. 국가의 공영 미디어 인사권 장악

1) 인사권 지배

앞서 보았듯이 우리나라 국가는 비정상적이고 괴이하게 보인다. 이런 국가가 유지되면 진실이 매장되고 정의가 배척된다. 정보나 지식, 그리고 문화 영역에서도 그런 경향이 보인다.

정부는 자신의 이익을 위해서건, 지배 질서를 수호하는 역할 때문이건 정보를 조작하고 통제한다.[123] 인사권 통제는 정권에 의한 미디어 지배의 전형적인 수법이다. 공영 미디어나 미디어 규제 기관의 인사권은 정부의 손에 있다. 대통령을 감시해야 할 공영 미디어의 사장을 대통령이 임면하고 있으니 세상에 이런 역설이 또 어디 있겠는가? 또 대통령에게서 독립되어 공정한 정책을 수립해야 할 미디어 규제 기구의 장도 대통령이 임면한다. 그러니 공영 미디어의 경영진이나 규제 기구가 대통령을 따르겠는가,

123 사회계급 간 균형이 이루어지거나, 여야 정권 교체가 자주 이루어진다면 민주주의가 확립될 가능성이 크다. 이런 경우 정부가 힘으로 미디어를 억압하거나 정보를 규제하기 어렵다.

아니면 공익을 따르겠는가?

국가권력은 공권력을 동원해서 미디어를 통제했지만 이명박 정권부터 미디어가 자발적으로 협력하는 분위기가 만들어졌다. 국가와 미디어 기업은 서로의 속살을 훤하게 들여다보는 관계다. 상호 약점을 꿰뚫고 있는 것이다. 이런 상황에서 한쪽이 다른 한쪽을 제압하기 어렵다. 정권의 뜻을 잘 따르는 미디어 기업에는 이익을 주고 그렇지 않으면 불이익을 주는 등 복종의 분위기를 만들었다.

2) 결과

방송은 정부 여당과 상하 관계가 되어 수용자 대중에게 일방적이고 편파적인 정보를 확산한다. 국가의 시사 프로그램 통제 흐름도를 설명한 다음의 〈그림 7-1〉은 함축하는 것이 많다.

미디어 통제의 꼭대기에는 인사권, 정책권, 규제권을 가진 대통령이 있다. 그런 만큼 대통령과 미디어(특히 방송)를 어떻게 분리하느냐가 언론의 자유와 민주주의를 확립하는 관건이다.

대통령의 지배를 받는 공영방송은 뉴스나 프로그램을 정부 홍보물처럼 만들어 대통령에게 봉사하는 경우가 많다. KBS의 이명박 대통령 '미화 보도' 한 편을 보자.[124]

백신 접종 현장 점검차 학교를 찾은 이명박 대통령은 혹시라도 열은 없는지 직접 학생들의 이마를 짚어봅니다. 주사 맞기가 겁이 나는 어린이에게는 대

124 자료는 ≪오마이뉴스≫ 2010년 7월 3일자 기사를 재인용한 것이다.

그림 7-1 | 이명박 정권의 시사 프로그램 통제 모형

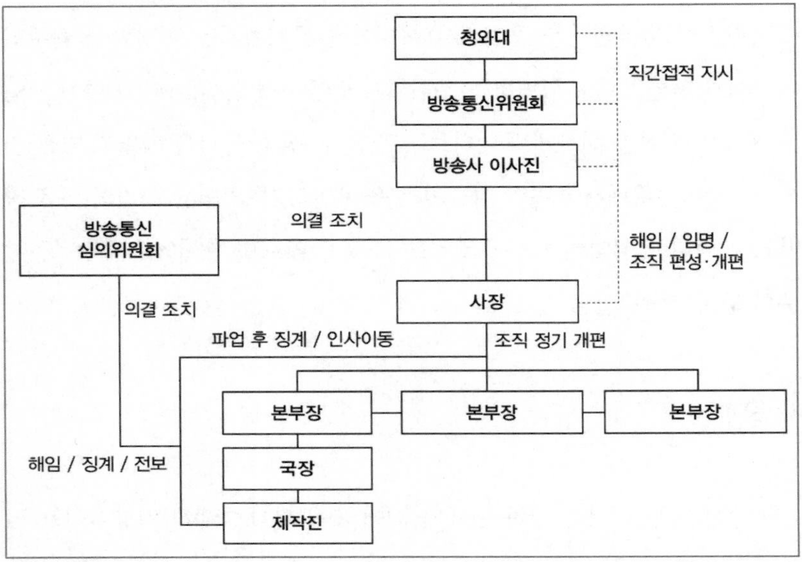

자료: 김동준(2011: 49).

> 통령을 쳐다보라며 안심을 시키기도 합니다. …… 이 대통령은 백신 접종을 마친 어린이들에게 다가가 팔뚝 주사 부위를 만져보면서 학생들의 건강을 챙겼습니다(KBS 〈9시 뉴스〉, "학생 건강 잘 챙겨야", 2009.11.11).

이것을 공영방송 뉴스라고 하기에는 낯부끄러운 일이다. 한술 더 떠 비가 오는데 우산을 쓰지 않고 걸었다고 칭찬하는 KBS 뉴스도 있다.

> 이명박 대통령이 예정에 없던 현충사를 찾았습니다. …… 보슬비가 내리는 궂은 날씨였지만 우산을 쓰지 않은 채 현충사 본전까지 걸어갔습니다. 우리 해군 역사상 최고의 지휘관이었던 충무공 이순신을 찾은 것입니다(KBS 〈9시 뉴스〉, "필사즉생, 필생즉사", 2010.4.27).

정치적 독립과 공정한 보도를 생명으로 삼는 공영방송의 보도라고는 생각할 수 없는 내용들이다. KBS는 정권 선전만이 아니라 자사 선전에도 열을 올린다. 2012년 2월 1일 〈9시 뉴스〉에서 KBS는 "우리 국민의 70% 가까이가 수신료 인상안을 조속히 처리해야 한다고 생각하는 것으로 조사됐다"라고 보도했다. 이 보도에 따르면, 국민 3명 가운데 2명이 수신료 인상에 찬성하니 국회가 빨리 처리해야 한다는 것이다. 그런데 이런 보도를 누가 믿을까? KBS는 이와 같은 뉴스를 내보내면 수신료 인상에 호의적인 여론이 조성될 것이라고 정말로 생각했을까?

공영방송 이사와 사장은 대통령이 임명해서 그런지, 이들의 정권 충성도는 대단하다. 그러나 방송인도 방송의 정치적 예속을 창피하게 생각하는 모양이다. 2008년 9월 3일 서울 KBS홀에서 한국방송대상 시상식이 있었다. 이 자리에서 부산 MBC 박명종 편성제작국장은 〈아가마의 길, 2552년 만의 귀향〉으로 지역 공로상을 받았다. 박명종 국장의 시상 소감이 들을 만했다.

> …… 세상일이 자꾸 변하고 또 변합니다마는 제행무상諸行無常이라고 그러나 변하지 않는 것이 있는 거 같아요. 무엇이냐 하면 정권이 방송을 탐하는 것은 변하질 않았어요. 보통 사냥하는 사람들은 개를 데리고 다닙니다. 그런데 앞에 다니는 개는 달립니다. 그래서 달릴 주走 자에 개 구狗 자를 써서 주구走狗라고 합니다. 走狗(주구). 권력의 주구가 되어 가지고 지금도 방송을 어떻게 하기 위해서 하는 그런 인간들이 있습니다. 그래서 이런 방송의 날을 맞아서 그런 인간들이 좀 없고 방송인들이 자유롭게 방송을 할 수 있는 그런 날이 하루속히 왔으면 합니다(≪프레시안≫, 2008.9.4에서 재인용).

이 말은 방송과 권력의 예속 관계를 따끔하게 꾸짖은 것이다.

3. 국가의 경제적 통제

국가는 경제적 측면에서도 미디어를 통제할 힘이 있다. 이들은 미디어 산업에 재정을 지원해서 미디어 내용을 친정부적으로 몰고 간다. 김한태 울산제일일보 편집국장은 돈을 매개로 한 국가의 정보 통제를 이렇게 꼬집었다.

> 외부 검열자는 언론의 자율적 편집 의사에 압력을 넣고, 길들이며, 나아가 줄 세우기를 합니다. 그 힘이 어디서 나온다고 보십니까? 과거에는 총과 칼을 들이댔지만 지금은 돈으로 길들이기를 합니다. 그 돈의 상당 부분이 세금일 가능성이 큽니다. 이것은 시민이 낸 세금이 잘못 사용돼 시민에게 전달돼야 할 정보를 차단시키는 수단이 되고 있다는 것을 시사합니다(≪울산제일일보≫, 2010.4.20).

1) 공공 미디어 소유와 통제

국가는 신문, 방송, 통신 뉴스 등 미디어의 지분을 직접 소유하거나 경영권을 통제한다. 이들은 KBS, MBC, YTN, KTV, 국회방송, 연합뉴스 등 공적 소유 미디어를 앞세워 정치적으로 유리한 정보 환경을 만들려고 한다. 이를 위해 정부는 공영 미디어의 소유권과 인사권을 매개로 사실상 경영권을 장악하고 편집권 및 편성권을 통제해왔다. 공공 미디어는 국영 미디어,

관영 미디어의 범주를 벗어나지 못했다. 이것은 한국의 언론 자유나 민주주의가 부실하다는 증거다.

뉴미디어도 정부의 정보 통제에 동원된다. 정부는 선전·홍보용으로 인터넷을 적극 활용한다. 2008년 43개 정부 부처가 총 1,643개 홈페이지를 만들었다. 이 중 1,400개 홈페이지를 구축하는 데 5,780억 원을 썼다(≪대자보≫, 2008.11.27).

2) 광고비 공급

정부 광고는 미디어 내용 통제에 효력이 있다. 그래서 정부 여당은 무리해서라도 많은 예산을 배정해 광고를 낸다. 2003년부터 2007년까지 정부 광고는 총 24만 3,492건이었고, 그 금액은 무려 9,641억 원에 이른다. 이를 연도별로 보면, 2003년 1,351억 원, 2004년 1,628억 원, 2005년 1,884억 원, 2006년 2,144억 원, 2007년 2,631억 원이었다(≪연합뉴스≫, 2008.10.5). 따라서 지난 5년간 총 1조 원, 연평균 2,000억 원 가까운 세금이 광고 명목으로 미디어 기업에 흘러갔다는 계산이 나온다. 한편 같은 기간 10개 중앙 일간지에 제공된 정부 광고비는 무려 1,591억 원이나 되었다(≪오마이뉴스≫, 2008.9.23). 2009년 정부 광고는 부쩍 늘어 3,806억 원이었다. 이명박 정권은 집권하던 5년 동안 총 1조 8,000억 원의 정부 광고를 썼다. 이 중 5.7%인 1,023억 원이 조중동에 배정되었고, 48%가 10개 중앙 일간지의 몫이었다(≪뷰스앤뉴스≫, 2012.10.7). 매년 막대한 시민 혈세가 부유한 미디어 기업을 더 살찌게 한다.

정부 광고는 정부가 하는 일을 시민에게 알린다는 뜻도 있지만, 정부 선전이라는 차원에서 보면 꼭 긍정적인 것만은 아니다. 한 가지 사례를 보자.

2012년 9월 고용노동부는 산재의 심각성을 말하는 텔레비전 광고를 했다. 광고 내용은 2011년 한 해 동안 2,114명의 노동자가 산재로 죽었다는 것을 알리면서 산재의 원인으로 노동자의 부주의나 산만함을 들었다. 과연 산재의 주된 원인이 열악한 작업장 환경 때문이 아니라 노동자가 시원치 않아서 죽었단 말인가!

정부 광고가 친정부적·보수적 미디어에 집중되는 현상은 정치적 편파 행위다. 정부 광고비는 공무원들의 쌈짓돈이 아니라 시민들이 낸 세금이다. 이런 성격의 정부 광고비가 미디어 산업에 불균형적으로 배분되고 있다. 몇 가지 사례를 보자. 2006년 노무현 정권은 불쑥 한미자유무역협정을 추진하기 시작했다. 이에 프레시안이 비판적인 각도에서 이 협정의 문제점을 짚었다. 그러자 정부는 프레시안에 주던 광고를 끊었다. 2010년 이명박 정부의 고용노동부는 1년간 단 한 번도 한겨레신문에 광고를 싣지 않았다. 경향신문도 단 1건의 광고를 받았을 뿐이다. 이와 대조적으로 보수 신문은 정부 광고를 듬뿍 받았다. 문화일보가 17건, 매일경제가 11건, 한국경제가 10건, 중앙일보와 동아일보가 각각 8건, 조선일보가 6건의 고용노동부 광고를 실었다(≪프레시안≫, 2011.5.4). 정부가 광고비를 균형 있게 배분하지 않고 자신과 뜻을 같이하는지 여부를 기준으로 해서 광고비를 배분하는 행태는 편협해 보인다.

정부 광고를 비롯한 공공광고비의 규모가 큰 것도 문제다. 방송용 공공광고비만 해도 연간 1,000억 원에 가깝다. 이것이 방송산업에 배분된다. 2009년 KBS 1TV가 428억 원, MBC가 321억 원, SBS가 171억 원의 정부 광고 수입을 올린 바 있다. 이런 광고비가 방송사의 정부 관련 보도에 어떤 식으로든지 영향을 줄 것임은 분명하다.

서울을 비롯한 지방자치단체도 많은 광고비를 쓴다. 서울시의 광고비를 보자. 서울시가 국내 미디어에 쓴 광고비는 2008년 기준으로 43억 원이며, 해외 광고비는 185억 원이나 된다. 연간 230억 원가량의 시민 혈세가 광고로 날아간다.

신문산업에 제공되는 공공광고는 대부분 조중동에 몰린다. 2006년 기준으로 조선일보, 중앙일보, 동아일보는 총 143억 원의 정부 광고를 받았다. 이는 정부가 제공하는 중앙 일간지 광고비의 40%를 차지한다(≪서울신문≫, 2007.3.15). 2008년에는 11개 종합 일간지가 정부 광고로 총 465억 원을 벌었다. 이 중 조중동의 몫은 41%였다. 정부 광고가 조중동이라는 신문권력 쪽으로 몰리는 반면, 경향신문과 한겨레신문으로 가는 정부 광고는 반으로 줄었다. 이들 신문이 정부 정책을 비판한 이유 때문일 것이다.

정부의 공공광고가 공익을 향상시키는 기능도 하겠지만 부정적인 기능도 상당하다. 공공광고를 받은 미디어는 아무래도 정부의 눈치를 볼 수밖에 없고, 이것이 미디어의 권력 감시 기능을 무디게 만들기 때문이다.

공공광고의 집행과 관련된 정보가 공개되지 않는 것도 문제다. 그래서 '투명사회를 위한 정보공개센터'는 서울시에 미디어 광고비 집행 내역을 공개하라고 요구하기도 했다. 그러나 서울시는 '언론사의 영업 비밀'이라거나 '해당 언론사가 공개를 원하지 않는다'는 이유를 들어 정보를 공개하지 않았다(≪미디어스≫, 2010.12.14). 이에 정보공개센터는 중앙행정심판위원회에 광고비 내용을 공개하라는 청구를 했다. 2010년 11월 중앙행정심판위원회는 "예산 집행의 투명성을 제고해야 한다는 점, 시민의 알 권리를 보장하고 국정에 대한 시민의 참여와 국정 운영의 투명성을 확보하기 위한 정보공개법의 취지를 고려해야 한다는 점, 서울시장이 집행한 홍보비는 이를 수령한 언론사의 광고 수입의 일부분을 구성할 뿐이어서 정보가 공개되더라도 해당 언론사의 경영 및 영업상의 비밀이 침해된다고 보기 어렵다는 점 등에 비춰볼 때 서울시장은 46개 언론사에 대한 사건 정보를 공개해야 할 것"이라고 결정했다.

한편 정부가 아예 기사 홍보비를 부담한 사례도 있었다. 기획재정부는 2009~2010년에 한미자유무역협정에 찬성하는 신문 기고자에게 돈을 주기도 했다. 이 부처는 '언론기고문 작성료'라는 명목으로 칼럼 기고자 10명에게 20만 원씩의 작성료를 주었다고 한다(≪미디어스≫, 2010.10.5). 정부 예산으로 기사를 작성하는 현실이 놀라울 뿐이다. 언론개혁시민연대에 따르면, 정부가 특정한 기사에 홍보비를 지급하거나, 정부가 원고료를 지불한 원고를 칼럼 또는 기고문으로 게재하기도 한다(언론개혁시민연대 보도자료, 2010.12.14). 일종의 주문형 기사인 셈이다. 정부가 여론을 조작할 목적으로 국가 예산을 쓰는 것도 문제지만, 신문사들이 이런 정황을 뻔히 알면서 여론 조작용 칼럼을 게재하는 것은 더 큰 문제다.

3) 광고주 압박

정부가 나서서 광고주에게 광고를 늘려라, 줄여라 하는 요구를 함으로써 미디어 산업에 영향을 주기도 한다. 1974년 정부의 압력으로 광고주들이 동아일보와 동아방송에 광고를 중단한 것이 그 사례다. 비슷한 사례가 있다. 2008년 말경 MBC 〈뉴스데스크〉에 붙었던 광고가 빠져나가 1~2개로 줄었다. 평소 때면 10개 안팎의 광고가 있었던 프로그램이었다. 그 배경에는 정부에 비판적인 신경민 앵커를 밀어내려는 정치적 흐름이 있었다. 광고주들도 이런 흐름을 눈치채고 빠져나갔다. 신기하게도 신경민 앵커가 물러나자 광고가 다시 들어오기 시작했다.

권력이 광고에 개입한 사례는 또 있다. 최시중 방송통신위원장이 종편 채널이 개국한 지 며칠 지나지 않아 주요 대기업 임원과 광고회사 간부 등을 모아놓고 "광고를 비용이 아닌 투자의 관점에서 보고 기업들은 광고비 지출을 늘려야 한다"라고 말했다(≪한겨레≫, 2011.12.10, 1면). 이것은 권력에 의한 광고주 압박이며, 언론 통제다.

정부가 광고비를 배분하는 행위는 다른 광고주에게도 영향을 미친다. 정부의 눈치를 볼 수밖에 없는 광고주는 대개 정부에 호의적인 미디어에 쏠린다. 반대로 정부가 싫어하는 미디어와는 광고 거래를 꺼린다. 예컨대 정부와 MBC가 대립하고 있을 때 우연인지 필연인지 광고주가 하나둘씩 떨어져 나갔다. 특히 MBC 〈PD수첩〉이나 〈뉴스데스크〉 광고는 거의 자취를 감추기도 했다.

4) 이권 주고받기

국가는 영향력 있는 기자에게 공직을 비롯한 각종 혜택을 주어 영향권에 묶어놓는다. 기자의 능력을 사는 경우도 있지만, 대부분은 기자와 기자가 일했던 미디어를 통제하고 포섭하려는 의도에서다.

신문 기업은 정부의 특혜가 없었다면 지금과 같은 거대 기업으로 성장하지 못했을 것이다. 대표적인 사례를 하나 보자. 1966년 박정희 정권은 신문사주의 요구를 받아들여 신문용지에 부과되었던 30%의 수입관세를 4.5%로 깎아주었다. 또 다른 사례가 있다. 조선일보가 코리아나 호텔을 지을 때 박정희 정권은 연리 8%의 낮은 이자로 일본 상업차관을 들여오도록 허용했다. 이것은 26%나 되었던 국내 금리의 1/3도 안 되는 것이어서 대단한 특혜였다(손석춘, 2002: 58~59). 정부로부터 큰 특혜를 받은 조선일보는 무엇을 주었을까? 이명박 정권도 신문과 방송의 교차 소유를 허용함으로써 신문 기업이 종편 채널을 소유할 수 있는 길을 터놓았다.[125] 이들이 허가한 4개 종편 채널이 그동안 무슨 일을 했는지 연구할 대목이다.

정치권력과 기자의 유착은 역대 총선과 대선에서 늘 보았던 현상이다. 특히 대선은 권력과 미디어의 유착을 증대시킨다. 18대 대선도 예외가 아니었다. 박근혜 새누리당 대선 후보의 공보단 면면을 보자. 김병호 공보단장(KBS 정치부장, 보도국장, 보도본부장), 홍지만 공보위원(SBS 앵커), 박선규 공보위원(KBS 앵커), 김석진 공보위원(MBC 논설위원), 정성근 공보위원(KBS 기자, SBS 앵커) 등이 나섰다. 대선 후보의 홍보 기구에 방송 3사 출신 기자가 고루 포진하고 있다는 것은 무엇을 뜻할까!

기자를 비롯한 미디어 업계 사람들에게 국회의원 공천, 공공기관 고위직 제공은 전형적인 권언유착이며, 국가가 미디어를 통제하는 상투적인 수법이다. 박정희 정권 이래 기자들은 꾸준히 정계와 관계에 유입되었다. 이런 관행은 김대중, 노무현 정권에서도 지속되었다. 2000년 총선에 당선된 언론계 출신 인사는 총 45명이나 되었다. 2004년, 2008년 총선에서는 각각 40명의 언론계 출신이 국회의원에 당선되었다. 특히 이명박 정권에서 언론계 출신 인사들은 대선 공헌도에 따라 고위직을 나누어 가졌다. 미디어 규제 기구, 공영 미디어 등 정부 여당이 관여한 곳은 거의 전직 언론계 출신으로서 대선에서 이명박 후보를 도왔던 사람으로 채워졌다. 기자들의 공공기관 진출은 국회에 한정되지 않는다. 중앙정부와 지방정부에도 기자 출신이 가득하다.

125 종편에 투자한 기업들도 과연 투자 효율을 염두에 두었는지 의문이다. 더구나 솔로몬, 현대스위스, 부산, 제일 저축은행들이 투자한 것은 놀라운 일이다. 고객들에게 수조 원대의 손실을 끼친 부산저축은행은 연합뉴스 TV에 무려 25억 원이나 투자했다고 한다.

4. 국가의 정치적·법적 통제

1) 사찰과 검열

사찰은 국가에 의한 반민주적 정보 통제 방식이다. 이것은 권력기관인 국가가 특정인을 불법적으로 추적하고 행적을 조사하여 정치적으로 악용하는 행위다. 군사정권에서는 사전 검열도 예사였다. 민주정권이 등장한 이후 검열이나 감시는 뜸했다. 그렇지만 2008년에서 2010년 사이에 국무총리실 공직윤리지원관실이 KBS, MBC, YTN의 기자나 노조를 사찰한 사건이 있었다. 국정원도 미디어 기업에 출입하면서 정보를 수집해왔다. 원성윤 기자협회보 기자는 국정원이 미디어 회사의 경영관리(사주, 사장 등의 동향), 편집국 및 보도국의 동향에 관한 정보를 수집한다고 밝혔다(≪기자협회보≫, 인터넷판, 2013.7.3). 이런 식의 언론 통제는 민주주의 근간을 허물며,[126] 대외적으로는 국가 이미지를 손상시킨다.

사람들이 사라졌다고 믿어온 검열도 횡횡했다. 북한노동당이나 중국공산당 식은 아니라 할지라도 우리 국가에 의한 원시적 검열은 없어지지 않았다. 역대 정권은 '빨갱이 색출'을 명분으로 헌법에서 금지한 사찰이나 검열을 해왔던 것이다. 한만수의 말을 들어보자.

> '드라큘라'가 장악한 방통위라는 괴물은 '가카'가 요구한 역할을 충실하게 수행했다. 인터넷 게시물 중에서 정부가 신고한 것들은 곧바로 삭제하는 검열

126 정보 수집과 사찰은 미디어 기업에 한정되지 않고 고위 공무원, 정치인, 기업인, 노조 등 전 방위에 걸쳐 이루어졌다. 불법 사찰은 민주주의와 인간의 기본권을 유린하는 중대한 범죄다.

을 서슴지 않는 한편, '조중동'에 종편을 허가하면서 갖은 특혜를 몰아주었다. 특히 민간인 사찰 사건 덕분에 드러난 총리실의 한 비밀 문건은, 이런 방통위의 검열이 체계적인 것이었으며 그 체계 속에서 방통위에 주어진 임무는 '가카' 비방 게시글 삭제 및 사이트 폐쇄 등임을 말해준다. 방통위는 민간인의 옷을 입은 검열관, 즉 '바지 사장' 같은 존재에 불과함이 확인된 것이다. …… 현재의 (방통심의위원회에 의한) '자율 규제'란 결국 경찰관이 실질적으로 관장하는 셈이다. 경찰관이 검열한다? 식민지 시기하고 달라진 게 뭔가? 사전 검열을 사후 검열로 바꾸고, 민간인 심의위원을 '바지 사장'으로 내세우면 모든 게 해결되는 건가. 헌법의 검열 금지는 준수되었고 민주주의는 그 기반을 갖추었다고 말할 수 있나(≪프레시안≫, 2012.8.2).

이 글은 검열 현실을 비꼬는 것 같지만 예리하다. 공정하고 민주적으로 운영해서 신뢰를 받아야 할 방송 규제 기구가 불신과 조롱의 대상이 되었다는 것을 꼬집은 것이다. 방통위원회, 방통심의위원회 등 국가기구가 방송, 인터넷, SNS, 문화 예술에 이르는 소통의 영역에 끼어들어 광범위한 감시와 사찰을 함으로써 자신들의 권력을 지키려 한다.

정부는 연예·오락 시장에 대해 감시의 눈초리를 번득인다. 2009년 8월에는 정부가 나서서 사람들을 사찰하기 시작했다. 총리실 공직윤리지원관실은 정치인, 연예인 등을 상대로 불법적인 사찰을 했다. 이로 인해 관련 공무원들이 구속되었다. 좌파 척결과 좌파 연예인 퇴출이라는 마녀사냥에 공권력이 동원되었다는 것은 독재정권의 망령이다.

한편 자본에 의한 검열도 국가 검열 못지않게 언론과 표현의 자유를 억제한다. 박민영 문화평론가는 다음과 같이 경고했다.

> 우리는 흔히 '검열' 하면, 정치 검열을 주로 떠올린다. 그러나 어떤 면에서는 자본에 의한 검열을 더 경계해야 한다. 정치 검열은 사회적 의제로 떠오르기 쉽고 저항을 불러일으키기도 쉽지만, 자본에 의한 검열은 공공연히 이루어질 때조차 비난의 표적이 잘되지 않기 때문이다. 자본은 정치사회적 의도를 갖고 문화상품을 통제하는 경우에도 '다만 장사가 될 것 같지 않아서 어떤 문화상품의 생산에 투자하지 않고, 그것을 유통시키지 않는다'고 말하면 그만이다. 대자본은 다양한 문화적 생산물들 중에서 어떤 것이 대중의 눈과 귀에 닿게 되는가를 결정한다. 대중은 대자본에 의해 허락된 문화 생산물들 중에서만 호불호를 정할 수 있을 뿐이다. 대중가요도 마찬가지이다. 정치적이고, 사회 비판적이며, 대중 의식을 일깨우는 노래는 잘 만들어지지 않는다. 설사 만들어졌다 해도, 문화상품의 유통을 대자본이 독점하고 있어 대중과 만나기 어렵다. 대중가요가 사랑 타령만 하는 것은 이러한 문화산업의 구조 탓이 크다(박민영, 2013.1.12).

국가 검열과 통제도 두려운데 자본까지 나서서 정보나 문화를 검열하는 체제는 분명히 문제가 있다.

2) 법적 규제

국가는 법을 무기로 사상과 표현의 자유, 언론의 자유를 억제한다. 국가에 대한 비판도 허위 사실 유포를 이유로 처벌하기도 한다. 국가는 국가보안법 제7조, 명예훼손죄, 모욕죄, 업무방해죄, 협박죄, 강요죄를 비롯한 많은 형벌을 동원하여 언론과 표현의 자유, 자치적 자유를 제한해왔다. 특히 우리나라 법체계는 아무리 진실을 말해도 명예훼손의 책임을 지도록 했다

(박경신, 2011). 이런 법 때문에 시민이나 전문가가 정당한 방식으로 국가를 비판했는데도 국가의 명예를 훼손했다는 이유를 들어 처벌하기도 한다. 이리하여 정부 여당에 비판적인 사람이라면 불이익을 각오해야 할 지경으로 민주주의가 후퇴했다. 오죽했으면 유엔은 물론 각국의 미디어까지 앞다퉈 한국의 언론과 표현의 자유가 심각히 유린되고 있다고 비판했을까! 특히 미국의 ≪뉴욕타임스≫는 이명박 정권이 정치적 비판자를 잠재울 목적으로 반대파를 가혹하게 처벌한다고 비판했다. 이 신문은 정부나 고위 공직자를 비판했을 경우 비판자에게 비판한 내용이 사실이라는 것을 입증하게 하고, 입증하지 못하면 명예훼손으로 처벌하고 감옥에 가두는 것은 잘못된 것이라고 보도했다(*The New York Times*, 2011.12.26).

국가기관이나 고위 공무원이 소송의 주체가 되어 자신들을 비판하는 미디어나 네티즌을 상대로 명예훼손으로 고발하기도 했다. 시민이 납부하는 세금으로 운영되는 공권력이나 국가기관에 특별히 지켜야 할 명예가 있는지 의문이며, 명예가 있다 해도 시민의 비판을 받는 것이 현대사회의 원리다. 이런 기본 원칙도 무시하고 언론과 표현의 자유를 범죄행위로 처벌하거나 불이익을 주는 경우가 허다하다. 농림부가 MBC 〈PD수첩〉 제작진을 명예훼손 혐의로 고소한 사태는 국가에 의한 대표적인 언론 탄압 사례다. 법원은 물론 〈PD수첩〉 제작진에 무죄를 판결했다. 이런 기괴한 사태를 경험한 기자나 프로듀서는 정부와 마찰을 일으킬 수 있는 소재를 가급적 다루지 않으려 한다. 이른바 위협 효과가 제작을 위축시키는 것이다.

때로는 국가보안법이 사람들의 기본적인 표현권을 억압한다. 언론과 표현의 자유, 사상의 자유를 억제하는 국가보안법 제7조 제1항을 보자.

국가의 존립·안전이나 자유민주적 기본 질서를 위태롭게 한다는 정情을 알면서 반국가 단체나 그 구성원 또는 그 지령을 받은 자의 활동을 찬양·고무·선전 또는 이에 동조하거나 국가 변란을 선전·선동한 자는 7년 이하의 징역에 처한다.

이 법의 조항을 보면 자구 하나하나가 추상적인 개념이다. 국가, 존립, 안전, 자유민주적, 위태롭게 등등의 개념은 객관적으로 규정하기 어려운 것들이다. 이 때문에 권력기관이 이런 법을 악용하여 선량한 사람까지 괴롭힐 수 있다. 국가보안법을 비롯해 각종 법을 자유와 민주주의, 그리고 공공성을 향상시키는 방향으로 개폐하고, 그대로 둔다 해도 법 적용을 엄격하게 해서 피해와 갈등을 줄여야 한다.

여기서 우리가 상기할 점은 시민 대중의 비판적 사고가 충만하고 지배체제를 감시하고 통제하려는 의지가 셀수록 국가는 언론과 표현의 자유를 규제하지 못한다는 사실이다. 시민 대중의 민주화 욕구가 강렬했던 김영삼, 김대중, 노무현 정권에서는 언론과 표현의 자유가 많이 신장되었다. 그러나 이명박 정권이 탄압으로 돌아선 것은 시민 대중과 노동자들이 스스로를 방어할 힘이 부족하다는 것을 알았기 때문이다. 또 허약한 야당은 정권의 횡포를 억제하지도 못했다. 이명박은 압도적인 지지를 받고 대통령이 되어서 그런지 시민을 함부로 대하고, 멋대로 처벌했다. 자신의 뒤에 있는 영남, 보수 세력, 고려대, 기독교라는 막강한 힘을 믿은 탓도 있으리라.

3) 내용 규제

국가는 자신에게 유리한 정보는 적극적으로 알리려고 애쓰는 반면 불리한 정보는 어떻게든 감추거나 축소하려고 한다. 미디어는 국가의 요구를 잘 알고 있으며, 적절한 선에서 거래하면서 정보 조작에 동참한다.

미디어와 정보에 대한 최악의 국가 통제는 내용 규제다. 국가가 미디어나 통신에서 유통되는 정보 내용을 검열하고, 범죄시해서 처벌하는 것은 지극히 잘못된 처사다.

(1) 정부 홍보

정부 기관은 보도자료 제공, 기자와의 접촉, 홍보 등을 통해 자신들에게 유리한 정보를 퍼뜨린다. 이런 과정에서 정부가 지배하는 공영 미디어는 독립성을 잃고 관영 기관으로 전락하는 경우가 많았다. 공영 미디어가 정부와 대척점에 서는 것이 쉽지 않다고 해도 최소한의 독립성을 지키는 것은 상식이다.

여론의 시대에서 정부도 스스로를 선전할 수는 있다. 그러나 정부 홍보는 한정적이어야 한다. 그렇지 않고 많은 돈을 들여 정부 치적을 선전하고, 잘못은 감추는 데 급급한 정부 홍보는 시민의 판단력을 흐리게 만드는 선전물이 되기 쉽고 정상적인 국정 운영에도 이로울 것이 없다.

(2) 불리한 정보 숨기기

국가의 정보 통제 방식 가운데 하나는 불리한 정보를 감추는 것이다. 미디어가 입을 닫으면 국가에 불리한 정보는 은폐된다. 국가 규제 기관이 직접 내용을 심의해서 제작자를 압박하기도 한다. 뉴스나 프로그램의 내용을 제한하는 방송통신심의위원회가 적극적으로 나서서 내용을 심의하고 제작자에게 벌을 준다.

정부는 신문이나 방송만 통제하는 것이 아니다. 서적, 벽보, 그림에서 인터넷, SNS까지 모두 심의·규제·검열의 대상이다. 정부는 포털에 대해서

도 엄중히 통제한다.[127]

(3) 도덕적·윤리적 규제

국가는 미디어 내용까지 도덕이나 윤리를 잣대로 통제하기도 한다. 예를 들면 여성가족부는 심의권을 갖고 유행가 가사에 술이라는 말이 있으면 유해 매체로 지정할 수 있다. 청소년보호법 제10조 제①항의 규정에 따라 여성가족부 산하 청소년보호위원회가 유행가 가사까지 심의한다. 이 위원회는 청소년의 성적인 욕구를 자극하는 내용을 가려 규제한다. 음반의 경우는 여성가족부 산하에 설치된 음반심의위원회가 청소년 유해 여부를 판단한다. 만약 노랫말에 술이나 담배를 권장하는 따위의 표현이 나오면 유해 매체물로 판정을 받는다. 이러한 노래를 담은 음반은 '19금'이라는 빨간 딱지가 붙여져 평일 오전 7~9시, 오후 1~10시, 토요일과 공휴일에 방송되지 못하며, 방학 기간에는 오전 7시부터 오후 10시까지 방송되지 못한다. 19세 미만의 청소년은 19금 음반을 살 수 없다. 국가는 이렇게 규제해서 무엇을 얻으려 할까? 규제를 위한 규제는 아닐까? 웃기는 사례를 하나 보자. 2010년 11월에 결성된 'SM 더 발라드'는 싱글 앨범 〈너무 그리워〉를 발표했다. 그러자 여성가족부는 이 앨범에 수록된 「내일은…」이라는 제목의 노래 가사에 "술에 취해 널 그리지 않게", "술에 취해 잠들면 꿈을 꾸죠" 따위의 술에 관한 표현이 있다는 이유로 청소년 유해 매체물로 지정했다.

127 몇 가지 사례를 보자. 싸이월드를 운영하는 SK커뮤니케이션즈는 대학 등록금 인하가 회원들의 으뜸 소원이라는 판단 아래 이벤트를 계획했다. 그러나 정부는 SK커뮤니케이션즈에 이벤트 중단을 요청했고, 애당초 이벤트 강연자로 김제동을 초대했는데 이 역시 정부의 눈에 어긋날 것을 두려워해서 노홍철로 바꾸었다(≪한국일보≫, 2011.7.20, 1면). 2008년 5월 방송통신심의위원회가 다음커뮤니케이션에 이명박 대통령을 비판하는 댓글을 삭제해달라고 요청한 사례도 있다. 2011년 5월에는 방송통신심의위원회가 이명박 대통령에 대한 욕설을 연상시킨다는 이유로 특정 트위터 계정을 차단했다. 권력 비판의 싹을 아예 자르겠다는 발상이었다.

이에 이 음반을 제작한 SM엔터테인먼트가 지나친 정부 간섭에 항의하여 서울행정법원에 소송을 내어 승소했다(≪뉴시스≫, 2011.8.25). 편의점이나 술집이 청소년을 상대로 술을 파는 행위는 제대로 잡지 못하면서 노랫말에 나오는 술을 잡는 것은 어처구니없는 짓이다.

4) 정보 흐름의 장악

국가권력은 누가 어떤 정보를 갖고 있고, 어떤 미디어가 어떤 뉴스를 내는지 훤히 알고 있다. 김재원 새누리당 의원은 기자와의 모임에서 의미심장한 말을 했다고 한다. "이렇게 정보 보고를 한다고 특종할 줄 아냐. 너희가 특종한 적이 있느냐? 너희가 보고하는 것은 우리에게 다 들어온다"(≪미디어스≫, 2012.9.24). 이는 2012년 대선을 앞두고 기자들에게 한 말이었다. 이 말의 진위를 단정하기 어렵지만 정치권력은 정보 생산과 흐름을 손바닥 보듯 속속들이 파악하고 있다고 추정할 수 있다. 한편으로는 정치권력자들이 기자나 '언론'을 어떻게 보고 있는지를 생생하게 말한다. 또 국가권력과 미디어 기업은 수용자 대중이 알아야 할 정보를 주지 않고 자신들의 이익을 충족시켜주는 정보를 공급하는 현실이 떠오른다. 정보 담합, 조작, 통제를 통해 정치와 민주주의를 타락시키는 저널리즘의 민낯을 보는 것 같다.

5) 정책적 통제

자본주의 국가는 자본축적과 권력 질서 유지라는 기능을 일차적 목표로 삼는다. 국가는 미디어 산업에 대해서도 이런 일을 하도록 정책적으로 유도한다. 1990년대 중반 이전의 미디어 정책은 국가주의라고 부를 수 있고,

이후부터 지금까지 정책은 신자유주의 미디어 정책이다. 이것은 사유화·상업화·유료화를 촉진하여 미디어 공공성을 없애고, 궁극적으로는 언론과 표현의 자유를 감소시킨다. 신문과 방송의 교차 소유 및 종편 채널 허용은 전형적인 신자유주의 미디어 정책이다.

미디어 정책은 수구 정권이나 진보 정권 할 것 없이 크게 다르지 않다. 물론 진보 정권은 보수 정권에 비해 미디어 공공성을 약간 더 강조한다. 그럼에도 이들은 미디어 산업의 성장, 국제경쟁력 확보, 국가 질서 확립을 빙자한 정권 안보라는 기본 방향에서 미디어 정책을 수립한다는 공통점이 있다. 다시 말해 정부 여당만이 아니라 야당도 미디어 시장 성장론, 글로벌 미디어론, 한류 문화의 국익론을 부정하지 않는다.

미디어에 영향을 미치는 여러 정책적 요소 가운데 소유 규제의 완화 정책은 위력적이다. 소유권이 경영권으로 이어지는 것이 현대 자본주의 기업이다. 그래서 미디어 소유권 규제는 미디어의 경영 및 내용을 결정하는 변수로 작용한다.

최악의 규제 정책 중 하나는 인터넷 실명제(제한적 본인 확인제)다. 이것은 이름과 주민등록 번호를 밝히지 않으면 인터넷 접속을 불가능하게 만들었다. 당시 정부 여당은 인터넷상 악성 댓글을 막는다는 명분을 내세웠다. 하지만 이용자의 IP를 추적하면 악성 댓글을 쓴 사람을 간단히 확인할 수 있다. 그런데도 정부 여당은 악성 댓글을 빌미로 익명 표현의 자유를 불허했다.[128] 인터넷 실명제는 사실상 인터넷 내용을 검열해서 국가권력에 대

128 익명 표현에 대한 탄압은 우리 역사에서 낯선 것이 아니다. 성종 16년인 1485년 관리의 부정부패를 고발하는 언문 투서 사건이 터졌다. 조정은 당연히 부정부패자부터 잡아들여 사실 여부를 확인하고 죄를 물어야 했다. 그러나 조정은 그렇게 하지 않고 언문 투서자를 색출한다는 명목으로 150명이 넘는 백성을 옥에 가두거나 고초를 겪게 만들었다(정주리 외, 2011: 173).

한 비판적 여론을 차단하는 작용을 했다. 이 때문에 한국의 인터넷 자유는 위협을 받았고, 수많은 사람의 개인정보가 유출되었다. 더군다나 유튜브, 트위터, 페이스북 등은 미국의 것이어서 인터넷 실명이 없어도 얼마든지 자유롭게 이용할 수 있다. 우리나라 인터넷은 못 쓰게 하고, 남은 나라 것은 국내에서 자유를 누리게 만든 인터넷 실명제는 국가정책의 파탄을 예고했다. 그래서 인터넷 실명제를 폐지하려는 투쟁이 일었으며, 헌법재판소도 2012년 8월 인터넷 실명제를 위헌으로 판결했다.[129]

6) 숙청

미디어에 대한 노골적인 통제 가운데 하나는 미디어 현장에서 언론인을 숙청하는 것이다. 민족일보 조용수 사장 사형, 1975년 비판적 성향의 동아일보와 조선일보 기자 숙청, 1980년 1,000명가량의 언론인 축출은 군사정권에 의한 언론인 숙청 사례다. 민주주의가 전개되면서 김영삼, 김대중, 노무현 정권에서는 언론인 숙청의 역사가 끝을 맺는 것처럼 보였다. 그러나 민간 정권인 이명박 정부는 가혹하게 언론과 표현의 자유를 탄압하고 유린하는 과정에서 언론인들을 몰아냈다. KBS와 MBC 사장과 이사 해임, MBC 노조위원장 해임, 노종면 YTN 노조위원장을 비롯한 노조원 체포와 해고,

129 헌법재판소는 인터넷 실명제를 통해 얻을 수 있는 공익이 별로 없다고 판단하고 다음과 같이 위헌 결정을 내렸다. "인터넷 공간에서 이루어지는 익명 표현은 인터넷이 가지는 정보 전달의 신속성 및 상호성과 결합하여 현실 공간에서의 경제력이나 권력에 의한 위계구조를 극복하여 계층, 지위, 나이, 성 등으로부터 자유로운 여론을 형성함으로써 다양한 계층의 국민 의사를 평등하게 반영하여 민주주의가 더욱 발전되게 한다. 따라서 비록 인터넷 공간에서의 익명 표현이 부작용을 초래할 우려가 있다 하더라도 그것이 갖는 헌법적 가치에 비추어 강하게 보호되어야 한다." 헌법재판소에 따르면, 악성 댓글 등 익명 표현의 부작용은 다른 방법으로 얼마든지 규제할 수 있다.

MBC 〈PD수첩〉 프로듀서 체포와 기소, MBC 기자협회장 해고 등 수없이 많다. 언론계에서 정치적으로 해직된 언론인들은 대부분 현장 복귀가 안 되어 풍찬노숙의 삶을 견뎌야 했다.

5. 바람직한 국가의 역할

지금까지 살핀 대로 언론과 표현의 자유, 미디어 공공성, 민주주의와 관련한 국가의 역할은 부정적인 것이 많다. 그럼에도 선거, 비판, 청원, 시위 등 다양한 방식으로 국가가 수용자 대중과 공익을 수호하는 역할을 하도록 견인해야 한다. 미디어와 관련하여 국가가 할 일을 정리해보자.

첫째, 국가는 언론과 표현의 자유, 미디어 공공성, 공익의 수호자 역할을 한다. 둘째, 국가는 누구든지 미디어와 정보를 독점하지 못하도록 한다. 셋째, 국가는 수용자 대중의 정보권 및 문화권을 수호하고, 문화 주권을 보호한다.

국가는 시민들에게 필요한 정보가 공급되도록 보장할 책무가 있다. 그래서 독재국가, 전제국가, 신자유주의 국가 할 것 없이 저마다 시민들에게 적극적으로 정보를 제공한다. 문제는 '누구를 위한 정보인가'이다. 바람직한 국가 정보 모형은 시민의 정보권을 최대한 보장하는 것이다. 시민의 정보권을 철저하게 보장하는 대표적인 나라는 노르웨이, 핀란드 등 북유럽 국가들이다. 시민의 정보권을 수호하는 국가는 민주주의를 신봉한다. 시민의 자유롭고 비판적인 의견을 폭넓게 인정하려는 법원의 판결도 매우 중요하다.

국가는 시민에게 정보권을 보장하는 역할을 하고, 정보 주권을 수호하는 역할도 한다. 개방 시대, 지구화 시대를 말하지만 자주적인 국가, 독립적인 민족은 스스로 정보를 생산하고 유통할 공간이나 수단을 보유한다. 국가의 정보 주권 기능이 약하면 국가 주권도 덩달아 약해진다.

간단히 말해 시민 정보권의 수호자로서 국가가 할 일은 미디어 소유 독점 및 정보 독점을 금지하고, 다양성을 증진하는 것이다. 결국 사회의 다수이면서 약자인 수용자 대중의 정보권을 수호하는 기능은 현대 국가가 해야 할 중요한 일이다.

8장

정보 공유 혁명

현대의 부르주아 사회는 자기가 주문으로 불러낸 지옥의 세계의 힘을 더 이상 통제할 수가 없는 마법사와 같다. — 마르크스와 엥겔스(김운회, 2013: 39에서 재인용)

김운회의 해석에 따르면, 이 구절이 "자본주의의 문제점을 가장 정확하게 지적한 부분"이다. 이런 관점은 미디어, 기술, 상업 정보와 대중문화에도 적용된다. 누가 어떻게 이 어지러운 미디어 산업, 광고, 저널리즘, 대중문화를 잘 관리할 수 있을까? 조중동의 언론권력, 종합편성의 난폭한 행태, 공영방송의 권력 지향적 보도 등에서 충분히 경험했듯이 지배적인 미디어 및 정보는 통제 불능의 상태에 있다. 이미 지적한 대로 재벌·미디어·권력 복합체가 미디어, 저널리즘, 대중문화, 광고를 지배하는 구조에서 이들이 시민을 위해 또는 공익을 달성하기 위해 공공 서비스를 제공할 것이라고 기대할 수 있을까?

사람마다 말이 다르면 공동체 사회가 유지되기 어렵고, 사람마다 접하는 정보가 다르면 불통의 사회가 된다. 그런 불통 사회는 경직되고 소모적이어서 사회적 손실이 크다. 물론 사회 갈등도 치유하기 어렵다. 그런데도 한국 사회는 시민, 부자, 권력자, 지식인 등이 서로 다른 말, 다른 정보, 다른 가치관을 갖고 있다. 그러니 이들은 똑같은 문제를 놓고서도 정반대의 결론을 내리기도 하는 등 어처구니없는 일이 많다. 이런 문제를 관리하기 위해서 근대국가는 공론장이란 것을 두어 정보와 문화를 관리했다. 그러나 최근에 공론장은 사적 자본과 국가권력의 엄중한 지배를 받는다. 미디어 기업은 공론장에서 정보 흐름을 주도하지만 이익이나 권력을 우선시하기 때문에 독립성이나 공정성은 잃고 대중적 불신을 받았다. 이를 조금이라도 개선하기 위해 공영방송을 만들어놓았지만, 정권의 하수인 노릇을 하는 바람에 공론장 기능을 제대로 하지 못한다. 공영방송은 관급 정보와 상업문화를 살포함으로써 시민 의식을 통제하는 데 앞장서 왔다.

미디어 산업은 저널리즘이나 대중문화를 대량으로 유포한다. 이것들은 우리의 삶을 더 낫게 하지 못했다. 앞으로도 삶을 더 어렵게 할지도 모른다. 이런 마당에 재벌·미디어·권력 복합체는 저널리즘과 대중문화를 이용해 돈도 벌고, 권력도 누린다. 수용자 대중은 인터넷과 소셜 네트워크로 도피하기도 한다. 그러나 이런 정보 수단을 갖고 지배 복합체를 상대로 정보 경쟁을 하기는 버겁다. 수용자 대중과 지배 복합체의 정보 불평등은 심각한 수준이다. 우리나라 법은 정보격차[130]라는 개념을 써서 사회구조적 불평등에 따른 정보 불평등을 개선할 대상으로 보았다. 시민들도 정보 불평등 체제에 반기를 들고 시민 항쟁을 펼치기도 했으며, 미디어 노조도 파업을 통해 정보 불평등을 개선하려 했다. 시민들은 대안 미디어를 만들기도 하고 소셜 미디어를 이용해 새로운 공론장을 만들기도 했다. 그러나 상황은 별로 나아지지 않았다. 비판적인 역할을 하리라던 SNS는 점점 더 이념적·정치적 싸움터로 변질되고 있다. 미디어 시장의 상황도 날이 갈수록 악화되는 실정이다. 정보 생산자와 정치권력, 그리고 자본권력이 탄탄한 유대관계를 맺고 정보를 조작해왔다. 미디어 산업은 보도의 사실성이나 진실성 부족, 파당성과 분열성, 언론권력·자본권력·정치권력·종교권력·교육권력의 유착으로 많은 비판을 받아왔다. 이런 실정에서 권력자나 부유층을 곤란하게 만드는 정보 생산에는 희생이 따른다. '삼성 X파일'을 폭로한 노회찬 의원이 유죄판결을 받은 것만 보아도 그렇다. 이런 동굴에서 하루

130 국가정보화 기본법 제3조에 따르면, "정보격차란 사회적·경제적·지역적 또는 신체적 여건으로 인하여 정보통신서비스에 접근하거나 정보통신서비스를 이용할 수 있는 기회에 차이가 생기는 것"이다.

빨리 벗어나려면 미디어 공공성과 정보민주주의를 확고히 보장하는 길밖에 없으며, 그 답은 정보 공유에 있다.

1. 정보 공유 사회로의 진화

앞서 우리는 시장과 국가에 의존적인 미디어와 정보의 한계를 뚜렷이 보았다. 미디어를 이윤 추구와 권력 행사의 동굴에서 벗어나 합리적인 공론이 형성되는 공공의 영역으로 복귀시키지 않으면 사회가 부담할 비용이 너무 많다. 필자가 제안한 정보 공유 모형은 재벌·미디어·권력 복합체가 획일적으로 지배하는 미디어 및 정보 생산을 원래의 주인인 수용자 대중에게 돌려주는 일을 한다.

1) 정보 공유론의 개념

수용자 대중이 지배 체제를 감시하고 장기적으로 불평등 사회를 바꾸려면 정보 공유 체제를 확립하고, 정보를 민주적으로 통제할 힘을 가져야 한다. 자본주의적 미디어 산업과 정보 생산은 이윤과 불평등을 기반으로 만들어진 것이어서 수용자 대중과 한국 사회가 진정으로 필요한 것들을 전해주지 않는다. 대안으로 나온 것이 정보 공유론이다. 이것은 사회를 구성하는 시민 대중이 소통권communicative power을 공유하는 제도다. 정보 공유론은 정보 사유화론을 반대하는 대안으로 제기되었다. 정보 공유론의 이론적인 배경은 전통적 마르크스주의, 사이버 마르크스주의, 자유주의에 뿌리를 둔다.[131] 전통적 마르크스주의 정보 공유론은 정보 생산수단의 사회화를 추구하며, 사이버 마르크스주의 정보 공유론은 정보에 대한 자유롭고 보편적인 민주적 접근을 주장한다(전상국, 2004: 137~142). 이와 비교하여 자유주의 정보 공유론은 정보의 공공재성을 강조하며, 정보의 자유로운 유통을 추구하는 정보자유주의를 지지한다. 정보자유주의는 국가권력이 정보 과정에 개입하는 것을 비판하는 동시에 정보 사유화도 반대한다(김주영, 2013: 178~179). 그렇지만 사회주의적 정보 공유제는 정보 생산수단의 사회화에 집착한 나머지 권력과 정보의 분리, 수용자 대중의 참여와 역할에 대해서는 그다지 주목하지 않는다. 자유주의적 정보 공유제는 국가와 시장으로부터 정보를 분리하려는 방향성은 있으나 방법이 어중간해서 그 효력이 의심된다. 따라서 필자는 정보 생산수단 및 정보의 사회화, 권력으로부터 미디어와 정보 생산의 분리, 수용자 대중의 정보 지배권 확립을 추구하는 민주적 정보 공유제를 대안이라고 생각한다. 이는 미디어와 정보 생산을 통해 사회적 소통의 민주적 지배를 가능하게 할 수 있기 때문이다. 미국 펜실베이니아 법과대학의 베이커 교수에 따르면, 모든 사람이 유력한 미디어를 이용해 자기 자신의 이익을 잘 반영할 수 있어야 하며, 사람들의 참여도 필요하다는 개념이 소통 권력의 민주적 분배 개념이다(Baker, 2007: 190). 이런 것이 정보 공유의 시발점이다.

우리나라가 공동체 사회를 지향하려면 정보 공유와 수용자 대중의 연대가 필요하다. 정보 공유 사회론은 이런 맥락에서 나왔다. 이것은 특정한 세력이 정보를 통제하거나 미디어를 지배하지 못하도록 하고, 사회적으로 중요한 미디어 및 정보가 공동 소유·공동 생산을 통해 공동체적 가치를 다하도록 하자는 주장이다. 그래야 수용자 대중이 정세 판단을 잘하여 우둔하

131 정보 공유론의 이론적 논의에 대해서는 홍성태(1999), 전상국(2004), 김주영(2013) 참조.

고 무책임한 지배 세력의 잘못된 행태를 막을 수 있다. 다른 나라에서는 국가나 자본가들이 제 역할을 하는 편이나, 우리나라는 그렇지 못했다. 따라서 사람들이 현명해야 하고, 지식과 정보로 무장해야 자신을 지킬 수 있다. 역사를 뒤돌아보면 국가나 지배층은 우리나라 사람들을 가난이나 외침에서 구해내지 못했다. 이것만 보아도 사람 하나하나가 현명한 선택을 해야만 한다. 그래서 양질의 정보를 공유하는 것이 반드시 필요하다.

정보 공유는 정보 생산수단과 정보의 사유화, 영리 추구, 국가 통제, 외세 개입을 배격하고 시민들이 공동으로 소유·경영하며 민주적 지배를 받음으로써 정론을 추구하고 권력이나 영리 추구를 반대하는 것이다. 이것은 주요 미디어 및 정보의 공동 소유·공동 생산을 실현함으로써 공공성과 공익성을 극대화하는 사상이다. 정보와 미디어를 소수 집단의 통제에서 벗어나 다수의 시민 대중이 집단적으로 통제하는 민주적 지배구조를 만들어 수용자 대중에게 필요한 정보 공동체를 조성하는 것이 정보 공유 사회다. 그리하여 정보와 미디어가 수용자 대중에 의한 민주적 지배를 받도록 하는 것이 중요하다. 그렇다고 미디어나 정보의 사적 소유 및 상업화를 금지하는 것은 절대 아니다. 사회적으로 영향력과 규모가 큰 대중적 미디어에 한해 공동 소유·공동 생산의 틀을 적용하자는 것이다. 중소 규모의 미디어, 정치적·경제적 중요성이 덜한 정보는 얼마든지 사유화할 수 있다. 정보 공유 사회의 첫 번째 조건은 정보 권력이 없는 것이다. 특히 공영 미디어에 대한 대통령의 개입을 차단하는 것은 가장 근본적인 과제다. 이와 함께 미디어 및 정보가 사유화나 상업주의에 속박되어서도 안 된다. 더구나 편집권이니 편성권이니 해서 낡아빠진 통제 이데올로기로 정보의 자주와 독립을 막아섰는데, 이런 장애물이 정보 공유 제도에서는 말끔히 지워진다.[132]

여기서 분명히 할 점이 있다. 정보 공유제는 어디까지나 미디어 및 정보의 공동 소유, 민주적 경영, 수용자 대중에 의한 지배를 바탕으로 한 것이지, 국가나 정당과 같은 권력이 모든 것을 지배하는 국가사회주의 정보 양식과는 전혀 관계가 없는 것이다.

2) 정보 공유 사회론의 근거

시민들이 정확하고 다양한 정보를 접할 수 있는 사회가 민주주의 사회이고 문명국가라 할 수 있다. 학자들은 민주주의란 "인민이 지배하는 통치형태"이며, 결국 "인민에 의한 지배"라고 말한다(헬드, 2010: 17). 인민 지배는 단지 간접적인 지배, 대의제를 통한 지배만이 아니라 사회와 국가를 직접적으로 지배할 권리까지 포괄하는 개념이다. 시민의 정보 지배도 민주주의 원칙 중 하나다.

수용자 대중이 정보와 미디어를 비롯한 생산수단과 제도를 자신의 것으로 만드는 것은 시민이 대한민국의 주인이라는 헌법 정신에 맞는다. 그러나 감나무 밑에서 가만히 있다고 해서 감이 떨어질 턱이 없다. 어려움을 떨치고 자주적인 삶을 열어가려는 의지가 있어야 평등하고 민주적인 사회를 만들 수 있다. 이를 위해 우리가 꼭 생각할 점들이 있다.

첫째, 시민 대중이 역사의 주인이다. 이들이 사회적 부를 창조하고 있으며, 나라가 어지러울 때는 목숨을 걸고 싸워 나라를 지켜왔다. 역사와 사회의 주체인 시민 대중에 의한 미디어 및 정보 지배는 지극히 당연하다.

132 편집권이니 편성권이니 하는 말은 법적 권리가 아닌 이데올로기다. 편성의 자유, 편성의 독립이라는 개념만이 법적 뿌리가 있다. 이들 개념은 편집권 및 편성권이라는 개념과 비교해서 훨씬 우월한 것이다. 우리나라 헌법은 방송의 자유를 보장하기 때문이다. 헌법은 편집권 또는 편성권의 개념을 인정하지 않으며 편집권의 자유 또는 편성권의 자유도 인정하지 않는다.

둘째, 시민 대중이 살기 어려워 몸부림치는 실정이며, 위기를 넘어서 몰락의 단계에 들어섰다. 위기와 몰락의 위험을 정면으로 극복하려면 낡고도 부패한 사회제도와 이념을 전면적으로 바꿔야 한다. 공공성, 공익성, 협동, 도움, 진실, 정의, 인도주의 같은 사회적·인간적 가치가 시장가치 및 권력의 욕구를 압도해야 한다.

셋째, 우리는 진실하고 정의로운 세계관을 공유하고 대중적으로 단결하여 한국 사회를 살 만한 공동체 사회로 확립해야 한다.

넷째, 정보, 문화, 지식 같은 것은 한국 사회의 정신적 생산에 중요한 만큼 자본이나 국가의 통제에서 벗어나 민주적 지배를 받도록 한다.

위정자들은 백성이 모든 것의 근원이요, 민주공화국의 주인이라고 쉽게 말한다. 하지만 그들은 실제로는 그렇게 행동하지 않았다. 역대 지배층은 말로만 백성 주인론을 이야기했지 실천한 적이 거의 없다. 우리나라 역사상 지배층이 백성을 사람답게 대우한 적도 별로 없다. 이들은 백성을 자신의 배를 채우기 위한 도구로 여기는 경우가 많았다. 그래서 정약용은 『목민심서牧民心書』에서 백성 주인론이 허울만 그럴듯하다고 비판했다. "천하에 가장 천해서 의지할 데 없는 것도 백성이요, 천하에 가장 높아서 산과 같은 것도 백성이다." 우리가 귀한 백성이 되려면 무엇을 어떻게 해야 할까? 사회를 지배하고 민주적으로 통제할 힘을 갖는 것이다. 정보를 지배하는 힘을 갖는 것도 그중 한 가지 방법이다. 시민의 정보 지배는 정보 공유제를 통해 이루어진다. 정보 공유제의 뿌리는 시민 대중의 정보 지배권과 정보 저항권, 그리고 정보 자유권에 있다.

(1) 정보 지배권

우리나라는 민주공화국을 표방한다. 이것은 일체의 국가 및 사회 과정이 시민의 민주적 지배를 받아야 한다는 뜻이다. 모든 형태의 미디어, 정보, 문화 역시 최종적으로 시민에 의한 민주적 통제를 받게 하는 것도 민주공화국이 할 일이다. 그러자면 대통령, 정당, 기업의 손에 있는 정보 지배권을 시민의 손에 넘겨야 할 것이다. 정보 공유 사회에서는 수용자 대중이 정보와 문화의 결정권을 가진다. 이러한 사회는 미디어와 정보의 공동 소유·공동 생산·민주적 통제가 수용자 대중의 기본 권리임을 인정한다. 공영방송은 맨 먼저 이런 시스템을 접목시킬 수 있다.

정보 공유 사회가 구현되려면 강하고 역동적인 수용자 대중이 있어야 한다. 이들의 호민성豪民性이 수용자 대중의 정보 지배권을 보장한다. 시민 대중은 당대의 최첨단 정보 생산수단을 언제든지 이용할 수 있어야 한다. 18세기에 마르크스의 인생 항로를 보면 “어디를 가든, 어떤 일을 시작하든, 신문과 기관지 제작부터 했다”(한국철학사상연구회, 2013: 36). 그 당시에 신문은 가장 선진적인 정보 생산수단이었다. 아마도 마르크스는 신문을 통해 선진 과학기술, 자본주의 등에 관한 정보를 다각적으로 접했을 것이다.

(2) 정보 저항권

사람들은 지배적인 이념 및 구조를 비판하고 대안적 사회를 제시할 수 있는 권리가 있다. 이런 권리를 저항권이라 한다면 지배적인 정보가 아닌 비판적인 정보를 만들고 접할 수 있는 권리도 저항권의 하나라고 할 수 있다. 이를 정보 저항권이라고 한다. 정보 저항권은 상업 정보나 관급 정보를 거부할 권리, 거짓이나 불공정한 정보를 비판하고 책임을 물을 권리까지 포함한다.

어떤 사회든지 빈부격차가 심하고 권력자가 횡포를 부리면 가만히 두고 보던 사람들까지 들고 일어선다. 유학도 백성의 저항권을 인정한다. 공자孔

子는 '정당한 복수는 옳다'는 이직보원以直報怨의 원칙을 지지했고, 맹자孟子는 제 이익만 차리며 공동체를 해치는 군주를 바꾸는 역성혁명易姓革命을 주창했다(배병삼, 2011: 202). 이러한 사상은 현대 민주주의 원칙과 비슷한 점이 많다.

일반 시민은 사회의 주인이다. 이들에게는 사회의 모든 자원과 권력을 통제할 힘과 권리, 그리고 정당성이 있다. 조선 시대의 허균은 호민豪民을 상상했다. 그에게 호민이란 현대적으로 말해 사회에 대한 민주적 지배권을 가진 강한 시민 대중이다. 호민은 지배 세력의 힘과 정보를 잘 파악한다. 이들은 스스로를 지킬 수 있는 의지와 힘을 가진다. 그 힘을 응집한 것이 정보력이다. 김풍기는 허균의 호민을 "자신들이 일어서서 목소리를 드높여야 할 때인가의 여부를 정확히 알고 그 계기를 만드는 주체"라고 해석했다(허균, 2009: 203). 백성이 호민이 되려면 허균이 말한 대로 천지 사이를 흘겨보는 능력, 즉 정확한 정보와 판단 능력이 있어야 한다. 호민은 힘을 기르고 때가 되면 불의를 타파하려고 나서는 정의로운 사람들이다. 백성 주체론에서 허균이 강조한 것은 백성의 저항권이다. 이것은 백성에게 지배층의 잘못을 규탄하고 처벌할 권리가 있다는 개념이다. 허균은 백성을 최대한 존중한 반면에 권간權奸을 극도로 경계하고 미워했다. 권력을 가진 간교한 무리라는 뜻의 권간은 자신의 사적 이익만 추구하고 자기와 다른 이들을 배척하기 때문에 소인배라고 불렀다(허균, 2009: 194). 그렇다면 현대 사회의 권간은 대체 누구일까?

한편 중국 조나라의 사상가 순자荀子는 하늘이 백성을 낳았다고 말했다. 순자는 『왕제편王制篇』에서 "예로부터 전해오는 말에 따르면, 임금은 배요, 백성은 물이다. 물은 배를 띄우지만 배를 뒤집을 수 있다"라고 하면서 일찍이 백성 주체론을 제시한 바 있다. 이것은 국가든 정권이든 백성의 뜻을 거스르면 백성이 언제든지 이를 혁파하고 바꿀 수 있다는 사상이다. 조선 건국에 공헌한 정도전은 백성이 강하다는 것을 인정하고, 임금이 "백성의 마음을 얻으면 백성은 복종하지만, 백성의 마음을 얻지 못하면 백성은 임금을 버린다"라고 했다. 『조선왕조실록』 세종편에 따르면, 세종대왕은 "인심에 순종하는 것이 하늘에 순종하는 것"이라고 말했다(정명섭, 2013: 14에서 재인용). 세종은 인심을 하늘과 동격으로 여겼다.

현대사회에서 백성 주체론은 사회의 주도권이 시민에게 있으며, 시민이 국가와 시장을 반대할 자유가 있음을 분명히 하는 이론이다. 다시 말해 시민들이 정부의 잘못된 행태를 비롯해 지배층의 잘못을 저지하고 책임을 물을 수 있도록 하는 저항권이 백성 주체론의 핵심이다. 부의 집중과 권력 남용, 시민의 기본권과 민주주의 유린을 철저하게 차단할 수 있는 저항권은 우리나라만이 아니라 영국을 비롯한 유럽에서도 보편적인 개념이다. 존 로크John Locke는 『통치론Two Treatises of Government』에서 정부의 존립 목적이 시민의 복지 구현에 있으며, 시민의 자유와 평등을 억압하는 정부에 대해서는 누구나 저항할 수 있다는 시민 저항권의 개념을 정립했다. 로크(1996: 229)에 따르면, "인민은 최고의 권력자로서 행동할 수 있는 권리"를 가진다. 허균이나 로크 모두 백성 또는 인민의 사회 지배권과 저항권을 인정했다. 다만 허균이 지배층의 무능과 착취, 그리고 부패를 사전 경고하는 차원의 백성 저항권을 말했다면, 로크는 근대 시민권의 일부로 시민 저항권을 주장했다. 현대 국가에서는 시민의 저항권을 당연한 권리로 인정했다. 정부의 잘못된 정책과 제도, 시장의 실패를 비판하고 대안을 말할 권리는 시민 저항권의 기본이다. 저항론은 언론과 표현, 그리고 집회의 자유를 통해 관철되기도 한다. 따라서 정보나 문화를 통한 시민 저항은 순수한 것으로 누구든 방해할 수 없다.

(3) 정보 자유권

수용자 대중이 언제 어디서나 말하고 쓸 자유, 알릴 권리와 알 권리, 표현의 자유와 사상의 자유를 보장하는 것이 정보 자유권이다. 이것이 보장되어야 수용자 대중은 진정한 자유와 권리를 가질 수 있다. 그렇지만 한국은 여태까지 기본적인 표현권마저 보장하지 않았다. 광고주 불매운동의 불법화, 국가기관에 대한 명예훼손죄, 업무방해죄, 통신비밀법 위반죄, 국가보안법 위반죄 등 수많은 규제법이 표현의 자유를 옥죈다. 이런 것들을 없애지 않으면 자유와 민주주의는 요원하다.

3) 정보 공유 모형

정보 공유 사상은 크게 세 가지로 이해할 수 있다. 첫째는 정보 생산수단 및 주요 정보의 사회적 소유다. 방송이나 포털과 같은 핵심적인 정보 생산수단은 모든 사람이 공유해야 하는 것이지 소수 기업이나 권력이 지배해서는 안 된다. 둘째, 정보는 사유물이 아니라 수용자 대중 모두의 것이다. 셋째, 정보와 관련된 규제권은 최종적으로 수용자 대중에게 있다.

그림 8-1 ㅣ 정보 공유 사회 모형

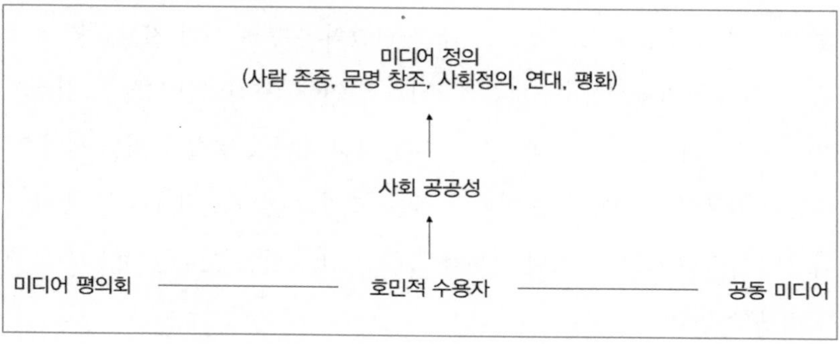

정보 공유 사회는 강한 수용자 대중이 없으면 유지되기 어렵다. 수용자 대중이 힘을 바탕으로 미디어 정책을 주도하고, 미디어와 정보를 최종적으로 통제하는 '정보 결정권'을 갖는 사회가 정보 공유 사회다. 〈그림 8-1〉은 정보 공유 사회의 골격이다. 수용자 대중이 정보 생산수단을 민주적으로 지배하고, 정보가 공유의 틀에서 공공 서비스로 구축된 정보 공유 사회는 공동 미디어, 민주적 통제, 호민적 수용자로 구성된다.

2. 공동 미디어 양식

공동 미디어란 공동 소유·공동 생산 체제로 이루어진 사회적 미디어를 말한다. 미디어 및 정보의 공동 소유·공동 생산이 정보 공유 사상의 핵심 요소 중 하나다.

1) 개념

세상에는 서로 나누고 함께 즐길 수 있는 것들이 수두룩하다. 하지만 그렇게 나눌 수 없는 것들이 있다. 부, 권력, 정보, 이것들은 나누면 나눌수록 형체를 잃고 만다. 부가 쪼개지고 또 쪼개지면 이미 부가 아니다. 많은 사람에 의해 부가 공유될수록 부자는 가난해진다. 권력이나 정보도 이와 비슷하다. 그래서 지배층은 부, 권력, 정보를 시민과 나누려 하지 않는다. 이것을 바꿔야 한다. 대안은 정보 공유화다. 이것은 불평등한 사회구조를 개선하는 역할을 한다. 정보 공유화론에 따른 공동 소유·공동 경영은 사회적으로 중요한 미디어 및 정보가 사유화나 국영화를 벗어나 사회화하는 것을 말한다. 이런 미디어 유형을 공동 미디어라 부를 수 있다. 공동 미디어는 사회적인 정보 소통을 촉진함으로써 사회간접자본의 기능을 한다.

공동 미디어 양식은 공공성 사상을 기초로 한다. 그럼으로써 수용자 대중이 미디어와 정보를 지배하고, 그런 틀에서 언론인들은 독립성을 갖고 신뢰와 품위를 가진 정보·문화의 생산자로 거듭난다.

정보 공유화는 미디어 생산수단을 다수의 사람들이 공유하고 경영에도 참여하도록 함으로써 직접 커뮤니케이션 체제와 직접민주주의 구조를 만드는 것으로, 소유 민주주의가 지향하는 길이다. 생산수단을 갖거나 통제권을 갖는 것은 결국 공동체 사회를 정립하는 지름길이다. 홍기빈은 '공동체 소유'를 바람직한 사회적 양식이라고 보았다.

> 기계제 생산과 결합된 생산수단의 사적 소유, 즉 사회적 생산의 핵심인 대규모 생산 설비가 '자본'이 되어 자본가의 배타적인 사적 소유물이 되어버리는 자본주의의 독특한 형태인 사적 소유를, 공동체 전체에 의한 공동 소유로 대체하자는 것이 마르크스의 해결책이다(홍기빈, 2007: 109).

공동체 소유 사상은 공유경제, 협동조합, 디지털 공유지 등의 이론적 기초가 되었다. 이런 사상은 정보에서도 구현되었다. 정보 공유 사상은 제도적으로 공동 소유·공동 경영·언론인의 독립성을 추구한다. 여기에 적합한 미디어는 공영방송과 인터넷이다. 이런 미디어는 시민의 참여와 통제가 가능하다. 공영방송이 공동 소유·공동 경영되는 체제라면, 공영방송은 민주적 지배 메커니즘에 따라 시민을 주인으로 삼고, 시민의 복리를 위해 봉사하며, 공정성을 원칙으로 삼는다. 공동 소유·공동 경영되는 미디어가 정보 영역을 주도하면, 시민들은 무료 또는 저렴한 가격으로 언제 어디서나 세계와 접속하고, 정보와 문화를 전파할 수 있게 된다. 여기에 또 하나 필요한 것은 공공 서비스 콘텐츠 제작 시스템이다.

공동 미디어에서 일하는 언론인은 어떤 모습일까? 네덜란드 VPRO 텔레비전의 호크Bregtje Van Der Haak와 서던캘리포니아 대학의 카스텔Manuel Castells 등이 말했듯이 언론인의 독립성만이 공공재로서 언론의 생존을 보장한다(Haak, Parks and Castells, 2012: 2934). 우리가 새로운 미디어 구조와 정보 양식을 그토록 찾아 나선 이유는 여기서 일하는 언론인들이 오로지 양심에 비추어 정보 및 문화를 생산하고, 이들을 통해서 사회적 진실과 정의를 실현하도록 하기 위함이다.

2) 정보 공유 모형 만들기

(1) 공적 미디어

MBC는 가장 모범적인 공적 미디어였다. 방송문화진흥회가 MBC의 70%를 소유하는 구조는 MBC의 공적 성격을 규정한다. 다만 집권 세력이 추천한 이사가 일방적으로 의사 결정을 주도하는 체제는 개정되어야 한다. KBS도 전면적인 개혁을 통해 공유 체제로 만들 수 있다.

공영방송은 독립성이 생명이며, 그 핵심은 정권으로부터의 분리다. 공영방송이 독립성을 확보하는 순간 다른 어떤 미디어보다 공동체적 가치에 공헌할 가능성이 크다. 공동 소유·공동 경영에도 적합한 것이 공영방송이다.

공영방송이 정당성을 잃으면 존립 근거마저 잃고 만다. 그래서 많은 사람들이 공영방송의 필수 요건에 대해 반복해서 강조했다. 리커리G. Richeri는 공영방송의 필수불가결한 네 가지 이념을 짚었다(Richeri, 2004: 179). 그는 공영방송이 성공하려면 첫째, 공익 이념, 둘째, 시민권이나 문화권을 충족시키는 문화적 이념, 셋째, 참여와 다양성에 기초한 정치적 이념, 넷째, 언론과 표현의 자유 이념이 완비돼야 한다고 말했다. 호주의 데브렛M. Debrett은 공영방송이 보편적 서비스, 보도의 공정성, 약자의 이익 보호, 민족문화와 정체성 반영, 양질의 혁신적인 콘텐츠를 지향하는 방송이라고 호평했다(Debrett, 2009: 808~813). 그레그 다이크Greg Dyke 전 BBC 사장은 "공영방송의 가장 중요한 역할은 권력으로부터 독립해 정부 정책에 의문점을 제기하는 것"이라며 정치적 독립성의 중요성을 특별히 강조했다(≪한겨레≫, 2012. 1.17, 24면에서 재인용). 프리드먼D. Freedman은 공영방송이란 소통 수단이지 시장도 상품도 아니라고 단언했다(Freedman, 2008: 147~148). 그는 공영방송에 대해 수용자를 다양한 이익과 필요에 따라 움직이는 합리적 시민으로 만들며, 정부나 이해 당사자들로부터 독립적이고, 품질과 창의성을 가진 방송 서비스를 공급하는 의욕적인 구조라고 정의했다. 또한 공영방송은 민주주의적 현상이고, 여론을 형성하며 결속하는 핵심 수단이라고 규정했다. 코펜스Tomas Coppens와 사에이스Frieda Saeys도 세계 각국의 공영방송은 객관적인 정보와 교육, 오락을 제공하며, 민족 정체성을 수호하는 것이라고 정리했다(Coppens and Saeys, 2006: 268~269). 이강택 KBS 프로듀서는 공영방송의 민주주의 기능을 이렇게 강조했다.

> 공영방송은 평등하고 민주적인 공론장의 운영과 수신료 징수를 연계한 사회계약이며, 1인 1표 민주주의 프로젝트이다. 그 본질을 상징하는 수신료 제도는 국가와 시장 등 어떠한 권력 집단도 방송의 주인으로 군림할 가능성을 제도적으로 배제한다는 의미를 갖는다. 그것은 공화주의 국가의 헌법이 보장하는 표현의 자유를 언론 영역에서 형상화한 것이며 모든 시민을 주체로 상정하는 것이다(이강택, 2010: 1).

정치권력이 공영방송에 개입하지 못하도록 하는 것이 가장 시급하고 중요한 미디어 개혁이다. 이를 위해서 공영방송 종사자들은 독립성을 갖고 제작과 경영을 주도해야 하며, 수용자 대중은 거시적 차원에서 공영방송을 민주적으로 지배해야 한다. 공영방송의 독립성을 확립하려면 우선 대통령에게서 공영방송을 분리하면 된다. 이사회의 정파적인 의사 결정 방식도 시대착오적이다. 반드시 바꿔야 할 것들이다. 역시 합의제가 합리적인 정책 결정 방식이다. 특별 다수제도 도입할 명분이 있다.

공영방송에서 불공정 편파 보도나 부당 인사가 발생할 때 노동조합이 파업할 수 있는 권한을 보장하는 것도 민주주의 원칙이다. 회사가 일종의 불량품을 만들기 때문에 노조는 이를 저지할 명분이 있다. 파업권을 구체적으로 규정하여 방송법에 삽입하는 것도 좋은 방법이다.

소유 및 경영에 대한 수용자의 직접 참여, 민주주의의 정상적 작동, 빈번한 정권 교체는 공영방송이 공동 소유·공동 경영의 민주적 지배 모형을 구현하는 요건이다. 비근한 사례로 프랑스의 올랑드Francois Hollande 대통령은 방송 규제 기구인 시청각최고위원회와 공영방송을 대통령으로부터 독립시키기로 결정했다. 한마디로 방송을 정치적으로 독립시킨다는 발상이다. 시청각최고위원회 위원은 대통령이 3명, 상원이 3명, 하원이 3명씩 추천하는데, 올랑드 대통령은 자신이 행사하는 추천권을 포기하고 의회에 넘기겠다는 입장이다. 또 대통령의 공영방송 사장 임명권도 포기하고 독립규제위원회에 넘긴다는 계획이다(≪신문과 방송≫, 2012.6, 105~107면). 이로써 다양한 세력과 사람들이 공영방송에 참여할 기회를 얻었다. 프랑스 공영방송은 공공성과 공익성을 구현하는 데 필요한 제도적 기반을 마련한 셈이다.

공영방송이 독자적인 디지털 플랫폼을 갖는 것도 풀어야 할 과제다. 공영방송이 독립적 유통망을 확보하지 못한 채 유료방송 플랫폼(케이블 TV,

위성방송, IPTV)에 의탁해서 송출하는 것은 독립성을 훼손하는 것이다. 독자적인 유통망이 없으면 공영방송은 상업적 플랫폼과 채널 편성, 재송신료 등 많은 것을 두고 사사건건 부딪칠 수 있다. 공영방송은 반드시 독자적인 플랫폼을 가져야 한다.

공적 미디어의 기능 가운데 중요한 것은 장애인, 빈곤 및 저소득 계층, 노인층을 비롯한 사회적 소외 계층에게 풍부한 공공 서비스를 제공하는 기능이다. 한편 공영방송이 공론장 기능을 하려면 시민사회, 국가, 경제 영역을 연결시킴으로써 민주주의 이상을 실현하는 데 앞장서야 한다는 주문도 있다(김정훈, 2009: 328).

(2) 디지털 공공성 만들기

디지털 미디어가 정보의 자유와 소통의 확장을 촉진할 수도 있겠지만, 동시에 자본의 논리와 국가권력의 규제, 그리고 수구적인 장벽에 부딪혀 비뚤어지고 무기력하게 변질될 가능성 또한 크다. 그래서 오래전에 윌리엄스는 문화나 정보 영역이 진정한 자유와 다양성을 가지려면 관료 및 투자자speculator의 개입과 통제에서 독립되어야 한다고 주장했다(윌리엄스, 2010: 178). 물론 시장과 불평등을 중심축으로 삼는 자본주의 사회에서 미디어가 자본과 국가권력으로부터 독립적이고 자율적인 존재가 되기는 쉽지 않다. 그럼에도 수용자 대중은 생존을 위해서, 때로는 진화를 위해서 미디어에 의지하는 바가 크다. 여기서 미디어의 독립성은 수용자 대중에게 힘을 주는 정보를 제공하는 촉매제 역할을 한다. 수용자 대중이 SNS를 더욱 민주적이고 예리한 소통 수단으로 만들며 국가가 개입할 틈조차 없앤다면, 디지털 혁명은 우리 모두가 바라는 진정한 정보 혁명, 문화 혁명을 촉발할 수 있다. 이 과정에서 강조해야 할 가치는 공공성과 공익성이다. 아무리 첨단

기술이 발전하고 새로운 서비스가 나와도 없어지지 않는 것은 공익적 가치에 대한 사회적 요구다. 스마트 시대에서도 수용자 대중은 미디어와 정보의 공익성이 보장되고 충실해지기를 기대한다. 그런 기대는 일반인이나 전문가를 대상으로 한 의견 조사에서도 확인된다. 주성희 외(2012)가 조사한 자료에 따르면, 스마트 시대 방송의 공익성을 구성하는 요소에 대해 일반 시민은 내용의 신뢰성(1위), 서비스 안정성(2위), 타인의 명예 및 기본권 존중(3위), 개인정보와 저작권 보호(4위), 정치적 영향으로부터의 독립(5위) 순서로 답했다. 같은 질문에 대해 전문가들은 정치적 영향으로부터의 독립(1위), 내용의 신뢰성(2위), 경제적 영향으로부터의 독립(3위), 서비스 안정성(4위), 공정성 및 중립성(5위)이라고 답했다(주성희 외, 2012: 84~85). 수용자나 전문가 모두 스마트 미디어 체제에서도 신뢰성과 독립성이 방송의 공익성을 유지하는 최고의 가치라고 평가하고 있는 것이다. 이처럼 이론적·실증적 연구를 막론하고, 수용자 대중이 미디어 공공성과 공익성을 여전히 가장 중요한 가치라고 인식하며, 기술적 안정성, 개인정보 보호, 저작권 보호를 지켜야 할 공익적 가치로 평가하는 것은 중요한 변화다.

신문이나 방송을 비롯한 전통적인 미디어 시장은 돈벌이를 위한 교환, 노동력 상품화, 위계적 노동 분업, 생산수단의 사유화, 생산물의 사유화, 저작권의 횡포 등으로 공공성이나 민주주의라는 가치를 보존하기 어렵다(조동원, 2010: 341). 그래서 사람들은 인터넷이나 소셜 미디어에 큰 기대를 걸었다. 여기에 부합이라도 하듯이 인터넷은 수용자들에게 정보의 공유, 쌍방향 소통의 길을 열었다. 소셜 미디어도 획기적인 소통 공간을 창출했다. 바야흐로 디지털 언로가 착착 구축되는 중이다. 결국 디지털 미디어의 갈 길은 공공성과 공익성이다. 디지털 공공성은 디지털 미디어를 누구나 자유롭게 이용하고 참여하며, 민주주의와 공익을 극대화한다는 철학이다.

표 8-1 | 세 가지 도덕적 경제 유형

개인적 소유	공동의 이용	협동적 생산
가격	세금	상부상조
소비자	시민	코뮈나르
시장	국가	네트워크

자료: Murdock(2011: 19).

이런 사상에 기초하여 나온 것이 디지털 공유지digital commons 또는 디지털 공유 커뮤니케이션이라는 개념이다. 영국 러프버러 대학교의 그레이엄 머독Graham Murdock 교수는 디지털 공유 커뮤니케이션을 '디지털 무료 경제digital gift economies'라는 개념으로 설명하면서 상업적·공공적 커뮤니케이션과 비교했다(〈표 8-1〉 참조).

디지털 공유 커뮤니케이션 체제는 정보를 협동적으로 생산하며, 재정은 참여자 및 이용자 들이 공동으로 부담한다. 일종의 공동 소유·공동 생산 체제다. 여기에 참여하는 사람들은 파리코뮌 지지자들이라는 뜻의 코뮈나르communards라고 한다.

통신의 공공화는 디지털 공공성을 결정적으로 강하게 만든다. 사적 자본이 지배하는 통신산업은 더 많은 수익을 얻으려는 목적 때문에 기술 개발을 게을리하고, 공공 서비스를 외면해왔다. KT와 SKT에는 외국자본이 50% 가까이 되어 매년 막대한 돈이 해외로 유출된다. 이런 문제를 해소하려면 "통신망 설비 부분을 국유화하고 통신사를 서비스 회사로 변신하도록 만드는 것이 최선"이라는 정보기술 전문가인 김인성의 제안은 설득력이 있다(≪시사인≫, 2011.10.8, 33면).

공동 미디어의 하나로 잠재력이 큰 것은 공공 인터넷 포털이다. 공적 자본 및 시민 자본이 투입되고 민주적으로 관리되는 공공 인터넷 포털은 공동체적 가치를 공유하는 사회에서 중요한 역할을 할 수 있다. 이것은 사적 자본이 독점하는 포털 시장을 근본적으로 바꿔 균형을 이루게 한다는 점에서 주목을 받아왔다.[133] 시민 다수가 자금을 모아 만든 공공 인터넷 포털은 모든 자유와 비판을 허용함으로써 공공 커뮤니케이션의 중심이 될 수도 있다. 정보 다양성과 접근 가능성을 높이기 위해 공공 인터넷 포털은 긍정적 역할을 할 것이다. 특히 가난 때문에 필요한 정보나 문화를 접근하지 못하는 사람에게 가치 있는 서비스를 제공하는 기능은 공공 포털의 장점이다.

디지털 공공성은 수용자 대중의 참여, 비판, 연대라는 민주주의적 공간을 창출하는 가치가 될 수 있다. 블로그나 소셜 미디어와 같은 디지털 미디어는 풀뿌리 민주주의를 구현하는 데 필요한 저항과 상징정치를 실행하는 데 중요한 역할을 한다(Pleios, 2012: 248). 그리스 경제 위기와 민주주의 위기가 전개되던 2010~2012년에 뉴미디어는 풀뿌리 정치 조직의 출현 및 동원을 촉진하고, 기존 정치의 정당성 실추 delegitimization에도 기여했다(Pleios, 2012).

그러나 자본과 국가권력은 디지털 공공성을 배척하거나, 되도록 축소하려고 한다. 이에 따라 무료 경제 및 개방의 원리를 따랐던 디지털 소통 공간도 점점 더 이윤과 권력, 그리고 이념의 포로가 되고 있다. 디지털 공간이 '개방적'에서 '폐쇄적'으로 바뀌는 중이다. 이를 극복하기 위해 시민적 합의와 행동이 필요한 시점이다. 인터넷이나 SNS에서 표현의 자유를 완전히 보장할 수 있는 법적 보장책도 강구해야 한다. 이것은 시민 대중이 국가권력을 민주적으로 통제할 때만이 가능한 일이다.

133 공공 인터넷 통신망 구축은 많은 나라에서 논의되고 있다. 특히 영국은 이 방면에서 선도적이다. 통상산업부는 공공 인터넷 서비스 계획을 수립하기도 했다. 이 계획은 시장 실패에 대한 대비책, 지역 분배 정책의 성취, 지역 경쟁력 증대 등 세 가지 이론적 배경을 깔고 있다(주재원, 2007: 29). 우리나라도 공공 인터넷 통신망을 구축해서 인터넷의 지나친 사유화나 상업화, 그리고 서울 집중을 저지해야 한다.

(3) 미디어 소유의 사회화

① 비영리 미디어

비영리 미디어는 사적 소유도 아니고 영리 추구도 하지 않는 미디어를 말한다. 문제는 사적 소유는 아니지만 광고를 하는 미디어를 비영리 미디어로 분류할 수 있느냐 여부다. 조준상(2013: 17) 공공미디어연구소 소장은 광고, 후원금, 기부금, 구독료 등으로 운영되지만 “이런 수익이 배당이나 인센티브 제도 등을 통해 구성원들에게 배분되지 않고” 미디어의 저널리즘 활동에 투입되는 미디어를 비영리 미디어라고 규정했다. 이것은 주식회사이자 광고 수입을 올리는 한겨레신문을 고려한 개념이다. 이 의견을 참작하건대 비영리 미디어를 적극적 비영리 미디어와 소극적 비영리 미디어로 구분하는 것이 합리적이다. 적극적 비영리 미디어는 광고를 포함해 일체의 상업 활동을 하지 않는 미디어이며, 소극적 비영리 미디어는 불가피하게 상업 활동을 하지만 이윤 추구의 목적이 아니라 정보 생산과 공급을 유지하는 데 투입하는 미디어라고 개념을 설정할 수 있겠다.

뉴스타파, 위키피디아는 바람직한 비영리 미디어 모형이다. 특히 비영리 단체인 위키미디어 재단이 세운 위키피디아는 개방형 정보 소통 방식을 채택했다. 미국은 비영리 미디어가 많이 발전했다. CPI, CIR, Propublica 등이 대표적인 비영리 미디어다(≪기자협회보≫, 인터넷판, 2013.8.14).

② 시민 미디어

시민이 미디어 지분을 직접 소유하는 미디어가 시민 미디어다. 한겨레신문, 강원희망신문, 경남도민일보 등도 시민들이 지분을 가진 시민 미디어로 분류할 수 있다. 좀 더 바람직한 시민 미디어는 시민들이 직접 소유·

지배하는 방송이다. 쉽지는 않겠지만 문화방송의 소유권을 시민의 것으로 만들어 시민 미디어로 만드는 방법도 있다. 즉, 문화방송의 주식을 시민 모두에게 배분하여 시민 소유의 방송으로 만드는 것이다. 정체성이 불분명한 KBS 2TV를 국민주 방송으로 만들거나 지역인이 직접 지배하는 지역 연립 채널로 바꿀 수도 있다.

③ 협동조합식 미디어

협동조합식 모형은 미디어 협동조합에 가입한 사람들이 평등한 조건에서 미디어 경영권을 행사하는 것이다. 프레시안은 협동조합식 미디어의 전형이다. 직원과 수용자가 프레시안의 지분을 소유하고 공동으로 경영하는 협동조합식 경영 모형이다.

④ 집단적 미디어

개인이 아니라 집단이 민주적 정신에 입각하여 미디어를 소유하고 운영하는 방식이 집단적 미디어다. 독일의 시사 주간지 ≪슈피겔Der Spiegel≫은 전형적인 집단적 소유 형식의 미디어다. 슈피겔의 지분 구조를 보면 기자들이 55%를 갖고 있다. 나머지 45%는 창립자 가족 및 출판업자가 소유한다.[134] 우리나라에서는 경향신문이 집단적 소유 방식을 갖고 민주적으로 운영되고 있으며, 지방지 중 새전북신문은 100% 사원 주주 신문이다.

⑤ 개인 미디어

소셜 네트워크 서비스는 보편적으로 수용자 대중이 소유하는 미디어다.

134 http://blog.ohmynews.com/jeongwh59/302204

여기서는 누구든 큰돈 들이지 않고 자유롭게 정보를 생산·유통·소비할 수 있다.

(4) 미디어의 민주적 경영

미디어가 민주주의를 촉진하는 기능을 하려면 민주적 경영이 선결 조건이다. 미디어 운영이나 정보 생산이 특정한 사람이나 기구가 아닌 민주적 원리에 따라 이루어지는 미디어가 민주적 경영 미디어다. 이것은 소유 방식이 자본이나 권력과 무관하고, 미디어 조직의 내부 민주주의가 확립되어야 가능한 일이다. 하지만 소유구조가 독립적이라고 미디어가 민주적인 경영 방식을 갖는 것은 아니다. 미디어의 이념, 조직, 운영이 민주적 가치라는 원칙에 충실할 때 민주적인 경영 미디어가 나올 수 있다.

거대 미디어 가운데 민주적 경영 미디어에 가까운 것이 이명박 정권 이전의 문화방송이다. 그 당시 문화방송은 조직민주주의가 살아 있었고, 정치적 독립성도 일정한 수준을 유지하고 있었다. 여기에다 문화방송 소유구조를 국민주 방식으로 개선한다면 정보 공유제에 더 가깝게 다가설 수 있을 것이다.

(5) 저작권의 사회화

지식, 정보 등의 시장 논리가 존재하는 한 저작권도 없어지지 않는다. 그 틈에 저작권자들은 어떻게 해서든지 저작권을 강화해서 수입을 증대하려 한다. 이 때문에 수용자들은 많은 비용을 부담해야 비로소 저작권에 접근할 수 있다. 저작권은 수용자의 필요에 따른 접근을 부정하고 비용 부담 능력에 따른 접근만을 허용한다. 이러한 돈의 질서는 수용자 대중의 정보권과 문화권을 위축시킨다. 따라서 값비싼 저작권을 아예 없애는 것이 상

책이고, 최소한도로 축소하는 것이 바람직하다.[135]

저작권과 관련하여 수용자, 실연자, 제작자, 유통업자가 합리적인 수준에서 콘텐츠를 만들고, 유통하며 소비할 수 있는 구조를 만드는 것도 중요한 일이다. 온라인 음원의 경우, 곡당 평균 저작권료는 다운로드가 10.7원, 스트리밍이 0.2원밖에 안 되어 싸이의 〈강남스타일〉이 2012년 10월 기준으로 번 음원 수입이 3,600만 원에 그쳤다(≪미디어오늘≫, 2013.3.24). 이렇게 음원 수입이 적은 것은 저작권료 수입이 너무 적은 데다가, 벅스, 멜론, 소리바다 같은 유통업자가 저작권 수입의 40~57.5%를 가져가는 불균형한 배분 구조 때문이다(≪미디어오늘≫, 2013.3.24).

3. 민주적 지배

2013년 2월 박근혜 정부가 출범했지만, 여야 대립으로 정부조직법이 국회에서 통과되지 못해 내각 구성이 늦어지는 등 문제가 생겼다. 그런데 놀라운 일은 여야 대립이 케이블 방송의 SO 관할권 등 미디어 통제권을 두고 벌어졌다는 사실이다. 권력이 어디에서 나오는지를 잘 말해주는 사건이다. 그럴수록 미디어 통제권은 권력이나 시장에 맡겨서는 안 되고, 반드시 수용자 대중이 직접 지배해야 된다는 상식을 지켜야 한다. 이것은 민주주의 요체다. 미디어의 민주적 통제를 구체적으로 실행하는 방안을 찾아보자.

135 참고할 가치가 있는 것은 스웨덴 불법복제당(The Pirate Party, Piratpartiet)이다. 이 정당은 저작권 개혁을 목적으로 2006년에 설립되었다. 불법복제당은 현행 70년이나 되는 저작권 존속 기간을 대폭 줄이고, 영화, 프로그램 등의 비상업적 사용은 무료로 하자는 강령을 가지고 있다. http://en.wikipedia.org/wiki/Pirate_Party_(Sweden)

1) 민주적 지배의 개념

정보 공유 사상에서는 정보 생산 및 미디어 산업을 규제하는 기구에 대한 민주적 지배democratic control를 인정한다. 여기서 중요한 개념이 민주적 지배 또는 민주적 통제다. 이것은 민주공화정하의 합리적 국가 모형인데, 국가의 모든 영역에 대한 시민의 공동 결정·참가·통제 보장, 개인의 기본권 보장을 위한 헌법재판을 보장하는 사회 지배구조다(강희원, 1998: 19). 정보와 문화에 대한 민주적 지배는 수용자 대중의 결정적·주체적 권한을 인정하는 데 바탕을 둔다. 달리 말해 민주적 지배란 미디어, 정보에 대한 주도권과 결정권을 수용자 대중이 갖는 것이다. 수용자 대중이 정보 생산수단, 광고비, 미디어 규제, 정보 따위를 포함한 정신적·문화적 영역을 지배하는 것은 헌법적으로나 이론적으로 아무런 문제가 없으며, 이런 권리를 실천할 목적으로 미디어 평의회와 같은 기구도 만들 수 있다.

초보적인 민주적 지배는 방송통신위원회, 공영 미디어의 이사회와 시청자위원회 등에 시민들과 전문가들이 직접 참여하고 민주적으로 관리하는 것이다. 이것을 확대해서 공영방송 사장, 방송통신위원회 위원장을 시청자들이 직접선거로 뽑는 방식이 있다. 이창근과 강명구는 KBS, MBC 사장을 시청자들이 투표를 통해 직접 뽑는 시청자에 의한 사장 직선제를 대안으로 제시한 바 있다(강명구, 2012: 13).

미디어 정책을 관장하는 기구도 수용자 대중의 직접적인 참여와 지배를 바탕으로 만들어질 때 미디어 민주주의를 수호하는 역할을 할 수 있다. 이런 맥락에서 미디어 평의회는 수용자 대중이 미디어 정책 지배권을 행사하는 민주적 기구로서 기능해야 한다. 이런 목적에 부합하려면 시민들이 미디어 평의회 위원을 직접 선출하는 것이 옳다. 이렇게 함으로써 미디어 평의회는 대의민주주의의 한계를 넘어서 직접민주주의를 실현하는 창구가 된다. 미디어 평의회의 설립은 입법·행정·사법으로 구성된 국가권력의 분산을 심화시켜 입법·행정·사법·미디어 등 4대 영역으로의 재편을 겨냥한 것이다. 미디어 평의회는 정부나 국회로부터 분리되어 강력한 힘을 갖는 시민 대표 기구가 될 수 있을 것이다.

2) 구성과 운영

민주주의는 직접적이든 간접적이든 시민들이 정치, 행정, 교육, 정보와 문화 등 사회 각 부분을 최종적으로 지배하는 체제다. 특히 정치와 행정은 시민이 직접 선출한 사람들에 의해 관리된다. 이런 분야는 사람과 사회에 중대한 영향을 미치기 때문에 시민의 직접 투표로 대표자를 선출하는 것이 마땅하다.[136] 그런데도 미디어와 정보 생산 구조에서 수용자 대중의 민주적 지배는 이루어지지 않았다. 오히려 이들의 위상이 예전만 못해 보인다. 방송, 인터넷, 통신과 같이 정보를 생산·유통하는 미디어, 이를 규제하는 기관들이 시장이나 국가에 의해 철저한 통제를 당하는 실정이다. 이것은 민주주의와 언론 자유의 기본 원리에도 어긋난다. 그러므로 미디어와 정보 분야는 반드시 시민이 직접 선출한 사람의 지배를 받도록 하는 등 민주적

136 정부를 감시하기 위해 국회가 있고, 시도 자치단체를 감시할 목적으로 지방의회를 두었다. 교육을 감시하기 위해 교육위원도 지역 주민이 직접 선출한다. 이렇게 국회나 지방의회를 두어 행정, 교육과 같이 중요한 일을 감시하는 것은 민주주의 기초다. 정보, 지식, 오락, 문화를 생산·공급하는 미디어는 행정이나 교육 못지않게 중요하다. 따라서 최고 미디어 규제 기구의 책임자도 시민의 직접선거로 선출하는 것이 원칙이다. 지금처럼 방송통신위원을 여야가 추천하고 대통령이 임명해서는 방송과 통신의 자율성, 독립성을 보존하기 어렵다. 특히 문제가 되는 것은 정책 결정 방식이다. 방송통신위원회는 9명의 위원 가운데 6명은 여당 추천이고 3명은 야당 추천이어서 '6 : 3 위원회'라 불린다. 이렇게 불공평한 위원회를 만들어놓고서 과반수 찬성으로 정책을 결정하는 것은 전형적인 다수의 독재다.

지배를 제도화하는 것이 옳다. 이런 맥락에서 미디어 평의회는 수용자 대중이 직접 선출한 위원으로 구성해야 한다. 최종적인 정책 결정도 시민 감시 과정을 거치는 것이 합리적이다. 미디어 평의회의 성패 여부는 독립성, 시민 대표성, 투명성이 얼마나 보장되느냐에 달렸다. 그런 맥락에서 미디어 평의회 위원은 시민의 직접 투표로 선출하는 것이 독립성 보장에 필수적이다.

미디어 평의회는 단번에 설립되기 어려운 속성이 있으나 몇 단계를 거친다면 충분히 가능한 일이다. 1단계는 미디어와 통신의 규제 기구를 정치적으로 독립시키고, 민주적 지배 메커니즘을 구축하는 것이다.[137] 이를 위해 할 일이 있다. 방송통신위원회와 같은 규제 기구를 대통령의 통제에서 벗어나도록 하는 것이다. 규제 기구의 의사 결정 방식은 특별 다수제가 바람직하다. 예를 들어 공영방송 이사회가 사장의 임면 등 주요 안건을 처리할 때 특별 다수제를 도입하면 정파적 한계를 벗어날 수 있을 것이다. 1단계 미디어의 민주적 지배 체제는 〈표 8-2〉와 같다.

2단계는 수용자 대중이 직접 미디어 규제 기구의 대표를 선출하고 통제하는 것이다. 수용자 대중이 선출한 사람이 미디어 평의회를 운영하는 것이 이상적이다. 이 기구는 정부, 국회로부터 미디어 규제권을 분리시켜 독자적인 기능을 한다.

3단계는 한반도의 평화 공존과 통일에 기여하는 정보 제도를 만드는 단

137 방송통신위원회법은 방송통신위원회를 대통령 직속 기구로 만들고 위원장을 대통령이 임명하도록 했다. 이것은 방송의 감시 대상인 정부에게 방송 통제권을 준 셈이다. 최우정(2008: 14)은 "대통령으로부터 독립성이 보장되지 못한 중앙행정기관인 방통위에 의한 공영방송 규제와 감독은 결국 방송 자유의 최대 중심적 내용인 국가로부터의 방송의 독립을 실현시킬 수 없다"라며 "헌법적 요구인 공영방송의 독립이라는 측면에서 볼 때 현행 방통위법은 입법의 정당성이 존재하지 않는다"라고 말했다.

표 8-2 | 미디어 규제 기구의 민주적 지배 체제

· 정책 규제 기구: 독립된 민주적 합의제 행정위원회(방송통신위원회) · 내용 규제 기구: 민간 자율 규제(방송통신심의위원회 폐지) · 다원적 공영방송: KBS 1TV(종편 채널) KBS 2TV(지역 연립 채널 또는 국민주 방송) MBC(국민주 방송) EBS(자주적 교육 채널) YTN(독립적 보도 채널) · 공공 뉴스 통신: 연합뉴스 · 공공 인터넷 포털(새로 만들어야 할 것) · 재정 규제 기구: 공영 미디어렙(한국방송광고진흥공사) 방송재정조사위원회(미디어 시장 재정 현황 조사, 광고, 수신료, 유료방송 가격 제안) · 인사 및 평가 제도: 공영방송사장추천위원회, 미디어다양성위원회

계로, 미디어 평의회도 이런 역사적 목적에 충실하도록 재편하는 것이다. 미디어 평의회는 평화와 통일에 기여하는 정보, 문화 환경이 무엇인지 찾고, 그런 공간을 조성해서 한반도의 진화에 관심을 기울이는 역할을 수행해야 할 것이다. 남한이 경제력이나 기술 등 모든 면에서 북한을 월등히 앞서 있기 때문에 시스템 구성을 주도하게 될 것이다. 다만 운영상 균형은 유지되어야 한다.

3) 기능

정보, 문화, 오락, 미디어가 자유롭게 만들어지고 사회적 가치를 실현하도록 하는 것은 어떤 사회에서나 권장할 일이다. 이런 목적을 제도적으로 보장하는 장치가 미디어 평의회다. 이 기구가 할 일을 살펴보자.

첫째, 미디어 평의회는 정보, 문화, 미디어 분야에 대한 국가의 통제권을 환수하여 수용자 대중의 민주적 지배를 받도록 한다. 이로써 정보 및 문화는 국가와 분리된다.

둘째, 미디어 시장 및 정보 생산의 집중을 규제하고 불공정 행위를 통제한다.

셋째, 사회적 약자에게 필요한 정보와 문화가 적절히 공급될 수 있도록 한다. 이것은 미디어 평의회가 심혈을 기울여야 할 역할이다. 어느 사회든 간에 강자는 정보나 문화를 충분히 향유하고 권리를 구현하는 반면, 사회의 대다수를 차지하는 약자는 그럴 기회와 가능성이 별로 없다. 그러므로 사회적 약자는 미디어 평의회의 도움을 절실히 필요로 한다.

넷째, 위기 정보 시스템을 구축한다. 현재 한국 사회의 정보 시스템은 지나칠 정도로 디지털 기술에 의존한다. 해킹 등으로 인한 정보 마비 사태가 발생할 경우 치명적인 피해를 입을 수 있다. 따라서 디지털 미디어와 통신이 주도하는 정보 시스템을 다변화해야 한다. 무엇보다 전산망이나 통신망이 마비될 때 시민들이 정보를 접할 수 있는 아날로그 정보 시스템 및 전통적인 정보 시스템이 확보되면 정보 위기를 효과적으로 극복할 수도 있다.

4. 호민적 수용자

1) 개념

어떤 일이든지 결국 사람이 문제다. 미디어와 정보 영역에서도 중요한 것은 역시 사람이다. 정보 공유 체제도 수용자 대중이 제 몫을 해야 성공한다. 이미 앞에서 수용자 대중이 자주적인 삶을 누리려면 현명한 수용자가 되어야 한다고 주장했다. 정보 공유 제도를 가진 수용자 대중은 현명한 수준을 넘어 호민적 수용자가 될 수 있다. 호민적 수용자는 일반 시민이 국가의 주체가 되고, 미디어와 정보를 지배한다는 개념이다.

사람이 사회의 주인이고, 사람이 하늘이라는 생각은 우리 민족 사상의 정수였다. 세상에서 백성이야말로 가장 두려운 존재라고 말한 조선 시대의 문인이자 사상가인 허균은 민본주의 사상을 뛰어넘어 백성 주권론을 지지했다. 그는 『호민론豪民論』에서 백성 주체론을 제기했는데, 백성을 변화무쌍한 존재라고 말하면서 항민恒民, 원민怨民, 호민豪民으로 구분했다.[138]

> 대저 이루어진 것을 즐기느라고 항상 보는 것에 구속되어 있는 자들은 순순히 법을 받들어 윗사람들에게 부림을 받으니, 이는 항민이다. 항민은 두려워할 만한 자가 못 된다. 매섭게 빼앗겨서 살갗이 벗겨지고 뼛골이 부서지며 집안의 것을 다 내놓고 땅의 소출을 바쳐서 끝없는 요구를 제공하느라 근심스레 한탄이나 하면서 윗사람을 원망하는 사람은 원민이다. 원민도 꼭 두려워할 만한 존재는 아니다. 푸줏간 안에 자취를 감추고 몰래 다른 마음을 키우며 천지 사이를 흘겨보다가 요행히 시대의 변고라도 있으면 자기가 원하는 바를 팔고자 하는 이는 호민이다. 대저 호민은 매우 두려워할 만하다. 호민이 나라의 틈새를 엿보고 일의 기미가 가세를 탈 만한 것인가를 엿보다가 논두렁 위에서 팔을 휘두르며 한번 크게 외치면 저 원민들은 소리를 듣고 모여들며 도모하지 않았어도 함께 소리를 외친다(허균, 2009: 199~200).

허균은 지배층이 백성을 업신여기고 모질게 부려 먹는 행위에 대해 분

138 '민'을 두고 사람마다 번역이 다르다. 이 책에서는 민중, 백성, 인민, 대중이라는 개념을 구별하지 않았다.

노했다. 그러면서 백성이 항민이나 원민으로 전락해서 어렵게 살아가는 삶을 애석하게 여겼다. 허균을 비롯한 선각자들은 강한 백성을 꿈꿨다.

그러나 지배층은 자신들의 기득권이 조금이라도 손상될까 봐 호민적 민중의 출현을 두려워했다. 호민적 백성은 수탈 체제를 끝장내고, 인간답게 사는 사회를 원한다. 여기서 필수적인 것이 정보 자주성이다. 사람들이 대중적인 정보 소통 수단을 지배하고 정보를 민주적으로 통제함으로써 집권 세력으로부터 자주적인 주체가 될 수 있다.

현대사회에서 미디어 산업은 수용자 대중의 정치성에서 소비성, 저항성까지 관리하는 저널리즘과 대중문화를 대량으로 공급한다. 이들은 선정주의, 극단적인 개인주의, 남을 밟고 일어서는 출세지상주의를 추구하는 인간상을 바람직한 것처럼 묘사한다. 미디어 종사자들은 이런 역할을 충실히 수행하라는 압박을 받는다. 광고주와 국가의 지원을 받는 미디어 산업은 사람들을 항민 아니면 원민 수준으로 만들려 하거나, 하찮은 정보, 몰가치적인 대중문화에 굴종하는 굴민屈民으로 만들려 한다. 이런 시도는 치밀하고 전면적이어서 현대 수용자들이 감당하기 어려운 구석도 있다. 그러나 만약 호민적 수용자들이 연대한다면 저널리즘이나 대중문화의 굴레를 벗어날 수 있다.

수용자 대중이 호민적 수용자가 되어 자신을 방어할 힘을 갖고 자유를 누리려면, 상응하는 물질적 토대가 있어야 한다. 호민적 수용자의 토대는 노동, 자신이 부담하는 돈과 시간, 비판적 의식과 집단적 지성 및 조직이다. 이들에게 중요한 사회적 소통 수단은 시민운동과 노동운동이다. 이것들이 호민적 수용자를 더 강하게 만든다. 이 밖에도 미디어 교육도 호민적 수용자에게 필수적이다. 미디어를 제대로 해석하고 이용할 줄 알아야 수용자 대중은 현명한 판단과 선택을 할 수 있다. 다양한 디지털 미디어도 수용자 대중이 소통하고 연대하는 기반이 될 수 있다. 누리꾼 네트워크 역시 호민적 수용자의 물질적 기반이 된다. 이들은 인터넷을 비롯한 디지털 커뮤니케이션을 이용하여 여론 형성의 힘을 축적한다. 여기에 덧붙여 수용자 대중의 가치 공유와 연대는 어떤 압박도 물리칠 수 있는 에너지다. 수용자 대중이 일터에서 잉여생산물을 만들어 자신의 것으로 만들 수 있는 지식과 정보를 얻고, 문화를 통해 단합된 조직과 행동을 함으로써 사회 주도적 힘을 행사할 수 있다. 이런 여러 가지 물질적 토대는 든든한 호민적 수용자를 위한 기초가 될 수 있다.

호민적 수용자들에게 유리한 대안적 미래 사회는 비시장 사회non-market society 또는 탈시장 사회다. 정보 생산이나 미디어 구조도 비영리적·탈국가적 특징을 가지는 공동 소유·공동 생산을 추구한다. 이렇게 시장과 국가로부터 독립된 미디어 체제를 만들면 수용자 대중은 환경의 위험, 대기업 권력, 국가 기밀주의 등에 대해 대처할 능력을 가진다(Leys, 1999: 330). 이런 수용자들은 호민적 민중으로 진화한다.

2) 호민적 수용자의 지향성

아무리 헌법이 주권재민을 지지한다고 해도, 또 정부가 시민의 공복이라고 선언해도 시민의 힘이 없으면 이런 것들은 공염불에 불과하다. 자본이나 권력의 고삐를 잡을 수 있는 강한 수용자, 즉 호민적 수용자만이 살아남는다. 호민적 수용자가 되려면 무엇을 어떻게 해야 하는지 알아보자.

첫째, 국가의 주인 되기

수용자 대중은 국가의 주인이자 사회의 주체다. 이들이 주인의식을 갖고 행동하는 한 누구도 이들을 물리칠 수 없다. 주인의식을 가진 수용자들은 이미 강하고 현명한 대중이다. 이들의 권리가 보장되도록 법제를 개선하고, 시민운동이나 선거를 통해 집권 세력의 횡포를 제압하면 어떤 것이라도 얻을 수 있다.

둘째, 정확하고 다양한 정보와 문화에 대한 접근 및 이용권 확보

수용자 대중은 바른 정보를 접할 권리가 있으며, 특히 사회 위기 상황에서는 위기 정보를 접할 수 있어야 한다. 이를 위해서는 정보권과 문화권을 시민 대중이 지배해야 하는데, 전규찬(2012: 127)이 제안했듯이 언론·커뮤니케이션 주권이 시민 대중에게 있다는 점을 방송법에 못 박을 필요가 있다. 이것만 가지고는 충분하지 않다. 유럽에서 논의되고 있는 공공 서비스 콘텐츠 기금public service content fund의 설립 방안도 적극적으로 검토해야 한다. 이것은 미디어 소유구조에 관계없이 공익을 추구하고 다양성에 기여하는 공공 서비스 콘텐츠에 제작비를 제공한다는 개념이다(Ots, 2009: 389).

셋째, 미디어 결정권 보유

수용자 하나하나는 귀한 사람들이다. 이들이 나라를 세우고, 시장도 만들며, 문화도 창조한다. 수용자는 혼자지만 단결하여 수용자 대중으로 뭉치면 곧 나라의 주인이 된다. 수용자 대중은 미디어 결정권을 비롯한 주요한 사회 결정의 주체다. 그래서 정보를 지배할 수 있는 힘을 갖게 된 수용자는 국가와 시장의 공세에도 자신을 지킬 줄 안다. 수용자 대중이 호민적 수용자가 되려면 튼튼한 토대가 있어야 한다. 그래야만 자신의 운명에 영향을 주는 정보나 미디어를 결정할 힘을 가질 수 있다.

넷째, 여론을 지배하는 미디어나 시장 해체

민주주의는 미디어 및 정보의 독점을 허용하지 않는다. 미디어 산업과 정보 생산 영역에서는 다른 영역보다 민주주의 원칙이 중요하기 때문에 이를 수호하려면 지배구조를 해체해야 한다. 지분 투자 제한, 시장 지배력 제한, 광고 매출액 제한, 정보원 집중 제한, 시청 점유율 제한 등의 공익 규제는 독점과 지배를 해체하는 데 효과적이다(정두남 · 심영섭, 2010: 44~76).

5. 정보 공유의 가치

재벌 · 미디어 · 권력 복합체는 지배 복합체를 형성하여 부와 권력을 독점한다. 미디어 지배와 정보 통제도 이들의 수첩에 올라 있다. 한국의 지배 복합체는 부와 권력을 시민들과 나누려 하지 않으며, 미디어 및 정보도 나누려 하지 않는다. 정보를 나누는 순간 지배 복합체는 갖고 있던 부와 권력의 일부를 내놓아야 하기 때문이다. 그래서 역사는 지배 복합체와 수용자 대중 사이에 벌어지는 정보 전쟁의 역사이기도 하다. 수용자 대중은 정보를 공유함으로써 역사적인 승리를 거둘 수 있다. 이들이 정보 공유제를 관철하여 거둘 수 있는 것들에 대해 살펴보자.

1) 공동체적 가치의 공유

사회 비판적인 지식 및 정보의 자유로운 유통은 민주주의 기본 요소다. 또 이것들이 공유되는 사회야말로 모범적인 공동체 사회다. 이런 사회에서는 미디어가 민주주의를 만들고, 정보가 사람의 필요를 충족시킨다. 민주적 공동체 사회는 시와 소설, 만화가 풍부히 만들어지고, 철학이 넘치는 곳이다.[139] 또한 수용자 대중이 다양한 정보, 지식, 문화, 오락 따위를 공유함으로써 공동체적 가치를 공유할 수 있다. 이런 사회에서는 '공공의 적'을 양산했던 미디어가 설 땅이 없다. 그러나 아쉽게도 한국 사회는 집단적·공동체적 합리성보다는 개인적 합리성을 우위에 두는 조직 원리를 따랐다(박승관, 2013: 27). 이런 사회 원리는 정보를 공유하는 수용자 대중에 의해 전복될 수도 있다.

공동체적 이익의 극대화는 사적 이익의 최소화를 뜻한다. 마찬가지로 미디어 및 정보의 공유는 사적 자본의 이익과 대립하는 것이어서 사익을 줄이고 공익을 최대한 키울 수 있다. 이 때문에 지배 복합체는 미디어 및 정보의 공유화를 극구 반대해왔다.

정보 공유제를 바탕으로 소통 공동체를 만드는 것은 뜻깊은 일이다. 미디어, 정보, 문화, 오락, 스포츠 따위는 사회적 소통과 연관된 영역이다. 이들이 소통 공간을 만든다. 문제는 어떤 가치를 공유할 것이냐는 점이다. 시민단체들의 모임인 '미디어커뮤니케이션네트워크'(2012)는 미디어와 통신에서 우리가 추구해야 할 5대 가치로 표현의 자유, 독립성, 공공성, 지역성, 시민 주권을 제안했다. 여기에 사회적 약자에 대한 배려, 민족 주권의 정립을 포함한 7대 가치는 소통 공동체가 함께 나눌 만한 것이 될 수 있다.

139 정보 공유제는 당연히 문화 공공성을 포괄한다. 문화 공공성이 중요한 까닭은 제각각 살아가는 시민들에게 존중해야 할 공통적·보편적 가치와 경험을 제공하기 때문이다. 우리나라 사람들이 같은 말을 쓰고 같은 역사를 가진 것만으로 공동체적 가치가 형성되었다고 여기기는 어렵다. 우리가 공동으로 지향해야 할 물질적·정신적 가치와 경험을 논의하고 논쟁하는 것은 공동체 사회에서 문화가 실행하는 소중한 기능이다. 불평등·불공정 구조와 행태는 공동체적 가치, 합리적 시장과 민주주의에 모두 어긋나는 것인 만큼 이런 환경을 제거하는 것이 급선무다.

2) 수용자 대중의 연대

사람들이 같은 정보를 갖고 있으면 서로가 소통하기 편리하고 단결하기도 쉽다. 한국 사회에서 수용자 연대 기능을 했던 미디어는 문화방송과 한겨레신문이다. 이들은 특유의 비판적 논조로 국가권력과 시장을 감시했고, 수용자들을 조직하기도 했다.

3) 시민권의 충실화

언론과 표현의 자유, 정보의 자유는 양보할 수 없는 시민권의 일부다. 수용자 대중이 미디어와 정보 생산을 지배할 때 언론, 표현, 정보의 자유는 더 확고해진다. 이것은 직접적 시민권이라 할 수 있다. 그런데 한국 사회는 수용자 대중의 직접적 시민권 대신에 간접적·대의적 시민권을 인정해왔다. 간접적 시민권이란 자본가나 국가가 지배하는 미디어와 정보 생산을 통해 간접적으로 언론과 표현의 자유를 누리는 것을 말한다. 지금처럼 미디어와 정보 생산이 자본과 국가의 지배를 받는 경우, 수용자 대중은 여기에 의존할 수밖에 없다. 정보 의존성은 수용자 대중의 비판 의식 및 자주적 권리를 위협하여 허약한 집단으로 전락시키며, 결국 권력이나 시장의 괴롭힘을 당하게 만든다.

4) 사회 위기의 예견과 공동 대처

수용자 대중이 더 정확하고 더 다양한 정보를 가질수록 사회 위기에 대한 예측과 극복을 더 잘할 수 있다. 거기에다 정보 공유의 폭이 넓으면 수용자 대중은 상호 공감과 협력을 강화시킴으로써 위기를 효과적으로 넘길 가능성이 크다.

5) 미디어 및 정보의 국영화와 사유화 억제

사람의 가치관에 영향을 미치는 미디어와 정보는 수용자 대중의 권리여야 한다. 국영화나 사유화는 미디어와 정보를 소수 이익에 복속시키는 결과를 가져온다. 정보 공유는 이런 위험을 사전에 차단한다. 미디어의 국영화나 사영화보다 공유화가 훨씬 더 많은 공공성·공익성을 보장한다.

6) 시장 및 권력의 감시와 견제

정보를 공유한 수용자 대중은 민주적 통제권을 가져야 비로소 시장과 권력을 감시하고 비판하며 견제할 힘을 가진다. 시장과 권력이 시민의 통제를 받지 않으면 독선적이고 폭력적이 되기 쉽다. 정보 공유제는 수용자 대중이 공유한 정보를 바탕으로 권력의 횡포, 시장의 모순을 폭로하고 제어하는 데 효과적이기 때문에 우리 사회에 가치가 있다.

7) 지역의 정보 자주성 확립

지역사회의 삶은 서울 못지않게 필요로 하는 정보가 많다. 날씨, 물가, 버스 노선, 병원과 약국 등에 관한 정보는 지역 수용자들에게 매우 중요한 생활필수품이다. 하지만 지역사회 환경이 척박하다 보니 지역 수용자 대중은 자신들에게 절실한 정보를 충분히 공급받지 못한다. 그러다 보니 지역 수용자들은 서울 중심의 일방적인 미디어가 제공하는 정보에 압도당하기 쉽다. 이들은 지역사회의 움직임은 잘 모르면서 연예인들의 시시콜콜한 뒷이야기까지 사소한 정보를 과잉으로 소비하기도 한다. 미디어와 정보의 공유 체제가 정립되면 이런 폐단은 많이 줄어들고, 지역사회도 자신의 목소리를 낼 수 있는 언로를 만들 수 있다.

8) 남북의 평화 공존과 통일을 위한 긍정적 정보 환경

오늘날까지 남북 대립이 격화한 원인 가운데 하나는 남북 미디어가 내뱉는 적대적인 말과 비뚤어진 정보다. 물론 그 뒤에는 양쪽의 권력이 개입되어 있다. 나중에 남북이 통일될 경우 남북의 미디어는 민족을 대립·분열시켰다는 혹독한 비판을 면치 못할 것이다.

지금이라도 남북 양측은 서로를 존중하는 모습을 보여야 한다. 그 상징적인 조치로는 상호 정보 접근성을 증대하는 것이다. 미디어와 정보를 개방하고, 상대방 수도에 상주 기자를 파견하는 등 상호 정보 접근성 증진은 남북의 상호 이해와 공존을 강화시킬 수 있다.

남북으로 분단된 현재 구조로는 남북 어느 쪽도 버티기 힘들다. 한국은 특히 중국의 정치적·경제적 공세, 일본의 침략 야욕 등을 슬기롭게 대처하려면 북한과의 평화로운 공존이 절실하다. 그러니 남북한의 미디어가 나서서 평화 공존의 한반도 분위기를 창출해야 한다.

9) 정보 및 문화 주권의 확립

수용자 대중이 미디어와 정보를 최종적으로 지배하는 정보 공유 사회는 정보 주권 및 문화 자주성을 적극적으로 수호한다. 이런 체제에서는 외세가 섣불리 문화제국주의를 실행할 수 없다.

| 참고문헌 |

국내 문헌

강남훈. 2002. 『정보혁명의 정치경제학』. 문화과학사.

강명구. 2012. 「방송사 파업을 생각한다」. 한국방송학회 주최 세미나 발제문(방송회관).

강미선 외. 2003. 『신문의 위기』. 한국언론진흥재단.

강상현. 2011. 「한국사회의 디지털 미디어기술과 사회변동」. 한국언론학회 엮음. 『한국사회의 디지털 미디어와 문화』. 커뮤니케이션북스.

강신주. 2009. 『상처받지 않을 권리』. 프로네시스.

강신준. 2012. 『마르크스의 자본』. 사계절.

강정수. 2010.7.31. "콘텐츠 농장, 디멘드 미디어가 여는 디지털 분업시대." ≪미디어오늘≫.

강준만. 2000. 『대중문화의 겉과 속』. 인물과사상사.

_____. 2010. 「죽음의 문화정치학」. ≪한국언론학보≫, 54권 5호, 86~107쪽.

강진아. 2009. 『문명제국에서 국민국가로』. 창비.

강하연 외. 2012. 『자유무역시대의 방송통신 공익성 규제에 대한 통상 차원의 평가 및 시사점』. 정보통신정책연구원.

강희원. 1998. 『근로자의 경제적 공동결정에 관한 연구 II』. 한국노총중앙연수원.

개곰. 2010.7.30. "서울 2010년 여름 1." ≪서프라이즈≫.

경제개혁연대. 2009. 『2008년 재벌의 경제력 집중과 업종 다각화 현황 분석』. 경제개혁리포트 2009-1호.

계승범. 2012. 『우리가 아는 선비는 없다』. 역사의 아침.

고희철. 2011.3.20. "무너지는 원전 신화 1." ≪민중의 소리≫.

권기덕. 2011. 「지난 10년, 인터넷업계 지형 변화」. 삼성경제연구소 경영노트 114호.

권기덕 외. 2010. 「스마트폰이 열어가는 미래」. 삼성경제연구소 CEO 인포메이션 741호.

김건우·김균. 2013. 「사주의 퍼포먼스와 신문조직의 문화적 통제」. ≪한국언론정보학보≫, 통권 62호, 223~243쪽.

김경란 외. 2012. 「광고에서 소통을 배우다」. 삼성경제연구소 CEO 인포메이션 854호.

김국현. 2013. 『우리에게 IT란 무엇인가』. 궁리출판.

김귀옥. 2009.11.1. “지금 읽는 책이 당신의 계급을 말한다.” ≪프레시안≫.
김기현. 2009.『선비』. 민음사.
김난도. 2007.『사치의 나라』. 미래의 창.
김남석. 1999.「종이신문의 매체경쟁력의 전망 모색」. 한국언론학회 주최 대구경북언론학회 세미나 발제문.
김동준. 2011.「이명박 정부의 탐사보도 프로그램 탄압 사례조사 및 분석」. 피디수첩 사수와 언론자유 수호 공동대책위원회 주최 세미나 발제문(프레스센터).
김민기. 2013.「광고기반 비즈니스에서 콘텐츠산업으로 본질 바뀌어야: 광고시장 급변에 따른 미디어의 대처방안」. ≪신문과 방송≫, 6월호, 6~10쪽.
김병희. 2009.「이데올로기 비평」. 김병희 외.『광고비평방법』. 나남.
김사승. 2010.「뉴스의 생산관행과 생산과정」. 강내원 외.『저널리즘의 이해』. 한울.
김상봉. 2010.「지금 당장 삼성불매운동을 제안합니다」. 김상봉 외.『굿바이 삼성』. 꾸리에.
김성민 외. 2005.「문화산업의 논리와 신화」. ≪철학연구≫, 94집, 85~115쪽.
김성해. 2012.「정책 패러다임의 전환과 저널리즘의 복원」. 한국지역언론인클럽 주관 세미나 발제문(강원도 알펜시아).
_____. 2013.「언론복합체의 거대권력화와 공동체 차원 규제 공감」. ≪신문과 방송≫, 4월호, 82~88쪽.
김성훈. 2011.9.1. “600조 돌파한 외국자본, 그들의 폭리 구조.” ≪자주민보≫.
김세철·김영재. 2000.『조선시대의 언론문화』. 커뮤니케이션북스.
김수진 외. 2011.『기후변화의 유혹, 원자력』. 도요새.
김수행. 2012.『젊은 지성을 위한 자본론』. 두리미디어.
김영수. 2009.「세종대의 정치적 의사소통과 그 기제」. ≪역사비평≫, 가을호, 34~69쪽.
김영욱. 2003.『PR커뮤니케이션』. 이화여자대학교출판부.
김영주·이은주. 2012.『스마트시대의 미디어소비』. 한국언론진흥재단.
김영희. 2006.「미군정기 미디어 보급과 미디어 접촉 현상」. 김복수 외.『광복과 한국 현대 언론의 형성』. 국사편찬위원회.
김예란. 2012.「‘스마트’ 체제에 대한 이론적 고찰」. ≪언론과 사회≫, 20권 1호, 178~226쪽.
김예슬. 2010.『김예슬 선언』. 느린걸음.
김용옥. 1999.『노자와 21세기』. 통나무.
김용진. 2012.『그들만 아는 우리만 모르는』. 개마고원.

김운회. 2013. 『왜 자본주의는 고쳐 쓸 수 없는가』. 알렙.
김윤철. 2012. 「사회의 전환과 새로운 주체의 발견에 관한 단상」. ≪진보평론≫, 봄호, 36~56쪽.
김은규. 2006. 「한국 대안적 공론장의 변화과정과 추동 요인에 대한 고찰」. ≪한국언론정보학보≫, 통권 33호, 87~114쪽.
김은미 외. 2011. 『SNS 혁명의 신화와 실제』. 나남.
김은미 외. 2012. 「능동적 미디어 이용 개념에 대한 재탐색」. ≪한국방송학보≫, 26-6호, 46~87쪽.
김인성. 2012.6.30. "카카오톡이 통신사들을 죽인다고?" ≪시사인≫, 28면.
김재영. 2010. 「스마트폰 혁명」. ≪주간기술동향≫, 1478호, 10~20쪽.
김재홍. 2012.11.6. "박정희 시대 언론자유 5등국." ≪프레시안≫.
김정훈. 2009. 「민주화 이후 공론장의 구조 변동」. 조희연 외. 『한국 민주화와 사회경제적 불평등의 동학』. 한울.
김종성. 2013.4.30. "인현왕후는 어떻게 '성녀'가 되었나." ≪오마이뉴스≫.
김종한. 2000. 「디지털 경제하에서 정치경제학의 주요 쟁점」. ≪사회경제평론≫, 15호, 139~178쪽.
김주영. 2013. 『정보시장과 균형』. 경인문화사.
김진웅. 2011. 『방송자유와 공영방송』. 차송.
김진철. 2011. 「모든 언론 앞의 절대자, 삼성」. ≪르몽드 디플로마티크≫, 2월호.
김태형. 2012. 『불안증폭사회』. 위즈덤하우스.
김평호. 2011. 「언론/미디어 개혁과제의 본질」. 한국언론정보학회 주최 '미디어 정책개혁 논단 시리즈 1' 발제문(외신기자클럽).
김형지 외. 2013. 「스마트폰 이용이 기존 미디어 이용에 미치는 영향」. ≪미디어 경제와 문화≫, 11권 1호, 88~119쪽.
김훈. 2011. 『TV드라마 산업의 수익구조와 현안』. 한울.
나은영. 2002. 『사회심리학적 관점에서 본 인간커뮤니케이션』. 한나래.
남궁협. 2013. 「인문학적 관점에서 커뮤니케이션학의 새로운 모색」. ≪커뮤니케이션이론≫, 9권 2호, 74~126쪽.
남재일. 2013.10.30. "언론의 독립, 시민의 독립." ≪경향신문≫, 31면.
남태현. 2012. 『영어계급사회』. 오월의 봄.
남효윤. 2009. 「언론의 소유구조가 분야별 보도자료 이용에 미치는 영향 연구」. ≪언론과학연구≫, 9권 3호, 103~137쪽.
노명우. 2012. 「미디어와 현대인의 문화생활」. 한국문화사회학회. 『문화사회학』. 살림.
다우니, 존(John Downey). 2010. 「미디어 산업: 소유, 규모, 세계화」. 데이비드 헤즈먼댈치 엮음, 김영한 옮김. 『미디어 생산』. 커뮤니케이션북스.
도정일. 2008. 「문화는 무엇을 할 수 있는가」. 최장집 외. 『우리는 무엇을 할 것인가』. 프레시안북.
라이지엔청(賴建誠). 2010. 『경제사 미스터리 21』. 이명은 옮김. 미래의 창.
래시, 크리스토퍼(Christopher Lasch). 1994. 「광고, 프로파간다, 스펙터클」. 강준만 외 편역. 『광고의 사회학』. 한울.
레만, 크리스(Chris Lehmann). 2012. 『부자들이 다해먹는 세상』. 김현정 옮김. 21세기북스.
로크, 존(John Locke). 1996. 『통치론』. 강정인 외 옮김. 까치.
류동민. 2010. 「'포함된 자'의 운동과 포퓰리즘을 넘어」. 김상봉 외. 『굿바이 삼성』. 쿠리에.
류웅재. 2008. 「한국문화연구의 정치경제학적 연구의 패러다임에 대한 모색」. ≪언론과 사회≫, 16권 4호(겨울호), 2~27쪽.
류희림. 2007. 『우리는 뉴스에 속고 있다』. 글나래.
리버만, 앨(Al Lieberman) · 에스게이트, 패트리샤(Patricia Esgate). 2003. 『엔터테인먼트 마케팅 혁명』. 조윤장 옮김. 아침이슬.
리철화. 1966. 「익명서, 격문, 통문에 대하여」. ≪력사과학≫, 6호, 50~54쪽.
______. 1995. 『조선출판문화사』. 평양: 사회과학출판사.
린드스트롬, 마틴(Martin Lindstrom). 2012. 『누가 내 지갑을 조종하는가』. 박세연 옮김. 웅진지식하우스.
마동훈. 2011. 「네트워크 시대의 지식 생산 패러다임」. 한국언론학회 엮음. 『한국사회의 디지털 미디어와 문화』. 커뮤니케이션북스.
마르크스, 카를(Karl Marx). 1996. 『마르크스의 초기 저작』. 전태국 옮김. 열음사.
______. 2002. 『자본론 I (하)』. 김수행 옮김. 비봉.
______. 2004. 『자본론 III (하)』. 김수행 옮김. 비봉.
______. 2005. 『자본론: 자본의 감추어진 진실 혹은 거짓』. 손철성 풀어씀. 풀빛.
______. 2008a. 『자본 I-1』. 강신준 옮김. 길.
______. 2008b. 『자본 I-2』. 강신준 옮김. 길.
______. 2010. 『자본 II』. 강신준 옮김. 길.
마르크스, 카를(Karl Marx) · 엥겔스, 프리드리히(Friedrich Engels). 1988. 『독일 이데올

로기 I』. 박재희 옮김. 청년사.
_____. 1991. 『공산당 선언』. 김재기 편역. 『마르크스·엥겔스 저작선』. 거름.
마틴, 브라이언(B. Martin). 2000. 「지적 재산권에 반대한다」. 홍성태 외 지음. 『디지털은 자유다』. 이후.
머독, 그레이엄(Graham Murdock). 2011. 『디지털 시대와 미디어 공공성』. 임동욱 외 옮김. 나남.
문중양. 2006. 『문중양 교수의 우리 역사 과학기행』. 동아시아.
문현병. 2003. 「문화산업과 대중문화」. ≪진보평론≫, 14호, 34~57쪽.
문화부. 2009. 『2008 광고산업통계』. 문화부.
_____. 2010. 『2009 광고산업통계』. 문화부.
뮐러, 디어크(Dirk Müller). 2009. 『언론이 말하지 않는 경제 위기의 진실』. 전재민 옮김. 청아.
미디어커뮤니케이션네트워크. 2012. 『나는 미디어 생태계 민주화 대통령입니다』.
민진규. 2013. 『창조경제 한국을 바꾸다』. 글로세움.
밀러, 데이비드(David Miller)·디난, 윌리엄(William Dinan). 2011. 「홍보와 민주주의 전복」. 윌리엄 디난·데이비드 밀러 외 지음, 노승영 옮김. 『스핀닥터, 민주주의를 전복하는 기업권력의 언론플레이』. 시대의 창.
바그디키언, 벤(Ben H. Bagdikian). 2009. 『미디어 모노폴리』. 정연구·송정은 옮김. 프로메테우스.
바이디야나단, 시바(Siva Vaidhyanathan). 2012. 『구글의 배신: 왜 구글은 우리에게 치명적인가?』. 황희창 옮김. 브레인스토어.
박가영 외. 2010.12.28. 「스마트 TV보다 TV의 진화에 주목하자」. 한국투자증권 테마분석 Report.
박경신. 2011. 「국제인권법 상의 표현의 자유 기본원리와 미디어」. 미디어커뮤니케이션네트워크 주최 토론회 발제문(국회의원회관).
_____. 2012. 『진실유포죄』. 다산초당.
박노자. 2007. 『우리가 몰랐던 동아시아』. 한겨레출판.
박민영. 2009. 『인문학, 세상을 읽다』. 인물과사상사.
_____. 2013.1.12. “가요가 사랑타령뿐인 이유.” ≪경향신문≫, 26면.
박상주. 2012. 「비틀거리는 한국언론」. 한국언론정보학회 봄철 정기학술대회 발제문(세명대학교).

박수밀. 2013. 『연암 박지원의 글 짓는 법』. 돌베개.
박승관. 2013. 「한국사회와 커뮤니케이션 엔도가미」. 한국정치평론학회 엮음. 『한국 민주주의와 언론자유 그리고 그 위기』. 인간사랑.
박시형. 1959. 「조선에서 금속활자의 발명과 사용」. ≪력사과학≫, 5호.
박영균. 2010. 「소유」. 한국철학사상연구회. 『현실을 지배하는 아홉 가지 단어』. 동녘.
_____. 2010.10.28. "엽기적인 사건들과 자본주의적 욕망, 우리는 풍요로운가?" ≪미디어스≫.
박영준. 2010. 「IT 기술융합」. 이인식 엮음. 『기술의 대융합』. 고즈윈.
박은숙. 2008. 『시장의 역사』. 역사비평사.
박제가. 2002. 『북학의』. 김승일 옮김. 범우사.
박종천. 2012. 「문화유전자로 본 한국문화의 전통과 개성」. 한국국학진흥원 엮음. 『한국인의 문화유전자』. 아모르문디.
박주하. 2006. 「광고 이미지와 자본주의 신화」. 한국언론정보학회 엮음. 『현대사회와 매스커뮤니케이션』, 전면개정판. 한울.
박준호·전범수. 2011. 「세계의 미디어 기업 재무분석 시리즈 2: 워싱턴 포스트 컴퍼니」. 한국언론진흥재단 엮음. 『2011 해외 미디어동향』. 한국언론진흥재단.
박진우. 2011. 「유연성과 천문화, 쿨함과 비정규직화」. 한국언론정보학회 주최 작은 토론회 7(연세대학교).
박차지현. 2005. 『청소년을 위한 한국미술사』. 두리미디어.
박희병. 2013. 『범애와 평등』. 돌베개.
방송통신위원회. 2010. 『방송광고산업 활성화 및 스마트시대 광고산업 육성전략』. 방송통신위원회.
_____. 2010.12. 『2010 방송매체 이용실태 조사』. 방송통신위원회.
_____. 2011.7. 『2010년도 방송사업자 시청점유율 분석 현황』. 방송통신위원회.
방정배. 1988. 『자주적 말길 이론』, 증보판. 나남.
배병삼. 2011. 유교의 '정의'란 무엇인가. ≪녹색평론≫, 통권 116호(1~2월호).
베르너, 클라우스(Klaus Werner)·바이스, 한스(Hans Weiss). 2008. 『나쁜 기업: 그들은 어떻게 돈을 벌고 있는가』. 손주희 옮김. 프로메테우스.
베이커, C. 에드윈(C. Edwin Baker). 2010. 『미디어 집중과 민주주의: 왜 소유권이 문제인가』. 남궁협 옮김. 커뮤니케이션북스.
볼리어, 데이비드(David Bollier). 2013. 「지식이 사유재산이 될 때」. 제이 월재스퍼 엮음,

박현주 옮김. 『우리가 공유하는 모든 것: 세상을 바꾸는 새로운 패러다임』. 검둥소.
볼통, 도미니크(Dominique Wolton). 2012. 『또 다른 세계화』. 김주노 옮김. 살림.
부르디외, 피에르(Pierre Bourdieu). 1998. 『텔레비전에 대하여』. 현택수 옮김. 동문선.
부크홀츠, 토드(Todd Buchholz). 2009. 『죽은 경제학자의 살아 있는 아이디어』. 류현 옮김. 김영사.
비판사회학회 엮음. 2012. 『사회학』. 한울.
사이토 준이치(齋藤純一). 2009. 『민주적 공공성』. 윤대석 외 옮김. 이음.
서계원. 2011. 「저작권 제도의 자생적 기원에 관한 연구」. ≪계간 저작권≫, 여름호, 83~112쪽.
서재길. 2010. 「식민지 시기 조선어 방송과 '식민지 공공성'」. 윤해동·황병주 엮음. 『식민지 공공성』. 책과 함께.
서정민갑. 2010.6.26. "대중문화 속 자기 계발은 절대 악인가." ≪프레시안≫.
성열홍. 2010. 『미디어 기업을 넘어 콘텐츠 기업으로』. 김영사.
성주현. 2007. 「광고로 본 근대 풍경」. 국사편찬위원회 엮음. 『광고, 시대를 읽다』. 두산동아.
세르, 미셸(Michel Serres). 2008. 「문화는 위협받고 있는가?」. 제롬 뱅데 엮음, 이선희·주재형 옮김. 『가치는 어디로 가는가?』. 문학과지성사.
손석춘. 2002. 『부자신문, 가난한 독자』. 한겨레신문사.
손철성. 2007. 『'독일 이데올로기' 연구』. 영한.
_____. 2008. 『헤겔 & 마르크스: 역사를 움직이는 힘』. 김영사.
송건호. 2000. 「박정희 정권하의 언론」. 송건호 엮음. 『한국언론 바로보기 100년』. 다섯수레.
쉬지린(許紀霖). 2013. 『왜 다시 계몽이 필요한가』. 송인재 옮김. 글항아리.
스미르스, 요스트(Joost Smiers). 2009. 『예술의 위기』. 김영한·유지나 옮김. 커뮤니케이션북스.
스티글리츠, 조지프(Joseph Stiglitz). 2013. 『불평등의 대가』. 이순희 옮김. 열린책들.
신두환. 2009. 『선비, 왕을 꾸짖다』. 달과소.
신재호 외. 2010. 『방송융합에 따른 저작권 침해 이슈와 콘텐츠 창의성 확보방안 연구』. 정보통신정책연구원.
신정완. 2007. 「사회공공성 강화를 위한 담론 전략」. ≪시민과 세계≫, 상반기 11호, 40~53쪽.

신진욱. 2007.「공공성과 한국사회」. ≪시민과 세계≫, 상반기 11호, 18~39쪽.
신태섭. 1997.「상품과 광고의 문화적 성격에 대한 연구」. 성균관대학교 대학원 박사학위논문.
신호창. 1997.「언론관계와 홍보윤리」. ≪홍보학연구≫, 창간호, 210~237쪽.
심미선. 2011.「스마트미디어 시대 콘텐츠 이용행태 변화」. 한국방송학회 봄철 정기학술대회 SK텔레콤 주최 기획세션 발제문(부여롯데리조트).
심석태 외. 2013.『방송 보도를 통해 본 저널리즘의 7가지 문제』. 컬처룩.
심영섭. 2010.「신문배달원의 노동조건과 복지에 대한 연구」. ≪언론과 사회≫, 겨울호, 74~106쪽.
_____. 2011.「실패한 계몽」. 한국언론정보학회 봄철 정기학술대회 발제문(전북대학교).
심영섭 외. 2013.「방송광고 판매의 공익적 특성과 제도화」. ≪한국방송학보≫, 27-3호, 51~88쪽.
심재웅. 2011.「소셜미디어, 뉴스 소비문화를 바꾸다」. ≪신문과 방송≫, 4월호, 24~27쪽.
아리아가, 퍼트리샤(Patricia Arriaga). 1994.「맑스주의의 광고비판」. 강준만 외 편역.『광고의 사회학』. 한울.
안대회. 2008.『고전 산문 산책』. 휴머니스트.
안수찬. 2010.「진짜 기자의 멸종」. 고병권 외.『리영희 프리즘』. 사계절.
안스테이, 알(Al Anstey). 2013.「멀티플랫폼 환경에서 본 미디어의 도전」. 스티브 발머 외 지음, 서울디지털포럼 사무국 엮음, 방영호·조혜란·김미란 옮김.『무엇이 우리를 진화하게 하는가』. 시공사.
알리미, 세르주(Serge Halimi). 2005.『새로운 충견들』. 김영모 옮김. 동문선.
알철, 허버트(Herbert Altschull). 1996.「자유 언론 사상의 태동과 그 신화」. 채백 편역.『세계언론사』. 한나래.
애서도리안, 에릭(Erik Assadourian). 2010.「소비문화의 흥망성쇠」. 월드워치연구소 엮음, 오수길 외 옮김.『소비의 대전환: 2010 지구환경 보고서』. 도요새.
양윤직. 2010.『디지털 시대의 광고미디어전략』. 커뮤니케이션북스.
양일영 외. 2011.「이동 동기에 기반한 스마트폰 초기 이용자 유형에 관한 탐색적 연구」. ≪한국언론학보≫, 55권 1호, 109~139쪽.
양정혜. 2009.『광고의 역사』. 한울.
양종회. 2008.「문화, 여가 그리고 삶의 질」. 제5차 한국종합사회조사 심포지엄 발제문(대한상공회의소).

양진석. 2005. 「조선시대 필사의 주체와 필사본 제작」. 한국사 시민강좌 편집위원회. 『한국사 시민강좌 37』. 일조각.
어셀, 길리언(Gillian Ursell). 2010. 「미디어 노동」. 데이비드 헤즈먼댈치 엮음, 김영한 옮김. 『미디어 생산』. 커뮤니케이션북스.
에런라이크, 바버라(Barbara Ehrenreich). 2011. 『오! 당신들의 나라』. 전미영 옮김. 부키.
여론집중도조사위원회. 2013. 『여론집중도조사 보고서』. 여론집중도조사위원회.
오건호. 2003. 「기간산업 사유화의 문제점과 공공적 발전 모색」. ≪민주법학≫, 23호, 173~201쪽.
_____. 2007. 「노동운동의 사회공공성 활동에 대한 평가와 제안」. ≪시민과 세계≫, 11호, 70~86쪽.
오테, 막스(Max Otte). 2011. 『정보왜곡 경제: 소비자가 쉽게 속아 넘어가는 이유』. 염정용 옮김. 로그아웃.
왕지쓰(王緝思). 2007. 「미국 글로벌 전략의 조정과 중·미 관계에 미치는 영향」. ≪관훈저널≫. 봄호.
원용진. 2010. 『새로 쓴 대중문화의 패러다임』. 한나래.
윌리엄스, 레이먼드(Raymond Williams). 2010. 『키워드』. 김성기 외 옮김. 민음사.
유병상. 2013. 「개인의 시대, 어떻게 소통할 것인가?」. ≪광고계 동향≫, 6월호, 52~54쪽.
유엔, 스튜어트(Stuart Ewen). 1998. 『광고와 대중소비문화』. 최현철 옮김. 나남.
유형원. 1974. 『반계수록』. 정창렬 옮김, 천관우 책임편집·해설. 휘문.
윤선태. 2005. 「고대의 문자세계」. 한국사 시민강좌 편집위원회. 『한국사 시민강좌 37』. 일조각.
이강수. 2011. 『뉴스론』. 나남.
이강택. 2010. 「공영방송에 대한 시민참여 연구」. 성공회대학교 NGO대학원 석사학위논문.
이광석. 2009. 「저작권 과잉시대의 카피레프트 문화정치」. ≪황해문화≫, 65호, 55~77쪽.
_____. 2012. 「디지털 통치, 스마트에서 다시 철권으로」. ≪르몽드 디플로마티크≫, 1월호.
이근. 2009.2.1. "권력 사용의 신자유주의 시대, 무엇으로 규제하나." ≪프레시안≫.
이기형. 2009. 「공론장」. 미디어공공성포럼 엮음. 『미디어 공공성』. 커뮤니케이션북스.
이나바 미치오(稻葉三千男). 1994. 「광고의 본질」. 강준만 외 편역. 『광고의 사회학』. 한울.
이동연. 2010. 『문화자본의 시대』. 문화과학사.
이동훈. 2010. 『확산되는 소셜 미디어와 기업의 신소통 전략』. 삼성경제연구소.
이민웅. 2008. 『저널리즘의 본질과 실천』. 나남.

이민혜 외. 2011.「스마트워크 연구에 대한 고찰과 향후 연구 과제」. ≪정보화 정책≫, 18권 1호, 72~84쪽.
이민희. 2007.『조선의 베스트셀러』. 프로네시스.
이봉현. 2013.「새로운 수익 노리는 미디어 국경 허물기」. ≪신문과 방송≫, 9월호, 29~32쪽.
이상길. 2006.「미디어와 공론장」. 한국언론정보학회 엮음.『현대사회와 매스커뮤니케이션』, 전면개정판. 한울.
이상호. 2012.『이상호 기자 X파일』. 동아시아.
이상훈. 2011.『기자』. 지식갤러리.
이상희 엮음. 1983.『커뮤니케이션과 이데올로기』. 한길사.
이색. 2005.「목은집」. 정진권.『한국고전수필선』. 범우사.
이성철. 2009.『노동자계급과 문화실천』. 인간사랑.
이수범. 2009.「홍보학 연구 50년」. 한국언론학회 50년사 편찬위원회 엮음.『한국언론학회 50년사』. 한국언론학회.
이승선. 2013.「사주·발행인·편집책임자에 의한 편집권 침해의 매개성」. 2013 한국언론정보학회 긴급토론회 발제문(환경재단 레이첼칼슨홀).
이영주. 2012.「미디어 공공성, 의미의 지평과 분석의 차원」. 미디어공공성포럼 엮음.『한국 사회와 미디어 공공성』. 한울.
이영주·송진. 2011.「스마트미디어의 플랫폼 중립성 적용 가능성 검토」. ≪한국방송학보≫, 25-4호, 213~248쪽.
이오현·한선. 2012.「지역텔레비전의 지역성과 신자유주의」. 한국방송학회 문화연구회 엮음.『TV 이후의 텔레비전』. 한울.
이완수. 2010.「신문기자 엑서더스 심각하다」. ≪관훈저널≫, 117호, 135~142쪽.
이은복. 2013.3.27.「'스마트', 기능이 아니라 가치로 결정된다」. ≪LG Business Insight≫, 1242호, 24~29쪽.
이은숙. 2005.「자본주의 사회의 구조와 노동자계급 1」. ≪현장에서 미래를≫, 8월호.
이은용. 2010.『미디어카르텔』. 마티.
이은주. 2008a.『미디어기업의 소유구조 연구』. 한국언론재단.
_____. 2008b.「한국신문의 경제적 위기」. ≪커뮤니케이션이론≫, 4권 2호, 73~111쪽.
이이. 2007.『만언봉사, 목숨을 건 직설의 미학』. 강세구 옮김. 꿈이 있는 세상.
이이화. 1998.『우리 민족은 어떻게 형성되었나』. 한길사.

이익. 1997.『성호사설』. 민족문화추진회 엮음. 솔.
이재경. 2008.「한국의 저널리즘과 사회갈등」. ≪커뮤니케이션이론≫, 4권 2호, 48~72쪽.
_____. 2013.「한국언론의 '중심'을 위한 세 가지 고언」. ≪관훈저널≫, 봄호, 26~32쪽.
이재신·이영수. 2012.「SNS와 사회자본」. 한국언론학회 엮음.『정치적 소통과 SNS』. 나남.
이재정. 2008.『조선출판주식회사』. 안티쿠스.
이정전. 2012.『시장은 정의로운가』. 김영사.
이정춘. 1984.『커뮤니케이션사회학』. 범우사.
이종구. 2009.「방송산업 비정규 연출자의 작업환경과 생활세계」. 2009년 방송문화진흥회 보고서.
이준웅. 2011.『말과 권력』. 한길사.
이준웅·최영재. 2005.「한국신문위기의 원인」. ≪한국언론학보≫, 49권 5호, 5~35쪽.
이진로. 2008.『커뮤니케이션구조의 정치경제학』. 한국학술정보.
이헌석. 2011.「원자력은 경제적인가」. 김수진 외.『기후변화의 유혹, 원자력』. 도요새.
이호영 외. 2012.『소셜 미디어 이용자의 문화 소비 행태와 불평등』. 정보통신정책연구원.
임성진 외. 2011.「OECD Communication Outlook 2011 주요내용」. KT경제경영연구소 IT전략 보고서.
임영호·이현주. 2001.「신문기사에 나타난 정보원의 권력 분포」. ≪언론과학연구≫, 1권 1호, 300~330쪽.
자비스, 제프(Jeff Jarvis). 2013.『공개하고 공유하라』. 위선주 옮김. 청림.
장호종. 2009.「인터넷 민주주의: 신화와 현실」. ≪마르크스 21≫, 여름호, 238~272쪽.
전국역사교사모임. 2002.『살아 있는 한국사 교과서』. 휴머니스트.
전규찬. 2012.「커뮤니케이션 주권론을 제안한다」. 미디어커뮤니케이션네트워크 엮음.『미디어개혁과 시민의 권리』. 미디어커뮤니케이션네트워크.
전상국. 2004.「정보화 사회에서의 소유에 관한 연구」. 고려대학교 대학원 박사학위논문.
전상진. 2013.「사회과학은 사회공학으로 남을 것인가」. 강양구 외.『싸우는 인문학』. 반비.
정근해 외. 2011.『2012 스몰캡 업계지도』. 어바웃어북.
정두남·심영섭. 2010.『방송통신융합시대 미디어 다원성 보장방안에 관한 연구』. 한국방송광고공사.
정명섭. 2013.『조선백성실록』. 북로드.
정약용. 2008.『아버지의 편지』. 정민 외 옮김. 김영사.

정이근. 2008.『역사유물론과 자본주의』. 한울.
정인숙 외. 2010.『방통융합시대의 상업주의화와 미디어 다양성 확보방안 연구』. 정보통신정책연구원.
정재철. 2009.「공공성」. 미디어공공성포럼 엮음.『미디어 공공성』. 커뮤니케이션북스.
정주리 외. 2011.『조선언문실록』. 고즈윈.
정회경. 2012.「미디어 산업 구조–행위–성과」. http://terms.naver.com/entry.nhn?cid=3621&docId=1691683&mobile&categoryId=3884.
조동원. 2010.「정보사유화의 울타리 걷어차기!」. ≪문화과학≫, 겨울호.
조병찬. 2004.『한국시장사』. 동국대학교출판부.
조성오. 2004.『인간의 역사』. 동녘.
조신. 2013.『대한민국 IT인사이드』. 중앙북스.
조준상. 2013.「국내 비영리 저널리즘 현황과 전망」. ≪신문과 방송≫, 7월호, 15~18쪽.
조한상. 2009.『공공성이란 무엇인가』. 책세상.
조훈현. 2012.『중산층이라는 착각』. 위즈덤하우스.
주경철. 2005.『문화로 읽는 세계사』. 사계절.
주성희 외. 2012.『스마트 미디어 시대 방송의 공익성에 관한 연구』. 정보통신정책연구원.
주재원. 2007.「영국 공영인터넷 통신망 사업계획」. ≪방송동향과 분석≫, 통권 255호.
최경영. 2010.『9시의 거짓말』. 시사인북.
최영묵. 2012.「방송미디어 공공성과 거브넌스」. 미디어공공성포럼 엮음.『한국 사회와 미디어 공공성』. 한울.
최영묵·이상훈. 2006.「방송통신융합시대 지역방송의 정체성 확립 방안에 관한 연구」. 방송위원회.
최영재. 2011.「분열 정치와 분열 언론 그리고 분열 여론의 악순환 이론」. 한국언론학회 엮음.『한국 사회의 소통 위기』. 커뮤니케이션북스.
최우정. 2008.「방송통신위원회 설립 및 운영에 관한 법률(안)의 문제점과 대책」. 방송인총연합회 주최 토론지 발제문(방송회관).
최을영. 2013.「I. F. 스톤」. ≪인물과 사상≫, 8월호, 61~83쪽.
최인호 외. 2011.「신문의 대기업 호의보도와 광고량의 상관관계」. ≪한국언론학보≫, 55권 3호, 248~270쪽.
최진봉. 2010.1.8. "미국에서 무료 공중파방송은 사라진다?" ≪프레시안≫.
최훈 외. 2010.6.9.「미디어」. KB투자증권 보고서.

추쌴챵(曲三强). 2009. 「역사유물주의와 지적재산권 관념」. ≪계간저작권≫, 봄호.
카, 니콜라스(Nicholas G. Carr). 2011. 『생각하지 않는 사람들』. 최지향 옮김. 청림.
커런, 제임스(James Curran). 2005. 『미디어 파워』. 김예란·정준희 옮김. 커뮤니케이션북스.
코웬, 타일러(Tyler Cowen). 2012. 『거대한 침체』. 송경헌 옮김. 한빛비즈.
쿠랑, 모리스(Maurice Courant). 1996. 『조선문화사서설』. 김수경 옮김. 범우사.
쿵칭둥(孔慶東). 2007. 『한국 쾌담』. 김태성 옮김. 올림.
키건, 존(John Keegan). 2005. 『정보와 전쟁』. 황보영조 옮김. 까치.
테루, 페르낭(Fernand Terrou). 2000. 『정보』. 노윤채 옮김. 한길사.
톰슨, 존 B.(John B. Thompson). 2010. 『미디어와 현대성』. 강재호 외 옮김. 이음.
파울슈티히, 베르너(Werner Faulstich). 2007. 『근대 초기 매체의 역사: 매체로 본 지배와 반란의 사회 문화사』. 황대현 옮김. 지식의 풍경.
팽, 어빙(Irving Fang). 2002. 『매스커뮤니케이션의 역사』. 심길중 옮김. 한울.
폰 베이어, 한스 크리스천(Hans Christian Von Baeyer). 2007. 『과학의 새로운 언어, 정보』. 전대호 옮김. 승산.
하길종. 2001. 『언어습득과 발달』. 국학자료원.
하비, 데이비드(David Harvey). 2012. 『자본이라는 수수께끼』. 이강국 옮김. 창비.
하종강. 2008. 「한국노동문제와 언론」. 전북민언연 제15기 언론학교 강의록(전북대학교).
한국언론진흥재단. 2009. 『한국의 언론인 2009』. 한국언론진흥재단.
_____. 2010. 『한국신문의 미래전략』. 한국언론진흥재단.
_____. 2012a. 『2012 언론수용자의식조사』. 한국언론진흥재단.
_____. 2012b. 『2012 신문산업 실태조사』. 한국언론진흥재단.
_____. 2012c. 『2012 한국언론연감』. 한국언론진흥재단.
한국PD연합회. 2007. 『한국PD연합회 20년사』. 한국PD연합회.
한국철학사상연구회. 1994. 『삶과 철학』. 동녘.
_____. 2009. 『철학, 문화를 읽다』. 동녘.
_____. 2010. 『현실을 지배하는 아홉 가지 단어』. 동녘.
_____. 2013. 『다시 쓰는 맑스주의 사상사』. 오월의 봄.
한남숙. 2009. 「대중문화와 진정성 찾기」. 한국철학사상연구회. 『철학, 삶을 묻다』. 동녘.
한동섭. 2002. 『한겨레신문과 미디어정치경제학』. 커뮤니케이션북스.
한만수. 2012. 『잠시 검열이 있겠습니다』. 개마고원.

_____. 2012.6.15. “불온한 검열관, 커밍아웃하다.” ≪프레시안≫.
_____. 2012.8.2. “MB 가면 ‘표현의 자유’ 찾아올까? 진짜 ‘적’과 싸워라!” ≪프레시안≫.
한상권. 2009.「백성과 소통한 군주, 정조」. ≪역사비평≫, 89호, 144~172쪽.
한선·이오현. 2010.「지역신문기자의 직업문화와 정체성 형성에 대한 연구」. ≪언론과 사회≫, 겨울호, 2~36쪽.
허균. 2009.『누추한 내 방』. 김풍기 옮김. 태학사.
허만섭. 2011.「한국이 방사성 폐기물 부담도 떠맡나」. ≪신동아≫, 4월호, 96~104쪽.
허윤철 외. 2012.「소셜미디어와 한국의 뷰어태리어트」. 한국언론학회 엮음.『정치적 소통과 SNS』. 나남.
허정윤. 2012.12.5. “더 데일리 2년 만에 덮은 미디어 황제.” ≪전자신문≫, 5면.
헬드, 데이비드(David Held). 2010.『민주주의의 모델들』. 박찬표 옮김. 후마니타스.
홍기빈. 2007.『소유는 춤춘다』. 책세상.
_____. 2010.『자본주의』. 책세상.
홍성태. 1999.「정보화경쟁의 이데올로기에 관한 연구」. 서울대학교 대학원 박사학위논문.
홍익희. 2013.『유대인 이야기』. 행성비.
황유뉴(黃友牛). 2007.『거침없이 빠져드는 역사 이야기: 경제학 편』. 이지은 옮김. 시그마북스.
황유선. 2012.「트위터에서 누구를 만나고 무엇을 소통하는가?」. 조화순 엮음.『소셜네트워크와 정치변동』. 한울.
황진희. 2012.4.24. “‘반 이건희’ 이재현 회장 항응 폭로, 삼성 음모론 ‘솔솔’.” ≪스포츠서울닷컴≫.
황하성 외. 2011.「이용자 속성 및 기능적 속성에 따른 스마트폰 중독에 관한 탐색적 연구」. ≪한국방송학보≫, 25-2호, 277~313쪽.
황현. 2006.『매천야록』. 허경진 옮김. 서해문집.
EBS 역사채널ⓔ 제작팀. 2013.『역사 ⓔ』. EBS·국사편찬위원회 공동 기획. 북하우스.
KT경제경영연구소. 2011.『애프터 스마트』. 한국경제신문사.
LG경제연구원. 2011.「스마트화를 통해 본 2011년 IT키워드」. LG경제연구원 리포트.

국외 문헌

Agger, Ben. 2011. “iTime: Labor and life in a smartphone era.” *Time and Society*, Vol.20, No.1, pp.119~136.

Baker, C. Edwin. 1994. *Advertising and a Democratic Press*. Princeton University Press.

_____. 2007. *Media Concentration and Democracy*. Cambridge University Press.

Bettig, R. V. 2003. "Copyright and the commodification of culture." *Media Development*, Vol.50, Issue 129, pp.3~9.

Bettig, R. V. and H. Schiller. 1996. *Copyrighting Culture*. Westview Press.

Blackie, D. 1995. "Information tollroad." *Socialist Review*, March.

Borgmann, A. 1999. *Holding On to Reality*. The University of Chicago Press.

Bourdieu, Pierre. 1993. *The Field of Cultural Production*. Polity.

Briggs, A. et al. 2002. *A Social History of the Media*. Polity.

Burton, G. 2010. *Media & Society*. Open University Press.

Casey, B. et al. 2008. *Television Studies*. London: Routledge.

Collins, R. 2011. "Content online and the end of public media." *Media, Culture & Society*, Vol.33, No.8, pp.1202~1219.

Coppens, Tomas and Frieda Saeys. 2006. "Enforcing performance: new approaches to govern public service broadcasting." *Media, Culture & Society*, Vol.28, No.2, pp.261~284.

Jin, Dal Yong. 2013. "The construction of platform imperialism in the globalization era." *tripleC*, Vol.11, No.1.

Davies, N. 2009. *Flat Earth News*. London: Vintage Books.

Debrett, M. 2009. "Riding the wave." *Media, Culture & Society*, Vol.31, No.5.

Deuze, M. 2005. "Popular and professional ideology." *Media, Culture & Society*, Vol.27, No.6, pp.801~822.

European Commission. 2009. *Independent Study on Indicators for Media Pluralism in the Member States*.

Floridi, L. 2010. *Information*. Oxford University Press.

Freedman, D. 2008. *The Politics of Media Policies*. Polity Press.

FTC. 2010. FTC Staff Discussion Draft.

Fuchs, C. 2010. "Class, knowledge and new media." *Media, Culture & Society*, Vol.32, No.1, pp.141~150.

_____. 2011. *Foundations of critical media and information studies*. London:

Routledge.
_____. 2013. "Class and Exploitation on the Internet." in T. Schoz(ed.). *Digital Labor.* NY: Routledge.
Gandy, Oscar H. 2004. "Audiences on Demand." in A. Calabrese et al.(eds.). *Toward a Political Economy of Culture.* Rowman & Littlefield Publishers.
Garnham, N. 2000. *Emancipation, the Media and Modernity.* Oxford: Oxford University Press.
Giroux, H. A. 2011. "The Crisis of Public Values in the Age of the New Media." *Critical Studies in Mass Communication*, Vol.28, No.1, pp.9~29.
Glionna, J. M. 2010.2.19. "South Korea boot camp for cub reporters." *LA Times.*
Haak, B. V. D., M. Parks and M. Castells. 2012. "The Future of Journalism." *International Journal of Communication*, Vol.6, pp.2923~2938.
Hesmondhalgh, D. 2013. *The Cultural Industries*, 3rd edition. SAGE Publications.
Jhally, S. 2000. "Advertising at the Edge of the Apocalypse." in R. Anderson et al. (eds.). *Critical Studies in Media Commercialism.* Oxford University Press.
Kovach, B. et al. 2001. *The Elements of Journalism.* NY: Three Rivers Press.
Lewis, J. 2010. "The Myth of Commercialism." in J. Klaehsn(ed.). *The Political Economy of Media and Power.* NY: PETER LANG.
Leys, C. 1999. "The Public Sphere and the Media." *The Socialist Register*, Vol.35.
Livingstone, S. et al. 2007. "Citizens and consumers." *Media, Culture & Society*, Vol.29, No.4, pp.613~638.
Lowy, M. 2010. "Advertising is a 'Serious Health Threat'—to the Environment." *Monthly Review*, Vol.61, No.8(January).
Madland, D. 2008. "Journalists Give Workers the Business." Center for American Progress.
Mansell, R. 2004. "Political economy, Power and New Media." *New Media & Society*, Vol.6, No.1, pp.96~105.
Mayer, V. 2009. "Bringing the Social Back in." in V. Mayer et al.(eds.). *Production Studies.* NY: Routledge.
McChesney, R. W. 2008. *The Political Economy of Media.* Monthly Review Press.
McChesney, R. W. et al. 2009. "The Sales Effort and Monopoly Capital." *Monthly*

Review, Vol.60, No.11(April).

McNair, B. 2006. *Cultural Chaos*. London: Routledge.

_____. 2009. *News and Journalism in the UK*. London: Routledge.

Meehan, E. R. 2007. "Deregulation and Integrated Oligopolies." in G. Murdock and J. Wasco(eds.). *Media in the Age of Marketization*. NJ: HAMPTON PRESS Inc.

Meijer, I. C. 1998. "Advertising Citizenship." *Media, Culture & Society*, Vol.20, No.2, pp.235~249.

Melody, W. H. 2011. "Whose Global Village." in R. Mansell et al.(eds.). *The Handbook of Global Media and Communication Policy*. WILEY-BLACKWELL.

Mosco, V. 2009. *The Political Economy of Communication*. SAGE.

Murdock, G. 2011. "Contested Connections." 한국언론정보학회 매체자본연구회 출판기념회 발제문(환경재단).

New Economics Foundation. 2009. "A Bit Rich." http://www.neweconomics.org/publications/bit-rich.

Noam, E. 2009. *Media Ownership and Concentration in America*. Oxford University Press.

OECD. 2009. *Communications Outlook 2009*.

Ofcom. 2011. Communications Market Report.

_____. 2012. International Communications Market Report 2012.

Ornebring, H. 2009. "The Two Professionalisms of Journalism." Reuters Institute for the Study of Journalism.

_____. 2010. "Technology and journalism-as-labor." *Journalism*, Vol.11, No.1.

Ots, M. 2009. "Efficient Servants of Pluralism or Marginalized Media Policy." *Journal of Communication Inquiry*, Vol.33, No.4, pp.376~392.

Parenti, C. 1999. "Reflections on the Politics of Culture." *Monthly Review*, Vol.50, No.9.

Petras, J. D. 1999. *Speaking Into The Air*. The University of Chicago Press.

PEW. 2009. The State of the News Media 2009.

Pleios, G. 2012. "Communications and Symbolic Capitalism." *tripleC*, Vol.10, No.2, pp.230~252.

PwC. 2010. "Global entertainment and media outlook 2010-2014 Viewpoint." http://

www.pwc.com/en_GX/gx/global-entertainment-media-outlook/pdf/Outlook2010-Building-consumer-engagement.pdf.

Qiu, J. L. 2007. "The accidental accomplishment of Little Smart." *New Media & Society*, Vol.9, No.6, pp.903~923.

Richards, J. I. and J. H. Murphy II. 2009. "Economic Censorship and Free Speech." in J. Turow and M. P. McAllister(eds.). *The Advertising and Consumer Culture Reader*. Routledge.

Richeri, G. 2004. "Broadcasting and the market." in A. Calabrese et al.(eds.). *Toward a Political Economy of Culture*. Rowman & Littlefield Publishers.

Roberts, P. C. 2013.3.18. "When Truth is Suppressed Countries Die." http://www.4thmedia.org/2013/03/18/when-truth-is-suppressed-countries-die/.

Rorty, J. 1934. *Out Master's Voice*. NY: The John Day Company.

Siegelaub, S. 1979. "Preface." in A. Mattelart et al.(eds.). *Communication and Class Struggle: Capitalism, Imperialism*. NY: IG/IMMRC.

Slater, D. 1997. *Consumer Culture and Modernity*. Cambridge: Polity.

Smythe, D. 1977. "Communications: Blindspot of Western Marxism." *Canadian Journal of Political and Social Theory*, Vol.1, No.3, pp.1~27.

_____. 1981. *Dependency Road*. Norwood, NJ: Ablex.

Sparks, C. 2006. "Contradictions in capitalist media practices." in L. Artz et al.(eds.). *Marxism and Communication Studies*. NY: PETER LANG.

Steele, J. 2011. "Justice and journalism." *Journalism*, Vol.12, No.5, pp.533~549.

Wayne, M. 2003. *Marxism and Media Studies*. London: Pluto Press.

Williams, R. 1962. *Communications*. Penguin Books.

_____. 1980. *Problems in Materialism and Culture*. Verso.

Wittel, A. 2012. "Digital Marx." *tripleC*, Vol.10, No.2, pp.313~333.

Zandt, D. 2010. *Share This!* San Francisco: BK.

新華社北京分社 主編. 1987.『中外新聞知識概覽』. 北京: 新華出版社.

卜彦芳. 2007.『傳媒經濟學』. 北京: 國際廣播出版社.

陳力丹. 2008.『精神交往論』. 北京: 人民大學出版社.

_____. 2010.『馬克思主義新聞思想概論』. 上海: 復旦大學出版社.

Marx, Karl. 1985.『馬克思恩格斯新聞著作集』. 北京: 人民大學出版社.

佐藤淺川巧. 1998.『メディア歷史』. 東京: 岩波書店.

필자의 연구 목록

김승수. 1986.「커뮤니케이션, 독점자본과 사회관계」. 강상호·이원락 편역.『현대자본주의와 매스미디어』. 미래사.

_____. 1987. "The Communication Industries in Modern China." 영국 레스터 대학교 언론학 박사학위논문.

_____. 1988.「정보기술과 정보사회의 통제역학」. ≪신문학보≫, 봄호.

_____. 1989.「상품경제와 광고의 정치경제학」. ≪사회비평≫, 여름호.

_____. 1990.「언론학의 방법론적 기초」. 김왕석·임동욱 엮음.『한국언론의 정치경제학』. 아침

_____. 1995.『한국언론산업론』. 나남.

_____. 1997a.『매체경제분석』. 커뮤니케이션북스.

_____. 1997b.「수용자 주체론의 이론과 실천」. ≪한국언론학보≫, 42권 1호.

_____. 1998.「세계화 자본주의 시대의 매체산업과 매체식민론」. ≪한국사회와 언론≫, 10호.

_____. 2000.『디지털제국주의』. 나남.

_____. 2002a.『국민을 위한 언론개혁』. 세계사.

_____. 2002b.『매체소유연구』. 전국언론노동조합.

_____. 2002c.「방송수신료의 이론적 검토와 개선방안」. ≪한국방송학보≫, 가을호.

_____. 2002d.「매체의 사유화, 개방화에 대한 연구: 아일랜드 사례분석」. ≪방송문화연구≫, 겨울호.

_____. 2003a.「미국의 매체규제 완화 논쟁」. ≪방송연구≫, 통권 56호(여름호).

_____. 2003b.「언론권력의 정치경제학」. ≪한국언론정보학보≫, 통권 22호(가을호).

_____. 2004.『언론산업의 정치경제학』. 개마고원.

_____. 2005a.「경제정보 매체의 지구화-종속화」. ≪언론과학연구≫, 5권 1호.

_____. 2005b.「한국매체산업의 계급론적 이해」. ≪한국언론정보학보≫, 겨울호.

_____. 2007.『정보자본주의와 대중문화산업』. 한울.

_____. 2008.「문화제국주의 변동에 대한 고찰」. ≪한국방송학보≫, 22-3호.

_____. 2009.「미디어 교차소유의 정치경제학적 비판」. ≪한국언론정보학보≫, 봄호.

_____. 2010. 『미디어시장과 공공성』. 한울.
_____. 2011a. 「한국저널리즘의 위기와 대안」. ≪언론과학연구≫, 11권 3호.
_____. 2011b. 「광고자본주의 정치경제학」. ≪방송통신연구≫, 가을호.
_____. 2012a. 「정보 권력의 소멸을 위한 이론적 실천」. ≪커뮤니케이션이론≫, 8권 3호.
_____. 2012b. 「한류문화산업의 비판적 이해」. ≪지역사회연구≫, 20권 4호.
_____. 2013. 「스타권력의 정치경제학적 분석」. ≪한국언론정보학보≫, 여름호.

| 지은이 |

김승수

한양대학교 신문학과를 졸업한 뒤 서울대학교 대학원 신문학과에서 공부했다. 홍콩중문대학의 연구생으로 가서 중국 미디어와 문화를 공부하고, 영국 레스터 대학교 언론학 박사 과정에 들어갔다. 1987년 그레이엄 머독(Graham Murdock) 교수의 지도로 "The Communication Industries in Modern China"라는 박사 학위논문을 썼다. 그 후 KBS 연구원으로 있으면서 방송 현장을 직접 보는 기회를 가졌다. 1995년부터 지금까지 전북대학교 신문방송학과 교수로 재직하고 있다. 그동안 한국언론정보학회 회장, 한국방송학회 부회장, 방송개혁위원회 실행위원을 지냈고, 미국 텍사스 대학교 방문교수로도 있었다. 전공 분야는 미디어 정치경제학이며, 한국 미디어 정치경제학의 정립을 필생의 과제로 생각한다. 지은 책으로는 『한국언론산업론』, 『정보자본주의와 대중문화산업』, 『미디어시장과 공공성』 등이 있다.

한울아카데미 1675

저널리즘의 몰락과 정보 공유 혁명

ⓒ 김승수, 2014

지은이 | 김승수
펴낸이 | 김종수
펴낸곳 | 도서출판 한울
편 집 | 이수동

초판 1쇄 인쇄 | 2014년 3월 20일
초판 1쇄 발행 | 2014년 4월 3일

주소 | 413-756 경기도 파주시 광인사길 153 한울시소빌딩 3층
전화 | 031-955-0655
팩스 | 031-955-0656
홈페이지 | www.hanulbooks.co.kr
등록번호 | 제406-2003-000051호

Printed in Korea.
ISBN 978-89-460-5675-6 93070 (양장)
978-89-460-4852-2 93070 (학생판)

* 책값은 겉표지에 표시되어 있습니다.
* 이 책은 강의를 위한 학생판 교재를 따로 준비했습니다.
강의 교재로 사용하실 때에는 본사로 연락해주십시오.